新编高职体育与健康

XINBIAN GAOZHI TIYU YU JIANKANG

主　编　谭清国　蒋仁波

副主编　王智巍　马　宁　朱　蓉　翟　雷　王泽亮
谭　杰　赵　伦　曹广臣　周兴杰　马　海
陈保如　钱　丽　宗　明　姜菲菲　张　程
张玉龙　别春梅　褚建刚

中国书籍出版社
China Book Press

图书在版编目(CIP)数据

新编高职体育与健康/谭清国,蒋仁波主编.—北京:
中国书籍出版社,2017.7
ISBN 978-7-5068-6345-2

Ⅰ.①新… Ⅱ.①谭… ②蒋… Ⅲ.①体育—高等职业教
育—教材 ②健康教育—高等职业教育—教材 Ⅳ.①G807.4
②G717.9

中国版本图书馆 CIP 数据核字(2017)第 190065 号

新编高职体育与健康

谭清国 蒋仁波 主编

责任编辑 武 斌
责任印制 孙马飞 马 芝
封面设计 崔 蕾
出版发行 中国书籍出版社
地 址 北京市丰台区三路居路 97 号(邮编:100073)
电 话 (010)52257143(总编室) (010)52257140(发行部)
电子邮箱 chinabp@vip.sina.com
经 销 全国新华书店
印 刷 三河市德贤弘印务有限公司
开 本 787 毫米×1092 毫米 1/16
印 张 20.5
字 数 499 千字
版 次 2020 年 7 月修订版 2022 年 9 月第 3 次印刷
书 号 ISBN 978-7-5068-6345-2
定 价 38.00 元

前 言

当前，社会稳定，经济发展迅速，科学技术水平越来越高，在这样的背景下，教育事业呈现出良好的发展势头。高职院校作为社会人才的培养和输送基地，将教育工作做好，使高职学生的整体素质得到提升，为踏入社会奠定良好的基础是其主要职责所在。为了更好地贯彻落实“健康第一”“终身体育”等指导思想，高职院校要进一步开展体育工作，使学生在德、智、体、美等方面得到全面的发展。

为了更好地贯彻落实《中共中央国务院关于加强青少年体育增强青少年体质的意见》《全国普通高等学校体育课程教学指导纲要》以及《高等学校体育工作基本标准》(教体艺[2014]4号)等教育精神和方针政策，满足高等学校学生对体育的需求，要求高等学校要从实际出发，结合自身的具体情况，总结经验教训，汲取国内外先进的研究成果，有效保证和提升学生的身心健康。为了达到这一目的，我们特意编写了《新编高职体育与健康》一书，希望能够为高职院校体育工作的更好开展提供一定的支持与帮助。

本书共分五篇，即“体育理论篇”“基础项目篇”“常规项目篇”“职业发展篇”和“体能与游戏篇”。其中，“体育理论篇”中主要对高职体育的相关知识、高职学生体育锻炼与健康、高职学生科学锻炼习惯养成、高职体育与职业等内容进行了介绍，通过这部分的学习，能够让高职学生对高职体育有一定的了解和认识，并且建立起初步的概念。“基础项目篇”主要是对田径运动的介绍，具体包括跑类运动、跳跃类运动、投掷类运动三个方面的内容，通过这部分的学习，能够使高职学生熟练掌握最基本的体育运动技能，为其他运动项目的学习和参与奠定坚实的基础。“常规项目篇”主要对足球、篮球、排球、网球、羽毛球、乒乓球、健美操这些高职院校体育教学中常见的运动项目进行了介绍，通过这部分的学习，能够使高职学生熟练掌握这些常规项目的知识和技能，从而为体育素养的提升和终身体育的实现创造良好的条件。“职业发展篇”主要对计算机信息、法律财经类，服务、艺术类，机械安装、土建类，交通运输、林牧业类，警察、安保类等不同职业所适应的体育运动进行了简要介绍，使高职学生能够将自身的爱好与职业联系起来，将自身需要和未来职业规划联系起来，从而能够以此为依据来选择相应的运动项目，发展相应的职业能力，为未来就业奠定坚实的基础。“体能与游戏篇”则分别介绍了力量素质、速度耐力素质、灵敏柔韧素质的基本知识与游戏锻炼等方面的内容，这样能够使高职学生对相应的体能训练方法有所掌握，从而使他们的体能水平得到提高。

另外，本书在每章的开头都设置了“学海导航”，将每章的基本内容和学习目标作了明确的说明；在节中也设有“知识拓展”，使学生能够对一些有趣的、与正文相关联的拓展知识有所了解，增强了学习内容的趣味性，有助于学生学习兴趣和积极性的增强。

本书通过通俗易懂的语言、系统明了的结构以及丰富全面的知识点，从理论与实践两个方面出发，对高职体育进行了全面的介绍，使高职学生能够根据自身的兴趣爱好和实际需要，选取适合自己的体育运动项目来进行锻炼，从而使身体素质得到全面的提升，健康水平也进一步提高。

本书在编写过程中，参考并借鉴了相关的研究成果和观点，在此表示最诚挚的感谢！另外，由于时间和精力有限，书中不足之处，敬请指正！

编　者

2020 年 7 月

目　　录

体育理论篇

基础项目篇

常规项目篇

职业发展篇

体能与游戏篇

·体育理论篇·

第一章　高职体育概述

学海导航

高职教育是我国教育的重要组成部分，在专业性人才培养方面发挥着巨大的作用；高职体育是高职教育的重要内容，可以促进高职学生的身心健康及全面发展。本章对高职体育的相关知识进行介绍，涉及高职教育与体育教育、高职体育教育的组织与实施、高职体育教育的理念等内容。通过学习本章，高职学生可以了解高职体育的性质和重要性，从而科学对待高职体育并更好地进行体育学习。

第一节　高职教育与体育教育

一、高职院校体育工作的实施方法

学校体育工作在实施过程中工作量大且繁杂，牵连的部门多，需要多部门多方面协作实施。依据高等职业院校多年的办学经验，主要包括以下几个方面。

(一)建立健全学校体育工作组织管理机构

建立健全组织管理机构是实施学校体育工作的关键，《学校体育工作条例》明确指出“学校应由一位副校(院)长主管体育工作”。同时，应该设立体育教学工作的主管部门(例如体育部或军体部等)，下设体育教研室(教研组或项目组)，从校级领导至教师上下一条线，全线流畅贯通，各尽其职各尽其能，为达到和完成学校体育工作目标和任务创造必要的条件。

(二)师资队伍建设

体育教师担负着“健身育人”的神圣职责,他是完成学校体育工作任务的具体实施者和组织者,是学生身心健康的培养者和体育文化的传播者,在全面实施素质教育中,具有不可替代的重要作用。各学校要根据实际情况,尽快建立一支稳定、数量足够、专业业务能力强、综合素质高、结构合理的师资队伍,这是学校体育工作中的关键。

(三)场馆建设和器材的配置

体育运动场馆建设和设施器材的配备,是体育教师实施体育课程内容的必需条件,相当于其他专业教学过程中“教室”“实验仪器”的一切功能,高职院校应依据教育部颁发的《普通高等学校体育场馆设施器材配备目录》来配制。

(四)体育课程的实施

(1)为实现体育目标,应使课堂教学与课外、校外的体育活动有机结合,学校与社会紧密联系,努力倡导开放式、探究式教学,努力拓展体育课程的实践和空间。校外活动、运动训练等纳入体育课程,形成校内外、课内外一体化的体育课程。

(2)根据学校教育的总体要求和体育课程的自身规律,应面向全体学生开设多种类型的体育课程,打破原有的系别、班级建制,重新组合上课,以满足不同层次、不同水平、不同兴趣学生的需要,对部分病残的特殊群体学生,开设体育保健课程。重视理论与实践相结合,在运动实践教学中注意渗透相关理论知识,并运用多种形式和现代教学手段,科学安排理论教学内容,以扩展职学生的知识面,提高学生对体育的认知能力。

(3)要充分发挥学生的主体作用和教师的主导作用,在教师指导下,学生具有自主选择课程内容、自主选择任课教师、自主选择上课时间的自由,以营造生动、活泼、主动的学习氛围。要有目的、有计划、有组织地开展课外体育锻炼。

(五)体育经费的落实与管理制度的制定

学校年度教育经费预算应根据当年学校体育工作的实际需要,把学校体育经费纳入核定的年度教育经费预算内,并予以妥善安排。体育管理制度的制定,是为确保学校体育工作的顺利实施,以提高工作质量和工作效果。例如,课堂教学管理制度、课外体育锻炼制度、运动训练与竞赛管理制度、场地器材管理制度、体质健康测试管理制度以及考核考评制度等。

二、体育教育在高职教育中的地位

(一)高职体育是全面发展教育的重要组成部分

德、智、体全面发展教育是马克思主义教育理论的重要内容。我们提倡的全面发展的人,就是德智体几方面都得到发展的人。我们所要培养的合格人才,应具备以下几方面的素质。

(1)具有健全的体魄和全面发展的体能。

(2)有较高文化修养以及合理的知识结构和创造性的思维能力。

(3)有勇于开拓、积极进取的精神和强烈的竞争意识。

(4)具有高尚的道德情操、顽强的意志品质和灵活的应变能力。

党和政府历来重视学校体育工作。毛泽东同志一贯主张学校教育要使学生德、智、体全面发展,重视并强调体育在教育中的地位和作用。《体育法》第17条明文规定:“教育行政部门和学校应当将体育作为学校教育的组成部分,培养德、智、体等方面全面发展的人才,体育作为学校教育的组成部分,已纳入法规范畴,得到法律的保障。”为什么体育在学校教育中具有如此重要的地位和作用呢?《中国教育和发展纲要》中指出:“当今世界政治风云变幻,国际竞争日趋激烈,科学技术发展迅速。世界范围的经济竞争、综合国力竞争,实质上是科学技术的竞争和民族素质的竞争。从这个意义上说,谁掌握了面向21世纪的教育,谁就能在21世纪的国际竞争中处于战略主动地位。”科学技术的竞争和民族素质的竞争归根到底是人才的竞争。所谓人才素质,即劳动者的素质,它主要包括身体素质、思想道德素质和科学文化素质。中共中央在《关于教育体制改革的决定》中指出:“高职学校担负着培养高级专门人才和发展科学技术的重大任务。”无论是培养高级专门人才,还是发展科学技术都必须使学生德、智、体等方面全面发展,而不是片面发展,这是由21世纪国际竞争对人才的要求所决定的。

(二)高职体育是国民体育的基础,是发展我国体育事业的需要

学校是国民体育的基础,搞好学校体育不仅是学校教育的需要,也是我国体育事业发展的需要。我国《宪法》规定:“国家举办多种学校,普及初等义务教育,发展中等教育、职业教育和高等教育。”每个人都可能经历小学、中学教育的阶段。因此,在校期间,青少年学生体质增强了,才能从根本上改变我国人民的体质状况,提高我国的人口素质。

学校体育是培养我国体育后备人才、提高竞技体育水平的重要源泉。尤其是当代竞技体育的发展,要求进行科学训练与比赛,运动员必须具有良好的体力与智力,才能不断提高运动技术水平。高职学生在体能与智能上都有较大的适应性和优势,必将为我国竞技体育的发展做出贡献。高职学生形成良好的体育习惯、掌握体育的知识与技能、提高运动能力,不仅是自身完善和推广高职群众性体育活动的需要,也是毕业后走向社会、坚持终身体育、成为社会体育骨干、推动我国体育事业发展的需要。

(三)高职体育是丰富学生课余文化生活、建设校园文明的需要

高职学生紧张的学习生活需要健康、文明、和谐的课余文化生活来调节,以适应高职学生身心健康发展的要求。体育活动能使大学校园充满活力与生机,并以其丰富多彩、形式多样的内容,吸引广大高职学生参与和观赏。大学校园是高素质的文化领域、高层次的文化园地,但随着我国改革开放政策的进一步深化、中外文化交流的日益增多,难免也会有一些假、丑、恶的文化现象鱼龙混杂于校园内外。体育不仅可以丰富高职学生的课余文化生活,而且可以促进校园社会主义精神文明建设。

体育作为社会主义精神文明建设的一部分,既是文化建设的内容,又是思想建设的重要手段。通过高职学生对体育的参与与观赏,可以发展高职学生体能,促进智能发展;可以培养高职学生勇敢、顽强、坚毅等思想品质,以及团结战斗的集体主义精神和进取精神;可以培养高职学生爱国主义思想以及树立正确的审美观。因此,开展大学校园的体育活动,是占领课余思想

阵地、引导高职学生健康文明生活、抵制精神污染、防止和纠正不良行为的重要手段。

知识拓展

体育节

“体育节”(Sports Festival,Sports Day)是一个国家或地区根据社会和民众的需要设立的以开展体育活动为主题的社会活动日。它由某地区或某机构发起,活动内容广泛,一般包括赛事运动、休闲娱乐、体育文化讲座、健康知识宣讲或图书展等多项活动,目的是推动全民健身、弘扬体育精神、塑造本机构或本地区的体育文化。

第二节　高职体育教育的组织与实施

一、开展体育课

《体育法》第18条规定:“学校必须开设体育课,并将体育课列为考核学生学业成绩的科目。”《学校体育工作条例》在肯定我国学校体育发展的基础上,明确规定:“普通高等学校的一二年级必须开设体育课。普通高等学校对三年级以上的学生开设体育选修课。”并规定:“体育课是学生毕业、升学考试科目。”国家教委关于《普通高等学校学生管理规定》第11条规定:“公共体育课为必修课,不及格者应重修。”第13条规定:“无故旷课累计超过某门课程教学学时数三分之一者,不得参加本课程考核。”第36条规定:“公共体育课不及格者,不准毕业,作结业处理,发给结业证书。”这些规定充分表明了体育课程在高职体育工作中的地位及其重要意义,也为高职体育课程的建设指明了方向。

体育课是师生教与学的双边活动。要保持正常的教学秩序,应健全体育课的教学常规。教学中,应贯彻现代教育理论的原则和方法,充分发挥教师的主导作用和学生的积极作用。在体育教学中应加强对高职学生的体育基本理论知识教育,让学生掌握体育锻炼的科学知识和卫生保健常识,为提高体育能力和终身体育奠定基础。

体育课按教学的不同任务,可分为普通体育课、选项体育课、选修体育课和保健体育课等多种类型。

知识拓展

《学校体育工作条例》

《学校体育工作条例》是我国制定的学校体育工作的法律性文件。1990年2月20日经国务院批准，随即于3月12日由国家教委主任李铁映签署国家教委第8号令，国家体委主任伍绍祖签署国家体委第11号令，共同发布，正式施行。5月14日，国家教委、国家体委联合发出《关于实施〈学校体育工作条例〉的通知》。

二、开展课外体育活动

课外体育活动是高职体育课程的延续和补充，是实现高职体育目的的主要组织形式。《体育法》第20条规定："学校应当组织多种形式的课外体育活动，开展课外的训练和体育竞赛，并根据条件每年举行一次全校性的体育运动会。"国家教委关于《贯彻全民健身计划纲要》的意见中提出："要抓好体育课、早操、课间操、课外体育活动等学校体育工作的各个环节，保证学生每天能参加一小时的体育锻炼。"开展课外体育活动应当从实际情况出发，因人、因时、因地制宜地开展多种多样的课外体育活动，这对巩固和提高体育课程的教学效果，增强高职学生体质、提高文化学习质量、丰富校园文化、增强集体凝聚力、促进精神文明建设等方面都会起到良好的促进作用。课外体育活动主要有早操，课间活动，班级体育锻炼，单项体育协会和学生体育俱乐部活动。

三、开展课余体育训练

课余体育训练是指高职利用课余时间，对部分身体素质较好，并有体育专长的高职学生进行系统训练的一种专门教育过程，是实现高职体育目的的重要组织形式。

高职开展课余体育训练，是贯彻普及和提高相结合的重要措施。它一方面可以把有体育才能的高职学生组织起来，在实施全面训练、进一步增强体质的基础上，进行专项训练，提高其运动技术水平，创造优异成绩，在参加校际和国际交往中，为校为国争光，并可为优秀运动队培养后备人才；另一方面培养体育骨干，指导、普及、推动高职体育活动蓬勃发展，并在训练和比赛过程中，扩大体育传播，丰富课余文化生活，促进校园精神文明建设。因此，《学校体育工作条例》规定："学校应当在体育课教学和课外体育活动的基础上，开展多种形式的课余体育训练，提高学生的运动技术水平。"并强调："普通高等学校经国家教育委员会批准，可以组织培养优秀体育后备人才的训练。"

四、开展体育竞赛

体育竞赛是高职课外体育的组成部分，是实现高职体育目的的重要组织形式。高职开展体育竞赛，对于检验体育教学和训练效果、交流经验、互相学习、促进运动技术水平的提高，对于广泛吸引高职学生参加体育活动、推动高职群众性体育活动的开展、增强体质、增进才智，对于丰富高职学生课余文化生活、开展课外教育、增强体育意识，以及培养勇敢顽强、奋发向上、团结友爱、遵纪守法等优良的品质和集体主义精神，建设校园文明等方面都有重要作用。

《学校体育工作条例》规定："学校体育竞赛贯彻小型多样、单项分散、基层为主、勤俭节约的原则。每学年至少举行一次以田径项目为主的全校性运动会。”

全校性的运动会或体育节，项目多、人数广、声势大，不仅可以检阅学校体育工作，而且可以宣传体育，用以推动群众性体育活动的开展。

高职体育竞赛有校内竞赛和校外竞赛，应以校内体育竞赛为主。要经常开展校内群众性体育比赛，如组织各种球类、越野跑、“达标”等群众喜闻乐见的体育比赛。在工作上可由校、系、年级、班级等分级组织，或俱乐部等社会团体组织，安排各种体育比赛。

第三节　高职体育教育的理念

一、“健康第一”的教育理念

（一）“健康第一”教育理念形成的依据

实际上“健康第一”的体育教育理念并不是近些年来才形成的，应该说，体育教育自形成之日起就带有非常浓重的追求健康的思想。只不过早期的体育教育更多地强调一种强身健体保家卫国的偏军事训练思想，因此，其带有的“健康第一”的思想就有些被弱化了。时至今日，战争已经不是主流，而在物质相对富足的今天，人们对于生活质量的追求再一次激发了体育健身的思想。于是，这种思想也就顺理成章地成为高校体育教育的理念之一。具体来说，“健康第一”的教育理念的形成依据主要有以下两项。

1.健康教育思想符合世界发展潮流

1948年世界卫生组织提出健康的状态应是免于疾病并保持身体、精神和社会的良好适应。从身体、心理和社会三维角度来定义健康。之后，世界各地健康教育如火如茶的开展起来。我国为与世界卫生组织提出的健康指导思想保持一致，提出了“健康第一”的体育教育指导思想。1990年6月，我国教育部和卫生部首次联合颁发《学校卫生工作条例》，正式以法规的形式将健康教育纳入学校教学计划试图改变占据着统治地位的、发展相对滞后的、培养技能式的学校体育教育和高校健康教育，冲破单一的竞技体育和片面追求金牌的模式，进一步拓宽群众性体育活动的领域，力争吸引全体学生积极参与体育锻炼和各种健身活动，关注学生身心健康，平衡和加快健康教育的发展。第三次全国教育工作会议于1999年召开，明确指出青少年为祖国、为人民服务的基本前提是拥有良好的身体素质。因此，体育课程要受到高度重视，不管是中小学基础教育阶段还是高等学校教育的体育教育工作，都应该做出相应的调整。《全国普通高等学校体育与健康课程教学指导纲要（征求意见稿）》试行后，高校体育改革的核心为加强健康教育的分量，大学体育教育应将健康放在第一位。让学生牢记健康教育的理念，养成长期坚持体育锻炼的习惯。2005年党中央国务院公布的《关于深化教育改革全面推进素质教育的决定》要求学校教育要以“健康第一”为指导思想，关注学生身心健康。同时，学校体育发展的必然和归宿需要高校将体育健康的观念和终身体育观念相结合。

2.健康教育思想适应了社会发展的需求

在当今社会，科学技术不断进步，国家综合实力的竞争日趋激烈，这归根到底是专门人才和劳动者素质的竞争。对于我国的教育来说这既是前所未有的机遇，也是巨大的挑战，要想在这个竞争中立于不败之地，就必须造就一大批高质量的专门人才，这种人才不仅要有正确的政治思想，具备扎实的科学知识和能力，还必须具备强健的体魄。因此，学校教育要特别注重学生的身心健康发展状况，树立起适应新世纪要求的健康第一思想，剔除与新世纪不相适应的教育思想、体育的内容和方法。目前据有关社会调查，我国学生的营养正常率并不理想，营养不良和低体重学生的比例几乎占了 1/3，学生超重和肥胖现象也越来越普遍。学生的近视率与日俱增，对于这些情况，要深刻认识到它的严重性，如不加以改变，将不能适应我国 21 世纪经济建设对人才培养的需要。所以学校要总结经验与教训，全面贯彻党的教育方针，加大学校体育工作的力度，普及全民健身和卫生保健等科普知识，广泛关注学生健康和体育卫生。实践经验表明，学生积极参与体育健身活动，不仅强化了体魄，增强了抵御疾病的能力，而且还有利于智力的发展，于国于民都是有益的。

（二）"健康第一"教育理念的落实方法

学校体育要树立"健康第一"指导思想，以它贯穿于学校工作的始终，让学生拥有健康的体魄，为完成终身教育打下基础，这就是新世纪体育教育工作者应完成的重要任务，也是新世纪学校体育工作者应努力探索的新课题。

(1)健康教育的关键在于教师的素质。体育教育成功的关键与教师素质有着莫大的关系，现代体育教育要求体育教师不能只满足于"学科知识＋教育知识"的单一教学模式，而应是一个具有探索和创造能力的科研型教师。这就要求教师掌握科学和人文两方面的基本知识，以及体育专业扎实的基本功。熟知信息科学、生命科学、环境科学等基础知识，了解体育教育的人文价值，掌握学生素质发展的规律性，提高教师的专业素质和现代教育教学基本素养。同时教师也要树立终身学习的思想，适应不断变化的社会需求。体育教育也需要与任课教师、学生、家长等有关人员合作，以产生协调效应。21 世纪的体育教学更重视教师对教学的监控能力，这也是教育教学活动的核心要素。它包含教师按教学目的对教学活动的决策与设计能力，课堂组织能力和管理能力，评估学生知识、技能的能力等。体育教师应总结教学经验，积极参与体育科研，善于在工作中发现问题，探索问题，解决问题，成为一个具有探索和创造能力的新型科研型教师。

(2)健康的有力保障在于体育、卫生、美育的有机结合。从事体育锻炼，往往还必须注重营养，讲究卫生习惯等因素，将身体锻炼与卫生保健结合起来。因此，学校应加强学生的营养指导，让学生了解有关营养、卫生保健的知识。目前，学校体育与卫生保健相结合已有良好的开端，并取得一定的成效，但还没有形成完善的体系。因此要紧密结合学生生长发育与生活实际开展健康教育，使学生学会自我保护，预防疾病发生，把学生青春期教育和心理健康教育作为健康教育的重要内容来抓好。广泛开展群众性的体育活动，使校园文化建设丰富多彩，学生体育生活更加充满生机。美育不仅能陶冶和提高学生的修养，而且有助于开发他们的智力。体育是健与美的有机结合，寓美育于体育之中，可使体育内容与形式充满美的感受，提高学生对体育的兴趣，提高运动质量，丰富学生的审美体验和学生创造美的能力。

(3)在教学过程中，应尽量与学生的生活实践有机结合起来，努力培养学生自觉的健康意识和健康行为，将所学知识尽可能转化为学生自觉的行动。从学校的实际情况出发，制定综合的体育课教学大纲与教材，认真组织好大量学生参加锻炼的体育项目的实施，积极学习先进国家重视学校体育卫生的成功经验。体育课应注意适量，不应矫枉过正；加强课外活动教师的指导力度，成立俱乐部或单项协会；多开展校际或校内体育比赛；有针对性的加强营养学、心理学、保健学、环保学、身心健康等方面的知识教育。

(4)学校体育要有效传递健康知识和锻炼方法，体育运动项目的开展要和社会体育资源相结合，培养学生运动特长，形成运动习惯。健康的知识和方法对每一个参与体育锻炼的人来说都非常重要，在传统的体育教学中过分注重运动技术的培养，忽视了健康知识的传授。然而只有掌握了健康知识和锻炼方法，体育锻炼才不会盲目进行，才可以对自身情况和锻炼的效果进行评价，激发人们的锻炼信心和锻炼兴趣。学校开展运动项目一般主要考虑场地器材、教师、学生等自身情况，而对所学习运动项目进入社会后是否能有条件继续坚持的考虑则相对较少。学校体育工作应当立足学校，放眼社会，多开设社会体育设施建设较好的项目，为终身体育的开展创造条件。体育运动项目是参与体育运动的媒介，好的运动技术会增加学生参与运动的兴趣，有助于其形成运动的习惯。所以，在体育教学中坚持以运动技术为主，在大学阶段培养学生广泛的体育兴趣，使自己一专多能，同时重视健康知识和健身方法的传授，形成参与体育运动的习惯。

二、“职业教育”理念

(一)职业教育的内涵

第一，适应劳动力市场的需要，培养有一定技能、技术的合格劳动者，解决社会就业是职业教育的主要目标。

第二，面向地区经济建设和社会发展需要，培养生产、服务、管理一线的实用人才。

第三，《职业教育法》规定的“全面提高受教育者的素质”职业教育是思想教育、文化基础教育、职业技能训练的有机结合，其中“思想教育是灵魂，基本文化教育是基础，职业训练是特色”。

(二)贯彻“职业教育”理念的要求

1. 和谐发展

(1)学校方面：全面贯彻国家课程方案，开足开齐课程。

(2)教师方面：树立正确的学生观、促进学生的全面发展。

2. 终身发展

(1)学会认知：不仅学习书本知识、各种社会规范，还要掌握学习的工具和求知的手段；具备强烈的学习动机、实事求是的学习态度、举一反三的学习方法等。

(2)学会做事：培养劳动者的综合能力、社会行为技能、应变能力和革新能力等。

(3)学会共同生活：了解自己、发现他人、尊重他人；学会关心、合作、共享；学会人和自然的和谐共处。

(4)学会生存：超越了道德意义上的“做人”，包括适合个体和社会需要的情感、精神、交往、合作等全面而充分的发展。

3.创新发展

高职职业教育创新发展的前提是要树立与市场经济相适应的教育理念、建立和完善以培养学生的实践能力和创新能力为重点的教育质量评价体系。

在普教中学习文化课方面有可能呈现弱势的学生，在操作能力强的专业课上就有可能变为强势。高职职业教育要走出应试教育的误区，把应用教育放在首位，建立和完善以培养学生的实践能力和创新能力为重点的教育质量评价体系。以培养学生的实践能力和创新能力为重点，满足学生就业、创业和个性发展的需要，培养学生以专业理论、技能和实践科目为主的综合职业能力，不断提高教育质量，打造全面建设小康社会所迫切需要的高素质的一线应用型人才。

三、“终身体育”的教育理念

“生命在于运动”，这已经是人们普遍认可的事实了。从实际中也可以轻易看到，经常运动的人的状态与不经常运动甚至根本没有专门体育运动的人之间的显著区别。因此可知，运动不应该只是某个年龄段的事情，而是应该将运动的理念贯穿于整个生命的始终，让运动带来的益处影响人的一生。因此，“终身体育”的教育理念就要在各级学校中的体育教学中向学生灌输。然而年龄较小的学生并不能完全理解这其中的意义，因此，在学生处在智力和理解力最为发达的大学阶段的体育教育中，再度强调这一理念精神还是很有必要的。

(一)“终身体育”教育理念概述

“终身体育”的概念是19世纪70年代初由日本学者早川太芳首先提出。随后，这一观念在90年代初期传入我国。关于终身体育的概念，现在普遍得到认可的一种解释为，是指人们在整个生命过程中所进行的、科学有效地身体锻炼和所受到的各种体育教育的总和，这种行为应随着生命的诞生而开始，随着生命的消亡而结束，是人们对体育教育与锻炼存在的意义在理性思辨上的根本改变。简而言之，就是贯穿于人类一生的体育活动或与生命具有共同外延的、持续的体育教育过程。根据终身体育的概念，可以将终身体育教育的全过程分为学前体育、学校体育和社会体育三个教育层次，其中，本书研究的高校体育教育过程就属于学校体育的重要组成部分。

学校教育的目的是培养符合时代社会要求的人才，大学生活结束后，学生将迈向社会的门槛。此时，大学生不但要有知识、理想、道德，健康的心理和健康的身体也是不可或缺的。我们已经知道，健康的含义不仅仅是没有疾病，更重要的是要有良好的心理素质和积极向上的精神面貌。体育锻炼不但能使我们拥有强健的体魄，还能促进人们心理健康水平的提高。然而体质的增强是渐进性的持续过程，不可能一蹴而就或妄想一劳永逸。有关数据表明，进入社会后，人们对自身身体的要求主要是来自对健康的需求，从而与高校提出的健康体育观遥相呼应，为终身体育服务增添了新的动力，有利于高校终身体育教育更好地得到推行。在21世纪这个新时期，高校的体育工作和教学观念也有一些新的变化。加强健康知识的传授，和学生锻炼习惯的培养，淡化了用竞技水平评价学生的方式，而更重视学生的参与和体育的教育性。教师在授课过程中，通过与学生的互动和精心策划具有教育意义的教学课程，可以让学生在以后的工作中加强人际的交往和适当的减轻工作的心理压力，以更好地适应社会。因此，我们要牢固树立终身体育锻炼的理念，帮助我们形成健康的身体和积极向上的精神风貌，提高个人的生活质量。当参与运动者感受到体育运动的重要性时，又会主动地加强自身的体育锻炼，最终有效实现终身体育。

保罗·朗格朗

保罗·朗格朗于1910年12月出生在法国加来的康普兰。他曾就读于巴黎大学，毕业后在中小学从教多年，并长期活跃在法国成人教育战线上，担任过法国职工教育中心主任，倡导成立了法国民众教育运动团体民众与文化会。从1948年开始，他在联合国教科文组织中任职，20世纪60年代下半期担任终身教育科科长。他亲身参加各级教育工作所积累的丰富经验，加上他对现实社会的深刻体验，促使他以批判的眼光对当时的教育状况进行了全面的反思，从而形成了改革旧教育、建立新教育的设想。1965年，朗格朗在《终身教育引论》中提出终身教育的思想。

(二)"终身体育"理念的培养

1.要注重培养终身体育的意识

对学生进行终身体育的教育，就要增强学生的体育意识。心理学的有关理论证明，行为是在认识事物的前提下，在引发动机和兴趣的基础上产生的。因此，在体育教育教学中要端正学生体育学习的态度，使他们建立正确的体育目的，拥有长远的、持久的学习动机，激发他们学习各种有关体育锻炼和卫生保健的知识和技能。与此同时，也要注重理论教学的实施，强化学生终身体育的意识，以实现学生的体育价值。此外，还必须培养学生将终身体育的认识和实践延续到校园生活以外，以体育的体系化、社会化为目标，实现全民健身，以实现终身体育的社会价值。在具体教学中，体育教师应树立使学生终身受益的目标，对每次课和课外活动提出相应的要求，以健身为目标，将素质、技能、知识、能力等教育内容渗透终身受益的意识。

同时，还要注重体育教师的素质及人格魅力，这对学生形成体育意识具有十分重要的意义，因此高校应提高体育师资力量。体育教师应具备基本的职业素养，具有渊博的知识和较强的教学示范能力和开明的思想观念以及健康的精神面貌，与学生互动、了解学生。实践证明，高水平的教师能赢得学生敬重、信服，通过丰富多彩、不拘一格的教学方法，让学生通过体育锻炼，认识到终身体育锻炼的价值，为满足广大学生的多种需要创造条件。

2.培养学生多向思维的能力

单一思维（直接思维）是利用事物的单一性直接进行思考，找到解决问题的方法或途径；多样型思维（多维型思维），它是在个体处于复杂多样的环境下所进行的思维活动。要对学生进行单一思维和多样型思维的培养，就要使学生领悟“举一反三”。在对学生进行单一思维和多样型思维能力培养时，要经常性的贯穿举一反三思维的训练，同时要注意的是，思维训练和技术训练、战术训练的相辅相成。

3.适时调整体育教学目标

高校体育发展的战略指导思想就要具备终身体育思想。根据社会的发展形势，单纯追求对学生有机体纯生物学的改造无法满足人们内在自我实现的要求。在终身体育这种新体育观下，高校体育的发展拥有了新的活力，人们的自我更新和自我完善有了进一步提升，人的生命本身得到了改造。高校体育是实施终身体育的关键环节，它对全面发展学生的身体素质、进一步培养学生的道德品质和各方面的再教育以及身心发展具有重要意义，最终实现终身受益的目的。高校体育在现阶段已不再被看作以校园生活为基础的教育活动，而是被视为终身体育锻炼的有机组成部分。因此，学校体育教育应树立强身育人的目标，贯穿终身教育的主线，明确终身受益的出发点和归宿，在充分考虑在校生的各种实际情况的基础上，全面实现高校体育的各项任务。

4.调动学生终身体育的积极性

体育考核是检查和衡量体育教学效果的重要手段，在高校体育教学环节中起着重要作用。通过考核的反馈作用，教师可以了解教学效果，改进不足、发扬优点，提高教育质量，同时可以调动学生主动、自觉地锻炼身体的积极性。但教师应合理利用体育考核的杠杆作用，考核方法要灵活多变，考核项目与考核标准因人而异。考核的目的不仅在于让学生最大限度地表现自己的体育技能，达到增强体质，调动终身体育的积极性，还要增强学生自信心。如对个别肥胖或先天发育不足的同学，可以调整考核标准，以避免他们产生自卑心理，引导他们逐渐对体育产生信心和兴趣。

5.注重体育能力的培养

培养学生的体育能力是高校体育教学和当前高校体育改革中的重要内容和工作。体育能力是适应生活和生存需要的技能，具体指学生对体育科学活动适应和自身学习行为的心理调节，因此可以运用学习内容顺利完成身体锻炼以及形成锻炼身体的主动性。结合当今社会的时代特征和体育教育自身的特点，应注意培养以下几个方面的能力。自觉锻炼能力，学生能够熟练地运用已经掌握的体育知识、技能，形成体育锻炼的自觉性，养成终身体育的习惯；具有自我评价、自我设计、自我组织、自我管理和自我监督的能力，让学生对自己的身体状况、动作姿势有正确的认识和评价，及时进行自我调整和改变练习方法；对自然环境和社会环境的适应能力，增强学生对疾病的抵抗力和免疫力，实现社会生活和健康工作等方面的适应性，使学生拥有可持续发展的体能。

6. 丰富体育教学内容

由于理念问题，长期以来我国传统的体育教学方法的局限性较大，而且严格按照大纲执行体育教学，因此使得体育教育课程的授课内容单一、枯燥。体育教师机械的教学，在教的绝对权威下，学生的热情和创造力受到严重束缚，学生只能被动的服从，长此致使体育课的教学质量普遍不高。

现阶段高校体育改革的目的在于使个体在有限的学生时期学习体育基础理论和基本技能，在以后的社会生活中，能够独立自觉地继续进行身体锻炼和接受体育教育，由此与终身体育衔接起来。为了进一步丰富体育教学的内容，高校体育课教学应进一步拓宽选修课的范围，可采取如下措施，包括教授一些互动性较强的，娱乐程度较高的运动项目，如交际舞、保龄球、桥牌和溜冰等学生乐于接受的体育活动；适当开展一些专项活动，如篮球、排球、乒乓球、足球、健美操等活动；引导学生关注体育热点，讲授体育竞技规则和裁判基本知识，对大型体育比赛的技巧等进行适时的解说；支持学生自行组织比赛，全面培养学生的自我组织能力和参与意识。

7. 改善场地、器材以便更多地开展课外体育活动

学校的体育课程尽管作为正式的体育知识或技能的传授活动，但是在课堂上学习的体育知识和技能毕竟有限，更多的知识、技能甚至对体育运动的悟性和感受还是需要依靠丰富的课外体育活动来补充。当然，丰富的课外体育活动需要足够的配套设施予以支持。因此，应当完善体育器材和场地的管理制度，高校以学校的办学规模为依据确定体育场地、器材配备标准，为学生进行锻炼提供充足的硬件设施和创造有利条件。具体方法可以利用如广播、校报、校刊、校园网、墙报等学校的宣传工具，或定期开展训练比赛、裁判知识等讲座，引导学生参与俱乐部活动，由此来宣传体育健康基本知识、国内外的体育赛事等，激发学生的终身体育意识和参与单项运动的兴趣，营造积极向上的、轻松快乐的体育运动氛围，为学生的终身体育锻炼打下良好基础。

第二章 高职学生体育锻炼与健康

学海导航

高职学生处于身心发展的重要时期，保持身心健康是学习科学文化知识的前提和基础，而体育锻炼对高职学生的身心健康有着积极的促进作用。本章对高职学生体育锻炼与健康进行研究，涉及健康的概念及影响因素、高职学生身心发展特点以及体育锻炼与学生健康成长等内容。通过学习本章，高职学生可以了解健康的相关知识，认识体育锻炼的重要性，从而积极参与体育锻炼。

第一节 健康的概念及影响因素

一、健康的概念

1948 年，世界卫生组织（WHO）在宪章中明确指出："健康不仅仅是免于疾病和衰弱，而应该是保持身体上、精神上和社会适应能力方面的完好状态。"从而将人类的健康与生理的、心理的以及社会的因素联系在一起。这个定义包括三层含义：一是躯体健康，指躯体的结构完好，功能正常。躯体与环境之间保持相对的平衡状态。二是心理健康，又称精神健康，指人的心理处于完好状态，包括正确地认识自我，正确地认识环境，及时适应环境。三是社会适应能力良好，指个人的能力在社会系统内得到充分的发挥，个体能够有效地扮演与其身份相适应的角色，个人的行为与社会规范和谐一致。

1989 年，世界卫生组织对健康的概念又进行了重新定义，提出健康应包括躯体健康、心理健康、社会适应良好和道德健康，这就是所谓的四维健康观念。而继四维健康观之后，美利坚大学的国家健康中心提出了一个与其类似的健康定义，即健康是人对环境适应后所达到的一种生命质量，个体只有在身体、情绪、智力、精神和社会各方面达到完美状态才称得上真正的健康，这种健康观又称健康五要素。

健康五要素的内涵主要如下。

(1)身体健康。不仅包括无病，而且还包括体能。体能是一种能满足生活需要和有足够能量完成各种活动的能力。具备这种能力，就可以预防疾病，提高生活质量。

(2)情绪健康。情绪涉及我们对自己和他人的感受。情绪健康的主要标志是情绪的稳定性，所谓稳定是指个体应对日常生活中人际关系和环境压力的能力。当然，生活中偶尔有些情绪波动均属正常,关键是生活的大部分时间要保持情绪稳定。

(3)智力健康。是指在长期的学习和生活中,大脑始终保持活跃状态。

(4)精神健康。是指理解生活基本目的的能力,以及关心和尊重所有生命的能力。对于不同宗教、文化和国家的人来说,精神健康的内容也有所不同。

(5)社会健康。是指个体与他人及社会环境相互作用形成的和谐的人际关系和社会角色的能力。此能力将使人们在人际交往中充满自信和安全感,进而减少烦恼,保持心情愉快。

健康的五个要素相互联系,相互影响,例如身体不健康会导致情绪不健康,心理不健康会导致身体、情绪和智力的不健康。因此,只有每一个健康要素平衡地发展,人们才能真正健康,才能幸福地生活。

世界卫生组织

世界卫生组织(World Health Organization,简称 WHO)是联合国下属的一个专门机构,总部设置在瑞士日内瓦,只有主权国家才能参加,是国际上最大的政府间卫生组织,共有 194 个成员国。总干事为中国香港人陈冯富珍。1946 年国际卫生大会通过了《世界卫生组织组织法》,1948 年 4 月 7 日世界卫生组织宣布成立,于是每年的 4 月 7 日也就成为全球性的“世界卫生日”。

世界卫生组织的宗旨是使全世界人民获得尽可能高水平的健康体质。世界卫生组织的主要职能包括:促进流行病和地方病的防治;提供和改进公共卫生、疾病医疗和有关事项的教学与训练;推动确定生物制品的国际标准。

二、健康的影响因素

(一)遗传因素

人们是否能达到健康目标,在一定程度上取决于遗传控制。遗传是决定或限制健康表现的直接原因,许多人健康与否就是由各自的遗传潜力决定的。然而,遗传对健康的制约作用到底有多大,目前无法推断。不过,遗传常会引起许多疾病,如血友病、色盲和其他家族遗传疾病等。

(二)环境因素

环境因素可在不同程度上影响遗传所赋予健康潜力的发挥,并最终决定健康程度。但是,许多环境却对健康产生了负面影响。例如,长期处于污染的环境里,会造成许多致病微生物(病毒、细菌和病原体)直接侵入人体,引发各种不可预知的疾病。

（三）营养因素

合理的营养是保证人类健康的重要因素。营养过多或不足都有损于健康。评价居民营养状况包括居民摄入热量及食物的营养结构。前者是衡量人群摄入的食物是否能维持基本生命功能，后者则是分析摄入食物中各种营养素比例的合理性。

评价居民营养与健康的另一方面，即摄入的营养素是否合理，是否有利于防止疾病、促进健康。根据食物提供的热量计算，人均蛋白质、脂肪、糖类（碳水化合物）三大营养素摄入的适合比例为 3∶4∶13，其中蛋白质以动物蛋白质及植物蛋白质各占 50%为宜。这种标准既保证了机体对各种营养素的需要，又有利于预防常见的慢性病，如心血管疾病等。目前，发达国家居民膳食中，动物蛋白质及脂肪含量偏高；而发展中国家及不发达国家居民膳食中蛋白质及脂肪比例偏低。

此外，膳食中各种微量元素是否足够，比例是否合理，与一些地方病及营养缺乏病的发生有着密切的关系。

（四）心理因素

消极的心理因素能引起多种疾病。我们的祖先两千多年前就发现了情绪对身心健康的影响。《黄帝内经》中曾多处提到了“怒伤肝”“喜伤心”“悲伤脾”“恐伤肾”。现代医学心理学的研究也证明了许多疾病的发生、发展与心理因素有关，如心血管病、高血压、肿瘤等。大量的临床实践证明，消极的情绪（如悲伤、恐惧、紧张、愤怒、焦虑等）能引起人体各器官系统的功能失调，导致失眠、心动过速、血压升高、尿急、月经失调等症状。在我国的癌症普查中，还发现心理因素与食道癌、子宫颈癌的发病有着密切的关系。

心理因素在疾病治疗的过程中也具有一定的作用，表现在两个方面：一方面，在疾病治疗中要打消顾虑，树立与疾病做斗争的坚强信念；另一方面，对由于心理因素、情绪因素引发的疾病要坚持心理治疗，即消除病者的消极心理因素。

（五）体育运动因素

由于劳动方式和生活方式的改变，运动缺乏成为威胁人类健康的一个重要因素。同时，科学运动的健康价值日益凸显，人们越来越关注体育在其生活中的位置。体育对人类健康的作用和意义也是关注的重点和核心。

体育是一种复杂的社会现象，它以身体与智力活动为基本手段，根据人体生长发育、技能形成和技能提高等规律，达到促进全面发育、提高身体素质和全面教育水平、增强体质与提高运动能力、改善生活方式与提高生活质量等目的，是一种有意识、有目的、有组织的社会活动。从这个含义中可以看出，体育具有生物性和社会性两种属性。1978 年，联合国教科文组织颁布的《体育运动国际宪章》中明确体育是一种人权，确认体育是提高生活质量的手段，体育能培养人类的价值观念，说明体育对人类的生存和发展具有重要的影响。从体育的含义中可以看出，体育对促进健康具有广泛的作用，特别是在改善生活方式与提高生活质量方面，体育展示了其独特的作用和魅力。

(六)生活行为和方式因素

在诸多环境因素中,现代社会发展带给人们许多无法回避的问题。如工作条件改善使越来越多的人习惯于久坐的工作,严重运动不足,吸烟、酗酒等不良嗜好,以及过分控制饮食、忽视健康教育等都是严重制约健康的主要因素。所以,个人生活方式和态度是造成个体健康状态显著下降的主要因素。因此,要获得理想的健康,主要在于如何改善个体的生活行为和方式,促进生活质量的提高,这样才能降低威胁健康的危险因子,最终实现整体的完美。

第二节　高职学生身心发展特点

一、高职学生的生理发展特点

高职学生的年龄一般在18—25岁之间,正处在青春发育期后期的青年期,是人在生理上走向成熟期的关键阶段。此阶段,人的体格、体态、体姿、体力、机能、心理、性格和行为基本定型。

(一)身体形态

1.身体形态发育明显减慢

绝大多数的高职学生都是处在青春发育期的后期,由于生长激素的抑制作用,这时身体生长发育的速度明显减慢,身高、体重和各器官的生长发育已相对稳定,身体各部分的比例、体格、体型和身体姿势等近似成人。

一般说来,我国女子到17岁,男子到19岁,身高增长的速度日趋缓慢,直至完成骨化而终止;体重一般是女子到18岁,男子到20岁趋于稳定。在青春发育期的最后阶段,高职学生应全面加强身体锻炼,从而使体格更健壮,体型更匀称。

2.身体形态发育有明显的性别差异

由于高职学生的身体发育基本成熟,男女在体型发育上出现了明显差异:男子上体宽粗、骨盆窄、下肢细;女子上体窄细、骨盆宽、下肢较短粗。

(二)生理机能

1.神经系统

神经系统发育得最早最快,其功能在少年时期已日趋完善,但大脑皮质中兴奋和抑制两个过程不够均衡,兴奋过程占优势而抑制过程相对较弱。到大学阶段,大脑发育逐渐成熟,神经过程的灵活性提高,神经系统的机能能力已达成人水平。第二信号系统(指抽象的刺激信号,如语言、文字)发展迅速,它与第一信号系统(指具体的刺激信号,如声、光、电等)更加完善,分析与综合能力显著提高。高职学生在运动实践中应注意多样化,避免单调的训练内容,可多做些竞争性的游戏或多参加比赛。

2. 心血管系统

心血管系统是人体发育最晚完成的系统,由心脏和血管组成,担负着人体新陈代谢的运输任务。心血管系统是人体健康的重要标志之一。

与中学生相比,高职学生的心脏收缩力增强,每搏输出量增大,心率缓慢,收缩压增高,使血液供应适应机体负荷增大的需要,能承受较大的运动负荷。高职学生的心脏在形态结构和功能作用上,均已达到成人水平。心脏质量约为 300～400 克,心脏容积达到 240～250 毫升,心跳频率每分钟 65～75 次。

青春期高血压

刚入学的高职学生还可能会出现青春期高血压。青春期高血压的出现主要是由于在青春期早期心脏的发育速度快于血管的发育,加上内分泌变化的影响,使心脏在收缩时收缩压偏高,但舒张压保持在正常范围,而且时有起伏。如果坚持参加体育锻炼,且运动后无不良反应,可以依然正常从事体育锻炼和体力劳动,但要注意运动量并做好医务监督。随着青春期的结束,这种现象会自然消失。

3. 运动系统

运动系统由骨骼、关节、肌肉三部分组成。骨骼发育一般在 25 岁左右完成。随着年龄的增长,骨骼内质地较柔软的有机物和水分逐渐减少,较坚硬的无机物逐渐增加,骨密质增多,骨骼变粗变硬,能承受较大压力。到大学高年级时,骨化基本完成,身高不再增加。

高职学生的关节由于软骨较厚,关节囊韧带伸展性大,关节周围的肌肉细长,所以关节活动范围大,但牢固性较差,在外力的作用下易脱位。因此要提高柔韧素质,重视发展关节的坚固性,以防关节脱位。

肌肉发育在 30 岁左右完成。随着年龄的增长,肌肉中水分明显减少,有机物增多,肌纤维增粗,横向发展较快,肌肉重量不断增加,肌力增强。因此可以进行较多的力量练习,以促进肌肉继续生长。

4. 呼吸系统

高职学生肺脏的横径和纵径都继续增加,肺泡体积也随之增加,男生尤为显著。由于呼吸肌增强,频率减慢,深度加大,肺活量增大,呼吸系统发育日臻完善。

我国高职男生的肺活量一般为 3 800～4 400 毫升,高职女生一般为 2 700～3 100 毫升。

在这个时期，应适当参加耐力性运动，以增强肺功能。

5. 新陈代谢

所谓新陈代谢，是指生物体与外界环境之间的物质和能量交换以及生物体内物质和能量的转变过程，它包括物质代谢和能量代谢两个方面。高职学生的生长发育还未完全成熟，物质代谢和能量代谢均处于较高水平，加之体育锻炼可促进人体的新陈代谢过程和提高机能活动水平，所以是增强体质的一个极好时期。

(三)身体素质

全国学生体质调研结果表明，速度、腰腹力量、静力性力量耐力、弹跳和耐久力等指标，男子 19 岁前，女子十二三岁前随年龄的增长而增长。男生各项素质的高峰分别出现在 19—22 岁；女生则出现两个高峰，第一高峰为 11—14 岁，第二高峰为 19—22 岁，第二高峰各项指标均高于第一高峰。男生各项指标的增长高峰，除速度(50 米跑)在 7—8 岁出现外，其他素质均在 12—16 岁期间出现；女生大部分素质高峰期都出现在 7—9 岁，而柔韧和耐力素质到 18—19 岁又出现高峰。因此，在大学阶段，身体素质还有一定上升的空间，仍应加强全面锻炼，以促进身体全面发展。

从身体素质各项指标值看，力量、灵敏度、耐力、速度等素质，一般男生都超过女生，而柔韧、平衡能力，一般女生都超过男生，表现出明显的性别差异。

一般来说，经济发达、物质条件好的地区，学生的速度、灵敏度、爆发力较好；经济不发达、物质条件差的地区，学生的力量、耐力较好。

(四)性发育

性成熟是青春期最重要的变化之一，它包括生殖器官的形态发育、功能发育和第二性征发育等。男性的性成熟，主要表现在性器官——睾丸功能的发育与成熟。睾丸的功能是产生精子和分泌雄性激素。睾丸的发育时间最早在 10 岁前后，12—16 岁期间迅速增大，17 岁前后达到正常水平。性功能发育，主要表现为遗精，一般在 12—19 岁期间。第二性征发育的表现是开始长胡须，体毛多，喉结增大突出，音调变低、变粗，皮下脂肪减少，肌肉强健有力。

女性的性成熟，主要表现在性器官——卵巢功能的发育和成熟。卵巢的功能是产生卵子和分泌雌性激素。8—10 岁卵巢发育较快，10—18 岁期间子宫等器官迅速发育。随着生殖器官的逐渐成熟，月经出现。第二性征的发育，表现在随着乳腺的发育和脂肪的沉积，乳房逐渐隆起，乳头突出，声调变高，骨盆增宽，皮下脂肪增厚。大学阶段，学生的性发育已成熟，应对学生加强性教育，教会学生处理好与异性的关系，树立正确的婚恋观。

二、高职学生的心理发展特点

(一)自我意识显著提高

自我意识是对个人身心活动的觉察，以及由此形成的对自我的情感，包括自我观察、自我评价、自我体验、自我监督、自我控制和自我教育等多种形式。自我意识的形成与发展是个体社会化的过程，是从周围人们对自己的期待和自我评价过程中由主观体验而发展起来的，既包括自我评价，又包括他人对自己的评价。高职学生的自我意识有以下几个特点。

(1)自我认识和评价水平显著提高。表现在自我认识的自觉性和主动性较强，能根据周围的人对自己的各种态度来评价认识自己，也能将自己与别人进行对比来评价自己，自我评价的客观性有所提高。

(2)自我控制的愿望非常强烈，水平明显提高，有了明显的自觉性和主动性，并逐渐以社会标准、社会期望、社会条件为转移。

(3)自尊心十分突出。表现为对真诚赞扬的尊重，批评常使自己感到内疚和羞愧，嘲笑更是让他们难以忍受。

(4)独立意向十分强烈。要求自主和独立，要求摆脱对成人的依赖，当这种意向因某些原因受阻时，他们会产生不满、对立情绪或反抗行为。

(5)自信心、好胜心增强。在接受新任务时表现出跃跃欲试，不甘人后。

(二)认知能力达到高峰

认知活动是人最基本的心理活动，它包括观察、记忆、思维等。人们进行各种认知活动时所表现出的能力，统称为认知能力，即智力。高职学生的认知能力已发展到最佳水平。智力测验表明，个体的智测分数随年龄的增长而上升，发展到20岁以后才停止。由韦克斯勒的智力量表分数可以看出，智力发展的顶点约在20—25岁之间。因此，高职学生的智力已发展到最佳水平，具体表现：观察力显著提高；记忆力处于最佳时期；抽象思维、逻辑思维逐渐占主导。

(三)情感日益丰富

情绪是人对客观事物的一种态度体验，是个体与环境意义事件之间关系的一种反映。环境事件是否能引起人们的态度体验，要看环境事件与某一个体是否存在意义关系。高职学生的情感日益丰富，但容易情绪化，对事物表现出强烈爱憎。长时期的不良情绪可以引起精神障碍和心身疾病。大学体育教育，使学生在运动中学会交往，学会调节情绪，学会自我控制，并通过运动使情绪获得适当发泄的机会。

(四)意志品质增强但不稳定

意志品质是指一个人的果断性、坚韧性、自制力以及勇敢顽强的精神。高职学生的意志品质明显增强，能主动、自觉地克服困难，在行动中清晰地意识到自己行动的目的性和社会意义。

高职学生的坚持性和自制力已得到一定的发展，但还有很大的个体差异，此外，高职学生意志品质的发展仍然有不稳定的表现。体育运动对培养学生的意志品质具有独特的作用，学生在运动中学会了坚持，学会了坚韧，学会了克服困难。这些对完善学生的人格、培养耐挫折能力具有重要作用。

(五)性格基本形成

性格是一个人对现实的稳定态度和习惯性的行为方式。由于大学时期个性倾向日趋形成，自我意识不断发展，高职学生的性格已基本形成并较稳定，人生观、世界观基本确立，在意志、理智、情绪等特征方面也逐渐朝着稳定方向发展。但是高职学生的性格发展尚不成熟，还必须进行性格的自我教育和自我培养，为成才创造良好的主观条件。

第三节　体育锻炼与学生健康成长

一、体育锻炼与高职学生生理健康

（一）改善神经系统与运动中枢机能

神经系统由中枢神经系统和周围神经系统两部分组成。人的所有活动都是在神经系统的支配下进行的，运动器官的每一个动作、身体器官系统的生理活动都以刺激的形式作用于神经系统。

神经系统是人体发育最早、最快的系统，大学生脑的体积不再增加，但大脑皮层的结构和功能还在发展。体育锻炼能有效提高脑细胞生理功能，使神经细胞的兴奋强度、反应速度、兴奋抑制转换的灵活性及均衡性都得到提高。一般人的反应速度是 0.4 秒以上，运动员的反应速度变为 0.332 秒，近台快攻的乒乓球运动员的反应速度可达 0.1 秒左右。这些都将对学习、工作以及日常生活带来很大好处。

另外，经常参加体育锻炼能预防神经衰弱。运动使大脑的兴奋与抑制两种功能保持平衡，以防止功能性神经衰弱疾病的发生。经常从事体育锻炼，可以使大脑皮质兴奋性增强，抑制加深兴奋和抑制更加集中，神经过程的灵活性提高。由于运动对神经系统有良好的作用，所以医学上广泛地运用体育作为治疗疾病的手段，特别是对神经系统机能障碍而造成的种种疾病。

体育锻炼还有助于增强记忆力、提高大脑工作效率，这是因为一方面，运动使心脏供血能力大幅度提高，脑细胞的供血量增加，脑细胞的思维能力提高；另一方面经过长时间的思考学习，专管学习思考的神经细胞会产生疲劳，由兴奋转为抑制，这时如果进行体育锻炼，指挥运动的肌肉的神经细胞群开始兴奋，包括专管学习思考的细胞在内的其他神经细胞能够得到良好的休息，这样头脑更清楚，思考更敏锐。

IQ 和 EQ

IQ 是 Intelligence Quotient 的缩写，意为智力商数，简称智商。它是测量个体智力发展水平的一种指标。最早是由德国心理学家施太伦（L. W. Stern）提出，美国心理学家推孟在制定“斯坦福—比内量表”中引用 IQ，并加以改进。IQ 是用智龄（心理年龄）除以实际年龄所得的商，乘以 100，即比率智商。其计算公式为：IQ＝MA（智力年龄）/CA（实际年龄）×100 。

EQ是Emotion Quotient的英文缩写。汉语意思是："情绪智慧"或"情绪智商"，简称情商。它代表的是一个人的情绪智力(Emotional Intelligence)之能力。简单来说，EQ是一个人自我情绪管理以及管理他人情绪的能力指数。

（二）提高呼吸系统的机能

人体参与呼吸的器官，包括鼻、喉、气管、支气管和肺脏，总称为呼吸系统。其中肺是气体交换的场所，而其他都是气体交换的通路(总称为呼吸道)。人在安静状态下，每分钟大约需要氧气0.25～0.3升，这样只需1/20的肺泡工作，便足以完成。若长期这样，呼吸系统就可能萎缩，功能降低，而且容易得病。

体育锻炼时人体对氧的需求量增加，呼吸频率加快。为了适应这一需求，呼吸系统的各个器官逐渐改善自身机能，使更多的肺部组织参与气体交换，提高摄氧能力。

呼吸机能的改善，表现在以下两方面。

(1)呼吸肌逐渐发达、有力、耐久，肺活量增大。体育锻炼使呼吸肌增强，胸围增大。扩大的胸廓，又有利于肺组织的生长发育和肺的扩张，使肺活量增加。一般人的呼吸差(尽量吸气时与尽量呼气时胸围差，叫呼吸差)只有5～8厘米，而经常锻炼的人，呼吸差可增加到9～16厘米。肺活量是衡量少年儿童生长发育和健康水平的重要指标，胸廓发达，呼吸力度增加有利于回心血量的增加，对心脏的发育及提高心肺功能有重要作用。平常人的肺活量一般只有3 500毫升左右(女性为3 000毫升左右)。经常参加体育锻炼的人肺脏弹性大大增加，呼吸肌力量加大，肺活量比一般人大1 000毫升左右。

(2)呼吸深度加深，呼吸效率提高。一般人的呼吸浅而急促，安静时每分钟大约呼吸12～18次；而经常参加体育锻炼的人呼吸深而缓慢，每分钟约8～12次。这就使呼吸肌有较多的休息时间。这种差别在运动的时候表现得更为明显。例如，在运动量相同的条件下(轻微运动)，一般人呼吸可增加到每分钟32次左右，每次呼吸量只有300毫升，每分钟呼吸总量为9 600毫升。而运动员呼吸每分钟16次左右，但每次呼吸量可达600毫升，每分钟呼吸总量也是9 600毫升。从表面上看一般人与运动员每分钟呼吸量相同，但实际上气体交换量却不相同。因为每次呼吸都有100毫升空气留在呼吸道内，不能进入肺泡进行气体交换，所以实际换气量应是：

一般人实际换气量＝(300－100)×32＝6 400毫升，运动员实际换气量＝(600－100)×16＝8 000毫升，比一般人的实际换气量提高了30%。这表明肌肉工作需氧量增加时，一般人是以增加呼吸频率来适应氧气的需要量，因此运动时常常气喘；而运动员由于呼吸机能提高，呼吸加深，在相同的条件下，呼吸频率稍有增加，就可以满足气体交换的需要。因此，运动锻炼使人的呼吸效率更高，呼吸系统不易疲劳。

经常参加锻炼的人，呼吸中枢的兴奋性高，对血液化学成分的改变敏感。随意停止呼吸时间的长短是评价组织呼吸强度和呼吸中枢对缺氧和二氧化碳增多的耐受能力的重要指标。优秀运动员随意停止呼吸的持续时间较长，而且对膈肌的控制稳定。他们在恢复呼吸时，血液的氧合作用也恢复得特别迅速。

体育锻炼还能够提高人体的缺氧耐力，在缺氧条件下，仍能坚持复杂的肌肉活动。例如，登山运动员在高山缺氧条件下，不仅能够维持生命活动，还能继续完成艰巨的登山任务。

（三）改善人体血液循环系统

血液循环系统是由心脏和血管组成的，所以又叫作心血管系统。血管是供血液流通的通道，遍布人体。血液是担负运输养料和氧气、排除代谢产物和二氧化碳的载体。心脏是生命的“发动机”，推动血液在血管里不断地流动，以便把氧气和营养物质运送到身体各处，同时把组织、细胞在新陈代谢过程中产生的二氧化碳和废物运送到肺、肾和皮肤等处，排出体外。体育锻炼能使心血管系统的机能得到明显增强，使血管弹性增加、心肌变得肥厚、心动徐缓和血压降低。

(1)安静时“心搏徐缓”。一般人每分钟心跳频率约为 70～80 次，经常从事体育活动的人心跳频率约 50～60 次，优秀运动员甚至减少到 40 多次。这是由于运动员每搏输出量增加，因而减少了心跳频率，心脏可以得到更多的休息时间。运动员心跳缓慢而有力的现象称为“心搏徐缓”现象。有一种观点，认为人的心脏如同发动机一样，是有工作寿命的，一般能跳动 30 亿次，即能跳动 80 年左右，若心脏的工作频率降到一般人的 70%，则仅心脏的预期寿命就可达 115 年。

(2)心脏运动性肥大。体育锻炼加速了全身的血液循环，同时也改善了心肌供血状况，使心肌得到更多的营养物质，心肌逐渐增强，心壁增厚，心脏容积增加(一般人约为 700 毫升，而运动员约在 1 000 毫升以上)。所以运动员心脏体积普遍比一般人大些，外形圆满，搏动有劲。这种现象称为“运动性心脏肥大”。一个更强大的心脏，才有可能带着生命跑得更远。

(3)心脏工作更有潜力。人在剧烈运动或在遇到紧急情况时，心脏应能迅速发挥机能，心跳加速，180 次/分钟。而优秀运动员的心跳频率每分钟可以增至 200～220 次以上，因此能承担大运动量的训练和大负荷的工作、劳动。遇到紧急情况比较容易成功化解危机，即生存和发展的机会更多些。

(4)血管弹性增加、血管表面积增大。体育锻炼可以增加血管壁的弹性，这对老年人来说是十分有益的。老年人随着年龄的增加，血管壁弹性逐渐下降，因而可诱发老年性高血压等老年性疾病。老年人通过体育锻炼，可增加血管壁的弹性，以预防或缓解老年性高血压症状。

(5)增加血红蛋白含量。血液负责传输人体代谢所需要的氧并呼出二氧化碳，承担运输任务的主要是血红蛋白。1 分子的血红蛋白可以结合 4 分子的氧，每克血红蛋白可以携带 1.34 毫升的氧。因此，血红蛋白的含量越高，运输氧的能力越强。另外，血氧饱和度也直接影响氧的运输能力。经常参加锻炼的人与一般人相比，血红蛋白的含量高，血红蛋白的正常值成年男性为 12～15 克/百毫升，女性为 11～14 克/百毫升。而运动员由于长期训练机体出现适应，可达到男性 15～18 克/百毫升，女性 14～17 克/百毫升，血液运输氧的能力增强。运动时血液浓缩，血红蛋白含量相对增加，运输氧的能力提高；同时，肌肉组织氧分压的降低、血液温度的增加、血液 pH 值的下降及血中二氧化碳的增加，都增加了血液的氧运输能力，促使更多的氧释放入运动的骨骼肌。

(6)强化血液微循环。微循环主要是指毛细血管的血流情况。人体在安静状态下，毛细血管仅有 20%～25%开放，而较剧烈的运动可使毛细血管开放数量增加几倍，达 70%以上，毛细血管总表面积达 300～600 平方米，从而大大改善了跨越毛细血管的物质交换转运，还引起了体内血液的重新分布。人体的许多疾病是由于血液微循环障碍造成的，如营养缺乏、早衰、脱发等，通过体育锻炼强化血液微循环系统建设，对健康的促进作用是巨大的。

在长期运动锻炼引起的适应性改建过程中，骨骼肌、心肌的毛细血管会出现增生，这不但有利于适应肌肉工作的需要，而且对于有血管栓塞局部的侧支循环的建立，具有极为重要的康复促进作用。

一些专家认为，坚持体育锻炼起码可以使心脏衰老推迟 10～15 年。

美国科学家发现人体内有一种高密度脂蛋白（HDL2）粒子，主要负责把沉积在血管壁上的脂肪和胆固醇去掉。经常进行身体锻炼，就会使体内的 HDL2 浓度明显增加，并能自动地在血管内筑起一道 HDL2 的防线，不断消除沉积物，使血液畅通无阻。

随着人们生活水平的提高，如果不经常参加锻炼，“文明病”也必然随之增多，目前世界上有不少的人死于心血管疾病。体育锻炼可以减少胆固醇在动脉壁上的沉积，预防或减轻动脉粥样硬化，从而对高血压和冠心病均起到良好的防治作用。德国近 20 年来心肌梗塞死者增加了 20 倍；美国 20 世纪 70 年代因心血管病死亡人数占死亡总数的 52%～53%。据世界卫生组织于 1984 年公布的材料，心脏病是当前死亡率最高的疾病之一。据国家体委科研人员调查统计，我国部分大专院校、科研机构中高级知识分子平均死亡年龄是 58.2 岁，比全国人均寿命短近 10 年。导致中高级知识分子过早死亡的两大疾病是恶性肿瘤和心血管疾病。针对上述情况，最积极有效的方法就是自觉地、经常不断地进行身体锻炼，提高心血管系统的功能，以防止这类疾病的发生。

（四）改善人体消化系统

（1）运动促进食物的消化和营养物质的吸收。胃肠是人体消化食物的主要器官，胃肠消化能力的好坏对身体健康的影响很大。经常参加体育锻炼，消化腺分泌的消化液就更多，消化管道的蠕动就更强，胃肠的血液循环就可得到改善。由于发生了这些改变，就使食物的消化和营养物质的吸收更加充分和顺利。另外，由于运动时呼吸加深，膈肌大幅度地上下移动和腹肌大量活动，这对胃肠能发生一种按摩作用，对增强胃肠的消化功能也有良好的影响。

体育锻炼对胃肠有着明显的良好作用，不少人采用体育锻炼作为治疗消化不良、胃肠神经功能症和溃疡病等的一种手段，并取得了一定的疗效。

（2）运动增进肝脏的健康。肝脏是人体的最大腺体，它也是一个重要的消化腺，经常锻炼身体能使肝脏的机能提高，更有利于食物的消化。体育锻炼时，能源物质——糖的消耗增加，这使得肝脏的“后勤供应”工作加重，从而使其机能受到锻炼而得到发展。经过训练的运动员的肝脏里储备的糖原比一般人多，在运动时向外输送也更快。肝糖原对肝脏的健康也极为重要，它能保护肝脏，如医生经常要求患肝病的人适当地多吃些糖果。

运动员的肝脏机能水平高，对疾病的抵抗力也强。不但如此，经常运动的人，在动用肝糖原方面，也比一般人来得经济。由此可见，运动能增进肝脏的健康，而健康的肝脏又能提高人的劳动和运动的能力。

（五）改善人体运动系统

人体的运动是由运动系统实现的。运动系统由 206 块骨骼、400 多块肌肉以及关节等构成。体育锻炼可以使运动系统产生良好的适应性变化。

1.肌肉结构及机能的变化

组成人体肌肉的基本单位是肌纤维，许多肌纤维排列成肌束，许多肌束聚集在一起构成一块肌肉。人体在运动时，骨骼肌是运动系统的主要部分，人体的任何运动首先都表现为肌肉运动。体育锻炼时，骨肉工作加强，血液供应增加，蛋白质等营养物质的吸收与储存能力增强，肌纤维增粗，因而肌肉逐渐变得更加粗壮、结实，肌肉力量增强。由于肌肉中肌红蛋白的增加使其结合氧气的能力增强；储存的营养物质——肌糖原增加；肌肉内毛细血管的数量也增多了，更能适应运动或劳动的需要。一般人肌肉重量占体重的35%～40%，而经常参加体育锻炼及运动训练的人，特别是静力式力量锻炼者，其肌肉可达到体重的50%以上。青少年中不少人肩窄、胸平。胸部根根肋骨显露，只要经常的坚持体育锻炼，便会使自己肌肉发达，比例匀称，健美有力。

随着肌肉形态结构的改变，肌肉的机能也得到提高，神经系统对肌肉的控制能力增强，肌肉的反应速度、准确性和协调性都有明显提高。肌肉工作时能量消耗下降，效率提高。这些使运动员能在肌肉的力量、速度、耐久力和灵巧性等方面都远远超过一般人，还可以避免人体在日常活动和体育锻炼过程中由于肌肉的剧烈收缩而造成各种运动损伤。但是，肌肉在锻炼后的各种变化随运动项目的不同而有所不同。例如，经常进行速度性锻炼，可提高肌肉的兴奋性和灵活性，表现为动作的速度快，肌肉的收缩和舒张交替也快；举重锻炼者，腿部、手臂的肌肉更加粗壮、结实，肌肉力量增强；喜爱长跑者，肌纤维体积变化不大，但是纤维周围毛细血管开放的量增多，这样可以保证运动时肌肉细胞与血液之间的气体交换和物质交换顺利进行。使肌细胞获得充分的氧气和营养物质，并能及时排出代谢产物，提高人的耐久力。

2.骨骼和关节的变化

骨骼是人体内最坚固的结构，共有206块。骨骼组成人体的支架，赋予人体基本形态，起着保护脑、脊髓、心、肺等重要器官的作用。骨骼肌附着于骨，在神经系统的支配下收缩时，以关节为支点牵引骨改变位置，产生运动。骨骼还有造血的机能。因此，骨骼的生长发育不仅对人体形态有重要的影响，而且对内脏器官的发育，对人的劳动和运动的能力也有重要的影响。

身体锻炼可以改变骨的结构。经常从事体育锻炼可以增强骨质。体育锻炼引起肌肉对骨骼的牵拉和重压，使骨骼不仅在形态方面产生了变化，而且使骨骼的机械性能也得到提高。骨骼在形态方面最明显的变化是：肌肉附着处的骨突增大，骨外层的密质增厚。而里层的骨松质在排列上则能适应肌肉拉力和压力的作用。这就使骨质更加坚固，可以承担更大的负荷，提高了骨骼抵抗折断、弯曲、压缩、拉长和扭转的能力。

身体锻炼能促进儿童、青少年长高。通过身体锻炼，改善骨骼的血液供应，增强新陈代谢，刺激骨骼生长，使其不断骨化。同时，身体锻炼的各种动作对骨骼的生长也有一种良好的刺激作用，可以促进激素分泌，对儿童、少年身高的增长也有促进作用。体育锻炼还可影响内分泌系统，促进磷与钙的吸收，增加制造骨骼原料的供应，有利于骨骼的发育成长。例如，网球、投掷和击剑运动员的上肢骨粗大，而跳远、跳高运动员的腿骨比较强壮，足球运动员的足骨比较坚实等等。这都说明了体育锻炼对骨骼生长有着良好的作用。有数据显示，经常参加体育锻炼比不经常参加体育锻炼的人，身高要高4～8厘米。

人体骨与骨连接能够活动的地方叫作关节。关节周围有关节囊、韧带和肌肉包围着，韧带能加固关节，而肌肉不仅能加固关节，还能牵引关节运动。关节是连接骨与骨之间的枢纽。科学、系统的体育锻炼，既可以提高关节的稳定性，又可以增加关节的灵活性和运动幅度。体育锻炼可以增加关节面软骨和骨密度的厚度，并可使关节周围的肌肉发达、力量增强、关节囊和韧带增厚，因而可使关节的稳固性加强，使关节抗负荷能力加强。在增强关节稳固性的同时，由于关节囊、韧带和关节周围肌肉的弹性和伸展性提高，关节的运动幅度和灵活性也大大增加，有效减少了伤害事故的发生。在自由体操表演中，运动员的各个关节活动范围非常之大，做“后桥”“大劈叉”等动作，没有经过长期锻炼是很难完成的。

二、体育锻炼与高职学生心理健康

心理健康是高职学生学习和工作的基础，是个人全面健康的极为重要的部分，它同人的生理健康一样重要。健全的精神寓于健全的身体，心理的健康有助于生理机能的发挥。许多心理问题能够直接引起某些疾病的发展。例如，不良的情绪可使中枢神经系统的平衡受到破坏，使内分泌腺失调，引起骨骼和内脏肌肉的紧绷现象，以及产生各种身心疾病，甚至使一个人的身体机能全面衰竭。如果心理不健康，就很难进行各项活动，学习和工作就失去了基础。这就要求高职学生在讲究用脑卫生的同时，要培养良好的情绪和健全的人格，具有乐观、积极、奋发、开朗的胸怀和良好的心理素质，甚至在逆境中也能保持身心健康，顺利完成学习任务。体育锻炼对心理健康有积极的影响，主要表现在以下几个方面。

（一）有效激发学生良好的情绪

情绪状态是衡量体育锻炼对心理健康影响的主要指标。人生活在错综复杂的社会中，面对各种压力经常会产生忧愁、紧张、压抑等情绪反应。体育锻炼则可以转移个体不愉快的意识、情绪和行为，使人能从烦恼和痛苦中摆脱出来。高职学生因名目繁多的考试，相互间的竞争以及对未来工作的担忧而产生焦虑，经常参与体育锻炼可使其焦虑相应降低。

（二）有效提升学生的智力水平

智力功能受非智力成分的影响很大，如一个人的身体状况不好，情绪不稳定，经常处于高度紧张状态，那么他的智力功能就会受到很大影响。经常参加体育锻炼者，不仅能使自己的注意力、记忆力、反应、思维和想象等能力得到提高，还可以使情绪稳定、性格开朗、疲劳感下降，思维能力加强，反应速度快，智力也就有所反映。

（三）增强学生的自我意识

自我概念是个体主观上对自己的身体、思想和情感等的评价。它是由许多的自我认识所组成，包括“我是什么人”“我主张什么”“我喜欢什么”“我不喜欢什么”等。由于坚持体育锻炼可使体格强健、精力充沛，因而，体育锻炼对于改善人的身体表象和身体自尊很重要。身体表象是指头脑中形成的身体图像。身体表象障碍在正常人群中普遍存在。据有关资料显示，

54%的高职学生对他们的体重不甚满意。与男生比，女生倾向于高估她们的体重。身体肥胖的个体更可能有身体表象和身体自尊方面的障碍。身体自尊主要包括一个人对自己运动能力的评价，对自己身体外貌（吸引力）的评价，以及对自己身体的抵抗力和健康状况的评价。身体表象和身体自尊与整体自我概念有关，无论男生还是女生，对身体表象的不满意会使个体自尊变低（自尊指自我概念的积极程度），并产生不安全感和抑郁症状。有研究表明，肌肉力量与身体自尊、情绪稳定性、外向性和自信心相关，并且加强力量训练会使个体的自我概念显著增强。

（四）培养学生良好的意志品质

意志品质指一个人的果断性、坚韧性、自制力以及勇敢顽强和主动独立精神。意志品质既是在克服困难的过程中表现出来的，又是在克服困难的过程中培养起来的。在体育锻炼中要不断克服各种客观困难（如气候条件的变化、动作的难度或意外的障碍等）和各种主观困难（如胆怯和畏惧心理、疲劳和运动损伤等）。锻炼者越能努力克服主、客观方面的困难也就越能培养良好的意志品质。从锻炼中培养起来的坚强意志品质能够迁移到日常的学习和工作中去，能促进学习和工作很好地开展。

（五）消除学生学习的疲劳

疲劳是一种综合性症状，与人的生理和心理因素有关。当一个人的情绪消极或任务超出人的能力时，生理上和心理上都会很快地产生疲劳。疲劳对人体危害很大。很多报告都证明，中国许多科学家寿命短与此不无关系。高职学生持续紧张的学习压力极易造成身心疲劳和神经衰弱，保持良好的情绪状态和参加中等强度的体育锻炼则可以使人的身心得到很好的放松，从而做到有张有弛。

（六）治疗学生各种心理疾病

体育锻炼被公认为是一种心理治疗方法。美国的一项调查显示，1 750 名心理医生中，80%的人认为体育锻炼是治疗抑郁症的有效手段之一，60%的人认为应将体育锻炼作为一种治疗方法来消除焦虑症。在高职学生中，有不少人由于学习和其他方面的挫折而引起焦虑症和抑郁症，通过体育锻炼可以减缓或消除这些心理疾病。

第三章 高职学生科学锻炼习惯养成

学海导航

对于高职学生来说，养成科学的锻炼习惯有着重要的意义，它能使高职学生更好地生活和学习。本章对高职学生科学锻炼习惯养成进行介绍，主要涉及高职学生终身体育意识的培养、科学体育规律的掌握、良好生活方式的建立以及科学体育锻炼的医务监督。通过学习本章，高职学生可以培养终身体育意识，掌握科学体育规律，建立良好的生活方式，从而健康成长。

第一节 高职学生终身体育意识的培养

一、终身体育的概念

终身体育是指在人的一生中都要进行身体锻炼和接受体育教育与指导，它是终身教育的组成部分。具体来说，就是一个人从生命的开始到生命结束，都要适应环境与个人的需要，进行身体锻炼，以取得生存、生活、学习与工作的物质基础或条件。终身体育既是指从生命开始至终结的整个生命过程均要持续地参与体育，使体育成为生活中必不可少的重要内容；又是指以正确的体育观与方法论指导人生的不同时期、不同生活领域中参加体育活动的实践过程。终身体育本身是思想意识和行为倾向的有机结合，体育意识是终身体育的思想基础。体育意识的强烈程度，直接影响人们终身体育思想的形成。终身体育，强调个体生命整个过程中不同时期（婴幼儿、学前儿童、小学、中学、大学、成人、老人）的体育，即体育健身贯穿于生命的全过程。这一思想得到了世界上许多国家体育学者的赞同，并逐渐形成一种新的体育思想和体育实践。

理解终身体育不能只限于个人的角度，还要从国民、社会整体来考虑。终身体育由相互联系、相互影响的学校体育、社区体育、家庭体育构成，共同作用于个人，并要求学校、家庭、社区均应开展体育活动，为人们提供参加体育活动的机会。终身体育对于个人而言是贯穿人的一生的体育，对社会而言是全体国民的体育，二者的统一是终身体育追求的最高目标。

终身体育思想的形成是人类自身和社会发展的必然需求。大学体育是学校体育的最后阶段，是衔接社会体育的关键阶段。因此，在高校开展体育教育，并向学生灌输终身体育的理念，对于高职学生的健康成长及其职业生涯的运动参与都有着显著的作用。

二、终身体育意识培养的手段

(一)通过家庭体育培养

家庭体育是以家庭成员为活动对象,根据居室与周围环境条件,以及家庭成员的需要与爱好选择体育内容和方法,以达到增进健康、促进家庭和睦的目的。家庭是社会生活的细胞,具有强烈的亲和力和感染力,把亲情力量与体育活动融为一体,能做到一人爱好,带动全家,使体育活动更贴近生活。同时,由于生活环境和家庭成员的相对稳定性,人们长时间在家庭环境中进行体育活动,受到的影响要强烈一些,所形成的习惯也稳定得多,因此,家庭体育更具有天然的连续性。

(二)通过社区体育培养

社区体育主要指在人们共同生活的一定区域内,以自然环境和体育设施为物质基础,以满足社区成员的体育需求、增进社区成员的身心健康、巩固和发展社区感情为主要目的,就近就便地开展区域性群众体育。社区体育具有活动范围的区域性、活动设施的公共性、活动组织的民间性、活动指导的平等性等特点,因此,最容易被作为健康生活方式为居民所接受。无论从人口结构的分布,还是从终身体育所追求的连续性来看,社区体育都是终身体育的重要组成部分。

(三)通过学校体育培养

学校体育是联结家庭体育和社区体育的桥梁,是终身体育的基础。学校体育以终身体育思想为主导,立足于将阶段效益和长远效益相结合。从阶段效益看,学生终身体育基础主要体现在:打好体质健康基础,培养学生体育兴趣,学习与掌握体育基础知识、基本技术与技能。从长远效益看,学生终身体育基础主要表现为体育意识、兴趣、习惯和能力的培养。

综上所述,家庭体育、学校体育、社区体育各有特点,它们之间很难相互替代,只有三者的协调一致,相互配合,才有利于实现终身体育在时空上的紧密衔接,从而加强终身体育的有效性。

第二节　高职学生科学体育规律的掌握

一、认识与了解体育锻炼的基本原理

(一)生命的新陈代谢原理

新陈代谢是生命活动的最基本特征。新陈代谢一旦停止,生命也就结束了。新陈代谢是指生命物质与周围环境物质交换和自我更新的过程。这一过程十分复杂,它实际上是由两个相反的而又相互依存、相互统一的过程所组成,那就是同化作用和异化作用。同化作用是生物体把从体外摄取的营养物质转化成身体的组成部分的化学过程。这个过程需要消耗能量。而异化作用则是把细胞里的大分子分解成小分子,把有机物分解成无机物的过程,同时释放出能量,供给同化作用和其他生命活动的需要。这个过程,同化作用是合成,异化作用是分解,两者相互依存、相互诱导,不停地进行,从而不停地更新着有机体。从能量代谢的角度来看,同化意味着“收入”,异化意味着“支出”。异化作用是同化作用的动力,同化作用是异化作用的源泉。当同化作用盛于异化作用时,有机体就得到增强,当异化作用盛于同化作用时,有机体就被消弱。

经科学研究和实践证实,参加体育锻炼可以增强体质,是由于身体活动能引起能量物质的消耗。活动的越激烈,能量的消耗越大,从而出现代谢的不平衡,随之而来的便是引起同化作用的加强,加速恢复过程,使构成机体结构与功能最小最基本单位的细胞内部得到更多的物质补充,以合成新的物质,进而使人体获得更加旺盛的活力。人体通过锻炼,不断加强能量代谢,提高新陈代谢的水平,使身体发生一系列适应性变化,于是体质便得以增强。

(二)运动的超量恢复原理

超量恢复是人体在运动后出现能量物质代谢适应的一种机能状态。生理学研究发现,人体在活动过程中,机体承受一定的负荷量,从而引起体内物质能量比较强烈的消耗,促使异化作用加强。运动后,身体处于恢复阶段,能量物质消耗后却能刺激和导致蛋白质的更新,以此来恢复机体的工作能力。这种恢复不是简单的抵偿能量的消耗,而是进行超量代偿,使机体的机能水平的恢复和工作能力的表现在一段时间内超过原有的水平。在经过一段时间锻炼后,应增加负荷量,使机体得到新的刺激,不断打破机体机能旧的平衡,获得超量恢复,从而在新的基础上建立起新的平衡,人的健康水平、工作能力或运动成绩就会得到提高。

(三)人体的适应性原理

适应是一切生物的基本特征,也是生物生存的基本条件。任何生物,如果不能适应就不能生存。但环境(自然的、社会的)发生变化时,生物有机体能产生一种变异来适应它,这就是适应。生物通过遗传保持特征,通过变异获得发展和进化。有机体在不断适应的过程中,某些常用的器官会发达起来,某些不常用的器官则会逐渐退化。生物机体在形态、组织和机能方面的变化,能更好地适应环境的改变。这种“用进废退”的现象,正是生物进化的基本规律。

经常性的身体锻炼对增强体质的作用,正是遵循生物进化和发展规律的结果。即人体通过身体活动,使机体承受运动负荷并逐步达到适应,然后再增加负荷量,使之在高一级水平上再适应。在这一过程中,有机体将不断提高适应能力和改善各器官、系统的机能和性状,于是体质得到增强,运动成绩得到提高。可是,身体锻炼一旦停止,身体机能亦将逐渐退化到一般水平或更差的状态。因此,我们要养成终身锻炼身体的习惯。

二、把握体育锻炼的基本规律

锻炼身体不能只凭兴趣和热情，如果只是盲目地锻炼，不但不能促进身体的生长发育，反而会妨碍健康，甚至会发生伤害事故，影响学习。为了使体育锻炼达到增强体质的效果，锻炼时要按照以下规律进行。

(一)注意身体的全面锻炼

要根据自己的健康状况和身体素质，选择易行又有实效的锻炼项目，注重身体的全面性锻炼，使身体各部位均衡发展。只有在全面锻炼的基础上，才能有效地增强身体素质。对于青少年来说，单项锻炼会使身体一部分肌肉发育，甚至畸形发展。

(二)养成经常锻炼身体的习惯

体育锻炼要练就一项技巧，须经过勤学苦练才能学成，熟能生“巧”。勤学苦练，持之以恒，就会在大脑皮质中建立起动力定型，进而形成动力定型条件反射。所以，体育锻炼要达到增强体质的目的，就必须持之以恒，养成经常锻炼的习惯。三天打鱼，两天晒网，就达不到好的锻炼效果。

(三)体育锻炼要循序渐进

在体育锻炼中，学习技术动作要由易到难、从简单到复杂，循序渐进逐步提高。运动量要根据自身的条件从小到大，大中小结合，有节奏地增加。逐次加大运动量和不断提高动作的难度，才能得到良好的锻炼效果。

另外，要根据各人的年龄、健康水平、性别来选择适合自己的项目和运动量进行锻炼，要量力而行，不要勉强。还要注意场地是否平整，设备是否牢固，注意安全保护等。

参加体育锻炼的禁忌症

(1)体温升高的疾病，如感冒、咽喉炎、肺炎等。

(2)各种内脏疾病(如心、肺、肾、肝、胃、肠等)的急性期。

(3)有出血倾向的疾病，如肺结核咯血，伤后有出血危险，消化道出血不止等。

(4)化脓性疾病，如脓肿、甲沟炎等。

(5)月经过多或严重痛经的发作时期。

(6)恶性肿瘤。

第三节　高职学生良好生活方式的建立

一、建立良好的生活作息制度

生活作息制度是指一天中睡眠、饮食、学习、工作、休息和锻炼等各项活动的时间安排。时间对于人体生命活动的效率有重大意义。如果每天都在同一时间里进食，就会产生固定的条件反射，消化器官分泌大量的消化液，以保证消化过程更有效地进行；如果每天有节律地在同一时间里进行脑力劳动（学习）或体力活动，那么就会提高脑力劳动能力和身体工作能力。因此，保持生命活动有节律的作息制度，是有机体具有高度效能的重要条件之一。良好的生活作息制度要求做到以下几点：在严格规定的时间内完成各种活动内容；正确地交替劳动、体育活动和休息；定时进食；睡眠充足。

在学校里，良好的生活规律，不仅有助于增进身体健康，还能促使学生把学习同体育活动很好地结合起来，从而得到全面发展。相反，在学习和工作岗位上，生活没有规律，不遵守作息制度，起居无常，劳作无度，不仅会影响脑力劳动能力和工作能力，还会危害机体的健康，久而久之，势必积劳成疾。因此，根据大学学习、生活制度安排好大学生个体生活作息制度非常必要。

二、保持良好的睡眠与保健

睡眠是消除疲劳保持身体健康的生理功能之一，是一种重要的生理现象，是人脑和各器官一种最基本的休息方式。著名生理学家巴甫洛夫认为：脑组织中存在着一种抑制灶，当抑制灶处于优质状态时抑制就会向周围弥散，引起大脑皮层的普遍抑制，从而产生睡眠。人处于睡眠状态时，一切感觉功能和生理功能都下降到最低水平，人体似乎与周围环境暂时失去了联系。睡眠时心脏活动减慢、变弱，血压降低，呼吸减慢，尿量减少，体温略有下降，代谢率偏低，整个机体处于调整和恢复状态之中。

（一）确定合理的睡眠时间

一个人每天都要有充足的睡眠，睡眠时间的长短要根据不同的年龄而定。一般来说，学龄儿童每天需要 10 小时的睡眠，青少年每天需要 9 小时的睡眠，成年人每天需要 8 小时的睡眠。睡眠时间长并不等于休息好。衡量睡眠的标准主要是“质”，即睡眠的深度，深沉而恬静。只有睡眠质量好，才能有效地消除疲劳。在这种情况下，可适当缩短睡眠的时间。

大量的研究证实，晚上 9:00～11:00，中午 12:00～13:30，凌晨 2:00～3:30，这几个时间入睡最佳，这时入睡能取得最好的睡眠质量。究其原因，睡眠具有两种不同的时相状态，即快波睡眠和慢波睡眠，人们入睡后，首先步入的是慢波睡眠，持续时间一般在 8～120 分钟；然后进入快波睡眠，维持时间在20～30分钟；此后又回到慢波睡眠；接着，再悠悠地转入快波睡眠。整个睡眠期间，反复转化约4～5次。越接近觉醒，慢波睡眠相对缩短，快波睡眠相对延长。人们可以从慢波睡眠或快波睡眠直接来到觉醒状态，却不能从觉醒状态直接跳到快波睡眠而入睡。因此，要使机体很快地进入慢波睡眠，就应该尽量避开人体昼夜生理上的三个兴奋期：早上9：00～10：00，晚上19：00～20：00，深夜23：30～00：30。此时人体精力充沛、反应敏捷、思维活跃、情绪激昂，是不利于机体转入慢波睡眠的。相反，晚上21：00～23：00，中午12：00～13：30，凌晨2：00～3：30，人体精力下降、反应迟缓、思维减慢、情绪低下，利于人体转入慢波睡眠，进入甜美的梦乡。

（二）提高睡眠质量

（1）养成正常的工作、生活和睡眠习惯。就是该工作的时候工作，该休息的时候休息，该睡眠的时候睡眠，在大脑中形成规律。这样一到睡眠时间就能毫不费劲地入睡。

（2）养成做事拿得起放得下的习惯。很多人失眠的原因就在于做事情放不下，或是急于求成，或是心事重重，忧这虑那，结果，在睡眠时安不下心来，造成失眠。

（3）在临睡前不过分用脑，不做剧烈的体育活动，避免大脑过于兴奋，静不下来。临睡前，散散步，听听轻音乐，有利于睡眠。

（4）加强体育锻炼和进行力所能及的体力劳动。一是可以促进大脑的新陈代谢，增强兴奋和抑制的平衡能力；二是使人有一种累的感觉，促进入睡速度。

（5）要注意饮食卫生。过饱和饥饿都不利于睡眠。因为这样会不断地刺激胃，信号传向大脑，使大脑某些神经细胞处于兴奋状态，不利于睡眠。

（6）良好的睡眠环境，最为重要的是床要舒适。首先，床的宽度和长度适宜，使人有足够的伸展余地。单人床至少要有100厘米宽，双人床至少要有180厘米宽。长度比人身高长20厘米即可。另外，床要软硬适度，软的程度要达到躺着时不窝到床中间，硬的程度要达到使髋部、肘部和肩部不感到疼痛。睡觉时不应穿太多衣服，这是因为衣服扭着和拧着时易使人做噩梦。卧室墙壁的颜色要柔和。人们普遍认为，某些颜色，如鲜红色和明黄色可以使人睡眠时脉搏加快，这是应该避免的。尽量减少卧室内地毯以及其他容易扬起灰尘的织物，因此，卧室内不应铺满地毯、不摆设其他织物的装饰，并且不要把花和其他植物放在卧室内。医学上早已证实，人对植物有不同程度的过敏，而这种过敏则影响睡眠的质量，重则令人无法入眠。卧室的温度不宜过高和过低。专家们建议，最佳温度应保持在19℃～20℃。如果温度超过24℃，人就会在床上辗转反侧，不容易熟睡。当然，被子如果厚的话，温度得做相应的调节。要保持室内湿度，冬季屋内有暖气的时候，要特别注意这一点。卧室里不要有亮光，不过也有例外，有些人在睡觉时习惯于有点亮光，因为他们害怕屋里漆黑一团。保持室内安静，减少噪音的干扰。可是有些人经过一段时间后，却能在吵闹中熟睡，这种现象目前还无法解释。单独就寝。同享一张床或同住一个卧室的人无疑是会相互影响的，比如鼾声、磨牙声、翻身动作等都会影响睡眠质量。注意睡前不要喝浓茶、咖啡，也不要吸烟，因为这些对大脑皮层都有刺激作用，容易引起兴奋。

如何治疗失眠?

(1)加强体育锻炼是治疗失眠最有效的方法。除了要经常参加体育锻炼外,下课后步行回宿舍,加快上下楼梯速度等,都是锻炼的好机会。但入睡前不要锻炼。

(2)尽可能按自己生理上的自然节律生活。每个人都有一个自然的生理变化节律,这一节律可通过测量体温来找到。当体温曲线下降时最易入睡。许多失眠者往往都上床太早,应按照体内节律,不应按时钟上的时间入睡。

(3)给自己规定一种晚间活动的生活方式和生活内容,例如听音乐、读报刊、写日记等比较轻松愉快的事,形成固定的规律,这对诱导入睡有一定作用。

(4)保持精神愉快,睡不着时不强睡,如果不能入睡,不要在床上辗转发愁,可以起来做些有趣的事情,如看书、写信、听轻音乐、安排次日活动等。

(5)放松头、颈、胸廓肌肉。失眠与不停地思考有关,思考与语言有关。因此,放松发言部位的肌肉也就相应的抑制思考。具体做法是缩紧下巴,抬起头,在不屏气的情况下用鼻吸气,从口呼气。每次做150次,反复2～3回,就可能达到睡眠的目的。如有心事不能入睡时,可以微抬着头用手指摩擦头发,使大脑逐步放弃思考而感到疲倦,随之进入梦乡。

(6)睡觉前用热水洗脚。睡觉前用热水洗脚能促使局部血管扩张,加快血液循环,同时能刺激人的神经末梢,通过反射作用促使大脑安静,容易入睡。

(7)按摩亦可治失眠,有失眠症者睡前不妨一试。用手按摩头顶60～100次;用手按摩后脑60～100次;按摩面部60～100次;叩齿60～100次;两手臂向前伸直,双手握拳(先伸开再握拳算一次)60～80次;两手臂向上伸直,双手握拳60～80次;两手用力擦双膝60～100次;两脚底互相对准,用力摩擦60～100次,先用盐水瓶或热水袋烘热两脚底,再摩擦,效果更好。

三、避免不良的生活习惯

不良的嗜好对健康的影响是非常大的,因而建立健康文明的生活方式,应该戒除很多的不良癖好。总的来说,要戒烟限酒,不要沾惹毒品,在科学的指导下运用药物。

吸烟多年的人反映烟难戒,但事实并非如此。经科学证实,从烟草的药理作用看,烟草不具有成瘾性,它不像鸦片可以成瘾。人们所说的烟瘾只是一种嗜好和习惯。如有的人饭后写文章或闲聊时总爱吸烟,这是一种精神心理反应,实际上是条件反射,所以想戒烟并不难,主要的是需要决心和毅力,只要充分认识到吸烟的害处和戒烟的好处是完全能够戒掉的。

戒酒的方法很多,如药物戒酒、条件反射方法戒酒、喝茶、喝饮料逐步戒酒,但最根本的方法还是靠戒酒的毅力和决心。戒酒者只要认识到长期酗酒对身心带来的极大危害,就能树立坚定的戒酒意志,就能克服戒酒带来的一系列“戒断症状”,如周身无力、饮食乏味、睡眠不佳,精神萎靡、涕泪交流等。当然不是所有戒酒者都出现这些症状,有些人发生的较严重,有的人较轻，有的人根本不发生任何症状。如出现上述症状时，则会产生强烈地喝酒愿望，只要能以坚强的意志克制喝酒的欲望，经过一段时间后上述症状会逐渐减轻，并一天天好起来，感到全身舒畅、食欲和睡眠也好起来，如能继续坚持，戒酒就成功了。为增加其戒酒的成功率，戒酒的同时还应加强身体锻炼或冷水擦浴，并从事其他多种运动等。

避免滥用药物，应该做到有病找医生，而不是个体江湖游医；吃药遵医嘱，而不要擅自加减剂量。应根据自己的经济实力，选择安全、可靠的药物。应该在全科医生的指导下，对自己长期服用的药物进行适当的更换。药物致死的情况除极少数不可预测外（特别是有特殊体质的人），绝大多数是可以预测和防范的。出现不良反应，如过敏反应，只要立即停药就可以终止药物对机体的损害。对大多数药源性疾病而言，也只要早期停药，症状都可缓解，无需采取特殊的处理。情况严重者，只要及时采取对症治疗措施也可转危为安。

第四节　高职学生科学体育锻炼的医务监督

一、健康分组

体育课教学内容和方法要因人而异，合理安排与人体生理负荷相适应的运动量。根据学生的年龄、性别、健康状况、发育状况、机能水平、身体素质和基本的运动能力，进行健康分组。一般分为基本组、准备组和医疗体育组。

（一）基本组

基本组由身体健康，发育良好，功能正常，或发育与健康状况有轻微异常，但功能检查结果良好，且有一定锻炼基础的学生构成。基本组的教学要求，其根据是国家教育部制定的学校体育教学大纲，要求学生达到《国家体育锻炼标准》，鼓励学生加入学校体育代表队和参加比赛。

（二）准备组

准备组由身体发育和健康状况有轻微异常，但功能检查结果无明显改变，平时参加体育活动较少的学生构成。准备组的教学要求，可按国家教育部制定的体育教学大纲进行，但进度宜慢，活动强度宜小，中间休息时间宜长。准备组的学生不宜参加激烈的训练和剧烈的比赛，通过体育锻炼标准的期限也要适当延长。

（三）医疗体育组

医疗体育组由发育或健康状况有明显异常（如脊柱畸形、小儿麻痹后遗症、先天性心脏病等）或身患重病刚刚康复，或身体存在严重的永久性缺陷，不宜参加一般的体育活动的学生构成。医疗体育组的教学培养方案，由体育教师和医生共同研究制定。医疗体育组的学生考核标准要降低，学习期限适当延长。医疗体育组应多开设医疗体育课程，禁止参加激烈的体育活动。

基本组、准备组和医疗体育组的学生可以互相转组。经过一段时间的锻炼后，准备组的学生功能水平提高后，可转入基本组。医疗体育组的学生，可转入准备组或基本组。如果有不适应基本组或准备组教学要求的学生，应转入医疗体育组。

二、检查运动场地设备

建立健全运动场地、器材设备的检查制度。运动场地设备的医务监督，主要包括以下几个方面。

(1)认真做好运动场地的管理和安全卫生检查，及时维修损坏的场地设备。检查训练场地有无坑洼或障碍物、室内场地是否灰尘太多、游泳池水是否清洁；检查跑道是否平整，是否太硬太滑，沙坑是否过硬，或沙坑内是否有砖头石块等；检查坑沿是否高出地面，踏跳板是否与地面平齐等；检查爬绳、爬竿、跳箱、单双杠等固定器械有无年久失修的潜在危险；检查地面是否有厚度足够、大小适宜的海绵垫，海绵垫之间相互衔接得是否严密等。投掷场地应有明显的标志。

(2)认真做好体育运动器械的维护。检查体育运动器械安装是否牢固，接头是否松动或锈蚀，或放置位置是否欠妥；检查器械表面是否光滑或有裂缝；运动器械的高低、大小或重量是否符合锻炼者或运动员的年龄、性别、生理特点。

(3)检查室内体育馆的通风、照明、空气的温度和湿度等。

三、体育教学课中的医务监督

加强体育教学中的医务监督，有利于改进教学工作和提高教学质量，有利于预防运动性损伤和运动性疾病，增强学生体质。

(一)课前检查

(1)体育教师要以人为本，因人施教。在上体育课前和课间休息时，要认真做好场地器材设备的卫生监督和安全保障工作。充分了解学生健康状况，要根据健康分组进行体育教学，特别是要了解体弱多病学生的身体情况。建立学生健康档案，建立女生经期登记卡等。

(2)检查有无必要的防护用具(如护腕、护踝、护膝、护腰等)，运动时的服装和鞋袜是否符合运动卫生要求等。教育学生不要穿易滑的塑料底鞋上体育课。运动服装不要过于肥大或过紧，以宽松合适为宜。禁止将胸花、别针、小刀、铅笔等尖锐锋利的物品放在衣服口袋里，以免刺伤身体。

(二)课中检查

要密切注意学生的神色形态变化。在剧烈运动或教学比赛时，要注意观察学生的动态表情，如出现异常现象，应及时采取急救措施。要善于从学生语言、笑声、叹息或呻吟中，了解学生情绪和疲劳程度。通过询问，了解学生的主观感觉。测定学生脉搏，可及时评估运动量和运动负荷的大小，进而观察学生身体变化的情况等。

(三)课外体育活动的医务监督

(1)早锻炼的医务监督。早锻炼的运动量和运动强度不宜过大,以身体发热、微有汗出,脉搏150次/分钟以内,锻炼时间以20～30分钟为宜。运动项目以广播体操、慢跑、气功、太极拳等为主。冬季锻炼务必注意防冻保暖。雾天尘埃多,要注意呼吸卫生,讲究呼吸方法。

(2)课间操的医务监督。课间操的运动量要适当控制。可选择轻松愉快的运动项目,如广播体操、韵律操、眼保健操、素质操、武术操、游戏或跳集体舞等。做眼保健操,手法要规范,穴位要准确。

四、体育教学组织的医务监督

学校应该建立医务监督组织,由学校附属医院或卫生院(所)负责。明确健康教育老师或专职医生负责学生体育教学、运动训练或比赛的医务监督工作。设有体育院系的学校,可以开设运动医学专业,培养运动医学人才,开展运动医学的教学和科学研究。

知识拓展

脉搏的自我监督

脉搏主要反映心血管的机能状况。临床上测量脉搏是一个不可缺少的检查项目,中医更将切脉作为四诊之一。正常人的脉搏和心跳是一致的。脉搏的频率与年龄、性别、运动、情绪、休息和睡眠密切相关。脉搏与训练水平有关,一般说来,经过半年系统训练后,脉搏可在原有的基础上下降3～4次/分钟;经过一年训练后可下降5～8次/分钟。训练水平高特别是参加耐力项目训练的运动员,常常出现心动过缓,这是系统训练后的良好反应,属于正常生理现象。

早晨安静时(平卧或静坐),健康青少年脉搏为68～82次/分钟。经过一段时间的锻炼后,心脏机能增强,脉搏可逐渐减少,一般是一月后减少到65～72次/分钟。一般运动量,锻炼后一小时内脉搏即可恢复到锻炼前的水平。运动量较大时,经过一夜的休息,次日凌晨也应恢复正常。运动量过大,运动中脉搏可达到140～180次/分钟,运动结束一小时后恢复为90～100次/分钟,次日可恢复到80～90次/分钟,这都是属于生理性疲劳。若次日早晨脉搏仍维持在90～100次/分钟,甚至更高,则说明前一天运动量过大,机能反应不良,疲劳未能消除或存在感染,应减少运动量。

第四章　高职体育与职业

学海导航

职业是随着社会的发展出现的，而高职院校的主要目的就是培养能够胜任各种职业的专门人才。本章对高职体育与职业进行介绍，主要涉及现代分工与体育需求、体育运动与职业发展、职业的分类与特征、常见职业病与体育干预等内容。通过学习本章，高职学生可以了解职业的相关知识及与体育的关系，了解常见的职业病及体育干预方法，能够为未来走上工作岗位奠定基础。

第一节　现代分工与体育需求

一、现代分工

社会分工是指社会经济活动中的劳动分工，是对社会经济活动中的不同部门以及生产中的不同工序配置不同的劳动力，实行分工协作，提高劳动生产率的行为。分工分两类：一是自然分工。自然分工是根据生理特点从性别、年龄的差别实行的劳动分工，如最早在原始社会氏族内部出现的妇女和儿童进行采集、壮年男子进行打猎的分工。二是社会分工，是根据大规模的社会生产活动需要进行的分工，如把社会生产划分为工业部门、农业部门(或称第一次产业部门、第二次产业部门)等不同的产业部门称为一般分工；把工业再分为轻工业、重工业，以及把农业分为种植业、畜牧业等称为特殊分工。

在人类的生产活动中，随着生产力的发展，分工形式也在不断地发展和变化。人类历史上经历了三次社会大分工：第一次是游牧业同农业的分离，提高了劳动生产率，出现了私有制；第二次是手工业同农业的分离，出现了城市和乡村的分离；第三次是生产者同经营者分离，出现了商人阶级。社会分工推动了生产和社会的极大发展，生产和社会发展的同时又使社会分工改变着形式。

二、体育需求

社会的飞速发展出现了种种威胁着人类健康的因素，现代人必须提高人体机能来抵御日趋恶化且在短期内无法改变或无法彻底改变的环境因素。而体育是人类生命过程中最有效的一项健康投资,现代人迫切需要体育,体育已成为现代人生活中不可或缺的重要组成部分。随着人类社会的进步与发展,体育的重要性和必要性也将越来越突出。

(一)生态环境遭受破坏,严重威胁现代人的健康

在生活水平日益提高而生存环境不断恶化的今天,现代人的身体健康正面临着新的威胁。体育能增强身心对恶劣环境的抵抗能力与适应能力,从根本上提高身心健康水平。

(二)城市人口高度集中,居住条件变差

农村人口向城市的大量转移与集结,使得城市人口高度密集,许多人生活在与新鲜空气和阳光隔绝的建筑物群中,与大自然的距离越来越远。

体育使人亲近自然,回归自然。体育使人忘却烦恼,感受阳光的温暖,体会运动的乐趣,能有效地增强机体的免疫力,使之更能抵抗及耐受病原体的侵袭,并从中获得更强的抵抗力。

世界上人口密度最大和最小的国家

世界上人口密度最大的国家是摩纳哥,面积为 1.98 平方千米,2015 年人口为 37 731 人,密度每平方千米为 18 860 人;格陵兰岛是世界上人口密度最小的地区,作为世界上最大的岛屿,216 万平方千米的格陵兰人口只有 56 114 人,密度仅为每平方千米 0.026 人。从国家来说,蒙古国的人口密度最小,156.65 万平方千米的国土面积,人口 296 万,密度为 1.76 人/平方千米。

(三)体力劳动大大减少,精神上承受的压力却越来越大

20 世纪 30 年代以后,随着社会的发展和生产生活方式的改变,医学模式和人类疾病也逐渐发生了演变。从过去的生物医学模式嬗变为社会—心理—生物医学模式;人类疾病谱从原来的主要是由于营养和卫生不良而导致的如肺结核、营养不良、各种典型性的炎症等发展到主要由社会心理学因素引起的心脑血管病、代谢性疾病以及由营养过剩、环境污染导致的肿瘤等疾病。这些主要由心理社会因素导致的疾病又被称为“现代病”。

体育能有效地缓解现代人在社会生活中所承受的种种压力。压力的积蓄是导致疾病形成与发展的重要因素,而体育是释放、消除压力的最佳手段。通过参与体育锻炼,不仅能使人保持更积极的生活态度,保持更旺盛的生命活力,而且能够提高身体的机能水平,弥补现代社会中因生活、工作条件而导致的活动不足、运动不足等状况。

(四)竞争日益激烈,人际关系冷漠

现代社会生活节奏加快,社会竞争日益激烈,使人的心理压力日趋增强,人际关系更加复杂。体育不仅能增进人与人之间的接触和交往,缩短人与人之间的距离,消除人际间的隔膜,而且也是人生成功的催化剂。它会使人变得活泼,富有进取精神,充满干劲,以更积极的人生

态度和良好的人际关系面对新的挑战。

第二节 体育运动与职业发展

一、体育可以塑造职业者的体魄

科学技术在社会生活中的应用,人们的生产方式和生活方式都发生了极大的变化,繁重的体力劳动大大减少,脑力劳动的比重逐步增加。在动作技能上,过去那种大幅度、高强度的劳动动作被现在主要由小肌肉群参与的小幅度、低强度动作所取代;现代化的工作条件,要求人们灵活、准确、协调地控制生产的过程,快速而准确地判断和处理许多仪表的数据,有时还要求屏住呼吸,注视屏幕或凝神细看。这些都使劳动者在生产过程中大脑皮层长时间地高度集中。这种集中要比单纯的肌肉活动对人体的要求更高,更容易使人疲劳,更需要进行生理上和心理上的调节。

体育对人的身心发展起着主导的作用。体育锻炼能促进人脑清醒、思维敏捷。长时间脑力劳动,会使人感到头昏脑涨,这是由于大脑供血不足和缺氧所致。而进行体育锻炼可使疲劳的大脑获得积极休息,改善大脑的供血情况,使人脑保持正常的工作能力。另外,随着人的年龄增长,脑细胞会逐渐衰亡,大脑功能下降,致使人脑变得迟钝,但从事体育运动,可以延缓这种衰老的过程。美国斯坦福大学医学专家们对24—50岁经常跑步的人进行调查,发现他们中间随着年龄的增长大脑迟钝的现象不明显。这说明锻炼身体能使年纪增大的人继续保持大脑的清醒敏捷。

体育锻炼能促进血液循环,提高心脏功能。实践证明,经常从事有氧运动,能使心脏产生工作性肥大,心肌增厚,收缩有力,心搏徐缓,血容量增加,这就大大减轻了心脏的负担,从而减少了冠心病、脑中风等现代文明病的发生率。

体育锻炼能调节心理,使人朝气蓬勃,充满活力。从事体育活动,特别是从事那些自己感兴趣的运动项目,能使人产生一种非常美妙的情感体验,心情舒畅,精神愉快。运动还可以增强自尊心、自信心和自豪感,增添生活情趣。运动还能调整某些不健康的心理和不良情绪,缓解现代社会所带来的精神压力,消除紧张情绪。

参加体育锻炼还能提高人体对外界的适应能力。从事体育运动能提高人体的应变能力,使人善于应付各种复杂多变的环境。

二、体育可以培养职业者的团队精神

现代社会是一个团队至上的时代。所有事业和成就都是团队精神的一种反映。任何人都已经不可能在某个领域凭借一己之力取得很大的成就。现代社会科技飞速发展,新技术、新装备更新愈来愈快,操作也更加复杂,要完成一项工作往往需要多种专门人才共同参与,需要通过集体的知识和智慧才能实现。

体育竞赛非常讲究团结合作,人人都应承认和尊重个人在集体中的价值,都应理解别人在比赛中的地位和作用,每个队员都应无私地互相协作,为提高全队的战斗力而去努力完成自己的任务。体育竞赛尽管只有少数队员代表全队上场比赛,但是它不仅要有几个愿意勇挑重担、善于合作和艰苦奋斗的队员为核心,替补队员心悦诚服地甘当配角,而且还要把全队的利益放在个人利益之上,使场上场下的队员同心同德,努力实现共同的目标。体育运动恰好给现代人提供了一个互相交流、互相尊重、齐心协力去争取胜利的锻炼机会。它可以培养现代人的团队精神,增强合作意识,使自己的思想、情感和行为与集体和谐一致,把自己融化在整体之中,并相信集体努力的成果要比个人努力的成果重要得多。体育竞赛对现代人在实际工作中摆正自己的位置,体现个人的价值,团结一致去实现共同的目标有着积极的作用。

三、体育可以培养职业者的竞争意识

竞争意识是现代职业人必备的心理品质。美国普林斯顿大学在一份研究报告中指出:"现代的生产及生活方式,更接近于体育中的比赛,在机会相等条件下,谁的节奏更快些,竞争意识更强些,谁就有可能占据优势。"英国生物学家达尔文证实了生物的进化过程遵循着自然选择,生存竞争,适者生存、不适者淘汰的规律,这是社会和自然界发展变化的基本法则。体育的竞争持续性恰恰体现了这一法则,只有竞争才有发展,只有竞争才有进步。

随着我国市场经济的建立,人们的生活方式、行为方式和价值观念等方面都发生了巨大的变化,安于现状的行为难以适应社会的这一变化。要在竞争中取胜,就必须敢于面对竞争、参与竞争。积极的竞争意识是成功者必备的素质。体育竞赛强调规则的完整性和准确性,一旦认可,任何人必须遵从。体育竞赛强调机会均等,大家站在同一"起跑线"上,要求每个人尽自己最大努力去争取、去把握,从而增强了参加者的竞争意识。

第三节　职业的分类与特征

一、职业的分类

职业是参与社会分工,利用专门的知识和技能,为社会创造物质财富和精神财富,获取合理报酬,作为物质生活来源,并满足精神需求的工作。职业是社会分工的产物,在分工体系的每一个环节上,劳动对象、劳动工具以及劳动的支出形式都各有特殊性。这种特殊性决定了各种职业之间的区别。随着社会分工越来越细,职业兴替的周期也越来越短。据统计,目前我国已经有了 1 800 多种职业,其中不少是新兴的职业,并且还有逐年增加的趋势。

根据我国不同部门公布的标准分类,我国主要有三种职业类型。

(1)根据国家统计局、国家标准总局、国务院人口普查办公室 1982 年 3 月公布的供第三次全国人口普查使用的《职业分类标准》,依据在业人口所从事的工作性质的同一性进行分类,将全国范围内的职业划分为大、中、小三层,即 8 个大类、64 个中类、301 个小类。其中 8 个大类

是：各类专业、技术人员；国家机关、党群组织、企事业单位的负责人；办事人员和有关人员；商业工作人员；服务性工作人员；农林牧渔劳动者；生产工作、运输工作和部分体力劳动者；不便分类的其他劳动者。

在8个大类中，第一、二大类主要是脑力劳动者，第三大类包括部分脑力劳动者和部分体力劳动者，第四、五、六、七大类主要是体力劳动者，第八大类是不便分类的其他劳动者。

(2)根据国家发展计划委员会、国家经济委员会、国家统计局、国家标准局批准，于1984年发布，并于1985年实施的《国民经济行业分类和代码》，主要按企业、事业单位、机关团体和个体从业人员所从事的生产或其他社会经济活动的性质的同一性分类，即按其所属行业分类，将国民经济行业划分为门类、大类、中类、小类四级。门类共13个：农、林、牧、渔、水利业；工业；地质普查和勘探业；建筑业；交通运输业、邮电通信业；商业、公共饮食业、物资供应和仓储业；房地产管理、公用事业、居民服务和咨询服务业；卫生、体育和社会福利事业；教育、文化艺术和广播电视业；科学研究和综合技术服务业；金融、保险业；国家机关、党政机关和社会团体；其他行业。

(3)按行业属性分为25个大类：土木建筑建材类；交通运输仓储物流邮政类；餐饮住宿旅游娱乐类；销售服务进出口贸易类；计算机信息通讯类；机械制造加工设备修理类；电气电子设备制造装配类；运输船舶飞机装配制造类；冶金电力类、纺织轻工制造类；食品饮料烟酒制造类；化工、制药、生物类；检验测量标准类；印刷包装广告艺术设计类；金融保险财会类；社会服务居民生活服务类；文化教育培训科学研究类；文艺媒体美术体育类；医药卫生保健护理类；法律安全消防类；环境保护海洋气象工程类；农林渔牧采矿类；管理人员和行政后勤类；机关事业和社会团体类；其他不便分类的职业(工种)。

二、职业特征

根据职业产生的发展历史及其对人类社会发展的影响，职业具有以下特征。

(一)产业性

一个国家一个社会，就大的方面可以分为三类产业，第一产业和第二产业都是物质生产部门，第三产业虽然并不生产物质财富，但却是社会物质生产和人民生活必不可少的部门。在传统农业社会，农业人口比重最大。在工业化社会，工作领域中的职业数量和就业人口显著增加；在科学技术高度发达和经济发展迅速的社会，第三产业职业数量和就业人口显著增加。

(二)同一性

相同或相似的职业，其劳动条件、工作对象、生产工具、操作内容相同或相近。由于处于相同环境中的人们会形成同一的行为模式，有共同的语言习惯和道德规范，因而会形成诸如行业协会、商会等组织。

(三)差异性

不同职业间存在着很大的差异，如劳动条件、工作对象、工作性质、工作方式及报酬等都不相同。这体现了社会本身的多种分工和劳动者相互间的差异。随着社会的进步和发展，新的职业，如经纪人等将会不断涌现，各种职业间的差异也会不断变化。

(四)职位性

所谓职位是一定的职权和相应责任的集合体。职权和责任是组成职位的两个基本要素。职权相同，责任一致，就是同一职位。在职业分类中，每一种职业都含有职位的特性。从社会需要角度来看，职业并没有高低贵贱之分，但是，现实生活中由于对从事职业的素质要求不同以及人们对职业的看法或评价不同，职业便有了层次之分。这种职业的不同层次往往是由于不同职业体力、脑力劳动的付出、收入水平、工作任务的轻重、社会声望、权力地位等因素决定的。

(五)组群性

无论以何种依据来划分职业都带有组群特点，如科学研究人员中包含行学、社会学、经济学、理学、工学、医学等。又如咨询服务事业，包括科技咨询工作者、心理咨询工作者、职业咨询工作者等。

(六)稳定性

社会分工要求劳动者相对稳定，这样才能不断积累经验，不断丰富各个职业门类的知识。任何一个相对复杂的职业都需要具备一定的专业素质、能力素质、身体素质和道德素质的从业者。职业对从业人员的素质要求越高，该职业的稳定性也就越高。

(七)时空性

随着社会的发展和进步，职业变化迅速，除了弃旧更新外，同一种职业的活动内容和方式也会发生变化，所以职业的划分带有明显的时代性。不同时代，有不同的热门职业。我国曾出现过的“当兵热”“从政热”，后又发展到“下海热”“外企热”等，这些都反映出特定时期人们对某种职业的热衷程度。

职业规划

中国职业规划师协会的定义是：职业规划是对职业生涯乃至人生进行持续的系统的计划的过程，它包括职业定位、目标设定和通道设计三个要素。

职业规划也叫“职业生涯规划”。第一，个人内在要素包括职业性格、兴趣、职业价值观等；第二，本身的商业价值包括已具备的知识、技能、经历、人脉；第三，外在环境要素包括宏观产业、组织、家庭三个方面。在对这些要素综合分析与权衡的基础之上确定出一个人当下时间状态的一个最适合的职业发展方向，并为实现这一目标做出行之有效合理的安排及计划；最重要的是，职业规划是一个动态的持续的过程，每个人要根据环境的变化，而不断地自我规划，最终实现自我目标和价值。高职学生做好职业规划对未来的发展至关重要。

第四节　常见职业病与体育干预

一、常见职业病的形成与运动预防

(一)站姿类职业病的形成与运动预防

1.扁平足

扁平足就是足弓塌陷。

(1)致病原因

长期保持站立姿势,会使足部负担过大,若加上鞋子不合适,容易引起足部疼痛,严重时会引发扁平足。

(2)运动预防

防治扁平足的主要方法是做矫正体操。矫正体操的重点是锻炼胫骨前肌、腓骨长肌、胫骨后肌、屈指长肌及足部肌。如足尖走、足跟走、足外侧走、踢毽子等,以及坐位时进行足内翻、足趾屈伸和分开并拢、足趾钳物等练习。每日锻炼1～2次,每次20～30分钟。

2.下肢静脉曲张

下肢静脉曲张是指下肢浅静脉系统处于伸长、蜿蜒而曲张的状态。

(1)致病原因

除个别因患先天性静脉壁薄弱病变外,多因长时间站立或重体力劳动腹压增大,加重了下肢静脉内的压力,久而久之引起静脉扩张、延伸甚至曲张,最终导致静脉瓣膜机能不全。

(2)运动预防

①平时要多做双腿上下摆动或蹬夹练习,多做腿部按摩。

②站立时,不要总用两条腿一起支撑全身重量,可有所侧重,让两条腿轮换休息。站立时,要经常踮起脚来,让脚后跟一起一落活动,或经常进行下蹲练习。上述动作都能引起小腿肌肉强烈收缩,减少静脉血液积聚。

③下肢静脉曲张的人,因为静脉瓣膜有损坏,故应该避免像举重、跳远、短跑、投掷等引起腹压增高的活动,但是可以从事游泳、慢跑、自行车、跳绳等运动。仰卧蹬骑自行车对于防治单纯性下肢静脉曲张有较好的锻炼效果。患者仰卧在床上或地板上,双腿悬空做类似骑车蹬踩动作,可以改善站立过久带来的下肢胀痛、沉重等症状。对于那些症状轻或尚未出现明显病痛的患者,可配穿医用弹力袜或绑腿,进行诸如健身跑、自行车、体操等肢体运动,这有助于下肢有规律的运动与肌肉舒缩,从而发挥小腿“肌肉泵”的作用,防止腿部静脉瘀血。各种呼吸练习有助于调节胸腹腔的压力,所以在运动中也应注意调节呼吸。

3. 下背痛

下背痛又称腰背痛，是指一组以下背、腰骶和臀部疼痛为主要症状的综合征。下背疼痛是现代文明病。

(1)致病原因

下背痛的致病原因较多，病理机制复杂，但是各种原因的下背痛均在不同程度上与腰部肌肉疲劳和收缩能力下降有着互为因果的关系。礼仪小姐、餐厅服务员、警察等，他们的肌肉、韧带等组织因为长时间支持腰椎处于同一个姿势，久之将过度耗损，导致肌肉等组织僵硬、疲劳。此外，长时间姿势的不正确，会导致腰椎和骨盆的肌肉组织僵硬，腰椎与骨盆关节长期错位，因而也会造成脊椎关节组织的退化变形。

(2)运动预防

预防下背痛的方法主要是保持正确的姿势，站立时尽量使头部、颈部、胸椎及腰椎保持成直线，不要驼背，也不要腹部过度前挺。适度的运动可以训练肌肉的力量及耐力，以竖脊肌为主的腰部肌肉是人体重要的姿势肌和动作肌，对维持躯干的正直姿势起到了重要作用，因此着重强化核心肌肉群，增加肌力及肌耐力并矫正姿势，进而可以起到预防及治疗下背痛的作用。选择运动项目时应考虑轻量的运动，如打太极拳、练习气功和游泳。此外，应注意适度休息。如果工作需要比较长的时间，大约 20 分钟便要起身做个简单的伸展操，使肌肉得到松弛再继续工作，以免肌肉长期处于紧张状态。

(二)坐姿类职业病的形成与运动防治

1. 颈椎病

颈椎病是一种常见病，是指颈椎间盘退行性改变、颈椎骨质增生以及颈部损伤等引起颈段脊柱内外平衡失调、刺激或压迫颈部神经、血管而产生一系列症状。主要症状是颈部和背部的功能障碍和疼痛，表现为颈部、肩部、上肢麻木和头晕。

(1)致病原因

主要因为长时间伏案劳作，使颈椎长时间处于屈曲位或某些特定体位，不仅使颈椎间盘内的压力增高，而且也使颈部肌肉长期处于非协调受力状态。颈部的肌肉细长而不丰厚，易受牵拉劳损，椎体前缘相互磨损、增生，再加上扭转、侧屈过度，进一步导致损伤而引起各种病变。

(2)运动预防

①在工作(劳动)中应经常做几秒钟的抬头动作，活动活动颈部。

②加强头颈部的活动，如颈部旋转或侧摆运动等。

③在业余活动中要重视颈部的活动。

④应加强颈肩部肌群力量和柔韧性练习。

2. 腰肌劳损

腰肌劳损又称“功能性腰痛”或“腰背肌筋膜炎”，主要是指腰骶部肌肉、筋膜等软组织慢性损伤。其主要症状为腰或腰骶部酸痛或胀痛，部分刺痛或灼痛。

(1)致病原因

主要是坐位姿势,一般呈弓起背部向前微倾状态。长时间保持这种坐位姿势,腰部肌肉超负荷做功,处于持续的紧张状态,使小血管受压,供氧不足,代谢产物堆积,刺激局部而形成损伤性炎症。此外,急性腰扭伤也是导致腰肌劳损的重要原因。

(2)运动预防

①工作时要经常变换体位,纠正不良姿势。要重视和加强腰部的活动。

②平时要加强腰背肌及脊椎间韧带的锻炼和保护,在进行体育活动或搬抬重物前要做好准备活动,防止突然用力使腰部扭伤。

③在业余体育活动中,可以每天倒走几次,每次3～5分钟。

④经常参加太极拳、五禽戏、健身操的锻炼。这些传统的健身方法对于预防腰肌劳损很有益处。

⑤应加强腰部肌群的力量和柔韧性练习。

3.肩周炎

肩周炎又称肩关节组织炎,这是肩周肌肉、肌腱、滑囊和关节囊等软组织的慢性炎症,肩周炎在50岁左右的人中比较常见,女性多于男性,左侧较右侧多见,双侧同时发病者少见。

(1)致病原因

主要因为肩关节是人体全身各关节中活动范围最大的关节,其关节囊较松弛,关节的稳定性大部分靠关节周围的肌肉、肌腱和韧带的力量来维持。由于肌腱本身的血液供应较差,而且随着年龄的增长会发生退行性改变。办公室工作人员由于长期伏案工作,肩部的肌肉韧带会长期处在紧张状态,加之肩关节平常活动比较频繁,周围软组织经常受到来自各方面的摩擦和挤压,故易发生慢性劳损。

(2)运动预防

①站立,两脚同肩宽,两臂轻轻前后摆,并逐渐增大摆动幅度,每天早晚各一次,每次50～100下。

②提物站立,两脚同肩宽,上身向前弯,患肩周炎侧前臂向下做捞物动作,每天早晚各一次,每次30～50下。

③画圆圈站立,两脚同肩宽,身体不动,两臂分别由前向后画圆圈,画圆范围由小到大,每天两次,每次50～100下。

④按摩与被动运动:肩部按摩能起到改善血液循环、减轻肌痉挛和松解关节黏连的作用。按摩配合被动运动,可增大肩关节的活动范围。但要注意按摩的力度,手法一定要轻柔,以免症状加重。

知识拓展

职业倦怠

"职业倦怠症"又称"职业枯竭症",它是一种由工作引发的心理枯竭现象,是上班族在工作的重压之下所体验到的身心俱疲、能量被耗尽的感觉,这和肉体的疲倦劳累是不一样的,而是缘自心理的疲乏。一个人长期从事某种职业,在日复一日重复机械的作业中,渐渐会产生一种疲惫、困乏,甚至厌倦的心理,在工作中难以提起兴致,打不起精神,只是依仗着一种惯性来工作。因此,加拿大著名心理大师克丽丝汀·马斯勒将职业倦怠症患者称之为“企业睡人”。

职业倦怠最常表现出来的症状有三种。

(1)对工作丧失热情,情绪烦躁、易怒,对前途感到无望,对周围的人、事物漠不关心。

(2)工作态度消极,对服务或接触的对象越发没耐心、不柔和,如教师厌倦教书,无故体罚学生,或医护人员对工作厌倦而对病人态度恶劣等等。

(3)对自己工作的意义和价值评价下降,常常迟到早退,甚至开始打算跳槽甚至转行。

二、不同职业的体育干预

(一)以体姿划分的职业特点与体育干预

以体姿划分的职业特点,可分为“伏案型”和“站立型”,即以坐为主的职业和以站为主的职业两类。

1.以坐为主的职业

(1)职业工作特征

该类职业以脑力劳动为主,以长时间“伏案型”为主要工作方式,工作责任心要求相当高,工作环节要求细致严密,注意力的集中度强。该类职业从业人员必须精神饱满,情绪稳定,有较强的自我控制能力和排除干扰的能力,有比较强的应变能力,反应速度快,并且有高度的适应能力和抗疲劳能力。

长期“伏案型”工作容易造成血液循环不畅,腿脚不灵,体力不支,代谢水平降低,眼睛、颈部、背部酸疼,反应迟钝,肠胃功能降低,同时也会导致心肺机能下降等不良身体反应。久坐不动还是痔疮、颈椎病、腰痛病和坐骨神经痛等“职业病”的祸根。

(2)体育干预措施

针对这类职业的工作特征,可有针对性地选择如隔网球类项目、健美运动、健身走和跑步等锻炼手段。

①隔网球类项目:可以发展腰背肌肉力量、心肺机能和一般耐力素质,对于培养协作精神与意志力,培养抗挫能力和创新能力有积极作用。

②健美运动:可以塑造形体健美形象,发展身体腰背肌肉力量和颈部肌肉力量。

③健身走和跑步:促进新陈代谢,保持良好的情绪与工作状态。

④综合性练习:颈部旋转运动、手臂旋转运动、双臂背后拉伸、耸肩运动、扩胸运动、体侧运动、体转运动、扭髋运动、手指伸展运动、跳跃运动、俯卧撑、对墙倒立、仰卧举腿等。

2. 以站为主的职业

(1)职业工作特征

该类职业以站立或行走为主要身体姿势,工作责任心要求相当高,工作环节要求细致严密,服务敏感性强,职业人员必须精神饱满、情绪稳定,有较强的自我控制能力和排除干扰的能力,有比较强的应变和应急能力,并且有高度的适应能力和抗疲劳能力。

长时间从事该类职业易患静脉曲张、关节炎、髌骨劳损和腰肌劳损、腰椎间盘突出症,甚至出现驼背、塌腰、屈膝等职业病。

(2)体育干预措施

针对这类职业的工作特征,可有针对性地选择如体能训练与保健按摩、防身防卫、野外生存、轮滑、慢跑等练习手段。

①体能训练与保健按摩:可以培养一般性耐力素质、抗疲劳能力、身体平衡能力、肢体反应敏捷性与应急能力;了解职业工作疲劳状态下积极性休息的基本保健按摩技术与应急状态下的急救常识。

②防身防卫:培养一般性灵敏素质,发展腰背肌肉力量,培养竞争意识、迅速反应能力、应急能力、随机应变能力和吃苦耐劳的精神。

③野外生存:培养一般性耐力素质、抗疲劳能力与应急能力,发展上下肢力量、平衡能力和灵敏素质。

④轮滑:发展下肢力量,改善身体的平衡能力。

⑤慢跑:可积极地促进新陈代谢,保持良好的情绪与工作状态。

⑥综合性练习:伸展运动、体前屈运动、抱膝运动、旋转运动、捶击双臂、拍打双腿运动、合脚掌压膝;长跑、仰卧起坐、站立提踵、向后行走、倒退跑等。

(二)以体力划分的职业特点与体育干预

以体力划分的职业,可分为以力量为主的职业、以灵巧为主的职业和以耐久为主的职业三类。

1. 以力量为主的职业

(1)职业工作特征

该类职业对耐力与力量有一定的要求,从业人员经常从事一些耗费体力的工作。因此,该类职业的从业人员必须精神饱满,情绪稳定,具有较强的自我控制能力和较强的应变、应急能力,并且有高度适应能力和抗疲劳能力。

(2)体育干预措施

针对这类职业的工作特征,可有针对性地选择如定向越野、游泳、网球、踏板操、跳绳等练习手段。

①定向越野:培养一般耐力素质,抗疲劳能力与应急能力,发展下肢力量,培养生存能力、环境适应能力及吃苦耐劳精神。

②游泳:游泳运动是一项运用身体大肌肉的有氧运动。运动时的最大心率控制在每分钟

150～160次，对提升体能很有帮助。游泳运动可以培养一般耐力素质，发展腰背肌肉力量和躯干肌力量，提高上下肢动作的协调性和准确性。

③网球：可以发展上肢力量、心肺机能和一般耐力素质，对于培养抗挫能力、意志力、创新能力有积极作用。

④踏板操：踏板操是一种有氧运动。经常参加踏板操锻炼，可以发展下肢力量和躯干肌力量，提高上下肢动作的协调性和准确性。

⑤跳绳：跳绳能够增强人体的心血管系统、呼吸系统和神经系统的功能，可以预防诸如糖尿病、关节炎、肥胖症、骨质疏松、高血压、肌肉萎缩、高血脂、失眠症、抑郁症、更年期综合征等多种病症，也有利于女性的心理健康。

⑥综合性练习：各种走，左脚和右脚交换跳跃，体操棒、体操环、实心球、哑铃练习，爬绳，滚翻，头手倒立，重物投掷目标，装配和摆放物件，肋木练习，负重和对抗练习等。

2.以灵巧为主的职业

(1)职业工作特征

该类职业对身体各部位的协调性和灵活性要求较高。该类职业的从业人员必须精神饱满、情绪稳定，有较强的自我控制能力，注意力集中，持续时间较长，有高度适应能力和抗疲劳能力。因为长时间工作对身体的影响是多方面的，其疲劳多为全身性的。

(2)体育干预措施

针对这类职业的工作特征，可有针对性地选择如篮球、乒乓球、健美运动、柔道等练习手段。

①篮球：培养一般耐力素质，发展手指的灵巧性，上肢动、静力和耐力，躯干肌力量。

②乒乓球：重点发展手腕的灵巧性和手腕力量，发展注意力的集中与分散能力，培养抗挫能力和顽强的意志力。

③健美运动：可以塑造形体健美形象，发展身体腰背肌肉力量、颈部肌肉力量，提高身体的协调性与柔软性。

④柔道：发展身体的灵敏素质，发展腰背肌肉力量，培养迅速反应能力、应急能力和吃苦耐劳精神。

⑤综合性练习：哑铃、实心球、橡皮减震器、体操凳和肋木练习，杠铃、壶铃练习，举重和搬运重物，投掷小球，运动准确性和灵活性练习，集中注意力游戏练习等。

3.以耐久为主的职业

(1)职业工作特征

该类职业要求从业人员长久地保持同一姿势处于同一工作状态下，特定的工作要求该职业人员必须精神饱满、情绪稳定，有较强的自我控制能力，有高度适应能力和抗疲劳能力。长时间、高强度的工作，容易造成疲劳、焦躁、神经衰弱、精神疲惫，没有心情进行日常活动，无法集中精神做事等症状。

(2)体育干预措施

针对这类职业的工作特征，可有针对性地选择如拓展训练、防身防卫、游泳、非隔网球类项目等练习手段。

①拓展训练:培养竞争能力、开拓创新能力、协作精神、吃苦耐劳的精神以及意志力、注意力和抗挫能力等非智力核心能力。

②防身防卫:发展腰背肌肉力量,培养竞争意识、随机应变能力和吃苦耐劳精神。

③游泳:重点发展心肺机能、身体协调素质、腰背肌肉力量与一般耐力素质。

④非隔网球类项目:通过非隔网球类项目(如篮球、足球等)练习,在充分发展灵敏性、一般耐力的同时,对培养团结协作精神、提高竞争意识和顽强的意志力与忍耐力有积极作用。

⑤综合性练习:各种跑跳练习,各种跳绳,各种距离定时定速跑,各种越野障碍跑、跳、钻等活动,越野跑等。

·基础项目篇·

第五章　跑类运动

学海导航

跑类运动是田径运动的重要组成部分,它是一种通过自身做快速移动的运动。在学校开展的田径运动会中,跑类运动的项目数量占比很大,而在大型田径赛事中也是如此,由此足以看到跑类运动的重要性。通过本章的学习,高职学生可以对常见跑步运动的知识有所了解,并基本掌握相应技术。

第一节　跑类运动概述

一、短跑运动的发展概况

(一)短跑运动的起源

短跑运动项目经历了一个十分漫长的历史过程,其最早可追溯到上古时代,起源于早期人类的生产和生活活动之中。上古时期人们为了获得生活资料,在与大自然做斗争的过程中练就了快速的奔跑能力,这种快速的奔跑能力被作为一种技能代代相传,被认为是现代短跑运动最原始的雏形。

(二)短跑运动的发展

短跑运动项目发展至今已成为田径运动不可缺少的项目之一。公元前 776 年,第 1 届古代奥运会在希腊的伊利斯城邦的奥林匹亚举行,而短距离赛跑则成为该届古代奥运会的唯一一项运动项目，当时短距离赛跑称为场地赛跑。第1届古代奥林匹克运动会上的场地赛跑中，伊利斯城邦的厨师科罗巴斯经过多轮的角逐，获得了最后的胜利，摘取了第1届古代奥运会上唯一的桂冠，成为古代奥林匹克运动会历史上的第一个冠军，由此科罗巴斯获得了很高的荣誉。在科罗巴斯的一生中，因为这次的成就而一直受到人们的尊崇，使他在以后众多的优胜者中间始终处于领先的荣誉地位。据说，科罗巴斯的坟墓被葬在伊利斯和希腊之间，成为这两个强大城邦的边界石，以此象征永久的和平。

场地赛跑的距离为192.27米，相传这是大力神脚长的600倍，当时的古希腊人把这项短跑运动称之为“斯泰德”(Stadion)，意为“场地跑”。“斯泰德”比赛跑道仅是一条笔直的场地，场地上没有分道线，只是在起跑线上每隔1米的地方放一块石头作为分道的标志，且对于起跑后的抢道问题没有严格的限制，在起点和终点线上也均用插在地上的标枪作为标志。起跑时，竞技者把大石块置于脚后，借蹬石的力量来加快起跑速度，这是现代田径运动中短跑项目运动员起跑器的最早雏形。

公元前724年，从第14届古代奥林匹克运动会开始，平铺在地上的石板线取代了原短跑比赛跑道两头的标枪而成为新的起跑线标志。奥林匹克运动会上的起跑石板线是逐段分开的，共20段，每段容1人，竞技者在比赛时可独自横占大约1.3米的距离。整个竞赛场可容纳20个运动员一起比赛。随着每届参加比赛的人数不断增多，比赛通常都要分批进行，每批的参赛者的人数多少以便于观察为准，比赛运动员是批次和道次采用抽签的方法来决定。当时在起跑点的石板上还刻有两条平行槽，两槽之间的距离大约为0.23米，这表示当时的运动员在起跑时双脚是一前一后的，且身体直立前倾在起跑槽(即当时的起跑线)上，等待裁判发令。据史料记载，当时的竞赛规则很严格，谁只要偷跑一步，就要受到鞭打的处罚，然后重新从起跑线上跑起。

古代奥林匹克运动会场地跑的优胜者不是以计算成绩快慢的方法来确定的，而是要求在每轮淘汰赛中始终跑第一名，然后才有资格进入下一轮，并且一直要坚持到最后一轮决赛为止。因此，在古代奥运会上从未有“最高纪录”和“破纪录”之类的成绩记载，除了一名绝对的优胜者外，其他选手都意味着失败。

作为古代奥林匹克运动会第一项比赛项目，场地跑在古代奥运会史上有其非常重要的地位。从第1届到第7届古代奥运会，场地赛跑都是唯一的比赛项目，在第7届奥运会上(公元前724年)，中距离跑被列入古代奥运会的比赛项目，但场地赛跑仍是最主要的项目，因此，在古代奥林匹克运动会的前期，场地赛跑一直占据主导地位。

场地赛跑这项古代奥运会的短跑项目，对现代奥运会的短跑项目有着很深的影响，它给现代的短跑运动提供了雏形。现代短跑比赛中的100米、200米、400米比赛当中，仍可隐约地看到当年古代奥运会场地赛跑的影子。今天的田径场地和古代奥运会的场地赛跑一样也是在赛前划好跑道；古希腊场地跑运动员的起跑姿式也被今天的运动员接受并被加以改进；古希腊运动员在场地赛跑中起跑时用的蹬石逐渐演变成了现代田径比赛中先进的起跑器。

现代奥林匹克运动会复兴于公元1894年，1896年进行了第1届现代奥林匹克运动会，设男子100米和400米两个项目，在以后的历届奥林匹克运动会中，短跑项目都是必设的运动项目之一。

二、中长跑运动的发展概况

(一)中长跑运动的起源

中长跑的历史源远流长,其发端同样可以追溯到远古时代人类为了生存捕捉猎物而形成的长时间的奔跑技能。在人类历史进入阶级社会以后,战争频繁发生,中长跑逐渐演变成为一种训练士兵的手段,在中国的古代、近代史料中也有相关记载。

(二)中长跑运动的发展

最早的关于中长跑作为竞赛项目的记载是在公元前 724 年第 14 届古代奥运会上,该届奥运会增设的一项叫作"狄奥洛斯"的往返跑,距离约为 384 米。第 15 届古代奥运会上又增设了一项叫作"道力霍斯"的往返跑,距离约为 4 608 米。

现代中长跑运动兴起于英国,18 世纪初英国的一部分穷人为了挣钱糊口,经常在一些重大节日里为观众表演赛跑。19 世纪中叶,中长跑得到广泛开展并出现了首批公认的世界最佳成绩。

1896 年第 1 届现代奥运会在希腊的雅典举行,作为竞赛项目,本次运动会设立了男子 800 米和 1 500 米的比赛项目。1912 年第 5 届现代奥运会在瑞典的斯德哥尔摩举行,本届奥运会增加了男子 5 000 米和 10 000 米的比赛。女子 800 米于 1928 年在荷兰阿姆斯特丹举行的第 9 届奥运会上首次被列为比赛项目;女子 1 500 米于 1972 年在慕尼黑举行的奥运会上首次被列为比赛项目;女子 3 000 米于 1975 年在国际田联罗马会议上被承认其世界纪录;女子 5 000 米于 1994 年由国际田联决定取代 3 000 米跑,使女子中长跑项目同男子项目基本一致;女子 10 000 米于 1983 年起被正式列为比赛项目,1988 年汉城第 24 届奥运会首次设置女子 10 000 米比赛。

1840 年的鸦片战争以后,近代中长跑传入中国。1906 年,京师大学堂第二次运动会设立了男子 600 米和 800 米比赛;1910 年旧中国第 1 届全国运动会中长跑设一项男子 880 码,1919 年增加男子 1 英里、5 英里赛跑;1948 年旧中国第 7 届全国运动会中长跑项目男子设有 800 米、1 500 米和 10 000 米。20 世纪 60—80 年代,世界中长跑的成绩突飞猛进。我国男子长跑在 20 世纪 80 年代进步较快,但没有大的突破。

20 世纪 70 年,随着国际田联逐渐把女子中长跑列入比赛项目,我国也开始增加了女子中长跑项目,女子中长跑由于"马家军"的出现,进步突出,在 1993 年曲云霞和王军霞共打破 1 500 米、3 000 米、10 000 米三项世界纪录,令世界田径界刮目相看。在此后进行的多届奥运会中,我国中长跑选手均有一定的斩获,为我国田径继续书写着辉煌。

三、障碍跑运动的发展概况

障碍跑是中长距离跑与跨越障碍技巧相结合的田径运动项目。障碍跑对运动员的要求更高,需要运动员掌握更多方面的技巧。经常参加障碍跑练习,可以发展耐力,提高内脏器官机能，培养勇敢顽强和不怕吃苦的优良品质。

障碍跑起源于英国，其前身是越野跑，运动员在越野跑的途中，要越过天然的障碍和人工的障碍(壕沟和栅栏)。1837 年在英国列格比城的学校运动会上，首次举行了障碍跑比赛。稍后，这个项目逐渐在其他国家开展起来。在 1900 年第 2 届奥运会上，障碍跑被列为正式比赛项目。第 3 届奥运会只列入 2 500 米障碍跑。第 4 届奥运会将障碍跑的距离增加到 3 200 米。第 5 届奥运会暂时取消了障碍跑项目。1920 年第 7 届奥运会上，时隔两届奥运会，障碍跑项目才重回奥运大家庭，此时的障碍跑距离被定为 3 000 米。国际田联审定的田径竞赛规则中，有距离为 3 000 米和 2 000 米的两种障碍跑，3 000 米障碍跑须越过 28 次障碍架和 7 次水池，2 000 米障碍跑须越过 18 次障碍架和 5 次水池。比赛在田径跑道上进行，部分段落在跑道内侧或外侧(视水池位置而定)进行。通常所说的障碍跑就是指 3 000 米障碍跑。从第 8 届奥运会起，芬兰运动员连续四次在奥运会上包揽了这个项目的冠军。这个项目最突出的运动员是沃·伊索霍洛。

3 000 米障碍跑虽然很早就列入奥运会比赛项目，但确立世界纪录是男子项目最晚的一项。1954 年 8 月，匈牙利运动员山·罗日纽伊创造出 8 分 49 秒 06 的成绩，被国际田联批准为第一个世界纪录。

20 世纪 50 年代初到 60 年代末，欧洲运动员垄断了 3 000 米障碍跑的所有世界纪录，这也是欧洲障碍跑项目发展的一个高峰。在奥运会的比赛中，基本上是欧洲人占绝对优势。波兰、原苏联、比利时和芬兰的运动员曾多次打破该项的世界纪录。其中突出的是波兰人兹·克希什科维雅克(8 分 30 秒 4，1961 年)，原苏联运动员运动员弗·杜廷(8 分 22 秒 2，1969 年)，比利时人加·罗兰茨(8 分 26 秒 4，1965 年)，芬兰人约·库哈(8 分 24 秒 2，1968 年)。

20 世纪 60 年代后期，欧洲的障碍跑运动员颠覆了他们的垄断地位，由全部垄断世界纪录到了一块奖牌也没有获得。1968 年在墨西哥城举行的第 19 届奥运会 3 000 米障碍跑比赛中，欧洲运动员一块奖牌未得。肯尼亚获得金、银牌，美国获得铜牌。从第 19 届到第 24 届连续六届奥运会 3 000 米障碍跑的比赛中，肯尼亚的运动员获 4 次冠军，非洲运动员夺得 50% 的奖牌。由此可见，障碍跑运动项目已经走向全世界，不再专属于欧洲，而且这个项目的优势已转向非洲。肯尼亚运动员本·吉普乔开始向欧洲人垄断多年的世界纪录进行冲击。1973 年在赫尔辛基举行的两次比赛中，他先后以 8 分 19 秒 8 和 8 分 14 秒 0 两次刷新世界纪录。此后，欧洲人又再次领先，瑞典人安·格尔德鲁德三次打破世界纪录，他的最好成绩是 8 分 08 秒 2 (1976 年)。肯尼亚运动员急起直追，亨·罗诺又夺回世界纪录(8 分 05 秒 4，1978 年)，波·科埃奇又把世界纪录提高到 8 分 05 秒 35(1989 年)。基普塔努伊于 1992 年创造出 8 分 02 秒 8 的世界纪录。世界障碍跑也逐渐进入了快速发展的新阶段。

1956 年，我国将 3 000 米障碍跑列为全国田径运动会的比赛项目。第一个全国纪录是田秀东创造的，成绩为 9 分 53 秒 6。20 世纪 60 年代冀成文创造了 8 分 57 秒 7 的全国纪录。20 世纪 70 年代李文亮又把纪录提高到 8 分 47 秒 1。20 世纪 80 年代我国有些省份相继组建 3 000 米障碍跑训练队，运动水平提高得较快。王占魁(8 分 39 秒 9，1981 年)和程守国(8 分 37 秒 33，1986 年)均创造了全国纪录。20 世纪 90 年代高树海以 8 分 34 秒 32 的成绩(1991 年)打破全国纪录；孙日鹏在第 7 届全国运动会上又把全国纪录提高到 8 分 24 秒 87(1993 年)，并获得冠军。

四、接力跑运动的发展概况

(一)接力跑运动的起源

接力跑运动是一个由多人团结协作共同努力来完成的跑类运动项目,属于由短跑和传、接棒技术组成集体配合的径赛项目。关于接力跑运动的起源有多种说法,比较具有代表性的主要有以下三种。

(1)接力跑是由非洲黑人接力运送木材演变来的。据说非洲人在道路崎岖的茂密森林砍伐木料,运送困难,于是采用了接力的方法。在搬运木材的过程中,彼此进行速度比赛,看谁搬得快,运得多。

(2)接力跑起源于一种接力游戏,相传在17世纪时,葡萄牙的一艘军舰外出,水兵上岸游玩时发现当地居民聚在一起进行一种有趣的游戏。游戏者分成人数相等的若干组,每组有二人拿着空坛,比赛开始后,持空坛的人迅速跑到50米外的水坛,将水倒入空坛,然后拿着空坛跑回交给本组第二个人,如此循环往复,直至全组成员跑完,最先跑完的一组获胜。葡萄牙水兵将这种接力的游戏带回欧洲并加以改变,以木棒代替空坛,很快就成为学校中十分受学生欢迎的一项活动,后又演变成为田径运动中的接力赛跑。

(3)接力跑起源于古代奥运会祭祀仪式中的火炬传递。

(二)接力跑运动的发展

从接力跑运动的历史来看,其主要有男子4×200米、男子4×800米、男子4×1 500米、男子4×880码、男子4×1英里以及异程接力跑比赛。目前,接力跑包括场地接力跑和公路接力跑两种,在正式的田径运动的大型比赛中,接力跑的比赛项目一般设有男子4×100米、男子4×400米、女子4×100米、女子4×400米等。

在1908年第4届奥运会上,接力跑比赛被正式列入现代奥运会项目,该届奥运会首次将男子4×400米接力跑列为竞赛项目,但4名运动员所跑距离不等;1912年的瑞典斯德哥尔摩第5届奥运会上,男子4×100米接力首次被列为奥运会比赛项目,当时英国队以42.2秒的成绩获得冠军;1920年的比利时安特卫普在第7届奥运会上,美国队创造的42.2秒的成绩被认为是第一个正式的男子接力赛跑世界纪录;1928年的第9届奥运会上,首次进行了女子4×100米接力赛,加拿大队以48.4秒的成绩获得冠军;1936年的柏林奥运会上,德国队在预赛中跑出46.4秒的成绩被认为第一个女子接力赛跑世界纪录;女子4×400米接力开始较晚,原苏联莫斯科队于1969年以3分47秒40的成绩创造了第一个世界纪录;1972年女子4×400米接力首次被列入奥运会比赛,当时民主德国队获得冠军。

在旧中国历届全运会上,接力跑都被列为比赛项目。开始是880码、半英里、1英里接力。1924年旧中国的第3届全运会上,原有的接力跑形式被改为4×200米接力和4×400米接力跑。自1930年第4届全国运动会起设立了女子450米接力跑项目。1933年的第5届全运会有了4×100米接力跑,当时男子成绩为44.4秒,女子成绩为54.6秒。新中国成立以后,随着短跑成绩的提高,接力跑的成绩有了大幅度的提高。

2015年北京田径世锦赛男子4×100米接力决赛上，中国队创造第九道奇迹，以38秒01的成绩历史性摘银，成为史上第一个获得世锦赛奖牌的亚洲队伍。

第二节 短 跑

一、起 跑

起跑包括起跑前的准备姿势和起跑动作，要求反应快，起动有力，使身体由静止状态获得最大向前冲力(初速度)。因此，起跑技术对全程速度和成绩影响很大。

短跑的起跑按田径规则必须采用蹲踞式起跑，它包括“各就位”“预备”“鸣枪”(跑)三个过程。

(一)各就位

当运动员听到“各就位”的口令后，要轻松有信心的走到起跑线前，把有力的脚放在前面，身体下蹲，两手在起跑线前撑地，两脚前后分开约一脚半的距离，左右距离大约为10厘米，后膝跪地，两臂伸直，两手相距与肩同宽或稍宽于肩。四指并拢与拇指成“八”字形张开，虎口向前、头微低、颈放松，肩约与起跑线平齐、背微弓，两眼看前下方40～50厘米处，注意听“预备”的口令，如图5-1所示。

图 5-1

(二)预 备

当听到“预备”的口令后，两脚用力后蹬，后膝抬起，臂部提起稍高于肩，背微隆起，重心前移，两肩稍过起跑线。这时体重就要落在两臂和前腿上。前后腿、大小腿的夹角分别约为90°和120°，注意力高度集中听“枪声”。

(三)鸣枪(或跑)

当听到枪声后，两手迅速推离地面，屈肘前后有力摆动，同时两腿快而有力地蹬地，然后后腿以膝部领先迅速向前上方摆动。前腿充分蹬直，使髋、膝、踝关节成一直线，上体保持较大前倾。后腿前摆至最大限度后，大腿积极下压，用前脚掌在身体重心投影后下方落地。刚开始跑时注意步幅不宜过大,上体要逐渐抬起。

知识拓展

零抢跑

从 2010 年多哈室内世锦赛开始,国际田联将全面实行竞赛项目中的"零抢跑"规定,也就是说,所有选手,只要在比赛中抢跑,就将失去参赛资格,而不再像以往累计两次警告才被罚下。

2011 年 8 月 28 日大邱世锦赛的百米决赛上著名百米飞人博尔特抢跑被罚下。

二、途中跑

它是整个快速跑中的主要阶段,要求跑的放松,腿部动作幅度大,步子频率快,前脚掌积极而富有弹性地落地,用踝、膝积极缓冲过渡到后蹬。后蹬时摆动腿应迅速有力地向前上方摆出,积极带动髋关节前送迅速伸展膝、踝关节,最后用脚趾蹬离地面。后蹬角约为 50°。两臂的摆动有助于维持身体平衡、加快步频和加大步幅作用。摆臂时两手半握拳,肘关节自然弯曲成 90°,以肩为轴快速跑有力地前后摆动。跑动中面对前方,目视终点,颈部放松,躯干保持正直或稍前倾。

总之,在途中跑中要求动作轻松有力,协调自然,步幅要大,频率要快,重心平稳,跑成直线。呼吸要做到短而快,不可憋气。

三、终点冲刺

终点冲刺是全程的最后阶段,一般为 15～20 米。技术和途中跑基本相同,但要加强两腿蹬地力量和两臂的摆动,上体可适当前倾,到离终点最后一步时,上体要迅速前倾,用胸或肩撞终点线。

第三节　中长跑

一、起　跑

中长跑一般采用"半蹲式"起跑或"站立式"起跑。

(一)"半蹲式"起跑

运动员到起跑线后,有力的脚在前站在起跑线后沿,另一脚向后站立,两脚前后距离约一个脚掌。前腿的异侧臂支撑地面，支撑地面的手将拇指与其他四指分开呈“人”字形撑在起跑线后沿，另一臂放在体侧。这时的体重主要落在支撑臂与前腿上。这种姿势比较稳定，不容易造成由于重心不稳而导致犯规。听到发令员枪响后，两腿迅速并行蹬伸，后面的腿积极屈膝前摆，两臂则配合两腿的蹬摆动作进行屈臂前后摆动，整个身体向前俯冲，完成准备动作，为起跑后加速跑获得预先初速(图 5-2)。

(二)“站立式”起跑

两脚前后开立，有力的脚在前，脚尖紧靠起跑线后沿，前脚跟和后脚尖之间的距离约为一个脚掌长，两脚左右间距约为半个脚掌长(15～20 厘米)。体重大部分落在前脚掌上，后脚用脚尖支撑站立。两腿弯曲，上体前倾，头部稍抬，眼看前面 7～8 米处，身体保持稳定姿势，集中注意力听枪声。这时两臂的姿势有两种：一种是前腿的异侧臂在前，同侧臂在体侧；另一种是两臂在体前自然下垂。听到鸣枪或“跑”的口令时，两脚用力蹬地，后腿蹬地后迅速前摆，前腿充分蹬直，两臂配合两腿动作做快而有力地摆动，使身体迅速向前冲出(图 5-3)。

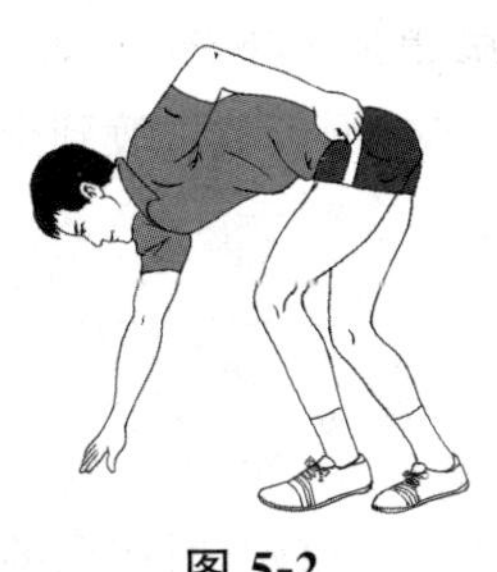

图 5-2

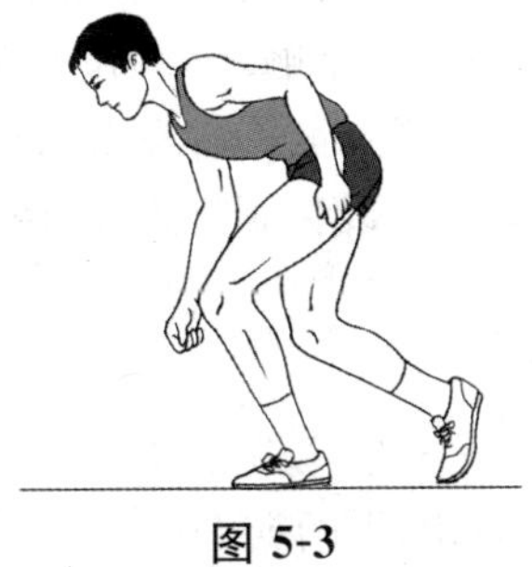

图 5-3

二、加速跑

在加速跑的过程中，上体前倾稍大，摆腿、摆臂和后蹬的动作都应迅速而积极。加速跑的距离主要根据项目、个人特点与比赛情况而定。一般 800 米要跑到下弯道才结束；1 500 米跑到直道末才结束，然后进入匀速而有节奏的途中跑。

三、途中跑

途中跑是中长跑的主要部分，因此，掌握途中跑的技术是极其重要的。途中跑技术要点如下。

(1)上体姿势。上体自然挺直，适度前倾 5°左右，跑的距离愈长，上体前倾角度愈小，胸要微微向前挺出，腹部微微后收，头部自然与上体成一直线，颈部肌肉放松，眼平视。尽量避免上体左右转动或扭动，后蹬时髋前送，以提高后蹬效果。

(2)摆臂。臂的摆动应和上体及腿部动作协调一致。正确摆臂能维持身体平衡，并有助于腿的后蹬。中长跑时，两臂稍离开躯干，肘关节自然弯曲，半握拳，两肩下沉，肩带放松，以肩为轴前后自然摆动，前摆稍向内，后摆稍向外，摆幅要适当，前不露肘、后不露手。摆臂动作幅度应随跑速大小而变化，感到疲劳时，可改为低臂摆动，以减小疲劳程度。

(3)腿部动作。当身体重心移过支撑点以后，支撑腿就进入了后蹬阶段。当摆动腿通过身体垂直部位继续向前摆动时，支撑腿的各关节要迅速伸直。后蹬时各关节要充分伸直，首先以伸展髋关节开始，在摆动腿积极前摆的配合下向前送髋，腰稍向前挺，此时膝关节、踝关节也积极蹬直，这样能够适当地减少后蹬角度，获得与人体运动方向一致的更大水平分力，推动人体更快地向前移动。在后蹬结束时，后蹬腿完全伸直，上体、臀部与后蹬腿几乎成一直线，摆动腿使小腿与蹬地腿成平衡状态。

后蹬腿蹬离地面后，人体进入腾空状态。其任务是最大限度地放松蹬地腿的肌肉，并积极省力地将大腿向前上方摆出。当后蹬腿的大腿向前上方摆动时，膝关节的有关肌肉群放松，小腿顺惯性与大腿自然折叠。当摆动腿的大腿摆至与地面垂直时，骨盆向摆动腿一侧下降，摆动腿的膝关节低于支撑腿的膝关节。这样摆动腿一侧的膝关节比较放松，使肌肉用力与放松交替控制得好。

当大腿膝盖摆到最高位置后开始下压时，膝关节也随之自然伸直，用前脚掌做“扒地式”的着地动作。当脚与地面接触之后，膝关节和踝关节弯曲，脚跟适度下沉，脚着地点更靠近重心投影点，落在重心投影点前一脚左右的地方。跑时可用脚掌外侧着地过渡到全脚掌，也可用全脚掌着地，着地动作要柔和而有弹性，两脚应沿着直线落地。

四、弯道跑

中长跑一半以上的距离是在弯道上进行的，为了克服沿弯道跑进时产生的离心力，在跑进时，身体需适当向左倾斜，跑速越快向左倾斜的程度越大。摆臂时，右臂向前摆的幅度稍大，前摆时稍向内，左臂后摆幅度稍大。摆动腿前摆时，右膝前摆应稍向内扣，左膝前摆稍向外展。脚着地时，右腿用前脚掌内侧着地，左腿用前掌外侧着地。弯道跑时，应靠近跑道的内沿，以免多跑距离。超越对手最好不要在弯道上进行。

五、终点跑

终点跑是在到达终点前的一段加速跑，其动作要求基本上和短跑相同。这时运动员已处于疲劳状态，此时运动员依靠顽强意志冲向终点。跑的动作应该是摆臂加快而用力，加强腿的后蹬与前摆。终点跑距离的长短，应根据个人余力、场上情况和战术要求而定。一般情况下，800 米跑可在最后 200～250 米开始加速并逐渐过渡到冲刺跑；1 500 米可在最后 300～400 米逐步加速。

参加中长跑锻炼时，在技术上有一个特别要求，就是要掌握好跑时的呼吸节奏，运用好正确的呼吸方法。正确的呼吸方法应该是口与鼻共同进行的，通常是采用微张口与鼻同时吸气，用口来呼气。在寒冷的季节里，吸气时为了避免冷空气直接从口腔进入体内，可采用卷起舌尖抵住上腭的口腔吸气方法来缓解冷空气吸入。呼吸的节奏应和跑步的节奏相配合。通常在慢速跑时，可采用三步一呼、三步一吸的方式，跑速加快时，可用两步一呼、两步一吸的方式。

肯尼亚人的长跑为何如此了得？

主流分析大致可分为先天和后天因素两大流派。后者的后天因素多为荣誉和经济角度的因素，因为在经济发展水平较低的肯尼亚，要想出人头地，唯一的、最直接的、最简单的方法就是跑出成绩，因此这里不对后天因素进行过多介绍。而前者先天因素又可细分为高海拔因素和基因因素。

(1)高海拔。肯尼亚长跑明星大多生长在两千多米的高海拔地区，因此肺活量过人。而且当地气候温和，全年都适合跑步。

这种说法很有道理，高原训练大家都听说过。不过，如果仅凭住在高海拔地区就能成为长跑高手，那么藏民和尼泊尔人应该比肯尼亚人更有资格主宰马拉松。

(2)基因。丹麦田径明星托马斯·诺兰曾经和一帮只受过3个月正式训练的肯尼亚青年比赛5 000米跑，结果后者轻松获胜。丹麦科研人员的结论是：肯尼亚人具有先天优势，这可能与他们“鸟一样的腿”有关。

《跑者世界》主编Amby Burfoot也认为，肯尼亚人善跑与他们的瘦长身材有关：一项对14名马拉松平均最好成绩2：07：16的肯尼亚人的调查显示，他们的身高(英寸)和体重比(磅)为0.53。这个比率越大越好。

第四节　障碍跑

一、跨越障碍栏架技术

竞赛规则允许运动员在跨越障碍栏架时，可以借助手、脚支撑或直接跨过。因此，运动员可采用“踏上跳下法”和“跨栏法”两种方法越过障碍栏架。优秀运动员多采用后一种方法。

(1)“踏上跳下法”越过障碍架技术。“踏上跳下法”是常用的过障碍的方法，但效果较差，用这种方法越过障碍架，由于有单腿在障碍架上的支撑过程，故身体重心较高，对运动员前进的速度产生一定的阻力，影响过障碍的速度。有些掌握跨栏法较好的运动员，在几名运动员簇拥而进，同时过栏的情况下，或由于疲劳的积累，不能很有把握跨越栏架时也可采用这种方法。

采用“踏上跳下法”越过障碍架前，应目测起跨点，调整步长，适当加快跑速。当起跨腿踏上起跨点后，摆动腿要屈膝向前上方摆出(图5-4①～③)，两臂向上摆，帮助身体重心上升，当起跨腿蹬离地面后，借助蹬地的反作用力顺势屈膝上提向摆动腿靠拢，形成一个团身姿势(图

5-4④），随着身体重心向前移，摆动腿的脚由上而下以前脚掌踏上障碍架横木并积极地屈膝缓冲，此时上体加大前倾（图 5-4⑤），起跨腿顺势过栏跳下向前跑进（图 5-4⑥～⑨）。支撑在障碍架上的腿，在蹬离障碍架时，和平时后蹬一样，不要做特别的用力。

图 5-4

采用“踏上跳下法”越过栏架时，应使身体重心尽可能低地从栏上通过，踏上栏架的腿弯曲成约 90°角。躯干加大前倾，成团身姿势。脚柔和地由上向下踏在栏架上，要避免对着栏架踏上，这样产生的阻力大而降低水平速度。蹬离栏架时不要过多用力，应与跑时的后蹬用力一样。采用“踏上跳下法”过栏，也必须掌握左右腿都能踏上的技术。

(2)“跨栏法”越过障碍架技术。障碍架的高度与 400 米栏相同，用“跨栏法”越过障碍架的技术也和 400 米栏的技术相似。但因为障碍架稳固在跑道上，碰、撞后不能向前倒，障碍架横木顶面又有 12.7 厘米的宽度，所以确定合理的起跨点对跨越障碍架有重要意义。

障碍跑比赛不分跑道，障碍栏架间的距离为 78 米（水池设在跑道内侧）。这两个因素决定了起跑到第一个障碍栏架和障碍栏架间，不可能用固定的步数去跑。因此，在训练中培养运动员的目测能力是准确踏上起跨点的必需条件；培养运动员左右脚都能正确地起跨攻栏，是保持跑的正确节奏和快速跨越障碍栏架的保证。

障碍跑属于中跑，跑的速度不是很快，起跨点距障碍架为 1.50～1.80 米。起跨前应适当加速，最后一步的步长要适当缩短，以减小着地时支撑反作用力的制动作用。起跨时，运动员的躯干稍向前，摆动腿以膝领先向前上方摆出。在骨盆前移的同时，开始蹬伸起跨腿。在起跨结束的瞬间，躯干与起跨腿几乎成一直线。

摆动腿的膝部达到障碍架的高度，即停止上摆。为了避免腿部碰撞栏架，起跨角要大，过障碍架时运动员臀部到栏顶留有 8～12 厘米的空余，在较好地掌握跨越障碍架技术时，逐渐减小这个空间。摆动腿在无支撑状态下伸直，躯干更加前倾，起跨腿屈膝从体侧向躯干提拉。过障碍架时，摆动腿积极下压。下拉后躯干前倾角度逐渐减小，摆动腿以前脚掌着地。下栏后运动员身体姿势与起跨攻栏时相似，能够保持跑的速度和节奏是正确技术指标之一。

障碍跑比赛中可能有多名运动员同时跨越栏架，也可能被对手包围在中间，影响目测起跨点和跨越栏架技术的发挥。因此，在训练中应加强心理和战术训练，排除这些干扰。

二、跨越水池技术

水池是最困难、消耗体力最大的障碍。这是因为运动员要先踏上障碍栏架，再由栏架上跳起，越过长 3.66 米的水池；比赛前几圈可能有几名运动员同时跨越水池；况且比赛的后几圈运动员要在疲劳的情况下跨越水池。因此，掌握正确的跨越水池的技术是非常重要的。

过水池的方法有两种：一是踏上水池前的障碍架，再由障碍架上跳过水池。二是用“跨栏法”既越过障碍架，又越过水池。许多优秀运动员多采用第一种方法。

(1)由障碍架跳过水池的方法。用这种方法过水池时，先踏上水池后沿的障碍架横木，再从障碍架上跳过水池。当运动员跑到距水池 15～20 米时，就应加快跑速，将跑速提高到能轻松地踏上水池前障碍架的程度。障碍架前最后一步适当缩短步长，起跨点距障碍架 1.50～1.80 米，避免身体腾起过高。正确踏上障碍架的动作，应和跑上障碍架一样。

运动员踏上起跨点，应从跑动中不停顿地转入后蹬起跨。当起跨腿踏上起跨点时，摆动腿的大腿迅速摆到水平部位(图 5-5①～③)，同时双臂配合向上摆臂提肩，带动身体快速向前上方腾起。在身体重心处于最高点时，躯干加大前倾，使身体重心处于较低的位置，摆动腿的脚用脚掌心柔和地踏在障碍架的横木上，这时膝关节弯曲成直角(图 5-5④～⑥)，使身体重心以较低的抛物线越过栏架，并减小踏上栏架产生的阻力。脚踏上横木后，随着身体的向前移动，以脚掌前排两颗鞋钉扒住横木的前沿，踏栏架的脚用力蹬扒，该条腿也用力带动身体向前移动使身体逐步移动到栏架上(图 5-5⑦)。当躯干移过栏架时，弯曲的支撑腿开始用力向前蹬伸，准备以蹬踏脚为中点，身体为轴，向前蹬踏(图 5-5⑧)，此时躯干前倾适度减少，以双臂动作维持身体平衡。这时身体进入第二次腾空，形成一个向前、向下的跨步姿势(图 5-5⑨、⑩)，具体跨步的距离和程度根据具体场地需要而定。接着前腿自然放下，后腿放松折叠向躯干靠拢，前小腿指向落点，膝关节几乎伸直(图 5-5⑪)。落地时身体重心落在落地腿上或稍前方，以承受身体的重量。在落地脚尚未接触水池前，后腿应超过落地脚，这样落地支撑后能迅速向前跑出。落地点在离水池前沿 30～40 厘米的水中(图 5-5⑫～⑭)。

(2)跨栏法。用“跨栏法”既越过障碍架，又越过水池。当运动员跑到水池前 15～20 米时，要加快跑速，力争跨越障碍架的一步(跨栏步)能跨得更远些。

与由障碍架跳过水池的方法相比，跨栏法具有其独特的特点。首先，跨栏法起跨点距离栏架相对较近，而跨过障碍架后的落地距离栏架要远，只有这样才能落在水池较浅的水中。其次，用“跨栏法”越过水池，要加快跑速，起跨时用力大，消耗能量较多，但身体重心的抛物线比第一种方法低得多,故跨越水池的速度要快得多。

图 5-5

第五节　接力跑

一、4×100 米接力跑

在现代田径运动中,接力跑项目的距离往往属于短距离,如 100 米接力和 400 米接力。所以,在所有的接力赛跑项目中都是在弯道起跑,且都采用蹲踞式起跑方式。从技术要求上讲,接力跑的起跑方法基本上与弯道蹲踞式起跑相同。但在起跑环节中有一点不同,那就是接力赛跑的第一棒队员,是拿着接力棒完成弯道蹲踞式起跑动作,第二、三、四棒的接力队员,都应在预先获得一定速度的情况下,完成传递棒任务,这也要求他们在自己的棒位进行起跑动作。接力赛跑的起跑,实际上应包含传棒队员(第一棒队员)和接棒队员的起跑两层意义。下面对具体的接力跑技术进行介绍。

(1)持棒方式。田径运动比赛规则要求第一棒队员持棒时接力棒不与地面接触。持棒方式主要有三种,具体如下。

第一种持棒方式是右手食指握住棒的后部,拇指与其他三指分开撑地(图 5-6①)。

第二种持棒方式是右手中指、无名指握住棒的后部,拇指、食指与小指分为三叉撑地(图 5-6②)。

第三种持棒方法是由拇指与食指撑地,其他三指握棒(图 5-6③)。

主要注意的是,无论采用什么样的握棒方式,都要以握牢棒并手支撑稳为原则。另外,一定要注意棒的后端不能触地。

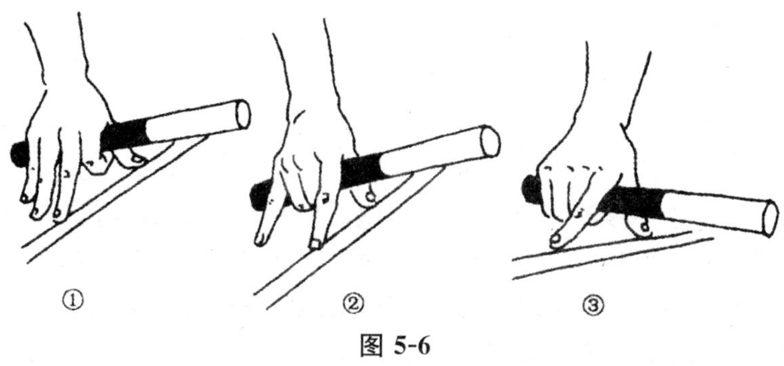

图 5-6

(2)起跑。

①持棒人的起跑(图 5-7)。由于是弯道起跑,因此在发令员喊出"各就位"后,运动员在做准备动作时,应使自己的整个身体面对切入弯道的切入点方向。这就要求在准备起跑之前,起跑器的安装要区别开弯道起跑和直道起跑,对于弯道起跑,起跑器的摆放位置就要做相应的调整。

在运动员做"各就位"动作时,左手撑地并不是紧靠着起跑线的后沿,而是撑在离起跑线5～10 厘米处。这样可以使整个身体比较自然地面对弯道切点的方向。

另一个动作细节就是起跑的第一步,两条腿完成蹬、摆配合时,右腿向前摆动,膝关节稍稍有"内扣"的动作,并且右脚落地时,足掌稍稍有内旋动作,用右脚掌内侧部位着地,便于适应弯道跑的技术要求。

②接棒人的起跑。跑第二、三、四棒的队员用站立式或用手撑地的半蹲踞式起跑姿势,站在自己的起跑线前面或预跑线内,两腿前后开立,两膝弯曲,上体前倾。第二、四棒运动员站在跑道外侧,所以,用左腿在前、右手撑地,身体重心稍向右偏,头转向左后方,目视跑来的同队队员和自己的起动标记。也可右腿在前,右手撑地保持身体平衡,身体重心稍偏右,目视传棒队员的跑进和自己的起跑标志,准备起跑。第三棒运动员站在跑道内侧,应以右脚在前,用左手撑地,身体重心稍向左偏,头转向右后方,目视跑来的同队队员和自己的标记(图 5-8)。当传棒人跑到标记线时,接棒人便应迅速起跑。

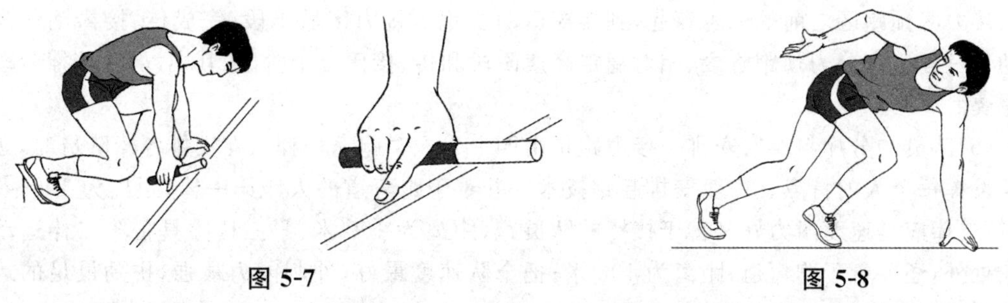

图 5-7　　图 5-8

(3)传、接棒的方法。传、接棒的方法一般有上挑式、下压式和混合式三种。目前,最常用的传、接棒方式主要是前两种,混合式很少用。

①上挑式。接棒队员的手臂自然向后伸出，手臂与躯干大约成 40°～45°角，掌心向后，拇指与其他四指自然张开，虎口朝下，传棒人将棒由下向前上方送入接棒人的手中。

②下压式。接棒的手臂自然向后伸出，手腕内旋，掌心向上，虎口张开朝后，拇指向内，其余四指并拢向外，传棒人将棒的前端从上向下传给接棒人手中。

③混合式。运动员采用传、接棒技术要根据实际情况因人而异，在传、接棒时达到默契、精确、保险、快速。

跑第一棒队员用右手握棒起跑，沿跑道内侧跑，用"上挑式"将棒传给第二棒队员的左手，第二棒队员接棒后沿跑道外侧跑，用"下压式"将棒传给第三棒队员的右手，第三棒沿弯道内侧跑用"上挑式"将棒传给第四棒队员的左手，第四棒接棒后一直跑过终点。

(4)传、接棒的时机和位置的确定。

①传、接棒的时机。接棒队员站在预跑区内或接力区后端，待看到传棒人跑到标志线时便迅速起跑，当传棒人跑到接力区内，离接棒人 1.5 米左右时，要立即向接棒人发出"嗨"或"接"的传、接棒信号，接棒人听到信号后迅速向后伸手接棒。传棒人完成传棒动作后逐渐减低跑速，待其他道次运动员跑过后离开跑道(图 5-9)。

图 5-9

②传、接棒的位置。传、接棒的位置可以通过调整接棒运动员的起动标志线(当传棒运动员跑到此标志线时，接棒人开始起跑)来确定。为保证传、接棒动作能在快速奔跑中完成，要准确地确定标志线，它是根据传、接棒人的跑速和传、接棒人技术的熟练程度而定的。接力跑运动员应该在反复练习中确定传、接棒的最佳位置和接捧运动员的起动标志线。

(5)传、接棒技术全过程的各个阶段。传、接棒阶段是指传、接棒运动员各自以不同的速度进入接力区，并不断缩短两人之间的距离，直到传棒运动员将棒安全、平稳、准确、顺利地传递到接棒运动员手中的过程。运动员在接力区传、接棒技术动作阶段主要是指从传、接棒运动员进入接力区预跑区之前的标志点起，到接棒运动员跑到接力区后半段，完成传、接棒动作为止的动作过程。它分为预跑阶段、相对稳定高速阶段和传、接棒三个阶段，其中以传、接棒阶段最为重要。

(6)队员的分配与棒次安排。接力跑是由四个人配合跑完全程。在安排各棒队员时，必须考虑发挥每个人的特点。一般安排起跑技术好并善于跑弯道的人跑第一棒，距离为 106～108 米；第二棒应是速度耐力好又善于接棒的队员跑，距离为 100 米；第三棒除具备第二棒运动员的长处外，还要善于跑弯道，距离为 100 米；把全队速度最好，冲刺能力最强，拼劲最足的运动员放在最后一棒跑，距离为 92～94 米。

二、4×400 米接力跑

由于 4×400 米接力跑在交接棒时的速度不像 100 米接力那样需要在高速状态下完成，因此 400 米接力的传、接棒技术相对比较简单。但是，由于传棒人在跑近接力区时的跑速已经明显下降，故接棒人应十分注意接棒技术。当传棒人跑近时，接棒人要在慢加速跑中目视传棒人，顺其跑速主动接棒，随后快速跑出。

4×400 米接力的第一棒与 100 米接力相同，也是采用蹲踞式弯道起跑；第二棒采用站立式起跑姿势，头部转向后方，视线紧盯自己队员；在传棒人临近的时候开始启动，使身体拥有一定的速度，这样便于接到棒后的快速加速，如果传棒人跑的速度过快时，则接棒人应该早些起跑并使身体的速度提得更快一些；如果传棒人速度较慢或体能出现问题时，接棒人也可主动把棒拿过来，以减少同伴的运动负荷。

4×400 米接力跑时，可采用换手传接棒的方法，右手接棒后立即换到左手。交棒人左手将棒递出，接棒人右手接棒。这样做的目的在于不至于使在高速交接棒过程中的两名运动员身体相撞。

4×400 米接力跑第一棒运动员为分道跑，交接棒在分道内进行，第二、三、四棒运动员不分道跑，交接棒在规定的接力区内完成。通常各棒次运动员的安排原则为：第一棒运动员要具备良好的分道跑能力和冲刺能力；第二、三棒需具备良好的速度和速度耐力；第四棒运动员必须是最优秀的选手，具有良好的战术意识和速度控制的能力，并且应该是一名心理素质较好的“竞争型”选手。如果运动员的成绩比较平均，则各棒队员的顺序安排可以从次到优，即安排速度最慢的选手跑第一棒，最快的选手跑第四棒。

接力棒的颜色

接力棒的颜色一般是红白相间，在正式比赛中也出现过绿、黄、红、黑等色。

在赛场上这几种颜色比较突出、醒目。之所以用不同的颜色，是因为每个选手握在另一半的时候交到下一个选手的手上，很容易交棒，不会因为颜色一样而使棒掉落；如果接力棒掉落，则选手犯规。人在跑步冲刺的时候，不一定能看清物品的较淡颜色。

第六章　跳跃类运动

学海导航

跳跃类项目是田径田赛的重要组成部分。跳跃类运动的形式较多，但同时它对参与者的技术要求也较高，只有反复不断地进行训练才能掌握基本的技术要领。因此，对于学生来说，加强对跳跃技术技能的培养是尤为必要的。本章就对田径跳跃类项目的基本知识和基本技术进行介绍和指导。

第一节　跳跃类运动概述

一、跳高运动发展概述

跳高是人体通过助跑、起跳、腾空、落地一系列动作形式跳越高度障碍的运动。跳高运动项目历史悠久，早在 19 世纪中叶便已在英国开展。据史料记载，跳高在 1864 年被英国列为田径比赛项目。男子跳高在第 1 届奥林匹克运动会上便被列为正式比赛项目，而女子跳高则是在 1932 年第 9 届奥林匹克运动会上才被列为正式比赛项目。

1860—1920 年期间，跳高运动技术的发展基本上处于自然发展阶段。在此期间，由于跳高运动的开展只限于世界的部分地区，其动作技术的研究受体育科学的缓慢发展制约，跳高技术受场地设施、条件的制约而呈现发展停滞不前的状态。当时跳高训练主要是依靠运动员天生的弹跳、速度进行训练，跳高动作的技术含量不高。

1923 年出现了俯卧式过杆动作技术的新跳法，1935 年美国运动员约翰逊和阿尔布里顿用俯卧式过杆动作技术跳过了 2.07 米。从那时起到 20 世纪 60 年代末，俯卧式过杆技术逐渐地占据了跳高技术的主导地位。

20 世纪 50 年代以后，人们开始重视对人体极限运动能力的开发，目标是提高跳高起跳的功率。表现在运动员助跑的速度有所加快，并采用了直腿摆动的俯卧式技术，对运动员的力量素质提出更高的要求。与此相适应，在训练中形成了较为完整的力量训练体系。1961—1963 年苏联运动员布鲁梅尔六创世界纪录，把纪录从 2.23 米提高到 2.28 米。1970 年我国运动员倪志钦又跳过 2.29 米。从 1935—1970 年长达 35 年的时间内，可以说俯卧式过杆技术占据了跳高技术领域的主导地位。

1968 年，美国运动员福斯贝里首创背越式跳高新技术，并以 2.24 米夺得墨西哥奥运会金牌而引起人们的重视。通过实践和研究证实，背越式跳高这种技术结构，提供了从速度上挖掘运动能力的可能性。从此各国运动员竞相学习和掌握这种跳高技术，使运动水平不断有新的突破。

1973 年，美国运动员斯通斯以 2.30 米的成绩，首次打破由俯卧式保持的世界纪录。在这以后，除苏联运动员雅辛科曾用俯卧式创造过 2.33 米和 2.34 米的世界纪录以外，全部纪录都是由背越式跳高运动员创造的。其中我国优秀跳高运动员朱建华连破三次世界纪录，把世界纪录从 2.37 米提高到 2.39 米。

目前，男女跳高世界纪录分别为 2.45 米和 2.09 米，是由古巴运动员索托马约尔和保加利亚运动员科斯塔迪诺娃创造的，他们也都是采用背越式方法。

背越式作为现代最先进的跳高技术已经得到世界的公认。优秀的跳高运动员在起跳以后，身体重心能够达到 2.50 米的高度。当今，人们一致认为：背越式跳高技术尚处于稳定发展时期，从趋势上来看，人们将更广泛地从各个领域挖掘人体的极限运动能力。

二、撑竿跳高运动发展概述

自 19 世纪至今一百多年来，撑竿跳高运动发展迅速，是田径运动中成绩提高最快的项目，刷新世界纪录次数最多。除具有田径各项成绩增长的共同原因外，还与撑竿演变及技术发展迅速有密切关系。

撑竿跳高最初使用木质撑杆，当时叫“撑杆跳高”。木质撑杆从 1817 年有了第一个 2.92 米的比赛成绩，到 1906 年开始使用竹撑竿为止，经历了 89 年。竹撑竿从 1906 年使用至 1952 年铝合金撑竿出现，经历了 45 年。铝合金撑竿从 1952 年使用到 1962 年改用尼龙竿，只用了 10 年。而尼龙竿使用至今已有 30 余年了。

运动员为了提高成绩，自然要提高握竿高度和增加竿的长度，这就使木质撑杆变得更加沉重，不便持杆助跑了。这也是撑竿跳高技术一度称为“爬竿跳高”的原因。鉴于这种跳法既有危险，又不能合理表现运动员的撑竿跳高技术与技能，1889 年比赛规则规定“不许在起跳离地后，用双手交换上爬”，于是运动员开始采用撑越过杆技术。当时的技术特点是：持竿助跑时两手宽握竿，助跑速度缓慢，准备起跳与起跳时没有滑竿动作，过杆时大多用坐式或身体侧向越过横杆。直到 1906 年才有人在助跑起跳后运用摆体过杆的技术。由于竹竿比木质撑杆轻而有弹性，又便于握竿，持竿助跑技术有了明显改进，助跑速度不断提高，而且准备起跳与起跳时，采取了持竿下手向上手的滑竿动作，使起跳和起跳离地后两手靠近，这不仅有助于起跳时加大竿与地面的夹角，加大摆动幅度，而且引体转体时便于双臂集中用力，并产生了向横杆上方升起的补充力，从而也促进了悬垂、摆体、后仰举腿、引体转体、弓身过杆等技术环节的出现。

1924 年第 8 届奥运会上，采用了木穴和沙坑，又为悬垂、摆体等技术的发展创造了有利条件。为了掌握这些技术环节和完整的撑竿跳高技术，撑竿跳高运动员开始了全年训练，采用了体操器械，出现了许多专门练习，训练手段越来越丰富。

在撑竿跳高的发展中，从 19 世纪末到 20 世纪 70 年代末，美国运动员一直处于领先地位，直到 1980 年法国运动员乌维翁以 5.77 米打破美国运动员所保持的世界纪录后，优势才转向了欧洲。80 年代初，还呈现出法国、波兰、苏联“三强争雄”的局面。1984 年至今则进入了“布勃卡时代”。布勃卡是当今尼龙竿撑竿跳高技术最优秀的代表，1984 年他四创世界纪录，一年内将世界纪录提高 11 厘米，创造了撑竿跳高史上的奇迹，自此他接连不断地打破世界纪录，1992 年已将室内纪录提高到 6.13 米，1993 年又把室外纪录提高到 6.14 米。在撑竿跳高发展过程中，布勃卡做出了意义非凡的贡献。

“撑竿跳”还是“撑杆跳”

撑竿跳高是田径场上一道亮丽的风景。运动员快速奔跑，继而揭竿而起，把自己的身体撑向蓝天，一举越过好几米的高度……尤其是昔日的布勃卡和当今的伊辛巴耶娃，在不断挑战极限的同时，带给人们视觉的享受。

可是，不管是翻看报纸，还是上网、看电视，都时不时遇到一对“双胞胎”：“撑竿跳”与“撑杆跳”。就连笔者用于打字的拼音输入法，一出来也是两个备选。一头雾水，到底哪个才是正确的“gan”呢？

后来经过一番仔细的查阅，笔者终于得出一个结论：“竿”才是正确的选择。

撑竿跳高所用之“竿”，经历了四个阶段。最初是木条、竹竿、金属竿，20 世纪 60 年代以后改用玻璃纤维竿。北京体育大学出版社《田径函授教材》中所说：“欧洲早年不产竹子，故当时的‘撑竿’都是木制的。……1905 年欧洲从日本和中国引进了竹子，并于 1909 年运用于撑竿跳高中。从此撑‘杆’跳高正式取名为撑竿跳高。”

需说明一点，撑竿跳高的“竿”是运动员的工具，那么他挑战的“横杆”则应是“杆”，跳高运动员也如此。田径竞赛规则中说：“横杆用木料或金属制作皆可。”一般正规比赛，没有用竹竿做横杆的。所以，一定要有所区分、加以注意。

综上所述，撑竿跳高应用“竿”字，以后可不要再用错了哦。

三、跳远运动发展概述

(1)萌芽阶段。1860—1900 年是跳远运动发展的萌芽阶段。这一时期，人们对跳远的技术特点还认识不清，没有形成正确的技术动作概念。跳远运动存在着发展不平衡的问题，主要表现在运动员有男无女和地区也局限于英、美两国这两个方面。跳远运动成绩起点低，但提高快。原始的跳远纪录只有 5.48 米。从 1864—1900 的 37 年间纪录提高了 2.12 米，平均每年增长 5.6 厘米。1900 年，普林斯坦的成绩达到了 7.50 米。这一成绩在前 7 届奥运会跳远比赛中均可获金牌。跳远科研已经出现，发明并开始使用起跳板。

(2)研究探索阶段。1900—1935 年是跳远运动发展的研究探索阶段。这一时期，人们对跳远技术有了一个清晰的认识，并开始注意到助跑速度与跳远成绩的关系。刷新纪录的周期大大缩短，并涌现出了一批向 8 米挑战的选手。

1935 年美国黑人运动员欧文斯首先越过 8 米大关，创造了 8.13 米的跳远世界纪录，并保持了 25 年。值得一提的是，欧文斯不仅是一位杰出的跳远运动员，而且还是一位优秀的短跑运动员。在他破跳远纪录的当天，还创造了 220 码跑 20 秒 3 和 220 码低栏跑 22 秒 6 的世界纪录。欧文斯的起跳好像从板上跑过去一样，空中姿势介于蹲踞和走步之间，动作简练、平衡协调。当时，他的快速助跑给人们留下了深刻的印象，为后来跳远技术的发展提供了有益的启示。

这一时期大多数优秀运动员均采用挺身式，而且是全能型的非职业跳远选手。同时，在这一时期也相继产生了一些具有代表性的优秀跳远运动员。

(3)发展提高阶段。1935—1970 年是跳远运动发展提高的阶段。随着科学研究的不断发展，这一时期，专项技术训练和力量训练受到重视。跳远起跳技术中出现了"制动性"起跳和"打击式"起跳的方法。虽然实践证明这两种起跳方法并不合理，但在当时对提高运动成绩、促进技术的发展起到了一定的作用。

20 世纪 60 年代是跳远成绩进展较快的时期，把跳远作为兼项的运动员已经少见，并涌现出了一批成绩在 8 米以上的专项跳远运动员。这些优秀的运动员在技术方面，大都采用走步式技术，并十分强调快速助跑与起跳之间的紧密衔接，强调在保持合理的腾起角的条件下，尽可能地提高腾空初速度和注意空中及落地时的平衡。

1965 年和 1967 年，美国选手波斯顿和苏联选手奥瓦涅相共分别 8 次打破世界纪录，把纪录提高到 8.35 米。在技术方面，他们都采用三步半的走步式跳远技术，但起跳技术风格不同。波斯顿助跑速度快，起跳制动小，动作连贯，起跳幅度大，跳得较平，属"速度型"起跳技术范畴；而奥瓦涅相起跳制动性大，动作有力，腾空点高，但动作幅度小，属"力量型"起跳技术范畴。

这一时期的主要跳远代表人物是在第 19 届奥运会上创造了 8.90 米世界纪录的美国黑人运动员比蒙，当时的舆论界曾称这个纪录是 21 世纪的纪录。这个纪录产生的原因很多，是多方面综合的结果。首先，是先进跳远理论指导；其此，技术方面的因素是助跑最后每秒 10.70 米的速度，24.2°的腾起角，无误差的准确踏板；再次，在环境方面的因素是规则允许的 2 米/秒的最大顺风风速，以及海拔 2 248 米的墨西哥高原条件的良好影响等。这些因素的结合才有了当时令人惊奇的成绩。

比蒙的跳远技术特点是助跑速度快、动作幅度大、起跳时间短和腾空高度高。同时他还具有良好的身体条件和素质，身高 1.91 米，体重 72 公斤，100 米跑 10 秒 3，跳高 2.05 米，三级跳远 16.02 米。

(4)成熟完善阶段。1970 年至今是跳远运动发展成熟完善的阶段。在这一时期跳远世界纪录进展虽然缓慢，但优秀跳远运动员的数量在迅速增加。据统计，20 世纪 60 年代以前采用"打击式"起跳方法时期，跳过 8 米以上者仅 5～6 人。20 世纪 70 年代以来，普遍采用了"跑步式"起跳方法，涌现出一大批优秀运动员。

在 20 世纪 70 年代中期，曾有人尝试过前空翻式跳远。当时有人在正式比赛中跳出了 7.93 米的成绩。但由于这种技术动作危险性太大，不宜推广。国际田联最终做出裁决，取消前空翻式跳远成绩。但随着科学技术的不断发展，场地的不断更新，空翻跳远技术的不断完善，前空翻式跳远将来也许会成为跳远家族的一名正式成员。

进入到 20 世纪 80 年代以后，世界上先后跳过 8 米以上的运动员有 50 多人。美国选手刘易斯多次接近比蒙的世界纪录。

1991年，在东京举行的第3届世界田径锦标赛上，美国运动员鲍威尔以8.95米的成绩改写了比蒙保持23年之久的跳远世界纪录。

1948年第14届奥运会上女子跳远才被列为奥运会正式比赛项目。1936年德国选手舒尔茨以6.12米的成绩首先突破6米大关。此后，世界纪录多次被苏联选手刷新。1978年，苏联运动员巴尔道斯基涅以7.09米的成绩成为第一个突破7米大关的女运动员。

我国第一个男子跳远纪录是1910年第1届全运会上潘文炳创造的5.92米。1933年郝德春达到6.91米。新中国成立后，第一个打破旧中国跳远纪录的是高树贵，成绩是6.93米。1977年，我国优秀运动员邹振先以7.81米的成绩居亚洲领先水平。1981年，在第11届世界大学生运动会上刘玉煌以8.11米的成绩获亚军，并刷新全国和亚洲纪录。1992年在日本静冈田径赛上，陈尊荣以8.36米的成绩再次刷新亚洲纪录。1995年黄庚在太原再次以8.38米的成绩打破亚洲纪录，并涌现出一批跳出8米以上成绩的优秀选手。目前，我国女子跳远运动员的成绩和技术水平发展较快，在亚洲一直居领先地位。

四、三级跳远运动发展概述

(1)自然形成阶段。三级跳远自然形成阶段的1896—1930年时期，人们对三级跳远的技术特点认识并不清楚，没有形成正确的技术概念。在那个时候运动员的技术动作消极，连贯性差，运动员天赋的运动能力是成绩提高的主要依赖。那时运动员只重视单足跳和跳跃，把跨步跳仅作为一个过渡环节。同时技术方面存在着诸多不足，包括单足跳腾空轨迹过高，并直腿着地；跨步跳的距离过短，像走一大步一样等。在这一阶段，第一个正式世界纪录出现了，成绩为15.52米，它是由美国运动员丹·艾亥尔尼在1911年创造的。

(2)研究探索时期。当时间转到20世纪30年代，三级跳远便进入了研究探索时期。这时期，人们对三级跳远技术的各主要环节有了比较清楚的认识。在理论研究与实践中形成了不同的技术类型，产生了不同的技术风格和特点。

日本运动员在研究探索时期开始占据了三级跳远的统治地位。他们提高了着地和起跳动作的积极性，腾空阶段采用了屈腿和抬膝动作为下一步起跳做准备。在三跳比例上，他们强调第一跳的远度，单足跳的距离却占总成绩的40%左右。凭借“单足跳远型”的方式，日本运动员连续获得了三届奥运会冠军。

20世纪40年代后期，出现了“打击式”和“缓和式”两种三级跳远技术。“打击式”是由苏联运动员创造的。技术特点是单足跳的距离远，大腿前摆着地前高抬膝部，由上向下“打击式”地放腿，使着地动作更加积极；在第二跳和第三跳中采用双臂同时摆动，增加蹬地效果。在三跳比例上，“打击式”的运动员同样强调单足跳。但是与日本运动员相比，“打击式”的运动员重视跨步跳，三跳的比例为39%、30%、31%。而“缓和式”的技术特点是起跳腿下放时不做大幅度的摆动，着地动作比较柔和，腾空阶段身体平衡保持较好。与“打击式”相比，“缓和式”的运动员重视了第三跳，三跳比例为37%、30%、33%。

(3)发展提高时期。到了1960年，人们对三级跳远技术的理解更加深入和透彻，训练方法也得到了较大的改进，运动成绩大幅度地提高。从1960年波兰运动员施密特以17.03米首次突破17米大关到1975年巴西运动员奥地维拉以17.89米创造当时的世界纪录，这15年中，运动成绩提高了 1.86 米。此时期，在三级跳远技术中占主导地位的是“扒地式”和“跑步式”两种方式。

“扒地式”技术是苏联运动员在“打击式”和“缓和式”的基础上演变而来的，技术特点是在高速助跑的情况下，表现出自然、平稳和大幅度的技术动作。起跳前，起跳腿几乎是伸直下放着地，“扒地”动作充分有力，重视第一跳与第二跳的衔接连贯性。三跳比例为 37%、29%、34%，第三跳有所增加。这种技术的主要代表人物是获得三届奥运会冠军的苏联运动员萨涅耶夫。

“跑步式”的创始人则是波兰运动员施密特。“跑步式”的技术特点是三跳前移速度快，前两跳身体重心腾空轨迹较低，能保持较高的水平速度。以跑步动作放脚起跳，上体前倾。在三跳比例中，第三跳占了主要地位。这是三级跳远运动员从“单足跳远型”向“跳跃远型”转变的重要标志。1975 年，巴西运动员奥地维拉以 17.89 米创造了当时的世界纪录，三跳比例为 34%、30%、36%。

(4)趋向完善时期。进入 20 世纪 80 年代，人们开始从整体综合的角度来认识和研究三级跳远技术的内在规律，训练方法在这一时期也更加的系统和完善。1985 年，美国运动员班克斯以 17.97 米的成绩创造了世界纪录。其特点是助跑速度快，起跳能力强，动作幅度大。前两跳水平速度损失小，使第三跳获得了相当远的距离。他的三跳比例为 35.1%、27.6%、37.3%。1992 年巴塞罗那奥运会上，美国运动员迈克·康利以 18.17 米的优异成绩获得冠军。可惜因风速超过每秒 2.1 米，没有被承认为世界纪录。康利的技术特点是助跑加速明显，上板积极，三跳腾起角度不高，向前性强。第三跳动作接近于跳远的技术动作，因而第三跳的距离是目前世界上最远的(7.00 米)，表现出鲜明的个人特点。1990 年，女子三级跳远运动被国际田联列为正式比赛项目。在技术上，她们借鉴男子运动员的模式而形成了自己的特点。

我国三级跳远比赛是从 1923 年才开始的。王士林于 1936 年以 14.36 米创造了旧中国的纪录。新中国成立后，三级跳远的技术和成绩提高得很快。第一位打破旧中国三级跳远纪录的是李荣国，成绩为 14.66 米。1981 年，优秀运动员邹振先以 17.34 米的优异成绩创造了新的国家纪录和亚洲纪录。目前我国女子三级跳远的运动成绩和技术水平发展较快。优秀运动员李惠荣于 1991 年在日本曾以 14.54 米的成绩创造过当时的世界纪录，1992 年，她又在日本跳出 14.55 米的好成绩。至今，仍是我国和亚洲的纪录。2016 年里约奥运会上，我国运动员董斌实现突破，获得了男子三级跳远的铜牌。

第二节　跳高与撑竿跳高

一、跳　高

(一)背越式跳高技术

20 世纪 60 年代末的墨西哥城奥运会上，迪克·福斯贝里采用“背越”过横杆的姿势而取得了金牌。稍后不久，加拿大的女子跳高选手得比·布瑞尔也尝试着采用与福斯贝里背越过横杆姿势相近似的"布瑞尔式的弯曲"动作。这种独特的跳高姿势使观众观看比赛时增添了一种美感。后来这种过杆技术逐渐被世人接受并普及，目前，跳高运动员大都采用这种过杆技术。

1. 助跑技术

背越式跳高的助跑是弧线助跑，一般用8～12步完成。全程助跑可以分为两段，其中后段助跑尤为重要，通常跑4～6步。其中，弧线助跑的曲率(弧度)应是由小到大，前段助跑比较平直，便于发挥速度，后段助跑的弧度较大，便于起跳。全程助跑应是逐渐加速的，并且有较强的节奏感。弧线助跑的步点及助跑路线，通常采用比较简便的"走步丈量"法确定。即首先确定起跳点，然后从起跳点朝助跑一侧的方向，沿横杆平行地向前自然走4步。其次向助跑的起点方向(垂直于横杆的方向走6步)划一个标记，这个标记就是直线与弧线助跑的交界点。从这个标志点再继续向前走7步划一个标记(助跑的起跑点)。最后从直弧交界点到起跳点划一个曲率不太大的弧线，与前面的直线助跑相连，构成了背越式跳高的弧线助跑路线(图6-1)。划好助跑线后，反复练习并最后确定。

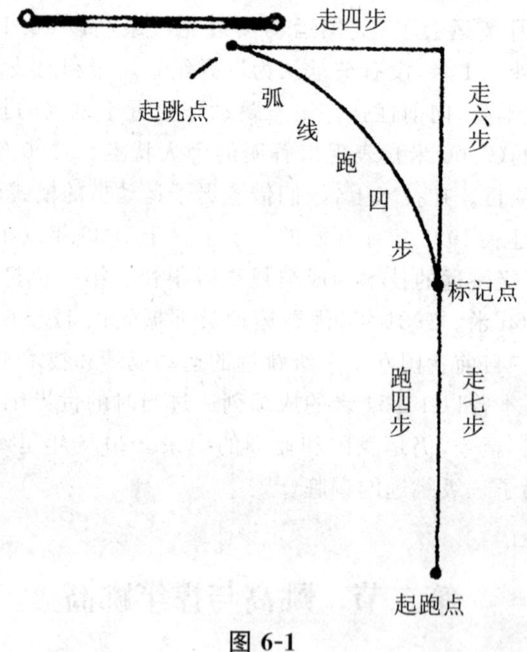

图 6-1

背越式跳高助跑前段的直线助跑基本上采用普通的加速跑，但运动员心理上应有向弧线过渡的准备。转入弧线助跑时，身体应向圆心方向倾斜，类似于弯道跑技术，重心不要起伏太大。还要注意大腿高抬，以膝领先并带动摆动腿同侧髋积极向前迈步。最后一段的弧线助跑对起跳效果尤为重要，体现了助跑的加速性和节奏性，整个助跑过程要用前脚掌着地并富有弹性。

2.助跑与起跳结合技术

助跑与起跳结合技术是跳高完整技术中十分重要的环节。它承上启下,同时对正确地完成起跳动作,提高跳跃效果具有直接影响。

背越式跳高应该从助跑的最后第三步,甚至从进入弧线段开始就要有准备起跳的意识,这体现在助跑的积极加速和向起跳点迅速跑进。为了由助跑快速、连贯地过渡到起跳,要求最后这几步助跑在保持积极加速的情况下,动作结构无明显变化,上体稍有前倾,摆动腿积极前摆,并使着地点尽量接近身体重心的投影点。至最后第二步,摆动腿着地时积极下压扒地,在脚内侧的牢固支撑下,迅速前移重心。到支撑垂直部位时,身体内倾和膝关节最大限度弯曲。这时为了进一步加速前移身体重心,应有力地蹬伸摆动腿,并充分伸展踝关节,推动髋部和躯干大幅度快速前移。在摆动腿蹬离地面的瞬间,膝关节成150°～160°角,使摆动腿蹬伸的幅度达到50°～60°角,以便于起跳脚迅速地踏上起跳点和起跳时身体迅速地由内倾变为竖直。

为了使助跑与起跳紧密地衔接起来,应特别强调保持倒数第二步跑进的积极性和发挥摆动腿在推动身体重心快速前移过程中的积极作用。一般的,对倒数第二步摆动腿支撑阶段应用"牢固支撑"的技术概念要求运动员。运动员必须明确两个十分关键的技术要点:依靠摆动腿的牢固支撑,使身体保持内倾状态下进入起跳,防止身体过早地竖直和倒向横杆;依靠摆动腿积极主动的蹬伸,使重心快速大幅度前移,避免臀部下坐和摆动腿支撑无力,为起跳做好准备。

3.起跳技术

起跳的任务是使身体获得最大的垂直速度和适宜的起跳角度,使身体顺利地越过横杆。

背越式跳高的起跳点距离横杆的垂直面约60～100厘米。起跳脚由脚跟先着地然后很快地由外侧过渡到全脚掌,起跳腿因惯性被迫弯曲,躯干由稍内倾转为垂直。最后一步的步幅比倒数第二步略短10～15厘米,使起跳腿同侧骨盆前移速度超过躯干姿势,便于整个躯干的腾起。

起跳动作是通过弯曲着的起跳腿蹬伸和摆动腿的屈腿摆动同时作用来实现的,该过程是起跳腿由弯曲开始蹬伸,与此同时摆动腿屈膝向前上方摆动,以髋发力带动摆动大腿,摆动腿小腿顺惯性与大腿折叠(形成屈腿摆动),当膝部摆至水平部位时即刻制动,随惯性上摆带动同侧髋上摆。同时,为了与起跳腿、摆动腿相协同,要求肩上提,两臂同时或采用单臂交叉的动作向横杆后上方摆出,帮助整个身体向上腾越,并且为整个身体沿额状轴旋转创造了前提条件,同时,在做起跳动作时起跳腿应充分蹬伸、提肩、提髋。

4.过杆与落坑技术

起跳时借助于起跳腿蹬伸和摆动腿摆动的力量,使身体处于背向横杆的腾越姿势。当肩向上腾越超过横杆时,注意仰头、倒肩,顺惯性沿横杆腾越,整个身体呈反弓形。待髋部超越横杆后,收腹含胸,以髋发力带动大腿向上,并且小腿甩动使整个身体超离横杆,顺势以背部落在海绵垫上。

(二)跨越式跳高技术

跨越式跳高是最简单的一种跳高方法,虽然跳高过杆姿势效果较差,但简单易学,对身体素质要求不高,适宜初学者采用。另外,也可以用它来改进和巩固起跳技术或当作学习其他跳高姿势的过渡方法。

1.助跑技术

助跑的目的是为了获得一定的水平速度,为迅速、有力地起跳和顺利过杆创造有利的条件。助跑速度的大小以保证最为有效地完成起跳动作和取得最大腾空高度为原则。

跨越式跳高是从摆动腿的一侧助跑,助跑的角度一般为30°～60°,用离横杆远的腿起跳,起跳点与横杆投影线的距离为60～80厘米。助跑距离一般为6～8步(或7～9步)。助跑可以采用站立式或行进中开始助跑的方法。助跑沿直线进行,前三、四步要轻松、自然、富有弹性,然后逐渐加速,上体适当前倾,步幅逐渐加大。助跑的后三、四步速度最快,节奏也更快,重心较低,后蹬角度小,上体正直或稍前倾,摆动腿带动小腿积极前摆,脚掌做滚动式着地,落地点远离身体重心投影点。助跑倒数第二步最长,重心最低,摆动腿动作柔和,脚掌迅速滚动,同时积极向前送髋,重心迅速前移。同时,上体保持正直,起跳腿屈膝前摆,以髋带动大腿积极前迈,随后小腿前伸,两臂经体侧后引,准备起跳。

跨越式跳高助跑步点的测定一般用走步法测定:走步的步数是助跑步数的二倍减二。

2.起跳技术

助跑至最后一步时,起跳腿以大腿带动小腿迅速向前伸出,以脚跟领先落地,并迅速过渡到全脚掌落地。由于髋部的积极前送和小腿的前伸,起跳腿的髋、膝、踝三关节成一直线,使身体形成踝、膝超髋超肩的后倾姿势,两臂留在身体的侧后方。随后在摆动腿用力蹬伸和助跑水平速度的推动下,重心迅速前移,上体及时跟上,起跳腿屈膝缓冲。当重心移至起跳点上方时,起跳腿迅速蹬伸起跳。摆动腿以膝带动大腿迅速前摆,至起跳腿膝部高度后,向前上方迅速勾脚尖直腿摆起,提腰、提肩。同时,两臂积极配合摆动腿用力上摆,使身体向上腾起。整个技术动作中,将重点放在起跳脚,做好"制动性"起跳,这是起跳学习中的难点。整个起跳动作要快速、柔和和富有弹性。

3.过杆和落地技术

起跳腾空后,身体应继续保持向上腾起的姿势。当摆动腿过杆时,上体前倾,脚尖内转下压。摆动腿过杆后,继续内转下压,同时起跳腿外旋上提,膝盖靠近胸部,小腿自然上摆与横杆平行。随后上体开始抬起,摆动腿同侧肩也随着摆动腿的内转下压动作而向起跳腿方向扭转,两臂向上抬起。这时身体沿纵轴旋转,以使上体和臀部能迅速过杆。起跳腿随着摆动腿的下压而抬高并绕过横杆后,摆动腿和起跳腿依次落入沙坑或海绵包、垫子上,并做屈膝缓冲。在两腿跨越横杆时,两臂下垂;起跳腿越过横杆后,两臂应上举,维持好身体的平衡。整个技术动作中,将重点应放在起跳技术上,注意助跑与起跳相结合。

地球上跳得最高的生物

对于哪种生物是地球上跳得最高的需要从两个角度来看，一种是绝对高度，另一种是相对高度。绝对高度是指跳跃的离地距离的具体数量；相对高度则是指起跳高度之于本体的长度倍数。

以绝对高度角度来看，美洲狮是跳得最高的生物。美洲狮纵身一跃可跨过4.6米的栏杆，比它的身高高出5倍；有人亲眼看见美洲狮从18米高的悬崖跳下而安然无恙。

以相对高度角度来看，跳蚤是跳得最高的生物。跳蚤迅速跳起，跳的高度均在其身高的100倍以上。

二、撑竿跳高

（一）持竿助跑技术

助跑的距离随运动员个人不同而有所变化，但根据运动员的能力和经验，范围在30.5～45.7米或7～10个复步间。助跑的距离应尽可能地延长一些，以便使起动时放松，并采用逐渐加速的节奏，使人体在插竿和起跳时达到最大的可控速度。

动作要领：助跑时，在开始阶段应该用大而有力的步子跑进，在结束阶段应该用较快的节奏跑进。运动员应把右脚放在起动标志线上，当持竿在他或她的左侧时，这种起动姿势能使他们的身体姿势产生平衡。运动员在开始助跑时，应使身体向后摆动，使重心移到左脚之上，用这样的方式可以产生向前的推动力，并尽可能地形成一种固定的姿势和节奏。

当将要完成助跑时，运动员的胸部应当与跑道成直角，并且应逐渐降低竿头准备插竿。降竿应与运动员助跑时的速度同步。运动员要努力形成一种固定的助跑模式，形成一个有攻击性的起跳而进行有效的插竿动作时，能够达到最大的可控速度。运动员的助跑和降竿应同步进行，以便使运动员形成一种快速的、有攻击性的插竿和起跳的能力。

当接近起跳点时，跑的姿势应保持高重心，并保持有效的短跑技术。当降竿时，运动员的步子应加快。当他们接近起跳点时，正确的降竿时机能帮助他们加快速度。当开始降竿时，运动员的步频应加快。

（二）插竿起跳技术

插竿和起跳决定着是否能完成一次成功的试跳。发展稳固的、基本的和有效的撑竿插竿技术是十分必要的。

动作要领：最后4步应该用一种快速的、节奏明显的方式跑进，插竿是在起跳前3～3.5步开始的。如果运动员用9步(18个单步)助跑,若不稍微提前,插竿动作应该是在第八步(第八个右步)接触跑道时开始的。运动员的持竿应与开始插竿时的动作协调一致,当撑竿通过水平位置的同时,运动员迈出最后起跳的右脚开始进入插竿阶段。当倒数第二个右布接触跑道时,运动员应向前和向上移动撑竿,使左手靠近左肩,并且两臂积极地向前和向上冲压撑竿。当倒数第二步或最后的左脚接触地面时,左臂应该移过头部,同时双臂继续向前和向上冲压。当左臂移到上方时,上体将稍微转向左侧,然后又返回形成一个直角的位置,使运动员向上冲压插竿时,撑竿继续靠近左侧肩。

当撑竿头直接插进插斗时,左臂升起,右手将成为一个支点。当左臂通过支点时,双臂立即积极向上,右手不能下降或向下伸向插斗。当起跳脚着地时,双手继续积极地在头上推竿,双臂在完成插竿时应伸直,给身体一种除领先腿之外的所有关节处于“绷紧的”伸展姿势,就像跳远运动员那样,以正确的躯干角迅速向前移动。当运动员移过起跳点时,与跳远的起跳动作相似。在起跳时,运动员的眼睛、头和胸应该朝向前上方,与跳远运动员相似。当他或她想尽可能地向前上方竖竿时,注意力应集中在起跳脚的起跳和向上伸展的臂上。采用正确的起跳姿势起跳,撑竿才能径直地通过起跳点上方,且左臂应尽可能地升高(图6-2a)。在插竿阶段,撑竿应向前上方移动靠近身体,这样运动员在插竿和起跳阶段就不会失去平衡。在插竿和起跳阶段应使髋和肩与助跑道成直角,当运动员卷缩身体和冲压头上的左臂时,上体稍微打开。完成插竿动作应积极和有攻击力,但运动员必须平稳地过渡到撑竿的支点上面。由于及早地、有攻击性地和高高地竖起,因此,竖竿的感觉应该是向上和朝前。

在起跳动作完成时,摆动腿的大腿与撑竿成平行状态(图6-2b)。起跳动作应向前上方,领先于上体而不是髋部。当下面的臂主动地抵着撑竿时,上面的臂应继续保持紧张和有力。由于抓握的宽度和主动地起跳,下面的臂会有些弯曲,但不应太靠近撑竿。在插竿和起跳时应保持好平衡及积极主动和有攻击性的方式。如上所述,最理想的起跳点应在上面手的投影点上,因为,通过从握点的投影点处起跳,运动员能把撑竿提高到跑道上方的最大高度。充分伸展和有攻击性的起跳姿势是进行竿上伸展摆动阶段的关键。

图 6-2

(三)悬垂摆体与伸展技术

动作要领:起跳离地后,人与撑竿以穴斗为支点共同向前运动,而人相对于撑竿则处于悬垂状态，即胸、髋继续积极向前运动，起跳腿滞留在体后，摆动腿基本保持离地时的状态，上手臂伸直，下手臂仍紧张用力，整个身体形成反弓姿势。这种“反弓”不仅缩短了“人—竿”的转动半径，有利于竖竿，而且体前肌群的拉长也为摆体创造了有利的肌肉工作条件。悬垂阶段不能人为地拉长时间，否则会破坏竿上动作的节奏，悬垂的深度和速度取决于起跳时的身体重心腾起速度。

身体背弓达到最大即开始进入摆体阶段，摆体的前半部动作要充分体现出“鞭打”用力的特征，即开始摆体时下手臂肘关节角度有所加大，以制动躯干并振肩，从而促使动量向下肢传递。同时起跳腿发力以较直的状态做“兜扫”式摆动，这样就使人体能以低重心状态实现摆体速度的增加，从而加剧撑竿的弯曲度，并为摆体的后半部动作加大速度储备。当摆至整个身体与地面约成 45°角时，开始屈髋收腿，两腿迅速向上握点方向靠拢，不要仰头。这时由于人体半径的缩短就会使身体加速向上，这样对撑竿的压力也会进一步加大，使得撑竿达到最大弯曲度。摆体的后半部动作具有“团身”的外形特征，团身结束时的良好体位是两膝在臀部垂面以内，同时臀略高于肩。

摆体阶段完成后，人体由团身状态向上做伸展动作。由于身体的伸展是在撑竿的反弹时期进行的，而撑竿的反弹方向是前上方，所以身体伸展开始的方向应是上方，这样才能保证人体充分向上。为了充分利用撑竿的反弹力量，伸展时的动作速度应与撑竿的反弹速度相一致。伸展后程，下手臂肘关节角度逐渐缩小，以至前臂贴紧撑竿。整个伸展阶段身体重心应靠近撑竿运动，伸展结束时良好的身体姿势是形成“直臂倒悬垂”。

(四)引体、转体、推竿技术

动作要领：当人体和撑竿几乎伸直时，两臂即开始沿撑竿纵轴做拉引动作，由于两手握距较宽，所以拉引和推竿是交叠进行的，即下手开始推竿时上手仍处于拉引状态，从上握点与同侧肩平齐开始，则主要表现为上手推竿。

在拉引过程中，身体要完成一个绕纵轴转体的动作，这时要注意收紧下颏，两腿伸直并靠拢，特别是起跳腿不能向前伸转，以尽量保证身体靠近撑竿运动。

在撑竿过程中，两腿不要过早地下放，要积极有力地向下推展上手臂的肩、肘关节。这样不仅可以增加向上的动力，而且良好的单臂支撑倒立姿势，也有助于增加腾越高度。推竿完成瞬间，上手应顺势将撑竿推向助跑道方向。

(五)过杆和落地技术

动作要领：推离撑竿后，即转入无支撑的腾空阶段，这时要注意调整身体各部分的位置，充分利用其补偿效应。当身体重心上升至最高位置时，已越过横杆的双腿有所下压，并收腹、含胸成弓身姿势。当臀部越过横杆时，向上扬臂、抬头，使整个身体依次越过横杆。正确的落地动作是使背部柔和地平落在海绵包上，落地时要注意安全。

撑竿跳高技术环节是由持竿助跑、插竿起跳、悬垂摆体与伸展、引体、转体、推竿、过杆和落地几部分组成的整体动作(图 6-3)。

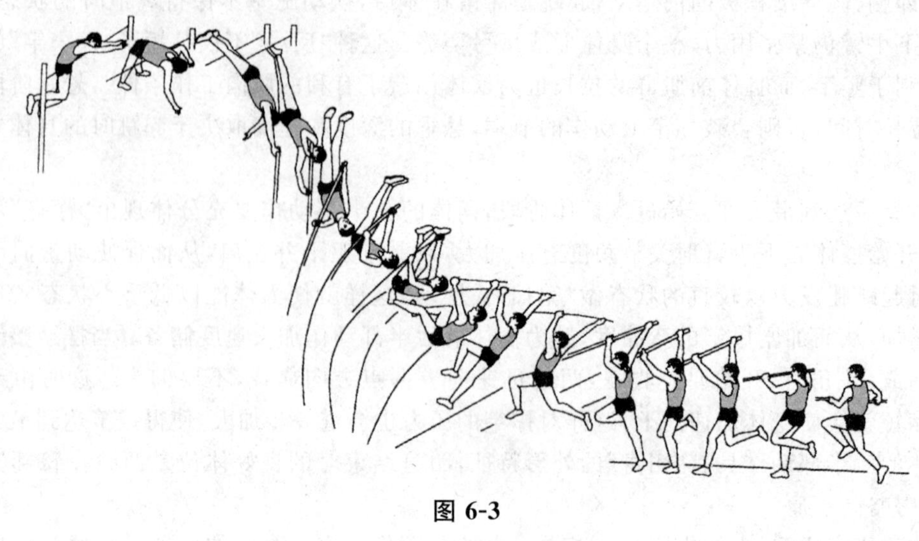

图 6-3

第三节 跳远与三级跳远

一、跳 远

(一)助 跑

助跑的目的是为了获得最大的水平速度。跳远的助跑步幅要稍小些,频率要较快,身体重心较高,节奏性要强。助跑时应沿直线逐渐加速,跑到起跳板时应达到最高速度,为踏跳做充分准备。

男子助跑距离一般为 35～45 米,女子助跑距离一般为 30～35 米。

(二)起 跳

运动员在快速跑助跑的情况下,通过有利的助跑来获得必要的垂直速度,并尽量在保持水平速度的前提下,使身体腾起。在跳远中水平速度大于垂直速度,腾起角小于 45°,起跳是跳远技术的关键。

助跑的最后一步,当摆动腿支撑时,起跳腿快速跑折叠前摆,上体正直或稍后仰。在起跳脚着地的刹那,由于助跑水平速度的惯性和身体重力的作用,产生很大的压力,迫使起跳腿的髋、膝、踝关节弯曲缓冲,全脚掌迅速滚动,身体前移。两臂积极向上摆动至肩齐平时突然停止。摆动腿的大腿积极向前上方摆至水平位置,小腿自然下垂,完成起跳动作。

(三)腾 空

起跳腾空后,身体要保持平衡稳定,并做好落地的准备。上体正直,摆动腿屈膝前摆,大腿高抬并保持水平姿势，起跳腿自然放松地留在后面，成腾空步姿势。腾空姿势有蹲踞式、挺身式和走步式三种。

1. 蹲踞式

腾空步以后，迅速将踏跳腿提至前方与摆动腿并拢，双腿屈膝向胸前靠近，同时上体稍向前倾。快要落地时两腿向前伸出，同时两臂向后摆。当脚跟触及沙面时，两膝很低的弯曲，两臂从后向前摆动，身体重心前移，保证落地后的稳定，如图 6-4 所示。

图 6-4

2. 挺身式

腾空步后，摆动腿自然下落，小腿向前、向下、向后弧形摆动，使髋关节伸展，两臂向下、向后上方摆振。这时留在身体后面的起跳腿与向后摆的摆动腿靠拢，臀部前移，胸、腰稍向前挺，形成挺身展体的姿势。落地前两臂由后上方向前、向下、向后摆动，收腹举腿。上体前倾准备落地如图 6-5 所示。

图 6-5

3.走步式

走步式跳远就是在腾空阶段完成走步的动作，与上述两种空中姿势相比，难度较大。当起跳动作完成后，身体呈现“腾空步”，处在身体前方的摆动腿应以髋为轴，用大腿带动小腿向下、向后方摆动，同时处在身体后方的起跳腿则以髋关节为轴，大腿向上抬摆，并且屈膝带动小腿前伸，完成两条腿在空中的交换动作。两臂也要配合两腿的换步进行绕环，起到维持身体平衡的作用(图 6-6)。

图 6-6

(四)落　地

(1)前倒落地。当脚跟落地后，前脚掌下压，屈膝并向前跪，使身体移过支撑点后继续向前移动，身体向前扑下。

(2)侧倒落地。当脚跟落地时，一腿紧张支撑，另一腿放松，身体向放松腿的一侧倒下。

二、三级跳远

(一)三级跳远的助跑技术

三级跳远是在比赛过程中沿直线进行三次不间断的跳跃，因此，必须在助跑中获得较大的向前水平速度。三级跳远助跑不同于跳远的助跑，一般的，优秀运动员的助跑距离为 40～45 米；初学者需要 35 米左右的助跑。

三级跳远助跑距离、助跑步数及有关助跳标记的确定，可以参考跳远助跑的方法。三级跳远助跑的起跑方式也和跳远助跑的方式相同。

值得注意的是，由于三级跳远需要在助跑阶段获得较快的水平速度，因此，运动员在助跑一开始就尽可能快的获得较大的向前速度。为此，开始助跑时躯干可以保持较大的前倾，两腿的蹬、摆积极有力，两臂积极有力摆动，两脚着地要富有弹性。这种起动加速可以帮助运动员在短时间内获得较大速度。当获得一定跑速后，要尽快使步长稳定，并且保持身体重心的稳定，防止过大的起伏波动，尽量跑成一条直线，以便快速、准确地踏上起跳板。

综上所述，三级跳远助跑的技术特点可概括为四句话，即“起动迅速、重心平稳、步点准确、节奏性强”。

（二）三级跳远的起跳技术

1. 第一跳（单足跳）技术

三级跳远的单足跳规定由哪一脚起跳，还由哪一脚落地，并由这只脚再起跳。这一跳是三级跳远技术中最复杂也是最关键的技术环节，对完成第二、三跳有着重要的影响。

（1）起跳技术

三级跳远的单足跳起跳是从助跑最后一步摆动腿蹬离地面，起跳腿快速积极地踏板开始的。整个过程包括起跳腿着地、身体重心移过垂直支撑点和蹬离起跳板。单足跳的技术是要求运动员以助跑和起跳动作的合理、有效的衔接作保证，在达到必要远度的前提下，尽可能减少水平速度的损失。为实现这一目的，正确的技术应该是：助跑最后一步时，摆动腿积极有力地蹬地，起跳腿以积极、自然的动作踏向起跳板，落地前大腿抬得比平跑时稍低些，下落要快速积极，但着地要柔和。落地时，脚要有明显的“扒”地动作。落地同时，上体保持垂直式适度前倾，起跳脚的着地点应距身体重心投影点较近，单足跳的着地角度以 69°±3°为宜。

起跳腿着地后，膝关节受力的作用弯曲，随着身体的前移，踝关节背屈加大。上体和骨盆应快速向前移动，同时摆动腿积极前摆，大、小腿折叠，脚跟靠臀部，整个身体像一个压紧的弹簧，处于蹬伸前的最有利状态。随着身体的快速前移，起跳脚要及时进行爆发性的蹬伸动作，同时摆动腿和两臂迅速向前上方做大幅度的摆动。起跳结束时，上体应正直，起跳腿的髋、膝、踝关节充分伸直，摆动腿屈膝高抬，同时抬头、挺胸，两臂摆起。优秀运动员的起跳角为 62°±2°，身体重心腾起角为 17°±1°。动作过程中，注意控制腾起角，过多地增加腾起角会导致损失更多的水平速度。较高的腾空轨迹会增大第二跳起跳腿的负荷，影响以后两跳的起跳效果。

（2）腾空技术

起跳结束后，即进入腾空阶段。在保持一段“腾空步”后（腾起三分之一距离后）摆动腿自然向下、向后摆动，起跳腿屈膝前抬，大、小腿收紧，足跟靠近臀部。接着摆动腿后摆，起跳腿向前高抬，小腿自然下垂，完成换步动作。换步动作结束后，起跳腿继续向前上方提拉，髋部积极前送，摆动腿和两臂向后摆至最大幅度。换步动作应当做到适时、连贯，过早或过晚都会影响下一跳的效果。

第一跳是在快速助跑的情况下进行的，因此，为了不影响跑速，应采用前后摆臂的形式。在腾空阶段中，两臂配合下肢的换步动作，经由体前拉向身体的侧后方。

2. 第二跳（跨步跳）技术

完成第一跳的换步动作后，起跳腿继续高抬，摆动腿充分后摆，以加大两腿间的夹角。随着身体的下降，前摆的起跳腿开始了积极有力的下压，小腿迅速前伸做有力的扒地动作，几乎是直腿以脚跟着地，着地角为 68°±2°。要及时地屈膝伸踝进行退让并迅速滚动到前脚掌，以促使身体快速前移。与此同时，摆动腿和两臂应快速有力地向前摆动，促使起跳腿做快速有力的蹬伸动作。

相对其他两跳较低，第二跳的腾空高度腾起角在 14°左右。进入腾空阶段，要尽可能长时间地保持跨步姿势。优秀运动员在腾空过程中完成两腿反弹式的回摆动作，使摆动腿积极上提，起跳腿屈小腿后摆，上体随着摆动腿的上提而前倾，两腿间夹角达到最大，以便于保持身体平衡，同时为第三跳的起跳做好充分准备。

3. 第三跳（跳跃）技术

在“跨步跳”的腾空阶段，当身体开始下降时，应以大腿积极下压，小腿前伸做有力的向下、向后快速扒地动作，以快速完成第三跳的起跳。

由于摆动腿的积极下压和快速的扒地动作，会使摆动腿着地后适度地屈膝、伸踝，积极缓冲，但支撑缓冲时弯曲不宜过大，这样才能使身体快速前移。随着摆动腿和两臂快速有力地、大幅度地向前上方摆出，及时完成第三跳的起跳动作。起跳结束瞬间，起跳腿髋、膝、踝三关节充分蹬直，与上体成一条直线。第三跳的腾起角为 16°～18°，空中动作与跳远时一样，一般多采用“挺身式”或“蹲踞式”姿势。落地动作与跳远落地技术相同，在触地瞬间柔和地屈膝缓冲，髋部迅速前移，使身体，尤其是臀部迅速移过落点，坐在落点处或倒向落点一侧。

总之，三级跳远技术中，很重要的一个技术环节就是安排好第一、二跳及第三跳的长度比例，或者说合理地安排好三跳的结构。第一跳是在较快的向前运动中完成的，其长短直接影响后两跳的技术，第一跳如果过长或过短都对后两跳不利。通常都是相对地固定第一跳的长度，在此基础上尽量增加第二跳和第三跳的长度。这三跳的比例和节奏要靠运动员在长期的实践中摸索，根据每个人的速度水平、双腿力量、掌握技术的熟练程度等因素来确定。

知识拓展

邹振先

邹振先，1955 年出生，辽宁大连人。中国著名男子三级跳远运动员。1981 年获国家体委颁发的体育运动荣誉奖章。1984 年被评为全国十佳运动员之一。邹振先多次打破国内外三级跳远纪录。1981 年美国国际田径赛获冠军。1981 年第 4 届亚洲田径锦标赛获冠军，同年 7 月在第 11 届世界大学生运动会上，以 17 米 32 的成绩获得金牌并打破大会纪录和亚洲纪录，9 月在第 3 届世界杯田径赛中以 17.34 米获亚军，并破亚洲纪录。1984 年洛杉矶奥运会获得第五名。

第七章 投掷类运动

学海导航

田径运动中的投掷类项目是一种通过人体的加速辅助运动，使得人体和器械都在具备一定速度的基础上，再经过最终的发力动作，将投掷器械投射到尽量远离人体的位移距离的运动形式。常见的投掷类运动包括铅球、铁饼、标枪和链球。本章就重点对这些投掷类项目进行介绍，以期为正在学习田径投掷类项目的学生提供练习参考。

第一节 投掷类运动概述

一、投铅球运动发展概述

投铅球是一项古老的投掷项目，有着悠久的历史，大约经历了三个大的历史演变阶段。早在原始社会里，就有投掷石块的游戏，它是人类与大自然斗争的产物。到了中世纪，随着火炮的诞生，在士兵中出现了投掷炮弹的比赛，最早的炮弹是圆形的，重量为16磅，约合现在的7.26千克，现代的铅球依然沿用了这个形状和重量。最初投铅球的比赛方法非常简单，只需要划条直线，人们站在线后推球就行，无论采用什么姿势，助跑或不助跑只要不过线，将球推出就不犯规。后来规定在一个方块区域里推球，最后规定必须在直径2.135米的圆圈里推球，并且铅球必须落在90°角的扇形区里方为有效，这种方法一直沿用至今。

近代铅球运动可追溯到19世纪中叶。据史料记载，英国人米切尔创造了最早的近代投铅球纪录，成绩为11.79米。1896年，第1届现代奥运会上有七名运动员参加铅球比赛，美国的加雷特以11.22米的成绩获得冠军。

国际田联承认的第一个铅球世界纪录是罗斯在旧金山创造的15.545米，这个纪录保持了19年，直到1928年才被德国选手希施费尔德以15.79米打破，同年，他又以16.04米再创纪录，成为世界上第一个突破16米大关的选手。目前的世界纪录是由美国选手巴恩斯在1990年创造的，成绩是23.12米。

二、掷铁饼运动发展概述

掷铁饼是田径运动中技术性较强的项目，其历史源远流长。它的起源和人类长期以来的制服和改造自然的社会实践活动，以及人类文明史的发展密不可分。早在远古时期，人们为了获取食物和避免猛兽的攻击，在投掷物体进行各种狩猎和防御活动过程中就形成了自然的投掷能力。因此，现代掷铁饼技术在某种程度上也是源于人类的自然投掷动作，这无疑为以后掷铁饼项目的开展和普及带来了很大便利。

现代奥林匹克运动刚刚兴起时，掷铁饼技术和场地条件还很不规范。一些运动员甚至在技术上还沿袭古代的投掷方法，如在1896年希腊举行的第1届现代奥林匹克运动会上就采用方形场地，运动员的投掷动作方式也有限制下肢动作的“古希腊式”和可以采用随意动作投掷的“自由式”两种投掷方法。采用自由式的选手格莱特以29.15米成绩取得冠军后，人们开始注意到利用当时的方形场地做各种预备动作有助于将铁饼投得更远，逐步淘汰了限制投掷动作和人体能力发挥的古希腊式投掷方法。早在1900年，就有一位叫坎帕农的芬兰运动员投出了41.50米的世界最好成绩。1912年国际业余田径联合会确定了铁饼投掷圈的直径为2.50米，铁饼重量为2千克。1912年5月，美国运动员詹·邓肯创造了第一个男子掷铁饼的世界纪录，成绩是47.58米。1930年5月，美国运动员埃·克伦茨第一个突破了50米大关，以51.03米创造了新的世界纪录。

在20世纪上半叶，积极创新的掷铁饼技术不断涌现，特别是旋转技术的出现和不断改进带来了运动成绩的一系列重大突破。在进入20世纪后不久出现了“侧向转身”技术，投掷者身体左侧朝向投掷方向，以左脚掌为轴起转，保持较高的身体姿势，双脚不同时离地(无腾空)，主要以投掷臂力量掷出铁饼。

20世纪30年代“侧向转身”技术演进为“背向跳跃旋转”技术，投掷者上肢做波浪式运动，这时掷铁饼技术已具有某些现代背向旋转投掷技术的雏形。1948年第14届奥运会上，意大利的A·康索里尼(A. Consolini)首次采用背向旋转掷铁饼技术，以52.18米荣登榜首，此后他三次刷新世界纪录，最好成绩是同年10月创造的55.33米。从此以后，背向旋转掷铁饼技术在世界范围得到推广。

20世纪50年代掷铁饼技术又有了新的发展，人们试图获得更快的起转速度，出现了“起跑式旋转”技术，在旋转动作过程中上体迅速前倾，左脚迅速蹬离地面，右脚快速落地以维持身体平衡。其代表人物是美国运动员F·戈迪恩(F. Gordien)，他于1953年用这种技术创造了当时59.28米的世界纪录。

到了20世纪50年代中期，铁饼投掷圈内地面由土质改为混凝土，波兰运动员皮亚特科夫斯基加快了背向旋转速度，1959年6月以59.91米的成绩创造了新的世界纪录。美国的杰·西尔维斯特是第一个突破60米大关的运动员，他当时的成绩是60.56米。美国著名运动员阿·厄特，其具有低重心、低腾空的背向旋转技术，自16届至19届，他蝉联四届奥运会冠军，并四次刷新世界纪录，被人们称为“铁饼之神”。

进入20世纪60年代人们更加注意到保持铁饼连贯加速和强化人体—器械系统平稳运动对增加用力实效和投掷成绩的重要作用，出现了“低腾空旋转”技术。这种技术强调旋转中右腿绕身体左侧旋转轴大半径、大幅度摆动并尽快落地支撑，以减少人体重心起伏和腾空时间，加大人体—器械系统转动惯量和更好地保持旋转速度。

美国运动员威尔金斯是第一个突破70米的人，他在1976年5月的比赛中，先后以69.80米、70.24米、70.86米三次打破自己以前创造的世界纪录。后来，这些纪录也被刷新。女子掷铁饼列入比赛是在1928年的第9届奥运会上。1936年德国的吉·毛厄尔迈尔以48.31米创造第一个世界纪录。原苏联选手尼·杜姆巴节采用背向旋转技术突破50米大关。1967年11月原联邦德国的利·维斯特曼以61.26米第一个超过60米。从1971年起,原苏联选手法·麦尔尼克先后十一次刷新世界纪录,于1975年8月以70.20米第一个突破70米大关。

目前,被世界各国运动员广泛采用的宽站立、低姿势、大幅度的背向旋转技术可以说是现代掷铁饼的主流技术。虽然也有个别选手尝试了新异的技术形式,如采用左脚“链球式”进入旋转、超背向旋转和二周半旋转投掷,但终因它们不能显著提高掷铁饼整体技术效益,因而没有突破现有的主导技术形式被广泛接受。由于传统的背向旋转投掷技术具有简捷、流畅和实效性强等显著特点,因此目前仍然被各国优秀选手广泛采用。

目前的铁饼世界纪录均是德国人创造的,男子铁饼纪录为舒尔特于1986年创造的74.08米,女子铁饼的世界纪录为赖因施于1988年创造的76.80米。

三、掷标枪运动发展概述

掷标枪运动是由古代人们手持长矛投扎猎物的生产技能演变过来的。那时,它是古代人类用来狩猎和战斗的武器。作为人类赖以生存谋生的技能,掷长矛的技术被人们在生活中广泛地应用着。以后又成为培养教育后代提高生活技能的一种锻炼手段,以至后来人们用它当作掷远和掷准比赛的器械。在这种原始而古老的传授和训练过程中,慢慢地形成了竞赛,以投得准、掷得远作为一决雌雄的标准,比赛中最优秀的人,就被众人推选为部落的领袖。最初枪杆是平滑的,没有绳把,只在手上系着一条布带,投出时可使标枪旋转。史料记载,古希腊人在很早以前,就开始了掷标枪比赛。公元前708年在古希腊奥林匹克运动会上,掷标枪已列入五项运动中的一个单项比赛。到了19世纪末,斯堪的纳维亚地区的国家盛行投掷2米长的棍棒。后来,芬兰人把这种投掷器械改为全长2.60米、重800克的金属头标枪,从此这种标枪成为比赛项目的规范器械。

随着技术的深入发展,世界优秀标枪运动员呈现出不同的技术风格,根据最后用力的典型特征可以分为两大类:一是以投掷步速度快,助跑与最后用力衔接紧密,但最后用力动作幅度相对较小为主要特征的“速度型”技术风格;二是以投掷步速度稍慢,最后用力时躯干转动幅度较大和身体重心较低为主要特征的“力量型”技术风格。

四、掷链球运动发展概述

掷链球运动历史发展悠久,最早可追溯到公元前2000年在爱尔兰塔拉举行的塔伊挺运动会。链球刚被列入田径比赛时,可以原地投掷、直线助跑投掷和没有投掷圈限制的旋转投掷。随着时间的推移,投掷器械的构造发生了很大的变化。最初是用较柔软的材料代替了铁匠大锤的木柄,后来用圆形球代替了有棱角的锤体。以后把手柄换成了链条,又换了两个把手的钢链,最后改为一个把手。

1886年在伦敦斯坦福桥,由伦敦田径俱乐部举行的一次冠军赛上,爱尔兰人米切尔以110英尺4英寸的成绩夺得冠军。

1900年第2届奥林匹克运动会上，掷链球运动被列入正式比赛项目，同时规定了掷链球比赛的竞赛规则。规则规定掷链球必须在7英尺(2.135米)直径的圆圈内投掷，链球落地的有效区为90°角的扇形区域，球重7.257千克。本届奥运会链球比赛的冠军为英国选手弗朗卡，投掷成绩是51米。以后由于掷链球技术的发展，比赛规则和链球的构造规格也多次改变。现在链球的全重是7.26千克，全长(自把手内沿起)122厘米，落点有效区为34.92°角的扇形区。

从1890—1920年，最出色的是爱尔兰裔的美国人约·弗拉纳根，14次改写世界纪录，1909年创造的世界纪录是56.18米。弗拉纳根连续获2～4届奥运会冠军。马·迈克格里斯获第5届奥运会冠军，并创造过57.16米的链球世界纪录。帕·瑞安于1913年创造了第一个被世界公认的世界纪录，成绩是57.77米，这一纪录一直保持了25年。早期世界各国参加链球比赛的都是身高体重的运动员，投掷技术简单，大多数运动员用原地抡摆或以左脚前脚掌为轴旋转1～2周后掷球出手，旋转速度缓慢，超越器械动作也不明显。当时人们称这种前脚掌为轴旋转投掷为"脚尖旋转技术"。用这种方法旋转，需要两脚瞬时离地做空中跳转动作，身体不易平衡，而且不能保证身体沿直线向投掷圈前沿运动。

在20世纪30年代初，德国教练员塞·克里斯曼根据力学原理和人体运动的特点，对掷链球运动技术进行了进一步的改革，具体来说，主要包括三个方面的内容：第一，在每一圈旋转中左脚必须和地面保持牢固的接触，以更好地维持身体的平衡；第二，手臂在胸部正前方伸直而放松地拉住链球旋转，从而有益于能力的充分发挥；第三，运动员由圈后转到圈前时，动作轻松连贯，链球保持不断的加速运动，可创造好成绩。根据这一最新的技术，塞·克里斯曼的学生卡·海因和埃·布拉斯克运用这种新技术在1936年第11届奥运会上分别获得冠、亚军。埃·布拉斯克于1938年创造了59米的世界纪录，并保持了10年之久。

2000年9月在悉尼举行的第27届奥运会上，女子掷链球运动首次进入了奥运会。在这次奥运会上，波兰运动员斯科利莫夫斯卡以71.16米的成绩夺得第一名，成为奥运史上第一位女子掷链球比赛的冠军。

世界女子掷链球运动的发展仅仅只有一二十年，但是，这个项目的发展却是非常迅速的，它的发展速度及运动成绩的提高幅度非常惊人。由此可以看出，在今后的时间里，田径运动中的掷链球运动将会发展得更好。

中国女子链球女皇——张文秀

张文秀，1986年3月22日出生于辽宁省大连市，中国女子链球运动员。2000年入选中国人民解放军八一田径队从事专业训练。2001年入选国家队。2004年全国田径锦标赛冠军。2007年世锦赛上夺得女子链球铜牌。2008年北京奥运会上以74.32米获得铜牌，改写了中国女子链球在奥运会上无奖牌的历史。2013年9月7日，第12届全运会女子链球决赛中，以73.68米的成绩获得冠军，实现了全运会该个项目的卫冕。2014年9月28日，仁川亚运会链球冠军，并且打破了亚运纪录。2015年8月27日，世界田径锦标赛上以76米33获得亚军，这也是她在世界大赛上获得的最好名次。2016 年 8 月 15 日，在里约奥运会田径女子链球决赛中，张文秀扔出 76 米 75 的成绩，获得银牌。

第二节　投铅球

一、握法和持球

握球的方法（以右手为例，下同），五指自然分开弯曲，手腕背屈（图 7-1）；把球放在食指、中指和无名指的指根处，拇指和小指自然地扶在球的两侧。握好球后，把球放在锁骨窝处，贴近颈部，手腕外转，掌心向外，手臂肌肉放松，握球要稳，如图 7-2 所示。

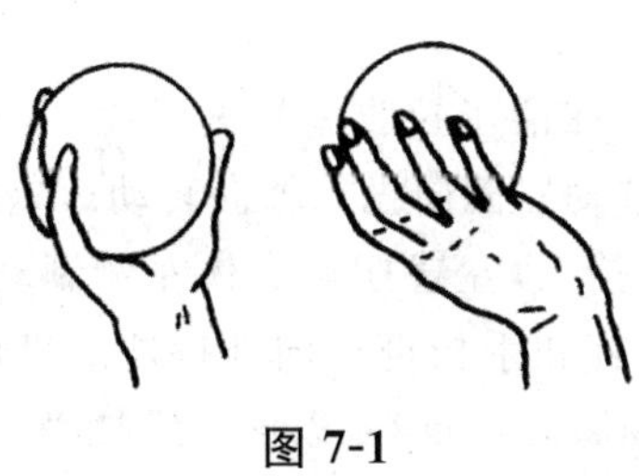

图 7-1

图 7-2

二、预备姿势

推铅球的技术有侧向滑步投、背向滑步投和旋转投三种方式。下面着重介绍背向滑步投的预备姿势。

（一）高姿势

持球背对投掷方向，右脚尖贴近圆圈，脚跟正对投掷方向，重心在右脚上。左脚在后，并以脚尖或前脚掌着地，距右脚 20～30 厘米。上体正直放松，左臂自然上举或前伸，两眼看前下方 3～5 米处。这种姿势较为自然放松，能协调地进行滑步动作，有利于提高速度。

（二）低姿势

背对投掷方向，两脚前后开立 50～60 厘米，右脚跟正对投掷方向，左脚以脚尖或前脚掌着地，左臂自然下垂或前伸，两腿自然弯曲，上体前俯，重心落在右腿上。两眼看前下方 2～3 米处。这种姿势容易维持平衡。

三、滑　步

滑步的目的是为了使人体和铅球获得一定的预先过渡，并为最后用力创造良好的条件。掌握好滑步技术可提高成绩1.5～2.5米。下面着重介绍背向滑步技术。

可做1～2次预摆。当摆动腿向后上方摆出，上体自然前俯，左臂自然地伸于胸前。然后左腿回收，同时弯曲右腿，当左腿回收到接近右腿时，身体重心略向后移，紧接着左腿向投掷方向拉出，右腿用力蹬伸，当脚跟离地面后，迅速拉收小腿，右脚向内转扣，并用前脚掌着地，落在圆圈中心附近与投掷方向约成130°角。这时左脚要积极下落，以前脚掌内侧迅速地落在直径线左侧靠近抵制板处。两脚落地的时间越短越好，以使动作连贯，并能迅速地过渡到最后用力。

四、最后用力和投掷后维持身体平衡

投掷方法的不同导致最后用力维持身体平衡的方法不同，下面就背向滑步技术最后用力后的身体平衡做一介绍。

最后用力是在左脚积极着地的一刹那开始的。在滑步拉收右腿的过程中，右膝和右脚就向投掷方向转动，右脚着地后还要不停地蹬转，并推动右髋向投掷方向转动。上体也逐渐向上抬起。在右髋的不断前送中很快地向左转体，挺胸抬头，左臂摆至身体左侧制动，两脚积极蹬伸，同时右臂将铅球积极推出，在铅球快离手时，手腕和手指迅速向外拨球。投球的角度一般为38°～42°。当球离手后，立即将右腿换到前面，屈膝降低重心，以便于维持身体平衡。

铅球是什么材料做的？

高规格的田径比赛中的铅球比赛的铅球用球采用不锈钢或碳钢合金材料制成。这种铅球的球体外表面采用镀铬镀钛或喷漆处理以防腐蚀。而一般性比赛使用的铅球则相对廉价，即采用铸铁制成，球体外表面采用喷漆处理。

第三节　掷铁饼

掷铁饼技术大致可以分为四个部分，即铁饼的握法、预备姿势和预摆、旋转、最后用力和维持身体平衡，具体如下。

一、铁饼的握法

握铁饼时首先五指应自然分开，然后将拇指和手掌自然靠贴铁饼，其余四指自然分开，用四指的最末节扣住铁饼边沿。手腕稍屈把握着铁饼不要滑落。握好铁饼后投掷臂在体侧放松下垂(图 7-3)。在握铁饼时，为了不影响掷铁饼的效果，需要注意，握铁饼不能太紧也不可太松，以便于用力拨饼为宜。

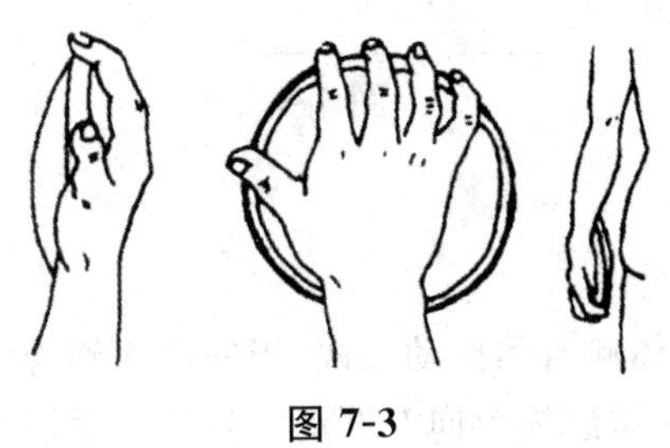

图 7-3

二、预备姿势和预摆

(一)预备姿势

当前多数运动员都采用背向旋转掷铁饼的技术。正确的预备姿势应是：背对投掷方向，两脚左右开立同肩宽，两脚站在投掷圈后沿，左脚尖稍离开铁圈一点便于旋转，持铁饼的手臂放松下垂于体侧。

(二)预　摆

掷铁饼的预摆动作是为旋转做准备的，也是使肌肉活动获得一个最佳状态。预摆的形式主要有两种，一种是左向上右向后的预摆，另一种则是体前左右摆。不管选用哪种预摆方式，最后总有一个“制动”动作，这个制动点就是进入旋转动作的开始点。

1. 左向上右向后的预摆

摆好了预备姿势以后，开始预摆。先由持饼臂起动在体侧前后自然摆动，此时身体重心也随着摆臂左右移动。当铁饼摆到体后时，重心靠近右腿，然后右腿蹬地向左移重心，投掷臂持饼向左上方摆动，右臂稍弯曲，铁饼大约摆到前额左方，为了防止铁饼滑落，左手去托饼，重心完全移到左腿，上体也随之向左转动。随后投掷臂放松向右后方摆动，重心又从左腿移至右腿，上体又自左向右后方转动，右腿稍有弯曲，左臂自然屈于胸前。在整个预摆过程中，头随上体转动，两眼平视。当向后摆到最高点时(约与右肩同高)即是制动点(图 7-4)。由于这种预摆方式简单易行，因此比较适用于初学者。

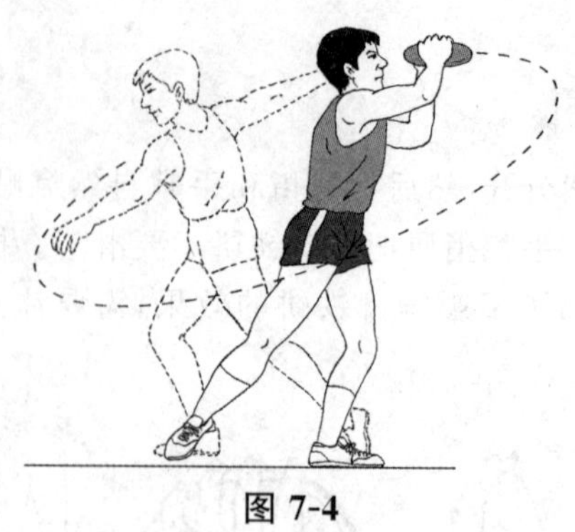

图 7-4

2. 体前左右预摆

站好预备姿势以后，先在体侧自然摆动几次，当铁饼摆到身体后面时，重心向右腿靠拢，躯干向左扭转并带动投掷臂持铁饼经体前向左摆动。当持饼手摆到体前时，手掌翻转向上，右肩前倾，体重移向左腿。然后持饼臂经体前向后回摆，持饼手掌翻掌向下，体重移向右腿。在往复摆臂时，上体应向左右随之扭转，尤其在向右回摆铁饼时，上体充分扭转，形成扭紧状态。这种预摆方式的主要特点是：幅度大，动作放松，但必须很好地握控铁饼防止滑落，因此，这种预摆方式经常被优秀运动员采用。

三、旋转技术

旋转和助跑的作用基本相同，都是为了在铁饼最后用力出手之前使器械得到一个初速度，并为最后用力和出手创造有利的身体姿势。根据有关材料统计，原地掷铁饼与旋转掷铁饼的距离相差 8～12 米(图 7-5)。

旋转动作是从预摆结束的瞬间开始的，首先是以左脚支撑为旋转的轴心，借助右腿的蹬地力量，向投掷方向转动左膝和左肩，身体重心略有下降，重心从右侧转移到左腿方向，左腿的动作是边屈膝、边旋转，带动身体也向左转动，身体要稍前倾并稍收腹。

当左肩转动，移到左腿支撑点垂直线上时，左腿再屈膝向投掷方向移动，同时左肩带动整个身体向左转动，形成了以左半身为轴的旋转姿态。这时右腿的大腿带动小腿，右腿弯曲成弧线绕过支撑的左腿进行旋转(右腿稍内扣)，右腿好像贴着地面向投掷方向跨步，整个身体形成了以左侧身体为轴的大扇面旋转。当身体重心通过左腿时，左脚蹬地，身体向投掷圈的圆心移动。

在这个旋转过程中，投掷臂和右肩放松，被滞留在旋转身体的后面，右侧身体的肌肉也被拉长，形成了身体超越器械的动作。

掷铁饼的旋转动作，实际上是左腿蹬转和右腿右髋内扣旋转的结合。在旋转过程中的短暂腾空，要保证髋和腿的动作先于臂的动作，以便形成髋轴超越肩轴的超越器械动作。

旋转动作结束时，首先是右腿以前脚掌着地，落在圆心附近，形成一个非常短暂的、以右脚为轴的单腿支撑动作。这时整个身体并不停顿，仍然以右脚为轴继续旋转，紧接着就是左脚以脚内侧着地支撑，并且开始最后用力出手的技术过程。

图 7-5

四、最后用力和维持平衡

最后用力是掷铁饼的关键技术，其效果如何，在很大程度上取决于四个方面的因素：第一，是要有较长的工作距离；第二，是要有较快的用力速度；第三，是作用于铁饼的力量；第四，是要有一个适宜的出手角度。只有具备了以上这四个条件，在掷铁饼的最后用力阶段才能够取得较好的效果。

旋转结束后，要为最后用力准备一个正确的身体姿势，这取决于旋转动作右脚落地之后仍需不停顿地转动，当左脚一着地做好了左脚支撑，紧接着就和最后用力相衔接。

右脚边转动边向投掷方向蹬伸，带动着持铁饼的投掷臂进行大弧度的运动。左腿则承担着支撑作用，使右侧绕着左侧轴转动，形成了一个以胸带动臂向前鞭打的甩臂动作。此时左腿向上蹬伸，左肩制动，形成有力的左侧支撑，在这样上下肢、左右侧协调动作的配合下，使全身的各部位用力都集中在铁饼上，加大出手的速度、力量及工作距离，并且也能使身体处在较高位置，为最后出手创造一个较好的角度。

需要注意的是，首先，铁饼离手的瞬间，应由右手的小指到食指依次拨饼，使铁饼能沿着顺时针方向在空中转动飞行;其次,出手后为了避免犯规或跌倒,应及时地交换两腿,降低身体重心,顺势再向左转体,维持身体平衡。

掷铁饼者(Discobolus),大理石雕复制品,高约152厘米,罗马国立博物馆、梵蒂冈博物馆、特尔梅博物馆均有收藏,原作为青铜,希腊雕刻家米隆(Myron)作于约公元前450年。

这个作品是古希腊雕塑艺术的里程碑,显示出希腊雕刻艺术已经完全成熟。雕塑刻画的是一名强健的男子在掷铁饼过程中最具有表现力的瞬间,赞美了人体的美和运动所饱含的生命力,体现了古希腊的艺术家们不仅在艺术技巧上,同时也在艺术思想和表现力上有了一个质的飞跃。这尊雕像被认为是"空间中凝固的永恒",直到今天仍然是代表体育运动的最佳标志。

第四节 掷标枪

一、标枪的握法和持枪

(一)握枪(以右手投掷为例)

现代式握法:现在国内外运动员大都采用的握法是将标枪斜握在掌心,拇指与中指握住标枪绳把末端第一圈上端(图7-6),食指自然地贴在标枪上,无名指与小指也自然握住绳把。

普通式握法:用拇指和食指握住标枪绳把末端的第一圈,其余三个手指握住绳把(图7-7)。

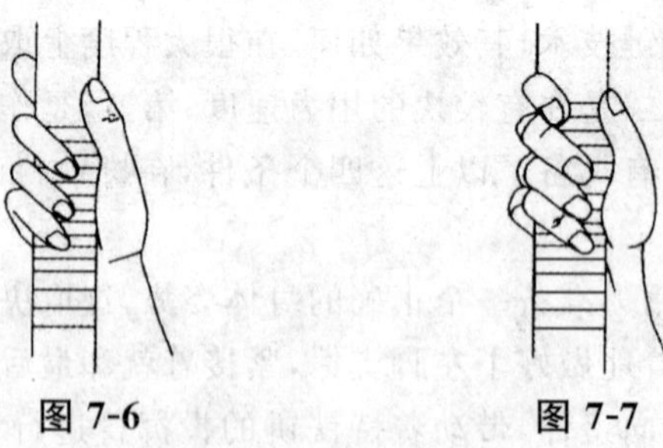

图7-6　　图7-7

(二)持　枪

正确的持枪技术应是有利于运动员持枪助跑发挥速度,有利于引枪并控制标枪的位置和角度,并保持肩部放松和持枪臂的放松。持枪有多种方式,如肩上持枪法、腰间持枪法等。

肩上持枪：把标枪举在肩上，弯曲的投掷臂和手腕控制标枪，标枪的尖部略低于尾部，整个标枪稍高于头部，这种持枪方式，手腕比较放松，也便于引枪（图 7-8）。

腰间持枪：握枪后将标枪置于腰侧，助跑时枪尖在后，枪尾在前，持枪助跑仍像平跑时那样前后摆臂，进入投掷步时再引枪，将枪尖对准投掷方向。这种方式引枪时，需翻手腕将枪尖对准前方，因此难度较大。优点是助跑时肩、臂动作自然放松，便于发挥速度。

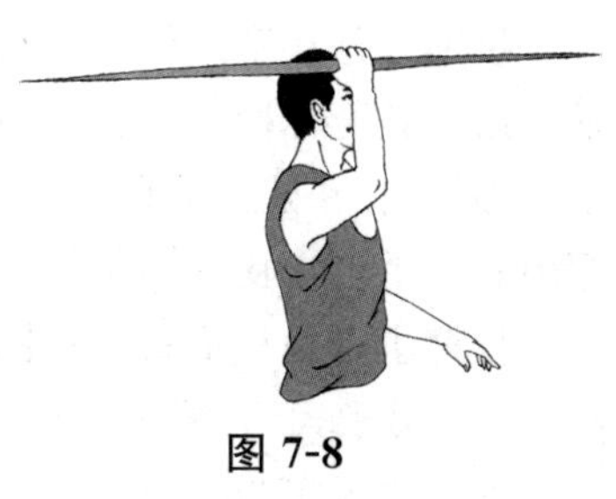

图 7-8

二、助　跑

掷标枪的助跑作用如同推铅球的滑步、掷铁饼的旋转一样，是给器械获得预先速度，并控制好标枪的位置，为引枪和超越器械创造良好的条件。

助跑由两个部分组成。第一段是预跑，也就是持枪跑；第二段是标枪特殊的助跑——投掷步。

（一）预跑阶段

掷标枪的助跑一般要 25～35 米。从第一标志到第二标志大约 15～20 米距离作为预跑阶段，通常跑 8～14 步（图 7-9）。

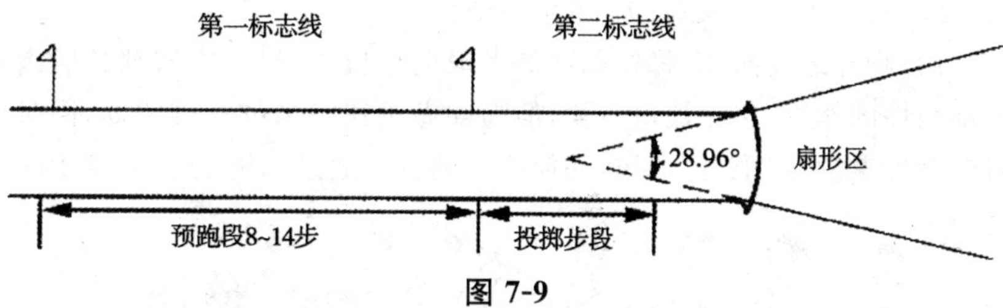

图 7-9

预跑段时，投掷臂持枪，上体稍前倾，用前脚掌着地，高抬大腿，蹬伸动作有力，动作轻快而富有弹性，并且助跑的节奏性要强，持枪臂和另一臂要与两腿动作协调配合，两眼平视，头部自然抬起。

预跑段的助跑应是逐渐加速的，助跑的步长也要稳定，助跑阶段也要能控制，以便于完成投掷步和最后用力为前提。据有关资料介绍，掷标枪助跑时的速度，相当于本人最高跑速的 60％～85％，就是适宜助跑速度。但这也得根据个人的技术熟练程度而定。尤其是对于初学者来说，预跑段的助跑速度更要控制，随着技术熟练程度的提高，可逐步提高助跑的速度。

（二）投掷步阶段

由于掷标枪的投掷步不同于普通跑步，在投掷步中还包含一个特殊的交叉步，为此，有人把掷标枪的投掷步叫作交叉步阶段。

投掷步是从第二标志开始，到投掷弧这一段距离内的助跑。实际上是从预跑加速，过渡到最后用力直至标枪出手这一系列的动作阶段。投掷步的任务是通过特殊的助跑技术，使下肢动作加快，在快速跑向前运动中完成引枪，并且通过投掷步形成身体超越器械的动作，为最后用力和出手创造良好的条件。

投掷步有两种形式，一种是跳跃式的投掷步，另一种是跑步式的投掷步。投掷步通常跑4～6步，男子大约9～15米，女子8～13米。

跳跃式投掷步：这种形式腾空时间较长，两腿蹬伸的力量大，有利于引枪动作和超越器械的完成，动作也比较轻快自如。但这种跳跃式的投掷步，要防止跳得过高，造成重心起伏过大，影响动作的直线性和连贯性。

跑步式的投掷步：近似平常跑步，特别是向前速度较快，身体向前平直，但不利于形成身体超越器械的动作。

三、最后用力

投掷步的第三步右脚落地后，髋部顺向前惯性继续运动，身体继续向前运动，在身体重心越过了右脚支撑点上方时（左脚还未着地），右腿积极蹬伸用力。左脚着地时，左腿做出有力的制动动作，可加快上体向前的运动速度。右腿的继续蹬地，推动右髋加速向投掷方向运动，使髋轴超过肩轴，并带动肩轴向投掷方向转动。在肩轴向投掷方向转动的同时，投掷臂快速向上翻转，使上体转为面对投掷方向，形成"满弓"姿势。此时投掷臂处于身后，与肩同高，与躯干几乎成直角，标枪处在肩上后方，掌心向上，枪尖向前。

形成"满弓"后，胸部继续向前，将投掷臂最大限度地留在身后，右肩部的肌肉最大限度地伸展。由于向前惯性的作用，左腿被迫屈膝，但随即做迅速有力的充分蹬伸，同时以胸部和右肩带动投掷臂向前做爆发性"鞭打"动作，并使用力的方向通过标枪纵轴（图7-10）。

图 7-10

四、标枪出手后的身体平衡

标枪出手后，保持身体平衡是全过程的结束动作。为了防止人体越过投掷弧而造成犯规，标枪出手后，右腿应及时向前跨出一大步，降低身体重心，以保持平衡。为了保证最后用力时运动员可以大胆向前做动作而又不犯规，最后一步左脚落地点至投掷弧的距离应在1.5～2米之间。

第五节　掷链球

掷链球是一项技术比较复杂的田径运动项目。一般情况下，可以将掷链球的技术分为五个部分，即持握器械、预备姿势、预摆、旋转和最后用力，具体如下。

一、持握器械

投掷链球时，扣锁式握柄方法是经常采用的一种持握器械的方式。

正确的动作方法是：将链球的把柄放在左手食指、中指和无名指中段指节和小指末节，手指关节弯曲成钩形，勾握把柄。掌骨关节相对伸直，右手指扣握在左手指的指根部，右手的拇指扣握左手食指，左手拇指扣握右手拇指，两拇指交叉相握，成扣锁式握法（图7-11）。

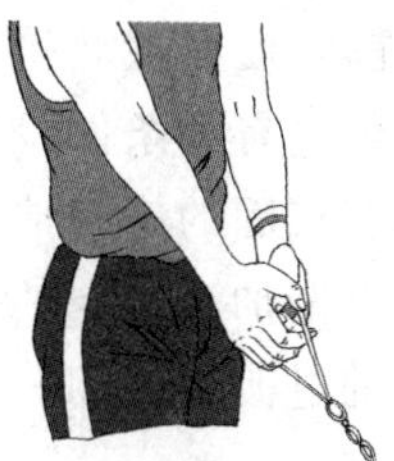

图7-11

需要注意的是，为取得较大的旋转半径，运动员往往将把柄置于左手指骨末节和指骨中段之间，然后右手同样扣握在左手上。除此之外，规则还规定，掷链球时，左手可戴光滑皮质保护手套，但指尖必须外露。

二、预备姿势

运动员背对投掷方向站立在投掷圈后沿，两脚开立，距离同肩宽或略宽于肩，以适合运动员预摆和开始旋转为度。左脚靠近投掷圈中心线，右脚稍远，这样便于有充分余地完成四圈旋转。两膝关节微屈，上体前倾右转，体重移至右腿，链球放在圈内身体的右后方，两臂伸直。

另外，为了使动作做得更加轻松，也可以在以上预备姿势的基础上进行一定的改进，比如，有的运动员采用将球提离地面，由体前摆至右后方，然后直接进入预摆的方法。

三、预　摆

预备姿势结束后就会开始进入预摆阶段。运动员拉链球，使链球沿有高低点的特定轨迹绕人体做圆周运动。大部分运动员采用两周预摆。在两周的预摆中，球呈匀加速运动，第二周预摆要比第一周预摆速度快些，幅度大些。预摆的速度要与身体的平衡相适应，身体平衡靠两腿和髋的移动补偿调整完成。一般预摆两周时，每周链球运行距离为 5～6 米，速度 12～15 米/秒。

下面就详细介绍一下两肘预摆的技术动作和主要特点。

第一周预摆：是从两腿蹬伸、上体直立左转拉伸两臂开始的。链球从身体的右后方沿向前—向左—向上的弧线运动。随链球向前移动，体重逐渐从右腿移向左腿。当链球摆至体前、肩轴与髓轴相平行时，两臂充分伸直。随后链球向左上方运动。当链球摆到左侧高点时屈两肘，两手位于额前上方。当链球通过预摆斜面高点后，两臂逐渐伸直，体重移向右腿，左膝稍屈，肩轴向右自然扭转 70°～90°。此时链球由上经身体右侧向下摆至低点，然后紧接开始第二周预摆。第二周预摆：一般运行斜面的角度较小，速度加快，幅度和拉力增大。

四、旋　转

(一)旋转技术的原理分析

旋转是掷链球的关键环节。通过旋转，使器械获得较大的运行速度，积累动量，并造成身体良好的“超越器械”动作，为最后用力创造有利条件。

旋转要求人与链球形成一个整体，有稳固的旋转轴和较大的旋转半径，要求在身体良好平衡的情况下，变换支撑形式，协调用力，逐渐加速，节奏明显，应充分利用双支撑时的加速转动，缩短单支撑时间，做好双支撑向单支撑的过渡旋转和单支撑向双支撑的转换，还应力求加长链球绕人体的转动半径，加快旋转的角速度。

在旋转过程中，单支撑和双支撑阶段的链球运行距离不同，每圈旋转时链球的运行距离也不相同。加长链球旋转时的运行距离和加快链球运行的速度，依靠增加双支撑用力时间并缩短单支撑时间来完成。在完整的旋转技术中，各圈旋转加速的节奏一定要明显。加速节奏体现在缩短单支撑时间和加快双支撑旋转速度上。

在旋转中，链球最高点逐渐升高，运行斜面的角度逐渐加大，以便为最后用力创造适宜的角度。合理的旋转技术要求运动员的头部与肩保持相对稳定，头部不能有任何扭转和倾斜，头部位置的改变直接会造成旋转动作的错误。例如，向左转头容易造成肩带的紧张，影响双臂的伸直和导致旋转困难。躯干直立能维持平稳的旋转和对抗球的拉力，有利于旋转加速。两臂伸直，两肩放松，使肩和手臂放松牵拉链球，形成一个稳固的三角形，会使旋转形成一个理想的旋转半径。

旋转中，髋部向前挺出，有利于身体重心的移动和双支撑向单支撑的过渡；双腿弯曲，有利于对抗链球离心力和旋转时蹬地加速。

（二）旋转技术的技术动作解析

根据以上对旋转技术原理的分析，可以将旋转技术分为四个阶段，即单支撑阶段、双支撑阶段、双支撑过渡阶段、单支撑转换阶段，具体如下。

1.单支撑阶段

单支撑阶段是从右脚抬起至右脚落地止。在单支撑阶段，身体重心顺利地移至转动支撑的左腿至关重要。这取决于进入旋转双支撑向单支撑过渡时身体重心左移的时机，过早或过晚都将引起右髋的扭曲，造成偏离旋转轴的错误。单支撑时链球上升制高点前，是保持速度阶段，因为此时人体与链球是同步运动的。人体与链球整体的旋转是由左脚外侧支撑完成的。充分伸展双臂，可形成最大限度的旋转半径。链球接近高点之前开始转体，链球达到制高点时左脚由脚外侧转向前脚掌，链球由高点下行时，左膝弯曲下压，右脚快速落地，完成单支撑阶段。与此同时，双臂仍伸直，右腿和右髋超越肩轴，使身体呈扭紧状态，形成良好的下肢超越上肢和超越链球的姿势。

2.双支撑阶段

双支撑阶段是从右脚落地开始至右脚离地。这一阶段是链球加速的最佳阶段。右脚落地时，髋轴超越肩轴成20°～40°夹角。在链球运行时，两肩应放松，两臂应充分伸展，使链球以最大半径和最长运行距离运转。双支撑阶段应保持两腿的弯曲和躯干的正直，并保持身体的稳定，以利于对抗链球的离心力。

3.双支撑过渡阶段

双支撑向单支撑的过渡转移阶段是在髋轴与肩轴平行，链球处于体前低点时开始的。此时链球运行半径相对缩短，而旋转角速度加快。此时应借助链球的转动加速，双脚向左侧转动，同时身体重心左移，右脚迅速抬起，进入单脚支撑阶段。过渡阶段由于转动力量的加大和脚速度的加快，双脚既要完成转动，又要使身体重心左移，因而技术动作较为复杂，是比较难以掌握的技术环节。

4.单支撑转换阶段

单支撑向双支撑的转换取决于单脚支撑旋转的成功。当链球由高点下行时，保持双臂的伸展和躯干的挺直，左脚掌平稳地支撑并转动，左膝及时准确地弯曲下压，使右脚尽快落地，形成一个充分的超越器械的姿势。

五、最后用力

最后用力是在第三圈（或第四圈）旋转结束、右脚落地开始的。最后一圈右脚落地，下肢动作充分超越上体和链球，髋轴与肩轴达到最大扭转程度，两臂充分伸展，链球处在远离身体的右后上方，双膝弯曲，身体重心偏左。由于最后一圈转动速度较大，链球高速下行。随链球一下行，身体重心右移，链球至身体的右前侧，身体重心移至双腿。当链球至身体右前方时，弯曲的双膝开始蹬伸，身体重心左移并升高，链球沿身体右侧弧线上升。此时左腿做强有力的支撑，右脚左转蹬送，右髋左转，躯干挺伸，左肩左转，头自然后仰，链球快速运行上升。当升至左肩高度时，两手挥动将链球顺运行的切线方向和理想的角度掷出。为保持身体的平稳和防止犯规，链球出手后要转体换腿，降低身体重心。

·常规项目篇·

第八章　足球运动

学海导航

足球运动被誉为“世界第一运动”，是高职体育教学的重要教学内容之一。高职院校是普及足球运动、发现足球运动后备人才的重要场所，现阶段，发展校园足球是我国发展足球运动事业的一个重要战略内容。本章对足球运动的相关知识进行介绍，内容涉及足球运动概述、足球运动技战术、足球运动规则。通过学习本章，高职学生可以了解足球运动的基本知识与发展概况，掌握足球运动技能，了解足球运动规则，并调动高职学生足球运动学习与参与的热情，并更加科学地从事足球运动实践。

第一节　足球运动概述

足球运动最早起源于我国。国际足联主席布拉特在亚洲足联举办的各会员国协会和秘书长学习班上所做《国际足球发展史》的报告中说，“足球发源于中国，由于战争而传入西方”。1985 年 7 月 26 日，前国际足联主席阿维兰热在北京举办的首届柯达杯 16 岁以下国际足联世界少年足球锦标赛开幕式讲话时说：“足球起源于中国。”

据相关史料记载，早在 3 500 年前的殷代，就有了“足球舞”。这是古代足球游戏的雏形。战国时代民间已盛行集体的“蹴鞠”“踏鞠”游戏。“蹴”和“蹋”都是踢的意思，“鞠”是球名，唐代是我国“蹴鞠”最盛行的时期，“蹴鞠”作为文化交流工具传到日本。宋代民间的球会称为“齐云社”，一直沿袭到元朝和明朝。公元前 4 世纪，足球因古希腊马其顿国王亚历山大发动的战争而传入中东。

现代足球运动是从欧美传入世界各国的，17 世纪中后期开始，足球运动在欧洲一些文化发达国家盛行。1863 年 10 月 26 日，英国人在伦敦成立了世界第一个足球协会——英格兰足球协会，英格兰足球协会的成立标志着足球运动的发展进入了一个崭新的阶段。因此，人们把1863年10月26日，即英格兰足球协会成立之日作为现代足球的诞生日。

1900年，足球被列入奥运会正式比赛项目。1904年5月21日，由法国、瑞士、瑞典、比利时、西班牙、丹麦、荷兰等国发起，在巴黎成立了“国际足球联合会”，简称国际足联（FIFA），现拥有200多个成员国，是世界最大的单项体育组织之一。

19世纪末，现代足球运动传入中国。旧中国曾多次参加远东运动会足球赛和两次参加奥运会（第11届和第14届）足球赛。新中国成立后，党和政府高度重视我国足球运动的普及与提高，特别是当前足球被列为体育改革的突破口，实行了从体制到赛制的一系列改革措施，初步建立的职业化足球，为中国足球的腾飞奠定了基础。我国的足球运动有过辉煌，如中国女子国家足球队夺得过女足世界杯亚军，中国男足也于2002年参加过世界杯，但是由于多方面的原因，我国足球运动的水平一直未能有太大提升，远远落后世界水平。

进入21世纪，我国致力于足球运动改革，早在2011年，当时任国家副主席的习近平对中国足球提出三个愿望：进入世界杯、举办世界杯，获得世界杯冠军。2015年3月，我国发布《中国足球改革发展总体方案》，对足球运动的发展做了一定的部署，作为中国足球改革与发展的纲领性文件，方案共有50条改革措施，涉及足球管理体制、国家队、职业俱乐部、足彩、校园足球、球场设施建设等方方面面，指明了中国足球未来发展的方向和道路。2016年，国家发展改革委、国务院足球改革发展部际联席会议办公室（中国足球协会）、体育总局、教育部共同编制发布《中国足球中长期发展规划（2016—2050年）》，并于4月6日下发各地方政府组织实施。意味着中国足球改革有了更详细的规划发展。2016年10月22日，马尔切洛·里皮就任中国国家男子足球队主教练，2016年11月15日晚，在2018年俄罗斯世界杯亚洲区预选赛12强赛第五轮的一场比赛中，以0比0与对手战平。作为里皮接手国足后的第一场比赛，国足此次比赛的表现和以往相比算得上是面貌一新，相信我国足球一定会迎来发展的春天。

《中国足球中长期发展规划（2016—2050年）》三个阶段发展目标

1.近期目标（2016—2020年）

努力实现中国足球保基本、强基层、打基础的发展目标。

保基本：人民群众对足球运动的需求得到基本满足，开展足球活动的场地、时间、经费得到基本保障，全社会关心和支持足球发展的良好氛围基本形成。

强基层：校园足球加快发展，全国特色足球学校达到2万所，中小学生经常参加足球运动人数超过3 000万人。社会足球发展基础不断夯实，基层足球组织蓬勃发展，基层足球活动广泛开展。全社会经常参加足球运动的人数超过5 000万人。

打基础：中国特色的足球管理体制机制初步建立，政策法规初具框架，行业标准和规范趋于完善，竞赛和培训体系科学合理，足球事业和产业协调发展的格局基本形成。全国足球场地数量超过7万块，使每万人拥有0.5～0.7块足球场地。

2. 中期目标(2021—2030 年)

奋力实现中国足球动力更足、活力更强、影响力更大，跻身世界强队的发展目标。

动力更足：管理体制科学顺畅，法律法规完善健全，多元投入持续稳定，足球人口基础坚实。每万人拥有 1 块足球场地。

活力更强：校园足球、社会足球、职业足球体系有效运行，各类市场主体踊跃参与，足球产业规模有较大提高，成为体育产业的重要引擎。

影响力更大：职业联赛组织和竞赛水平达到亚洲一流，国家男足跻身亚洲前列，女足重返世界一流强队行列，体育大国形象得到进一步提升。

3. 远期目标(2031—2050 年)

全力实现足球一流强国的目标，中国足球实现全面发展，共圆中华儿女的足球梦想，为世界足球运动做出应有贡献。

第二节　足球运动技战术

一、足球运动基本技术

(一)颠球技术

1. 正脚背颠球

脚向上方摆动，用脚背击球，击球时踝关节固定，击球的下部。颠球时，两脚可交替击球，也可一只脚支撑，另一只脚连续击球。击球时用力均匀，使球始终控制在身体周围。

2. 脚内、外侧颠球

抬腿屈膝，身体重心移至支撑脚上，用脚的内侧或外侧向上摆动，击球的下部，两脚内侧或外侧交替击球，也可单脚连续击球，动作类似踢毽子。

3. 大腿颠球

抬腿屈膝，身体重心移至支撑脚上，用大腿的中前部位向上击球的下部，两腿可交替击球，也可一只脚支撑，用另一侧的大腿连续击球。

4. 肩部颠球

两臂自然下垂或微屈肘，两脚自然左右开立，身体重心移至两脚间。当球下落至接近颠球一侧肩部高度时，肩上耸，击球的下中部将球向上颠起。

5. 头部颠球

两脚开立，膝盖微屈，用前额部位连续顶球的下部。顶球时，两眼注视球，两臂自然张开，以维持身体平衡。

（二）接球技术

1. 脚内侧接空中球

根据来球及时移动到位。抛物线较小的平空球应该根据临场的实际情况选择适当高度的接球点，将接球腿抬起，使脚内侧部位对准来球的方向并前迎，脚在接触球的一瞬间后下方撤，并将球接在所需的位置上(图 8-1)。

图 8-1

2. 脚背正面接抛物线来球

根据球的落点移动到位，脚背正面上迎下落的球，当球和脚面接触的一瞬间，接球脚和球下落的速度同步下撤，此时大腿膝关节、踝关节、脚趾都保持适度的紧张，脚尖微翘将球接到需要的地方(图 8-2)。

图 8-2

3. 大腿接抛物线较大的高空球

面对来球方向，根据球的落点迅速移动到位，接球腿大腿抬起，当球和大腿接触的瞬间大腿下撤将球接到需要的位置上(图 8-3)。

图 8-3

图 8-4

4. 挺胸式接球

面对来球，两脚左右或前后开立，两膝微屈，重心置于支撑面内，上体后仰，下颌微收，两臂自然张开，维持身体平衡。接触球的瞬间，膝关节伸直，两脚蹬地，胸部轻托球的下部使球微微弹起于胸前上方（图 8-4）。

（三）运球技术

1. 正脚背运球

运球跑动时，上体前倾，步幅放大，运球脚提起时，膝关节弯曲，脚尖向下，以脚背正面推拨球前进。

2. 脚背内侧运球

运球跑动时，身体自然放松，步幅要小，上体前倾要稍向运球方向转动；运球脚提起时，膝关节稍弯曲，脚跟提起，踝关节外展，脚尖斜下指，用脚背内侧部位推拨球前进。

3. 脚内侧运球

运球跑动时，支撑腿向前跨出一步，落在球的侧前方，膝关节微屈，重心落在支撑脚上，上体向带球方向前倾，用运球脚内侧推拨球后中部前进。

4. 脚背外侧运球

运球跑动时，身体自然放松，上体稍前倾，两臂自然摆动，步幅不要过大；运球脚提起时，膝关节弯曲，脚跟提起，踝关节内旋，脚尖向内斜下指，用脚背外侧部位推拨球前进。

（四）踢球技术

1. 脚背正面踢球

（1）脚背正面踢定位球

直线助跑，最后一步要稍大些。支撑脚积极着地支撑，在球的侧面 10～12 厘米处。膝关节微屈，小腿屈曲，脚尖正对出球方向。踢球腿随跑动向后摆动，支撑的同时踢球腿以髋关节为轴，大腿带动小腿由后向前摆动。当膝关节摆至接近球的正上方时，小腿做爆发式的摆动，脚趾屈，以脚背正面部位击球的后中部，击球后身体和踢球腿随球前移(图 8-5)。

图 8-5

(2)脚背正面踢地滚球

直线助跑，最后一步稍大。支撑脚积极着地，踏在球的侧方约 10～15 厘米处，脚尖正对出球方向，膝微屈。同时踢球脚向后摆起，膝弯曲。在支持脚着地同时，以髋关节为轴，大腿带动小腿由后向前摆。当膝盖摆至接近球的垂直上方的刹那，小腿加速前摆，脚背绷直，脚趾扣紧，以脚背正面击球的后中部。踢球后，身体要有随前动作并跨出一两步。

(3)脚背正面踢体侧凌空球

如图 8-6 所示，根据来球，先判断好球的运行路线和确立好击球点。身体侧对出球方向，上体向支撑脚一侧倾斜。当球落到髋部高度时，踢球腿的大腿高抬，接近与地面平行。以大腿带动小腿急速挥摆，用脚背正面踢球中部。

图 8-6

(4)脚背正面踢反弹球

根据来球的速度和轨迹，判断好球的落点、落地时间和反弹起来的路线。身体要正对来球反弹方向，支撑脚要踏在球的侧方。当球要落地，踢球腿的小腿急速前摆。在球刚刚反弹离地时，以脚背正面击球的后中部。

(5)脚背正面凌空踢倒勾球

如图 8-7 所示，根据来球的速度、运行轨迹等，选好击球点，及时移动到位。以踢球腿为起跳腿蹬地起跳，同时另一腿上摆，眼睛注视来球，身体后仰腾空。蹬地腿离地后迅速上摆的同时，另一腿则向下摆动(以相向运动来保证身体在空中的平衡)，以脚背正面击球的后部。踢球后，两臂微屈，手掌向下，手指指向头部相反方向着地，屈肘，然后背、腰、臀部依次滚动式着地。

图 8-7

2.脚背内侧踢球

(1)脚背内侧踢定位球

斜线助跑，助跑的方向和出球的方向约成 45°，最后一步要稍大。支撑脚底积极着地，脚尖指向出球方向，距球内侧后方约 20～25 厘米，膝关节微屈。在支撑同时，踢球腿已完成后摆，并且开始以髋关节为轴大腿带动小腿由后向前摆动。当大腿摆至支撑腿接近同一平面时，小腿做爆发式摆动，此时脚背绷直、脚尖外转，以脚背内侧部位触击球的后中部。击球后踢球腿及身体继续随球向前(图 8-8)。

图 8-8

(2)脚背内侧踢空中球

根据来球速度、运行轨迹，选好击球点及时移动到位。身体侧对出球方向，用来球方向的异侧脚支撑，支撑脚脚尖指向出球方向，身体向支撑脚一侧倾斜，展腹。支撑脚站位后，大腿带动小腿由后向前摆动。当大腿摆至接近和击球点成一直线时，小腿做爆发式摆动，用脚背内侧击球的后中部。同时，身体向出球方向扭转，眼睛始终注视球。击球后，踢球腿顺势前摆以维持身体的平衡。

(3)脚背内侧削踢定位球

脚背内侧部位击球的后中部，摆腿的方向不通过球心，沿弧线前摆。击球的瞬间，踝关节用力向内转，使球侧旋沿弧线运行。

3.脚内侧踢球

(1)脚内侧踢定位球

如图 8-9 所示，直线助跑，支撑前的最后一步稍微大些。支撑脚站在球的侧面约 15 厘米处，脚尖正对着出球方向，支撑腿膝关节微屈。在支撑脚着地时，踢球腿大腿带动小腿由后向前摆动，在前摆的过程中大腿外展。当膝关节的摆动接近球的正上方时，小腿做爆发式摆动，在触球前将脚跟送出，使得脚内侧部位所形成的平面或出球方向垂直。踢球脚脚底与地面平行，脚尖微微翘起，踝关节功能性地紧张使脚型固定，触(击)球后身体跟随移动，髋关节向前送。

图 8-9

(2)脚内侧踢地滚球

迎球支持脚踏在预计踢球的侧方约 15 厘米处。膝盖微出，踢球脚以髋关节为轴，稍向后摆。前摆时，膝外转，脚迅速外转 90°，脚尖稍翘起，脚掌与地面平行。踢球时脚腕用力绷紧，脚内侧触球的后中部。踢球后，脚随球前摆，但不宜过大。

(3)脚内侧踢反弹球

支撑脚的站位与球的落点应保持踢定位球时的相对位置。根据来球落点及时移动到位。踢球腿摆动与踢定位球时相同。在球着地后刚弹离地面的瞬间用脚内侧击球的中部。

4. 脚背外侧踢球

(1)脚背外侧踢定位球

助跑、支撑脚站位和踢球腿摆动均与脚背正面踢球技术的三个环节相同，脚触球是用脚背外侧部位。要求膝关节与脚尖内转，脚背绷紧，脚趾紧屈并提膝，触(击)球后身体随踢球腿的摆动前移。

(2)脚背外侧踢地滚球

踢球的动作规格要求和踢定位球相同，但支撑脚站位时应考虑球的滚动速度，以保证在脚触球的瞬间支撑脚与球的相对位置符合规格要求。这种踢法可用于踢前方、侧前方以及正侧方和侧后方来的地滚球。

(3)脚背外侧弹踢球

摆腿以膝关节为轴的小腿爆发式弹摆为主，摆动方向为前摆、侧前摆和侧摆。击球后踢球腿迅速收回，由于这种方法踢球腿摆幅小，并且是以小腿摆动为主，所以完成动作快、突然，而且隐蔽性强，多用于快速运球中的传球。

(五)抢断球技术

1. 正面抢球

(1)正面跨步堵抢

准备用跨步堵抢时,抢球者两脚前后开立,迎着运球者而站,两膝微屈,身体重心下降并置于两脚间,当运球者与抢球者间的距离缩小到一定范围(即抢球者上前跨一大步可能触及球),运球者脚触球后即将落地或刚刚落地时,抢球者后脚用力蹬地并跨步向前,以脚内侧去堵截球,当已堵住球时,另一只脚应迅速上步。若抢球脚堵住球,两位对手也堵住球时,则抢球者应将另一只脚迅速前移做支撑脚,抢球脚在不脱离球的情况下迅速向上提拉,使球从对手脚面滚过,身体重心也迅速跟上并将球控制好(图 8-10)。

图 8-10

(2)正面铲球

移动接近控球者,膝关节微屈,重心下降,当控球者触球脚触球后尚未落地时,抢球者双脚沿地面向球滑铲,随即用手扶地做向一侧的翻滚,并尽快起身。

2. 侧面抢球

(1)异侧脚铲球

当双方都不能用正常的动作触球时(指跑动中),防守者应根据与球的距离,同侧脚用力蹬地使身体跃出,异侧脚向前沿地面对着球滑出,脚底将球铲出,然后小腿外侧、大腿外侧、手依此着地。或铲出球后身体向铲球腿一侧翻转,手撑地后立即起身,使身体恢复到与下一动作衔接的状态和位置(图 8-11)。

图 8-11

(2)合理冲撞抢球

当防守者并肩与运球者跑动追球时,防守者重心稍下降,靠近对手一侧的手臂紧贴身体,利用对方同侧脚离地的过程,用肘关节以上部位适当冲撞对手同样部位,使对手身体失去平衡,趁机将球控制住(图 8-12)。

图 8-12

(六)头顶球技术

1. 前额正面头顶球

身体正对来球方向，两脚左右开立(或前后开立)，膝关节微屈，重心置于两脚间的支撑面上(或后脚上)，两臂自然张开。当球运行到将垂直于地面的垂线时，迅速向前摆体，两腿用力蹬地，微收下颌，在触球瞬间颈部做爆发式的振摆，用前额正面击球中部，上体随球前摆(图 8-13)。

图 8-13

2. 前额侧面头顶球

两膝屈，重心下降，然后两脚用力蹬地起跳，在起跳后的身体上升阶段上体向出球的相反方向侧摆，在身体达到最高点时，上体急速向来球方向摆出，颈部扭摆甩头，用前额侧面击来球的后中部，将球击向预定的目标。落地时屈膝以缓冲落地力量并保持身体平衡(图 8-14)。

图 8-14

金球奖

金球奖(Ballon d'Or)是由法国足球杂志《法国足球》(France Football)自1956年起举办的授予每年度最优秀的欧洲足球运动员的奖项,也是世界足坛上最负盛名,影响力最大的足球奖项评选之一。

金球奖1994年之前评选对象限定为拥有欧洲国籍的球员,1995年开始评选对象放宽为效力欧洲足协成员国所属的足球俱乐部的球员;2007年开始评选范围扩展为全球所有职业足球运动员。2010年与原国际足联世界足球先生合并为国际足球联合会金球奖(FIFA Ballon d'Or),合并前最后一位获奖球员是里奥·梅西。2016年的金球奖得主为C罗。

2016年9月16日,国际足联与《法国足球》杂志宣布,双方关于"金球奖"的合作已经结束,这标志着"国际足联金球奖"已成为过去式,双方将各自进行以往传统的年度评选。

二、足球运动基本战术

(一)进攻战术

1.二过一配合

进攻战术中的"二过一",就是比赛中两个进攻队员战胜一个防守队员的局部战术配合。"二过一"是足球比赛中运用最普遍、最简单、最基本的进攻战术。具体配合的形式和方法是很多的,下面介绍几种比赛中常用的"二过一"配合。

(1)斜传直插二过一

如图8-15,由进攻队员⑩与⑦拿球做向前运球,吸引防守者的注意力,然后突破斜传球。由队员⑪与⑧快速直插接球,突破防守。

(2)直传斜插二过一

如图8-16,由进攻队员⑩与⑦做直接传球,同队的⑪与⑧队员都是斜线插上接球。

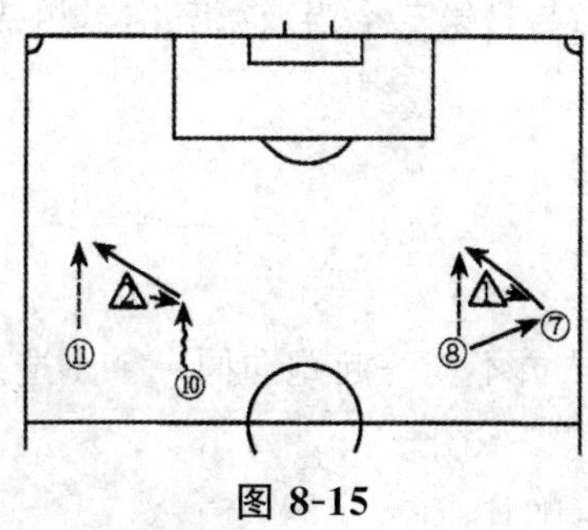

图 8-15

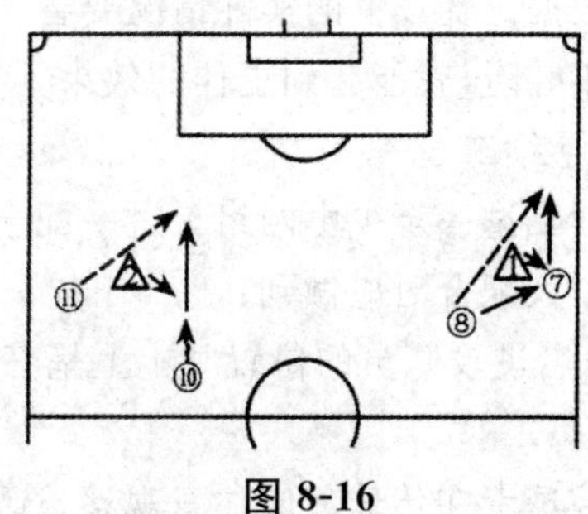

图 8-16

(3)踢墙式二过一

如图 8-17 所示,这种方法常用于中路突破。它是由队员⑧快速向前运球,在接近防守队员时,及时向队员⑨脚下传球,队员⑨像墙一样,一次出球将球反弹至防守者背后,队员⑧快速插上接球。

(4)回传反切二过一

如图 8-18 所示,这种方法是由队员⑪回传给队员⑩,拉出防守队员身后的空当,队员⑪突然转身反切,队员⑩将球铲向防守者的身后。

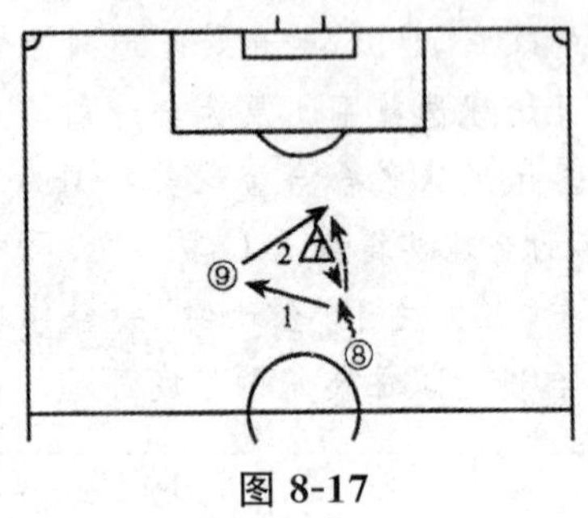

图 8-17

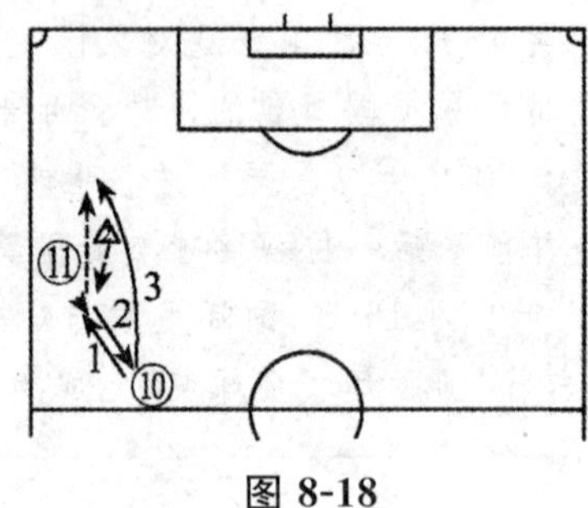

图 8-18

2."三过二"战术配合

"三过二"是在比赛中局部地区 3 个进攻队员通过连续配合突破两个防守者的防守。由于这种配合有两个同队队员可以同时接应传球,因此使持球人传球路线更多,且进攻面扩大,要求也较高,防守的难度也较大。下面介绍几种"三打二"的进攻战术配合方法。

(1)第二空当

所谓第二空当,是指当一名进攻队员跑向一个有利的空当(第一空当)并牵制一名防守队员时,使原区域出现了空当(第二空当),第二个进攻队员迅速插向第二空当,利用传接配合,突破防守。

打第二空当配合对 3 名进攻队员的基本要求:

①扯动要逼真,能将防守者从原防守的位置上吸引开来,以形成空当。接应者应及时摆脱,迅速插向空当。传球者要掌握好传球的时机与传球的落点,使拉扯、切入、传球做到一气呵成,恰到好处。

②根据比赛场上的实际情况要善于变化,打第一空当与打第二空当或第三空当相结合,使守方防不胜防,就能起到更佳的效果。

(2)连续二过一

连续二过一至少由两组二过一配合组成。

在三人配合时应做到:

①3 名进攻队员的位置基本上呈三角形。两名无球队员不能一起跑向同一个点造成位置重叠。

②控球者在传球前应注意观察,选择最有威胁的进攻配合。

(二)防守战术

防守战术也包括个人的基础战术和全队的整体战术,其中选位、盯人、补位是最基本的防守战术。

(1)选位。防守队员选择的站位,原则上应站在对手与本方球门中心所构成的一条直线上,根据球的位置做相应的前后、左右移动,使球和人都能处于自己的视野之内。

(2)盯人。针对对方进攻队员,有目的地积极主动贴近对手,使其在跑位、传接球时不能充分发挥技术特长。

(3)补位。临近位置防守队员站位要有层次,不能平行线站位,相互间要有保护、补漏、交换位置。

第三节　足球运动规则简介

一、比赛人数和时间

(一)比赛人数

一场比赛应有两队参加,每队上场队员不得多于11名,其中必须有1名守门员。如果任何一队少于7人则比赛不能开始。在由国际足联、洲际联合会或会员协会主办的正式比赛中,每场比赛最多可以使用3名替补队员。

(二)比赛时间

比赛分为两个时间相等的半场,每半场45分钟。两个半场之间有中场休息,中场休息不得超过15分钟。在每半场比赛中损失的所有时间应予补足,补充消耗时间的多少由裁判员酌情决定。

世界杯

世界杯(FIFA World Cup)即国际足联世界杯,是世界上最高荣誉、最高规格、最高竞技水平、最高知名度的足球比赛。

世界杯每四年举办一次,任何国际足联会员国(地区)都可以派出代表队报名参加这项赛事。世界杯是世界足球运动发展推广普及的源头和根本,也被誉为“生命之杯”。从1930年第一届开始,世界杯共举行了20届,巴西是目前夺得该项荣誉最多的球队,共获得5次世界杯冠军。

2014 年第 20 届世界杯在巴西举行,德国荣获该届世界杯的冠军。

2018 年第 21 届世界杯将在俄罗斯邦境内 11 座城市中的 12 座球场进行。

二、犯规与不正当行为

(一)直接任意球

裁判员认为,如果队员草率地、鲁莽地或使用过分的力量违反下列 6 种犯规中的任何一种,将判给对方踢直接任意球。

(1)踢或企图踢对方队员。

(2)绊摔或企图绊摔对方队员。

(3)跳向对方队员。

(4)冲撞对方队员。

(5)打或企图打对方队员。

(6)推对方队员。

如果队员违反下列 4 种犯规中的任何一种,也判给对方踢直接任意球。

(1)为了得到对球的控制而抢截对方队员时,于触球前触及对方队员。

(2)拉扯对方队员。

(3)向对方队员吐唾沫。

(4)故意手球(不包括守门员在本方罚球区内)。

(二)点　球

比赛进行中无论球在什么位置,如果队员在本方罚球区内违反了犯规中的任何一种应被判罚点球。

(三)间接任意球

如果守门员在本方罚球区内违反下列犯规中的任何一种,将判给对方踢间接任意球。

(1)在发出球之后未经其他队员触及,再次用手触球。

(2)用手触及同队队员直接接掷入的界外球。

(3)用手持球时间超过 6 秒。

裁判员认为,如果队员有下列情况时,也将判给对方踢间接任意球。

(1)动作具有危险性。

(2)阻挡对方队员。

(3)阻挡对方守门员从其手中发球。

(4)因违反规则而停止比赛被警告或罚令出场。

(四)黄　牌

如果队员违反下列 7 种犯规中的任何一种,将被警告并出示黄牌。

(1)犯有非体育道德行为。

(2)以语言或行动表示异议。

(3)持续违反规则。

(4)延误比赛重新开始。

(5)当以角球或任意球重新开始比赛时,不退出规定的距离。

(6)未得到裁判员许可进入或重新进入比赛场地。

(7)未得到裁判员许可故意离开比赛场地。

(五)红　牌

如果队员违反下列 7 种犯规中的任何一种,将被罚令出场并出示红牌。

(1)严重犯规。

(2)暴力行为。

(3)向对方或其他任何人吐唾沫。

(4)用故意手球破坏对方的进球或明显的进球得分机会(不包括守门员在本方罚球区内)。

(5)用可判为任意球或点球犯规破坏对方向本方球门移动着的明显的进球得分机会。

(6)使用无礼的、侮辱的或辱骂性的语言。

(7)在同一场比赛中得到第二次警告。

三、越　位

(一)关于越位位置

处于越位位置:队员较球和最后第二名对方队员更接近于对方球门线。

不处于越位位置:队员在本半场内;队员齐平于最后第二名对方队员;队员齐平于最后两名对方队员。

(二)关于越位

越位:处于越位位置的队员,在同队队员踢或触及球的一瞬间,裁判员认为其就下列情况而言“卷入”了现实比赛中时才被判为越位犯规:干扰比赛;干扰对方队员;利用越位位置获得利益。

不越位:如果队员直接从下列情况下接到球,则没有越位犯规:球门球;掷界外球;角球。对于任何越位犯规,裁判员应判给对方在犯规发生地点踢间接任意球。

第九章 篮球运动

学海导航

篮球运动是一项集体对抗性强、富有朝气的球类运动，深受青少年学生的喜欢，具有丰富的文化基础和浓郁的文化积淀，群众基础广泛，商业开发价值高。篮球运动对高职学生身体素质的全面提高和身心健康发展具有重要意义。本章主要对篮球运动相关知识进行介绍，内容涉及篮球运动的基本知识、篮球运动的技战术以及篮球运动的基本规则。通过学习本章，高职学生应了解篮球运动的基本文化知识，掌握篮球运动技战术学练方法，了解篮球运动规则，学会欣赏篮球比赛。

第一节 篮球运动概述

现代篮球运动是由詹姆斯·奈史密斯(James Naismith)于1891年发明的，他是美国马塞诸塞州(Massachusetts，麻省)斯普林·菲尔德市(春田市)基督教青年会干部训练学校的体育教师，生于加拿大。当时，学生在异常寒冷的气候无法开展室外体育运动，参加学习和活动的学生数量越来越少。为了较好地解决这一问题，体育教师詹姆斯·奈史密斯将足球、曲棍球、橄榄球等游戏的特点综合起来，将以投掷准确性程度来计分并决定胜负的新的游戏设计了出来，创造出了投篮游戏，就是将摆置在地面上的筐悬挂于室内两侧离地面约10英尺处(约3.05米，现用篮圈高度)的墙壁上，选用足球向篮内投掷，投入篮内得1分，以得分多少决定胜负。而这一运动项目，就是现代篮球运动的雏形。

篮球运动诞生后，传播得很快。1904年美国青年会男子篮球队在第3届奥运会上进行了表演，此后，篮球运动逐步在全世界开展起来。20世纪90年代，为了使奥运会比赛更具吸引力，国际奥委会允许职业篮球队员参赛。21世纪，世界篮球竞技运动水平和实力不断提高。当今世界篮球的发展趋势是：高、快、准、狠、灵的结合；技术与艺术的结合；实用和简练的结合；女子向男子化发展。2016年奥运会篮球比赛是奥运会男子篮球比赛举办的第19届赛事、女子篮球比赛举办的第11届赛事，美国篮球成为该届奥运会篮球赛事最大赢家，美国女篮以101∶72大胜西班牙女篮夺得金牌，成就奥运会六连冠的伟业；美国男篮以96∶66大胜塞尔维亚男篮，连续三届奥运会拿到金牌。

篮球运动于1895年传入中国。1910年在南京举行的首届全国运动会上，男子篮球被列为表演项目，参加表演的有天津、北京联队和上海队。1913年华北体育联合会把篮球列为正式比赛项目。新中国成立后，篮球运动的发展比较迅速，1954年建立了全国联赛的竞赛制度。1959年举行第1届全国运动会，当时中国男、女篮球队已接近世界水平。现在，我国篮球是亚洲篮球的最高水平。2010年，男篮获得了2010斯坦科维奇杯第三名，亚运会冠军；2011年，三胜美国明星，获得了东亚男篮锦标赛季军。同年9月25日晚，在对阵约旦队的比赛中获得亚锦赛冠军，并取得2012年伦敦奥运会的比赛入场券，但遗憾的是在小组赛中未能出线；2015年6月，洲际篮球巅峰争霸赛郴州站最后一场比赛中，中国男篮对抗美国队，中国队最终以84∶91的比分惜败。2016年里约奥运会中，我国男篮5战皆负，表现了我国篮球发展的困境，引发了国人对篮球运动发展的进一步思考，随着中国男子篮球职业联赛的蓬勃发展，2016年11月22日，中篮联体育有限公司正式成立，标志着CBA联赛改革迈出了坚实的一步，同时，这也是管办分离、体育职业化体制改革的重大举措。2017年2月，姚明当选篮协主席，并实行了一系列改革。相信未来我国篮球运动一定会有良好的发展。

姚　明

姚明(Yao Ming)，1980年9月12日出生于上海市徐汇区，祖籍江苏省苏州市吴江区震泽镇，前中国职业篮球运动员，司职中锋，现任中职联公司董事长兼总经理。

1998年4月，姚明入选王非执教的国家队，开始篮球生涯。2001夺得CBA常规赛MVP，2002年夺得CBA总冠军以及总决赛MVP，分别3次当选CBA篮板王以及盖帽王，2次当选CBA扣篮王。2002年，以状元秀身份被NBA的休斯敦火箭队选中，2003—2009年连续6个赛季(生涯共8次)入选NBA全明星阵容。

2011年7月20日，姚明正式宣布退役。

2013年，姚明当选为第十二届全国政协委员。2015年2月10日，姚明正式成为北京申办冬奥会形象大使之一。2016年4月4日，姚明正式入选2016年奈·史密斯篮球名人纪念堂，成为首位获此殊荣的中国人。10月，姚明成为中国“火星大使”。11月，当选CBA公司副董事长。2017年2月当选篮协主席。

2017年2月4日，姚明的11号球衣在火箭主场对公牛比赛中场休息时退役。

第二节　篮球运动技战术

一、篮球运动基本技术

(一)移动技术

1.起　动

起动是队员在球场上由静止状态变为运动状态的一种动作，是获得位移初速度的一种方法。起动时重心降低，上体前倾，两臂屈肘自然垂于体侧，后脚或异侧脚的前脚掌用力蹬地，快速摆臂起动(图 9-1)。

图 9-1

2. 跑

(1)变向跑。变向跑是队员在跑动中利用方向的变化完成攻守任务的一种方法。从右向左变向时，最后一步用右脚前脚掌内侧用力蹬地，同时脚尖稍加内扣，迅速屈膝，腰部随之左转，上体向左前倾；移动重心，左脚向左前方跨出，然后迅速前进(图 9-2)。

图 9-2

(2)变速跑。变速跑是队员在跑动中，利用速度变化完成攻守任务的一种方法。由慢跑变快跑时，上体前倾，用前脚掌短促有力地向后蹬地，同时迅速摆臂，前两三步要小，加快跑的频率。由快变慢时，上体抬起，步幅加大，用前脚掌抵地，减缓冲力，从而降低跑速。

(3)后退跑。后退跑时，用两脚的前脚掌交替蹬地向后跑动，同时上体放松挺直，两臂屈肘配合摆动，保持身体平衡，两眼平视，观察场上情况。

(4)侧身跑。向前跑时，脚尖对准跑动方向，头和上体转向球的方向，以便观察场上情况。

3. 滑　步

滑步是防守移动的一种主要方法。它易于保持身体平衡，可向任何方向移动。滑步可分为侧滑步(横滑步)、前滑步和后滑步。

以侧(横)滑步为例，滑步前两脚左右开立同肩宽，膝微屈，上体稍前倾，两臂侧伸，眼平视，盯住对手。向左滑步时，右脚前脚掌内侧蹬地，同时左脚向左跨出，在落地的同时，右脚迅速随同滑行，然后继续重复上述动作。滑步时，身体不要上下起伏，要随时调整重心，保持身体平衡。动作结束时，恢复原来的身体姿势，并根据攻守情况，迅速转换到下一个动作。向右侧滑步时，动作方法相同，方向要相反。

4. 急　停

(1)跳步急停。队员在中速和慢速移动中，用单脚或双脚起跳，上体稍后仰，两脚同时落地，落地时屈膝，两臂屈肘外张，保持身体平衡(图 9-3)。

图 9-3

(2)跨步急停。队员在快速移动中急停时，先向前跨一大步，上体后仰，重心后移，用脚跟先着地，然后过渡到全脚掌抵住地面，迅速屈膝。接着再上第二步，脚着地时，脚尖稍向内转，用脚前脚掌内侧蹬地，两膝弯曲，上体稍向侧转并微前倾，重心落在两脚之间，两臂屈肘自然张开，保持身体平衡。

(二)运球技术

1. 高运球

高运球时两腿微屈，上体稍前倾，眼平视，以肘关节为轴，前臂自然伸屈，用手腕、手指柔和而有力地按拍球的后上方。球的落点控制在运球的手臂的同侧脚的外侧前方，使球的反弹高度控制于胸腹之间(图 9-4)。

图 9-4

2. 低运球

运球时，两腿应迅速弯曲，重心下降，上体前倾，球的落点在体侧，用上体和腿保护球，同时，用手腕和手指短促地按拍球的后上方，使球控制在膝关节的高度。

3. 运球急停急起

在快速运球中突然急停时，采用两步急停，使身体重心降低，手按拍球的前上部，使球停止向前运行。运球急起时，两脚用力后蹬，上体急剧前倾，迅速起动，同时，按拍球的后上部，人、球同步快速前进。

(三)传球技术

1. 双手胸前传球

两腿前后分开微屈，上体稍向前倾，重心在两脚之间。双手握球的两侧偏后，五指自然张开，手心不要接触球，两拇指成“八”字形。两肘弯曲并靠近身体持球于胸前。传球时用手指和手腕向前翻转和抖动的力量将球传出。出球时最后通过指端向后旋转使球平直地飞行(图 9-5)。

图 9-5

2. 双手头上传球

双手从球的两侧面持球(手指尖朝上)，置于头顶，肘部微屈，向传球方向跨一步的同时手腕向后转，球移至脑后，将球向前抛出，手腕向下转发力。

3. 单手肩上传球

双手持球于胸前，两脚平行开立。传球时，左脚向传球方向迈出半步，同时将球引到右肩上方，肘部外展，上臂与地面近似平行，手腕后仰，右手托球，左肩对着传球方向，身体重心落在右脚上，右脚蹬地，转体，前臂迅速向前挥摆，手腕前屈，通过食指、中指拨球将球传出。球出手后，随着身体重心前移，右脚向前迈出并保持基本站立姿势。

(四)接球技术

1. 双手接球

双手接球是最基本的接球方法，也是在比赛中运用最多的动作之一。其优点是握球牢稳，易于转换其他动作。双手接球时，两眼注视来球，两臂伸出迎球，手指自然分开，两拇指成“八”字形，手指向前上方，两手成一个半圆形。当手指触球后，两臂随球后引缓冲来球的力量，两手握球于胸腹之间(图 9-6)。保持身体的平衡,做好传球、投篮或突破的准备。来球的高度不同时,两臂伸出迎球的高低也有所不同。

图 9-6

2. 单手接球

单手接球控制的范围大,能接不同方向的来球。但是单手接球不如双手接球牢稳,因此,在一般情况下应尽量用双手接球。如用右手接球,则右脚向来球方向迈出,两眼注视着来球。接球时,手掌成钩形,手指自然分开,右臂向来球的方向伸去。当手指接触球时,手臂顺势将球向后下引,左手立即握球,双手将球握于胸腹之间,保持基本持球姿势。

(五)投篮技术

1. 单手投篮

单手投篮时,投篮手五指自然分开,手心空出,手腕后仰,大小拇指间的夹角约为 80°,以扩大对球的支撑面,用指根及其以上部位托球的后下方,球体的重力作用线近乎落在食指和中指的指根部位,肘关节自然下垂,另一手扶球的侧上部,置球于同侧头或肩的前上方。

(1)原地单手肩上投篮。两脚开立,两膝微屈,身体重心在两脚之间,上体稍前倾,右手翻腕托球于右肩前上方,手指自然张开成球状,手心不要贴球,球的重心要落在中指和食指之间,左手帮助扶在球的侧下部,右肘自然下垂,腕关节放松;下肢蹬地的同时,右臂向前上方伸展,手腕向前扣动,手指拨球,将球柔和地送出;球出手后,手腕放松,手指自然向下(图 9-7)。

图 9-7

(2)原地跳投。原地跳投技术是在原地立定投篮的基础上发展起来的跳起投篮技术，它具有出手点高的特点，可以弥补身高不足方面的弱点。双手持球于胸腹之间，两脚左右(或前后)开立，两膝微屈，身体重心落在两脚之间，上体放松，眼睛注视篮圈。起跳时两膝适当弯曲(两脚前后开立时也可上一步再做此动作)，接着脚掌蹬地发力，提腹伸腰，向上迅速摆臂举球并起跳，双手举球于肩上或头上，左手扶球左侧。当身体升至最高点或接近最高点时，左手离球，右臂向前上方伸直，同时用突发性力量屈腕、压指，使球通过指端投出。球离手后身体自然落地，屈膝缓冲，准备冲抢篮板球或回防。

(3)行进间单手肩上投篮。跑动接球时，跨右脚然后接着跨出第二步，这一步稍小并用力起跳，右腿屈膝抬高，在左脚蹬地起跳的同时，双手迅速将球举至右上方，右手五指自然分开，掌心空出，手腕后屈托球，左手扶球做保护，肘下垂；眼睛注视球篮，接着右手托球向上伸展，手指柔和地拨动，手腕下压，将球投出命中(图 9-8)。

图 9-8

2. 双手胸前投篮

双手持球于胸前，双肘自然下垂，两脚自然开立，两膝微屈，重心落在两脚之间。两手手指自然分开，拇指相对成八字形，用指根以上部位握球的两侧后下方，手心空出，两臂自然屈肘，肘关节下垂，置球于胸与下巴之间。投篮时，下肢蹬地发力，两臂向前上方伸展，前臂内旋，拇指下压，手腕前屈，食、中指将球投出。

(六)持球突破技术

1. 交叉步突破

以左脚作为中枢脚为例。两脚左右开立，两膝微屈，身体重心降低，持球于胸腹之间；突破时，右脚向右前方跨出，假装做向右侧突破，当对手重心向右偏移时，左脚前掌内侧迅速蹬地，上体向左转体探肩，右肩向前下压，重心向左前方移动，右脚迅速向左侧前方跨出，同时将球移于左侧，推放球于右脚外侧，左脚用力蹬地向前跨出，迅速超越对手。

2. 顺步突破

顺步突破也称同侧步突破，特点是突破方向与跨步方向相同，起跨突然迅速。运用时，对中枢脚移动和防球、加速运球之间的协调配合要求较高，配合不好易造成走步违例。以左脚做中枢脚为例。准备姿势和突破前的动作要求与交叉步突破相同。突破时，假做投篮，当对手重心前移时，右脚迅速向前方跨出一步，上体向右脚外侧偏前方，左脚前脚掌迅速蹬地，向前方跨出运球突破防守(图 9-9)。

图 9-9

(七)抢篮板球技术

1. 抢进攻篮板

观察对手防守动向，判断球反弹的方向、速度和落点，根据对球的反弹判断和对手防守的态势，及时采取迂回的快速起动，争取在位置上取得相对的或更好的优势。在抢位的同时，注意屈膝降低重心，并用肩、背主动接触对手。积极用力蹬地起跳，争取空中的高度，占据一定的空间位置。充分伸展身体及手臂，尽可能在更高的空中位置上获球。抢球时手臂和腕、指的力量要大，紧握球体，或迅速托臂屈肘握球在手。即使在不能获球的情况下，也要极力用挑、拨、捅等办法将球从对方手中打出。

2. 抢防守篮板

防守队员抢篮板球要突出挡的意图，利用自己占据篮下或内侧位置挡抢篮板球。

当进攻队员投篮时，防守队员要根据对手的移动情况和位置，运用上步、撤步和转身等动作把进攻队员挡在身后，并抢占有利位置。在篮下抢位挡人时，一般采用后转身挡人，降低重心、两肘外展来抢占空间位置，并保持最有利的起跳姿势。

(八)防守技术

1. 防守无球队员

(1)位置的选择。防守时，位置的选择非常重要，正确、合理地占据有利位置，会使防守主动。就一般情况来说,防守队员应站在对手与球篮之间的内侧位置上,保持与对手有适当的距离和角度,以便能按要求来行动。与对手的距离要根据对手与持球队员的距离而定,一般来讲离球近则近,离球远则远,以能控制对手为原则。

(2)手臂的配合。在积极移动的同时,必须借助手臂的动作,扩大防守面积。手臂要随着移动配合做伸出、挥摆、上举等动作,以便更有效地阻挠对手接球和争取断球。

(3)积极地移动。防守时,要随时保持有利的防守位置,就必须有正确的准备姿势,以保证及时地移动。由于对手不断地向不同的方向移动,所以防守队员的准备姿势的站法也要随着变换,一般在离球较近防守时,经常采用面向人侧向球的站法,不让对手摆脱接球;在离球较远处防守时,经常采用侧向人面向球的站法,以便断球或进行协防配合。不论哪种站法,都要积极运用撤步、滑步、交叉步、碎步和快跑等脚步移动跟住对手,堵截其移动路线。为了及时起动,防守队员应以短小的步幅,不停地滑动,以便更快的移动阻挠对手,使他向不利的位置上转移。

2.防守有球队员

(1)位置、距离的选择。当对手接球后,必须迅速调整位置和距离,在占据对手与球篮之间的有利位置基础上,还要与对手保持适当的距离。一般来讲,离篮远则远,离篮近则近,并根据对手的特点(善投、善突等)、战术的需要而有所调整。

(2)防守的动作。由于有球队员的特点、意图以及与球篮的距离不同,所以防守有球队员时的动作也有所不同。一般防守有球队员有两种方法。

①平步防守:两脚取平行站立的防守姿势,两臂侧伸和挥摆。这种方法防守的面积大,便于左右滑动,对防突破比较有利。

②斜步防守:两脚前后站立的防守姿势,一臂上伸,另一臂侧伸进行阻挠。这种防守方法便于前后移动,对防投篮比较有利。

不论采用哪种防守方法,都要积极移动,当对手运球或突破时,应阻截他的移动路线,迫使他运向边角,当对手做假动作时,不要受其引诱而失去身体平衡。

(3)合理地运用抢球、打球技术。在防有球队员的过程中,始终要伺机抢、打对手的球,但要判断准确,动作突然快速,注意保持身体平衡,避免犯规。

二、篮球运动基本战术

战术基础配合是指两三人之间协调行动的组织形式和简单的配合方法。它包括进攻战术基础配合和防守战术基础配合两部分,是组成全队战术的基础。

(一)进攻战术基础配合

1.传切配合

传切配合是利用传球和切入技术组成的简单配合,内容包括传球和空切。

(1)传切配合的方法

传切配合的方法如图 9-10 所示,④传球给⑤,然后摆脱$\triangle$4的防守,切入接⑤的回传球并运球上篮。如图 9-11 所示，⑤摆脱⚠5的防守空切篮下，接④的传球上篮。

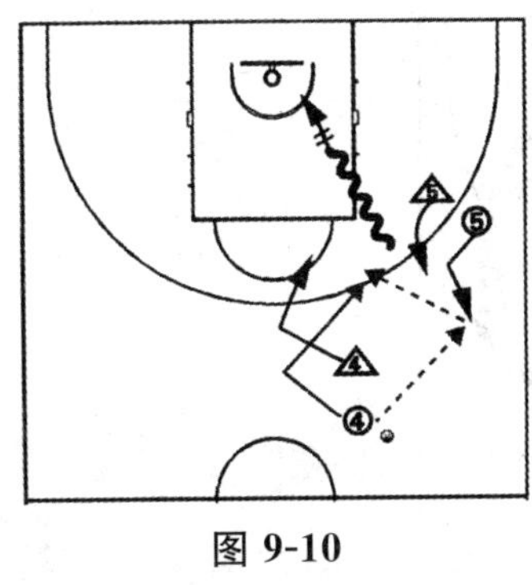

图 9-10

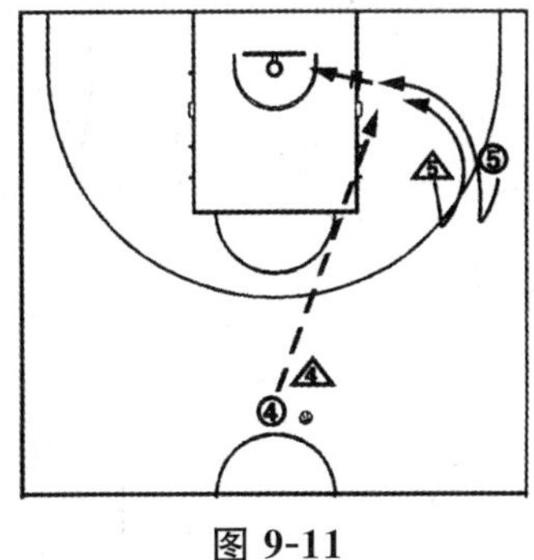

图 9-11

(2)传切配合的运用时机

在进攻人盯人防守或扩大联防及篮下拉空时都可以运用，配合过程中切入队员要善于掌握时机，传球要准确到位。

(3)传切配合的练习方法

①如图 9-12 所示，④传球给⑤后做向左切入的假动作，然后变向从右侧切入，⑤接球后回传给④的下一位队员，并做向底线切的假动作，然后变向从左侧横切。④切入后至⑤队尾，⑤至④队尾。依次进行练习。变向切入动作要快，切入过程中要侧身看球。

②如图 9-13 所示，④与⑤各持一球，④传球给⑥后从右侧切入接⑤传球投篮。⑤传球给④后，横切接⑥传球投篮。④、⑤投篮后自抢篮板球传给本组的另一人。按逆时针方向换位，连续进行练习。

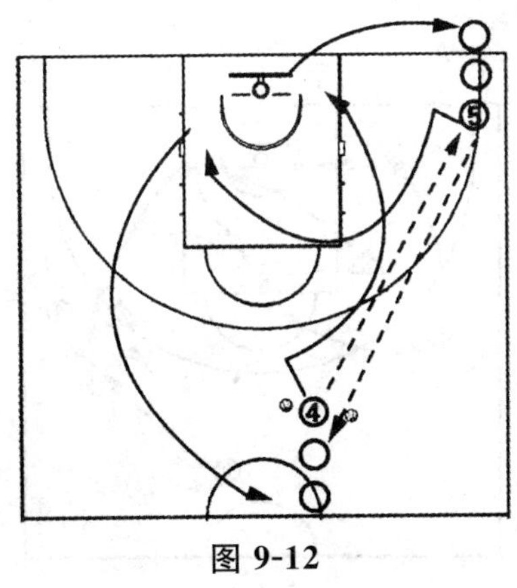

图 9-12

图 9-13

2. 突分配合

突分配合是持球队员运球突破对手后，遇到对方换人、补防或“关门”时，及时将球传给无防守或进攻机会更好的同伴所采用的配合方法。

(1)突分配合的方法

如图 9-14 所示，④传球给摆脱防守的⑤，⑤接球后向底线运球突破⚠5的防守，并传球给摆脱防守空切内线或底线的④或⑥。

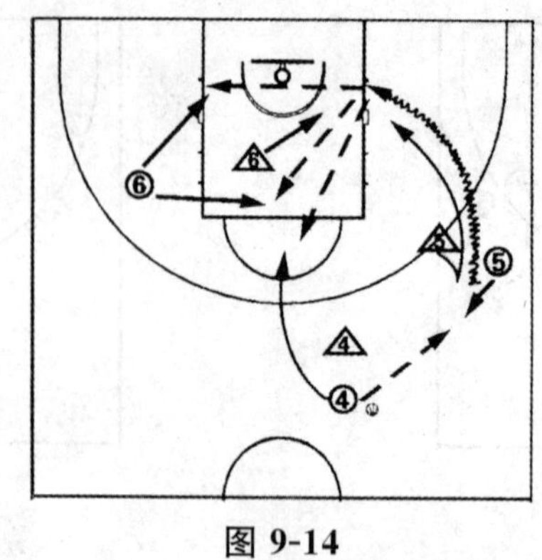

图 9-14

(2)突分配合的运用时机

在突破过程中要注意观察攻守队员的位置变化，当遇到对方补防时分球给有投篮机会的同伴。

(3)突分配合的练习方法

①如图 9-15 所示，开始时④持球突破，在突破中跳起分球给向两侧移动的⑦，⑦在接球后做投篮动作，然后传球给⑤，⑤接球后从底线或内侧突破，跳起传球给接应的⑧。位置交换，④到⑦队尾，⑦到④队尾。突破要有速度，注意保护好球。接应分球的队员要移动及时。

②如图 9-16 所示，⊗传球给④，④接传球后向篮下运球突破，当遇到△5补防时，将球分给移向空位的⑤，⑤接球投篮。△4、△5抢篮板球回传给⊗。④接球前要做摆脱动作，突破时保护好球，⑤要及时突然移动至空隙地区接应。

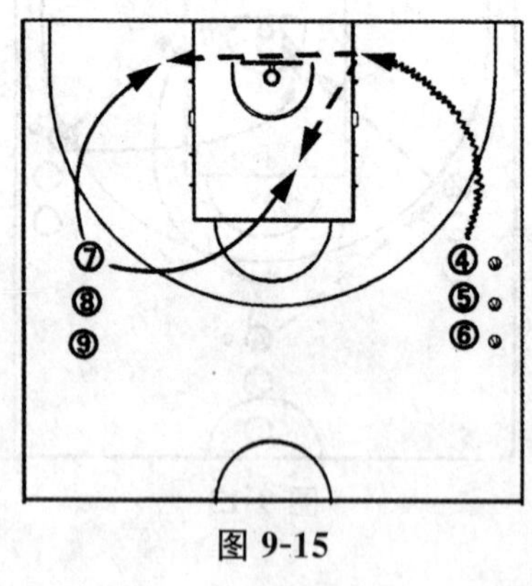

图 9-15

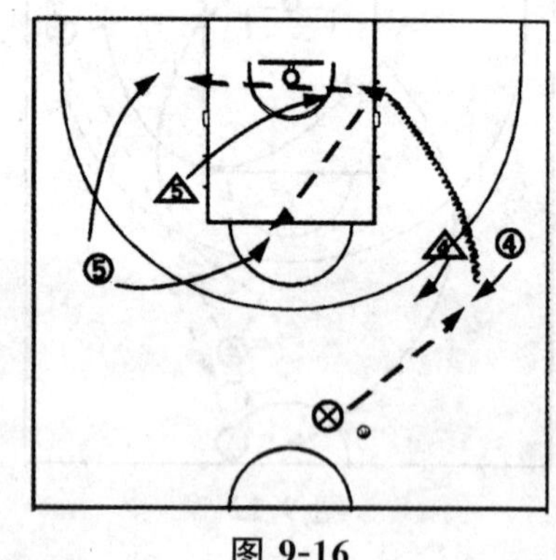

图 9-16

(二)防守战术基础配合

1. 挤过配合

挤过配合是当掩护者临近的一刹那，被掩护者的防守队员主动靠近自己的对手，并随其移动，从两个进攻者之间侧身挤进去，继续防住自己的对手。挤过配合的特点是始终靠近对手，不让其轻易拿球；但容易犯规。

(1)挤过配合的方法如图 9-17 所示。

(2)挤过配合的运用时机：在紧逼防守中，对方外线队员进行掩护时，防守队员采用挤过配合主动跟防方法，以达到紧逼目的。

2. 穿过配合

当进攻队员进行掩护时，防守掩护者的队员主动后撤一步，让同伴(即被掩护的防守队员)能及时从自己和掩护队员中间穿过去，继续防守自己的对手，称穿过配合。穿过配合的特点是防守者始终离对手不远，又不容易犯规，但需要同伴的及时配合。

(1)穿过配合的方法

如图 9-18 所示，当④给⑤做掩护时，△5上前一步从△4和⑤之间穿过继续紧逼防守⑤。

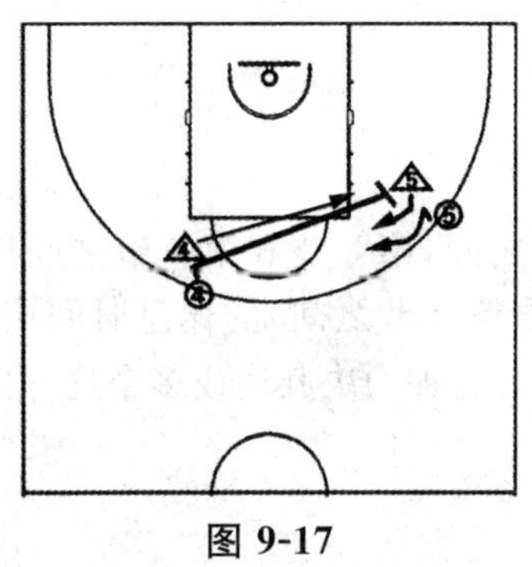

图 9-17

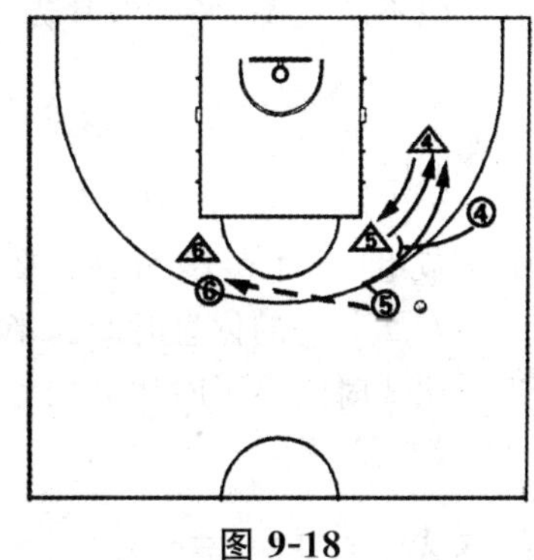

图 9-18

(2)穿过配合的运用时机

在人盯人防守时，当进攻采用掩护，但没有投篮威胁时可采用穿过配合。

蒂姆·邓肯

蒂姆·邓肯(Tim Duncan)，1976 年 4 月 25 日出生于美属维尔京群岛圣克罗伊岛，前美国职业篮球运动员，司职大前锋/中锋。

蒂姆·邓肯在 1997 年 NBA 选秀中以首轮第 1 顺位被马刺队选中。新秀赛季获选 NBA 年度最佳新秀；职业生涯五次夺得 NBA 总冠军；两次获选 NBA 常规赛最有价值球员(MVP)；三次获选 NBA 总决赛最有价值球员(FMVP)；十五次入选 NBA 最佳阵容(并列历史第一)；十五次入选 NBA 最佳防守阵容(历史第一)；十五次入选 NBA 全明星赛(历史第四)。

2016 年 4 月 6 日，蒂姆·邓肯获得个人职业生涯常规赛第 1 000 胜，成为历史第三位千胜球员，并且是在同一支球队拿到千胜的第一人。

2016 年 7 月 11 日，蒂姆·邓肯兑现“未来是你的”承诺，低调宣布退役，结束了长达 19 年的 NBA 生涯。2016 年 12 月 19 日，马刺主场迎战鹈鹕，在赛后为邓肯的 21 号球衣举行了球衣退役仪式 。

第三节　篮球运动规则简介

一、比赛人数与时间

(一)球队人数

篮球队一般不超过 10 名合格参赛球员；比赛中一个队超过 3 场比赛时，不超过 12 名合格参赛球员。

(二)比赛时间

比赛由 4 节组成，每节 10 分钟。在第 1 节和第 2 节之间，第 3 节和第 4 节之间以及每一决胜期之前应有 2 分钟的休息时间。半场之间(第 2 节与第 3 节之间)的休息时间应为 15 分钟。如第 4 节比赛时间终了时比分相等，为打破平局，需 5 分钟的决胜期或多个这样的 5 分钟来继续比赛。

(三)比赛或节的开始(结束)

比赛或节的开始(结束)。由主裁判员位于中圈跳球开始比赛，当主裁判员抛出的球被一名跳球队员合法拍击时为第一节比赛开始，计时员即刻开动比赛计时钟；其后所有的每一节或决胜期都以队员位于记录台对侧骑跨中线开始比赛。

球队下半时应交换球篮，在所有的决胜期中，球队应继续进攻与第 4 节比赛方向相同的球篮。

当结束比赛时间的比赛计时钟信号响时，一节、决胜期或比赛应结束。当篮板四周装有光带时，光带信号应优先于比赛计时钟信号。

科比 · 布莱恩特

科比 · 布莱恩特(Kobe Bryant)，1978 年 8 月 23 日出生于美国宾夕法尼亚州费城，前美国职业篮球运动员，司职得分后卫/小前锋(锋卫摇摆人)，绰号“黑曼巴”，整个 NBA 生涯(1996—2016 年)一直效力于 NBA 洛杉矶湖人队，是前 NBA 球员乔 · 布莱恩特的儿子 。

科比是 NBA 最好的得分手之一，生涯赢得无数奖项，突破、投篮、罚球、三分球他都驾轻就熟,几乎没有进攻盲区,单场比赛81分的个人纪录就有力地证明了这一点。除了疯狂的得分外,科比的组织能力也很出众,经常担任球队进攻的第一发起人。另外科比还是联盟中最好的防守人之一,贴身防守非常具有压迫性。

2016年4月14日,科比·布莱恩特在生涯最后一场主场对阵爵士的常规赛后宣布退役。

二、跳球和交替拥有

(一)跳　球

当出现以下几种情况,如宣判了一次争球;裁判员无法判定的球出界;最后或仅有一次不成功的罚球中双方违例;任一队既没有控制球又没有球权球成死球;一个活球夹在篮圈和篮板之间;抵消了所有相等罚则无球队控制球也没有球权时;除第1节外所有节将开始时。裁判员宣判一次跳球情况发生。

(二)交替拥有

交替拥有是以掷球入界而不是以跳球来使球成活球的一种方法。应在记录台设置一个交替拥有指示箭头,在第1节跳球后未在场上获得控制活球的球队拥有第一次交替拥有球权。

在所有跳球情况发生后,应由指向对方球篮的交替拥有箭头来确认下一个拥有掷球入界球权的球队。当交替拥有掷球入界结束时,箭头的方向应立即反转。

三、比赛分值

(1)球中篮。球中篮,是指当活球从上方进入球篮并停留在球篮内或穿过球篮。

(2)分值。一次罚球中篮计1分;从2分投篮区域中篮计2分;从3分投篮区域中篮计3分;队员意外地将球投入本方球篮,中篮计2分,登记为对方队长名下;队员故意将球投入本方球篮,算违例,中篮不计得分。

四、暂停与替换

(一)暂　停

当裁判员宣判犯规时,双方均可暂停;当裁判员宣判违例时,双方均可暂停;A队投中,B队可以暂停;第四节或延长期最后两分钟,最后一次罚球中篮或执行两罚一掷,在两罚之后,不论最后一次是否中篮,双方均可请求暂停。

(二)替　换

当裁判员宣判犯规时,双方均可替换;当裁判员宣判违例时,双方均可替换;A队投中,B

队可以替换；第四节或延长期最后两分钟，最后一次罚球中篮或执行两罚一掷，在两罚之后，不论最后一次是否中篮，双方均可请求替换。

五、违例与犯规

(1)违例。违例是指违反规则而未造成犯规的行为，违例时判对方发球。篮球场上常见的违例有带球走、两次运球、球出界、球回后场、3 秒等。

(2)侵人犯规。侵人犯规是指队员通过伸展手、臂、肘、肩、髋、腿、脚或过分地弯曲身体的不正当姿势拉、阻挡、推、撞或绊人来阻碍对方行动的接触动作。如果被犯规队员在做投篮动作，投中时得分有效，则判给 1 次罚球；如果 2 分未投中，则判给 2 次罚球；如果 3 分投篮未中，则判给 3 次罚球。

(3)违反体育道德犯规。违反体育道德犯规是指队员不是在规则的精神和意图的范围内，合法的试图去直接抢球而发生的侵人犯规，处罚为判给对方队罚球以及随后在中场的球权。

(4)队员的技术犯规。队员的技术犯规是指不包含与对方队员接触的犯规，主要有如下几类。

①没有礼貌地与教练员、技术代表、记录台人员或对方队员交涉或接触。

②使用很可能冒犯或煽动观众的语言和举止。

③戏弄对方队员或在他的眼睛附近摇手妨碍其视线。

④阻碍迅速掷球入界以延误比赛。

⑤宣判犯规后，在裁判员要求举手后，不正当地举起手。

⑥改变队员号码没有报告给记录员和裁判员。

⑦由于任何未经批准的原因离开场地。

⑧悬吊在篮圈上，致使人员的重量由篮圈支撑。

技术犯规的罚球为判给对方一次罚球以及随后在中场的球权。

(5)队员的 5 次犯规。在 4×10 分钟的比赛中，一名队员犯规达 5 次后，必须 30 秒内自动退出比赛。

(6)全队犯规。在 4×10 分钟的比赛中，每 1 节中 1 个队的队员犯规累计已达 4 次时，此后所发生的犯规，应判给对方队员 2 次罚球。但是，如果控制活球队的队员或拥有掷球入界球权队员发生了侵人犯规时不应被判 2 次罚球。

六、篮球竞赛规则修改

对于 FIBA(国际篮球联合会)组织的高级别的赛事，如奥运会、世锦赛，以及 U19(19 岁以下)和 U17(17 岁以下)的世界篮球锦标赛等赛事，以下规则已在 2010 年 10 月 1 日生效；对于 FIBA 组织的一般级别的赛事，如各国的篮球联赛，以下规则已在 2012 年 10 月 1 日生效。

(1)球场的禁区(3 秒区)将会由梯形改成长方形。

(2)3 分线的距离将会从 6.25 米增加到 6.75 米。

(3)场外的球队区，从球场的底线算起，往技术代表区的方向，长度应为 8.325 米。也就是从球场的底线到 3 分线顶弧的长度。

(4)在比赛的最后 2 分钟和加时赛中，叫暂停的球队可以拥有后场球权，暂停后不用再从场外的中线附近发球，而是在技术代表区的对面指定的发球区发界外球。

(5)以篮筐在地板上的中心点为原点，以 1.25 米为半径，划出一个半圆，这个区域为合理冲撞区，在这个区域只有阻挡犯规，没有带球撞人。

(6)当比赛被中断时，如果 24 秒计时器上的剩余时间多于 14 秒(包括 14 秒)，那么，计时器上的时间将不做调整；反之，如果时间少于 13 秒(包括 13 秒)，那么，24 秒计时器上的剩余时间将会被调整到 14 秒。

第十章 排球运动

排球运动是一项隔网对抗的集体性球类运动，在我国具有广泛的群众基础，排球之于我国不仅有着重要的体育价值，还具有重要的民族精神和文化内涵。本章对排球运动相关知识进行介绍，内容涉及排球运动概述、排球运动技战术、排球运动规则。通过学习本章，高职学生应了解排球运动的起源与发展，掌握排球运动技能，了解排球运动规则，关注排球并积极参与排球运动。

第一节 排球运动概述

现代排球运动起源于美国。1895 年，美国的一名基督教青年会干事摩根为了能够辅导更多人群进行体育锻炼而创造了排球游戏。当时的流行运动是篮球，但是摩根认为篮球运动的激烈性和对抗性较强，不利于年纪太小或太大的人群。为了可以创造出一种较为缓和、活动量适当的运动形式，以适合和满足中老年人的需要，他结合篮球、棒球、网球以及手球项目的特点，同时又要避免像篮球那样的肢体接触。最初他在篮球场上架起网球网(高约 1.98 米)，用篮球胆作为球，让人们像打网球一样用手隔网来回托传球，球在哪一方落地就要算哪一方失败一次。由于篮球胆太轻，在空中飘忽不定，玩起来非常不方便，摩根开始尝试将篮球胆换成篮球，但显然篮球又过于沉重。最后，该市的司堡尔丁体育用品公司(Spaulding Company)尝试做圆周 63.5～68.8 厘米，重量约 255～346 克，外表是皮制的，内装橡皮球胆的球，即第一代排球，其规格与现代国际比赛用球已经很接近，排球运动正式诞生。

现代排球运动传入我国后，我国排球运动发展迅速，我国男子排球一度接近世界一流水平，女子排球则更是长期处于世界一流的行列中。中国男排在 2008 北京奥运会上，史无前例地获得了第 5 名，取得了重大突破。2010 年，他们获得了广州亚运会第五名，亚洲杯亚军；2011 年，获得了男排亚锦赛亚军。中国女排是一支世界传统强队，是近代中国各体育团队中成绩突出的体育团队之一。曾在 1981 年、1982 年、1984 年、1985 年、1986 年夺得冠军，成为世界上第一个“五连冠”，并又在 2003 年世界女排大奖赛和 2004 年雅典奥运会上两度夺冠，共七度成为世界冠军。2011 年 11 月 18 日，中国女排夺得世界杯季军，成功晋级 2012 年伦敦奥运会，遗憾的是无缘四强。2013 年，郎平再次执教中国女排，中国排球运动的水平逐步提升。2016 年 4 月 23 日女排精英赛比赛在宁波北仑进行，这是中国女排在 2016 年迎来的首场正式比赛，中国女排取得了奥运年首场正式比赛的胜利。2016 年，里约奥运会排球比赛中，中国女排克服困难，敢打敢拼，最终夺得2016年里约奥运会的金牌，时隔12年重回世界之巅。中国女排再次感动国人，随着我国新一代排球运动员的崛起，相信我国排球运动未来将获得更大的发展。

知识拓展

郎 平

郎平，1960年12月10日出生于中国天津市，满族，前中国女子排球运动员，现任中国女排主教练。

1973年4月，郎平进入北京工人体育馆少年体校排球班练习排球。1976年，郎平进入北京市业余体校，同年入选北京市排球队。1978年，郎平入选国家集训队。1981年，郎平随中国女排夺得第3届世界杯冠军，获“优秀运动员奖”。1982年，郎平随中国队获得第九届世界女排锦标赛冠军，并荣膺世界女子排球锦标赛“MVP”。1984年，郎平随中国队获得洛杉矶奥运会女排比赛金牌，协助中国女排实现三连冠。1986年，郎平宣布退役。

1995年，郎平被聘为中国女排主教练。1996年，郎平获得国际排联颁发的“世界最佳教练”。2002年10月，郎平正式入选排球名人堂，成为亚洲排球运动员中获此殊荣的第一人。2013年4月25日，郎平被任命为新一届女排国家队主教练。2015年2月1日，郎平获2014 CCTV体坛风云人物最佳教练奖。

2016年2月14日，郎平当选感动中国2015年度人物。2016年3月25日，郎平获得“影响世界华人大奖”。10月，郎平成为中国“火星大使”。12月15日，获得2016 CCTV体坛风云人物年度最佳教练奖。

2017年2月8日，郎平被评为2016感动中国十大年度人物。

第二节 排球运动技战术

一、排球运动基本技术

(一)准备姿势

1.半蹲准备姿势

两只脚左右分开，稍微比肩宽一点，一只脚在前，两只脚尖稍微往里收，脚跟稍微抬起。膝关节要有一定的弯曲，膝关节的投影在脚尖前面，上体向前倾斜，重心在前边。两手臂自然放松弯曲，两只手放在腹前。身体自然放松，眼睛盯住来球，两只脚要一直不停挪动以方便起动（图 10-1）。

2. 稍蹲准备姿势

稍蹲准备姿势要比半蹲准备姿势重心稍微高点，动作方法和半蹲准备姿势基本相同，大多数应用于扣球前的助跑或对方组织进攻及需要快速起动的时候（图 10-2）。

3. 低蹲准备姿势

低蹲准备姿势比半蹲准备姿势的身体重心还要低，身体重心更靠前，两脚之间的距离要更宽一些，膝关节的弯曲角度要更大一些。这时候肩部的投影要超过膝盖，膝关节的投影要超过脚尖，两只手要放在腹部之上。低蹲准备姿势主要用在防守和接拦回球的时候（图 10-3）。

图 10-1　　**图 10-2**　　**图 10-3**

（二）移动技术

1. 起　动

移动发力的开始就叫起动，移动的关键是起动的速度。起动的速度主要取决于正确的准备姿势、运动员的反应能力和他的腰腿部的速度力量。在排球比赛过程中，要根据运动员在场上的情况，运用不同的准备姿势，这样才能随时随地的改变移动方向和移动速度。

2. 移动步法

(1)并步与滑步。当球和身体的距离大约在一步左右时可以运用并步移动，例如，向前移动的时候，后腿要蹬地，前面一只脚要向来球的方向跨出一步，后腿要迅速跟上做好击球的准备。当球在你身体的侧面并离你稍远，而且并步不能立刻接近球的时候，可以快速运用连续的并步，这种连续的并步就是滑步。

(2)跑步。当球与身体的距离较远的时候需运用跑步，采用跑步移动的时候，两只手臂要配合身体前后摆动，当球飞来时，要边跑边转身，并且逐渐将身体重心降低，准备击球。

(3)跨步和跨跳步。跨步要比交叉步的移动距离近一些，主要用于接 1～2 米的低球。移动的时候步子要迈大一些，身体重心要低。例如，向前移动，那么后脚就需要用力的蹬地，前脚向前跨出一大步，膝关节弯曲，上体向前倾斜，身体重心要从后腿移至前腿上，可以向前方、向斜前方或向侧方。跨跳步就是在跨步的过程中做出跳跃腾空的动作(图 10-4)。

图 10-4

3. 制　动

在快速移动之后，为了保持稳定的击球姿势和克服身体惯性的冲力，必须运用制动技术。

一步制动法：一步制动时，最后跨出一大步，同时降低重心，膝和脚尖适当内转，全脚掌横向蹬地，抵住身体重心继续移动，并用腰腹力量控制上体，使身体重心的投影落在两脚所构成的支撑面内。

两步制动法：两步制动时，以倒数第二步做第一次制动，紧接着跨出最后一步做第二次制动，同时身体后仰，重心下降、双脚用力蹬地，使身体处于有利于做下一个动作的姿势。

(三)发球技术

发球是进攻的开始。发球可以直接得分，也可以破坏对方一攻的战术组成，还可以起到先发制人的作用。所以发球既要有攻击性，又要有准确性。

1. 正面下手发球

这种发球动作简单，适用于初学者，但球速慢，攻击性不强。如图 10-5 所示，面对网两脚前后开立，左脚在前，右脚在后，两膝弯屈，上体前倾，左手持球于腹前。左手将球垂直上抛在右肩的前下方，离手约 20 厘米高度即可。在抛球的同时，右臂伸直后摆，身体重心也适当后移。以肩为轴，手臂由后经下方向前摆动，身体重心也随之前移，在右肩的前下方腹前高度用全手掌击球的后下方。击球后，随着身体重心前移之势迅速跨步入场。

图 10-5

2.正面上手发球

这种发球面对网站立，便于观察对方，发球的准确性大，易于控制落点，并能充分利用转体、收腹动作带动手臂加速挥动，以便运用手腕的推压动作，加大击球的力量和速度。如图10-6所示，面对球网，两脚自然开立，左脚在前，左手持球于体前。用抬臂和手掌的平托上送，将球平稳地垂直抛于右肩的前上方，高度适中。在左手抛球的同时，右臂抬起，屈肘后引，肘与肩平，上体稍向右侧转动。击球时，利用蹬地，使上体向右转动，同时收腹，带动手臂挥动。在左肩上方伸直手臂，用全掌击球的中下部。击球时，手指自然张开吻合球，手腕要迅速主动地做推压动作，使击出的球呈上旋飞行。击球后，随着重心前移，迅速进场。

图 10-6

3.侧面下手发球

侧面下手发球动作较简单，击球时主要靠腰腹转动带来的力量带动手臂挥动击球，比较省力，稳定性较大，所以容易掌握，但攻击性较小。如图10-7所示，两只脚要左右开立并与肩同宽。膝关节稍弯屈，上体略前倾，左肩对球网站立，左手持球将球放在腹前位置。发球时用左手将球抛起，距腹前约一臂远，高度约离手30厘米左右。在抛球的同时，右臂伸直后摆至身体右侧后下方。击球时，右脚蹬地，身体左转带动右臂向体前上方摆动，用全手掌或掌根在腹前击球的后下方将球击出。击球后，迅速进入场地准备比赛。

图 10-7

(四)垫球技术

垫球是用单手或双手手臂或手的坚硬部位,由球的下方向上击球的技术动作。垫球主要用于接发球,接扣、吊球及接拦回球,有时也用来组织进攻。

1.正面双手垫球

正面双手垫球是双手在腹前垫击来球的一种垫球方法,是各种垫球技术的基础,也是最基本的垫球方法。其基本垫球动作如图10-8所示。正面双手垫球的基本手型有抱拳式(图10-9)、叠掌式(图10-10)和互靠式(图10-11)。正面双手垫球按来球力量大小可以分为垫轻球、垫中等力量球和垫重球。

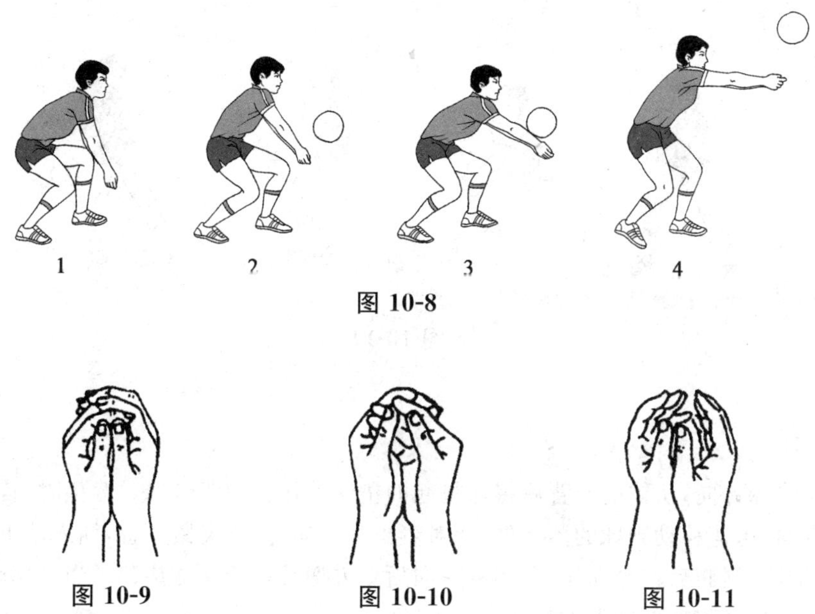

图10-8

图10-9　图10-10　图10-11

(1)垫轻球:半蹲或稍蹲姿势站立面对来球,双手成垫球手型。当球飞到腹前约一臂距离时,两臂夹紧前伸,插入球下,同时配合蹬地、跟腰、提肩、顶肘、压腕、抬臂等全身协调动作迎向来球,身体重心随着击球动作向前上方移动。击球点保持在腹前高度。用前臂的手腕关节以上10厘米左右的两小臂桡骨内侧所构成的平面击球的后下部。在击球瞬间,两臂要保持稳定,身体重心继续协调地向抬臂方向伴送球。垫击动作结束后,立即松开双臂做好下一动作的准备。

(2)垫中等力量球:准备姿势、击球点和手型与垫轻球相同。来球有一定力量,因而手臂迎击球动作的速度要慢,手臂要适当放松,主要靠来球本身的反弹力将球垫起。击球时,要运用蹬地、跟腰、提肩压腕、向前抬臂的动作击球的后下部。

(3)垫重球:采用半蹬或低蹲的准备姿势,两臂放松置于腹前。击球用力时,由于来球速度快,力量大,触球后球体自身的反弹力也大,因此应采用含胸收腹的动作,帮助手臂随球后撤并适当放松肌肉,以缓冲来球力量。同时用手臂和手腕动作来控制垫球的方向和角度。击球的手型和部位，应根据来球的情况而做变动。当击球点稍高并靠近身体时，仍可用前臂垫球；当击球点低而距身体较远时，就要用屈肘翘腕的动作把球垫在手腕部位的虎口处。

2.侧面双手垫球

侧面双手垫球就是用两臂在身体两侧垫球的技术动作，这种技术动作主要用于来球速度较快、离体侧较远、来不及移动的时候。如图 10-12 所示，当球飞向左侧时，左脚向左跨出一步，这时右脚前脚掌内侧蹬地，左膝弯曲，身体重心放在左脚上，两手臂夹紧向左伸出，右肩微向下倾斜，同时腰右转、左肩上提。两臂垫击球的后下部将球的飞行路线截住，侧垫时，两手臂要先伸向来球方向截住球，不要随球伸臂，否则球接触手臂后会向侧方飞出。还要特别注意两手臂不要弯曲，否则会影响垫球效果。

图 10-12

3.背垫球

背向着垫球方向，从体前向背后将球垫起的垫球动作称为背垫球。背垫时，首先应判断好球的飞行方向，迅速移动到球的落点处，背对着出球方向，两臂夹紧伸直，插入球下。同时配合蹬地、抬头挺胸、展腹后仰等动作，利用直臂向后上方摆动抬臂将球垫起。当来球较低时，应屈肘、翘腕，用虎口处将球向后上方垫起。

4.挡　球

挡球主要用于球较高、力量较大、不便于利用传球时。挡球要保持前臂放松，两肘朝前，手腕后仰，用掌外侧和掌根组成的平面挡击球的下部。击球的一瞬间，手腕用力要适度，击球点要保持在额前或两则肩上。挡球包括双手挡球、单手挡球。

(1)双手挡球

如图 10-13 所示，手臂屈肘上举，肘部朝前，手腕后伸，以手掌外侧和掌根所组成的平面挡击球的后下部。击球瞬间，手腕要紧张，用适度的力量将球向前上方挡起，击球点一般在脸额或两肩的前上方。

(2)单手挡球

击球点高，便于挡头部上方或侧上方的高球，有时对飞向身后的高球，可跳起用单手将球挡回。单手挡球的方法如图 10-14 所示。

图 10-13

图 10-14

（五）传球技术

传球是用双手（或单手）在额前上方，利用蹬腿、伸臂协同一致的动作及手指手腕的弹力完成的击球技术动作。

1. 正面传球

（1）手　型

手触球时十指应自然张开使两手成半球状，手腕稍后仰，以拇指内侧、食指全部、中指的二、三指节触球的后下部，无名指和小指在球两侧辅助控制球的方向。两拇指相对近"一"字形。

（2）动作方法

如图 10-15 所示，准备姿势采用稍蹲姿势，上体稍挺起，仰头看球，两手自然抬起，屈肘，放松置于额前。当来球接近额前时，开始蹬地、伸膝、伸臂，手指微张从脸前向前上方迎出。全身各部位动作应协调一致。击球点在脸额前上方约一球距离处。在迎球动作的基础上，当手和球即将接触前，手腕和手指要有前屈迎球的动作，当手和球接触时，各大关节应继续伸展，最后用手指手腕的弹力将球击出。

图 10-15

2.侧向传球

身体侧对传球目标，在不转动身体的情况下，靠双臂向侧方传球的动作称为侧向传球。如图 10-16 所示，侧传的准备姿势、手型及迎球动作同正面传球，但击球点应偏向传出方向一侧。迎球时，通过下肢蹬地使身体重心向上伸展，上体和双臂向传球方向一侧伸展。异侧手臂动作的幅度要大些，伸展的速度也应快些，以双臂和上体侧屈的协调动作将球传出。

图 10-16

3.背向传球

背向传球时须把身体的背面正对着传球的目标，上体保持正直或稍微后仰，击球点应略高于正面双手传球。如图 10-17 所示，当球飞来时，头稍后仰并挺胸，上体向后上方伸展的同时配合下肢蹬地。击球时，手腕适当的后仰，使掌心向后上方，击球的底部，利用蹬地、送髋、抬臂、送肘、手指、手腕主动向上方的力量将球向后上方传出。

图 10-17

(六)扣球技术

扣球是队员跳起在本方将球从过网区击入对区的一种击球动作。扣球是攻击性最强的基本技术，是完成战术配合的最后一个技术动作。扣球技术的好与坏是决定胜负的关键，它需要有良好的弹跳高度，利用腰腹力量、快速挥臂鞭打动作和手控制球的能力。

1. 正面扣球

(1)助跑起跳。如图 10-18 所示，两脚开立，膝关节微屈，上体稍前倾，两臂自然下垂，站在离网 3 米左右的位置，观察二传来球，随时准备向各个方向助跑起跳。助跑时首先左脚要先向前迈出一步，接着右脚跟着迅速跨出一大步，同时左脚及时并上，落在右脚侧前方，两脚尖稍内收准备起跳。注意助跑的第一步要小，这样可以使上步的方向对正，也使身体获得向前的水平速度；第二步要大，这样接近球和提高助跑的速度可以得到提高；为了利于制动，要使右脚落地支撑点在身体重心之前。助跑跨出最后一步的同时，两手臂经体侧向后引，两臂自后积极向前摆动的同时，左脚要落地制动，双腿蹬地向上起跳时，两手臂要配合起跳用力上摆。

图 10-18

(2)击球。如图 10-19 所示，起跳后，挺胸、展腹，上体稍向右转，右臂向后上方引臂，使身体成反弓形。挥臂时转体要迅速、快速收腹，集中力量带动肩、肘、腕各关节成鞭甩动作向前上方挥动击球。击球时击球点要保持在起跳和手臂伸直最高点的前上方，五指自然张成勺形，并保持紧张，以掌心为击球中心，全手掌包满球击球的后中部，同时屈腕屈指主动用力向前推压，使扣出的球加速上旋。空中完成击球动作后，身体自然下落，为了减轻腿部负担，应用双脚的前脚掌先着地，同时顺势屈膝，以缓冲身体下落的力量。

图 10-19

2. 勾手扣球

起跳后，左肩对网，通过转体动作，带动右臂向左上方挥动击球的一种方法就叫作勾手扣球。如图 10-20 所示，助跑的最后一步，两脚与中线平行，完成起跳动作后要使左肩对网或跳后在空中时就使左肩转向球网。跳起后，上体稍后仰或稍向右转，右肩下沉，当左臂挥至脸前后迅速引至体侧，手臂伸直，掌心向上，手指微张成勺形，同时，挺胸展腹。击球时，利用向左转体及收腹的力量使手臂伸直，手臂由下经体侧向上划弧挥动，用全手掌在头的前上方最高点处击球的后中部。整个动作与勾手大力发球相似。

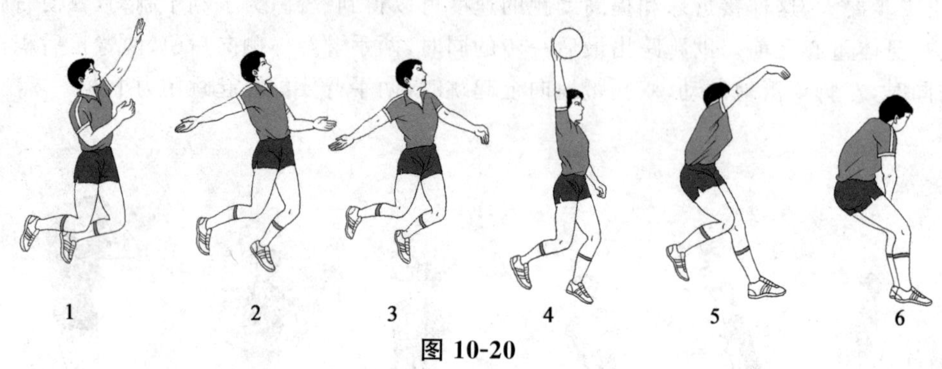

图 10-20

3. 单脚起跳扣球

助跑后第二只脚不再踏地而直接向上摆动帮助起跳的一种扣球方法叫作单脚起跳扣球。如图 10-21 所示，单脚起跳扣球时球与网的夹角较小或者采用顺网的一步、两步或多步的助跑。助跑后，左脚跨出一大步，上体向后倾斜，左脚迅速蹬地起跳的同时右腿也向前上方摆动，为利于起跳，两臂应配合摆动，起跳后扣球动作与正面扣球动作相同。

图 10-21

(七)拦网技术

拦网是队员在网前以身体任何部分阻挡对方击球过网的技术动作。掌握拦网技术，提高拦网技术水平，对夺取比赛的胜利起着极其重要的作用。

1. 单人拦网

如图 10-22 所示，两脚平行站立，大约与肩同宽，身体正对球网，距离球网约 30～40 厘米，膝关节微屈，两手臂自然弯曲放在胸前，以便随时准备起跳或移动。比赛中拦网队员需要及时移动，以便对准对方进攻点。常用并步、滑步、交叉步、跑步移动。拦网起跳时，降低重心，膝关节弯曲，弯曲程度可以因人而异，两脚用力蹬地，用两臂在体侧划小弧用力上摆的力量，来带动身体向上垂直起跳，起跳后利用收腹的力量来控制身体平衡。要掌握好拦网起跳的时间，可以通过对方二传球的高低、远近、快慢以及扣球队员的起跳时间和动作特点来决定。拦高球时，一般在扣球队员跳起之后起跳；拦快球时，可以和扣球队员同时起跳或提前起跳。起跳的同时，两手臂要与球网平行，努力向网上沿的前上方伸出，两手臂伸直，前臂要与网接近，两手伸向对方上空接近球，两手自然张开，屈指屈腕呈勺形。为了防止球从两手间漏过，所以两手之间距离不能超过一个球。当手触球时，两手要突然紧张，要用手腕的力量用力下压盖住球的上方。站在靠近边线的拦网队员，为了防止对方打手出界，拦网时外侧手掌心要内转。拦远网扣球时，手臂要尽量向上伸直，手腕不能下压，以提高拦击点。如果球已经被拦回，则要面向对方，屈膝缓冲，双脚落地。如果球没有被拦到，身体下落时要向着球飞出的方向转身准备救球。

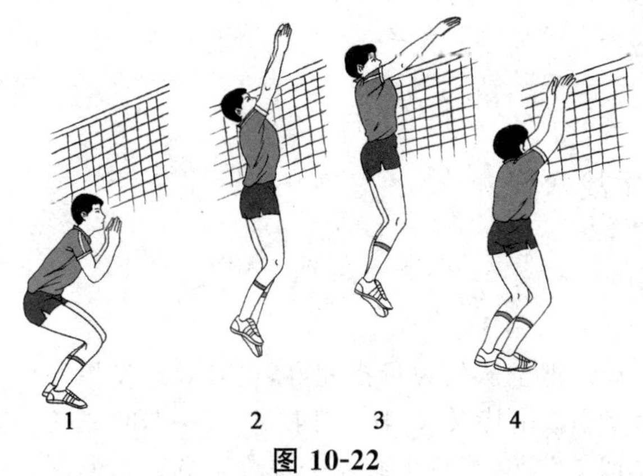

图 10-22

2. 双人拦网

双人拦网时应以一人为主拦队员，另一人为配合队员。但主拦队员不是固定的，一般情况下距对方扣球点近的队员应为主拦队员。主拦队员必须抢先移动到对正扣球点的位置，做好起跳准备，配合队员则迅速移动靠近主拦队员准备同时起跳。两队员之间的距离一定要合适。距离太远，跳起后将出现“空门”；距离太近，起跳时互相干扰，致使双方都跳不高。双人拦网起跳时，两人的手臂应该在体前划小弧向上摆伸，都要尽量垂直向上起跳，要防止互相碰撞或干扰。手臂在空中既不能重叠，造成拦击面缩小，又不能间隔太宽，造成中间漏球。扣球靠近边线时，靠边线近的拦网队员外侧的手应适当内转，以防打手出界。

3. 三人拦网

三人拦网多在对方进行高点强攻的情况下运用。三人拦网时不论对方从哪个位置进攻，都应以本方中间位队员为主拦者，两侧队员主动配合，集体起跳拦网。

惠若琪

惠若琪，1991 年 3 月 4 日出生于辽宁大连，女子排球运动员。凭借在 2006—2007 赛季全国女排联赛中的出色表现进入中国女排集训名单。

2010 年经历了手术和康复后，惠若琪在 2011 年俞觉敏执教的国家队中成为绝对主力，并和队友一起拿到亚锦赛冠军和世界杯季军。

2013 年，郎平担任中国女排主教练，年仅 22 岁的惠若琪担任了中国女排的第 15 任队长，身披 12 号球衣。

2016 年里约奥运会，中国女排闯入决赛，在决赛中以 3∶1 战胜塞尔维亚，获得奥运会冠军，惠若琪作为中国女排的队长，站上了奥运会最高领奖台；10 月 20 日，惠若琪获得 2016 网易时尚跨界盛典年度最具人气运动员大奖。

二、排球运动基本战术

（一）阵容配备

阵容配备是为了合理地把全队的力量搭配好，更有效地发挥每一个队员的特长和作用。根据各队不同的技术水平和战术特点，一般有“四二”“五一”和“三三”三种阵容配置。

（1）“四二”配备。“四二”配备指场上有 4 个进攻队员和 2 个二传队员，如图 10-23 所示。4 个进攻队员又分为 2 个主攻和 2 个副攻，他们站在对角位置上。其优点是无论怎样轮转，前后排都能保持一个二传和 2 个进攻队员，便于组织和发挥供给力量，给对方的拦网及防守造成困难。但“四二”配备对 2 个二传队员的进攻和拦网能力要求较高，否则会影响这种配备的进攻效果。

（2）“五一”配备。“五一”配备指场上有 5 个进攻队员和 1 个二传队员，如图 10-24 所示。这种阵容配备的优点是拦网和进攻数量得到加强，全队只要适应一个二传队员的打法，相互之间容易建立默契，有利于二传队员统一贯彻战术意图。但二传队员在前排时只有两点攻。要充分利用两次球、吊球及后排扣球等战术变化突袭对方，以弥补“五一”配备的不足。

（3）“三三”配备。“三三”配备指场上有 3 个进攻队员和 3 个二传队员，如图 10-25 所示。进攻队员与二传队员间隔站位。每一轮次的前排都能保持 1～2 个进攻队员和二传队员，适合初学的队采用，但进攻能力则显得不足。

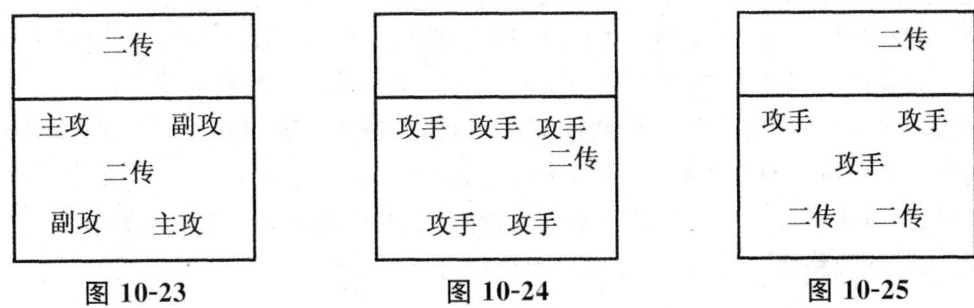

图 10-23　　图 10-24　　图 10-25

（二）位置交换

为最大限度地发挥每个队员的特长，调动一切积极因素，加强攻防力量，同时弥补由于队员身体技术发展的不平衡所带来的阵容配备上的某些缺陷，在规则允许的条件下，比赛可以采用交换位置的方法组织战术，这便是位置交换。交换位置具有重要的价值，它充分发挥每个队员的专长，以扬长避短；有利于组织进攻防守战术的需要，从而发挥攻防战术的优势；采用专位分工的进攻和防守，以提高攻防战术的质量。

1. 前排队员之间的换位

（1）为了便于组织进攻战术，把二传队员换到 2 号位或 3 号位。

（2）为了加强进攻力量，把进攻力量强的队员换到便于扣球的位置上：右手扣球队员换到 4 号位，左手扣球队员换到 2 号位，扣快球的队员换到 3 号位等。

（3）为了加强拦网，抑制对方的重点进攻，把身材高大或弹跳力好及拦网能力强的队员换到 3 号位，或与对方主攻队员相对应的位置上。

2. 后排队员之间的换位

（1）为了发挥个人特长，后排队员各自换到自己熟悉的防守区进行专位防守。

（2）为了在比赛中便于运用行进间“插上”战术，把二传队员换到 1 号位或 6 号位，以缩短插上时的距离。

（3）根据临场情况把防守能力强的队员换到防守任务较重的区域，把防守能力弱的队员换到防守任务较轻的区域。

3. 前、后排队员之间的换位

后排的二传队员插上时，可从 1 号位、6 号位、5 号位插上到 2、3 号位之间的位置，准备作二传，前排的 2、3、4 号位队员则后退，准备接球或进攻。

（三）个人战术

1. 发球个人战术

（1）拼发球战术。采用大力发球、跳发球、重飘球等攻击性发球，力争得分或破坏对方的进攻战术，这是有实力的队经常采用的发球战术。

(2)找点发球战术。将球发到对方接发球力量薄弱的区域。据观察统计，将球发到对方后场两个角上效果最好，其次是对方场地的腰部、前区，特别是二传队员的背后。

(3)找人发球战术。找对方接发球差、信心不足，或新换上场的队员作为攻击目标；或者将球准确地发到两人站位的结合部，造成争抢或互让。

(4)变化发球战术。可利用发球性能及力量变化、发球队员站位变化(发球区左右两边或中间、远近)、发球线路变化、发球长短变化来造成对方不适应。

2. 扣球个人战术

(1)扣球线路的变化。扣球时采用直线和斜线相结合，长线与短线相结合；利用助跑路线与扣球路线不同的方向，迷惑对方拦网和防守队员，如直线助跑扣斜线球；斜线助跑扣直线球等；朝防守技术差和意志不顽强的队员扣球，或扣向对方空当和防守薄弱的区域等。

(2)扣球动作的变化。运用转体、转腕的扣球技术，突然改变扣球方向避开对方拦网；运用超手高点扣球技术，从拦网人手上方进行突破进攻；选用正面扣球变为勾手扣球动作，造成对方拦网判断失误；利用“时间差”“位置差”“空间差”个人扣球动作变化，晃开对方拦网。

(3)扣球时避开拦网队员的手。运用扣球路线的变化，如扣直线、斜线和小斜线等；运用近网与远网的变化，使对方拦网者不易判断过网点与时机；扣吊结合；熟练运用扣球动作，提早或延迟击球时间；利用两次球战术使对方不能组成双人拦网。

(4)扣球时利用拦网队员的手，造成对方失误。打手出界；轻扣球触及拦网队员的手，造成球随拦网队员一同下落；平打，造成对方拦网触手后落入后区或出界；运用吊球，使球落在对方网前。

3. 拦网个人战术

(1)采取不同的拦线起跳方法迷惑对方。拦网队员可采用拦直线起跳向侧伸臂拦斜线或在拦斜线位置起跳拦直线的方法来迷惑对方扣球队员。

(2)改变空中拦网手的位置。如在空中拦直线时突然移动手臂改为拦斜线等。

(3)有时可制造假象，使对方受骗。如假装露出中路空当，引诱对方扣中路，当对方扣球后即突然关门拦中路球。

(4)制造对方出界。在发现对方要打手出界时，可在空中及时将手撤回，造成对方扣球出界。

(四)集体战术

1. 集体进攻战术

(1)“边一二”进攻战术

“边一二”进攻战术也是一种比较简单的进攻战术形式。它与“中一二”进攻战术相同之处，都是前排只有两名进攻队员。其不同点是二传队员不是站在 3 号位，而是站在 2 号和 3 号位之间，将球传给 3 号或 4 号位队员进攻。这种进攻战术称为“边一二”进攻战术(图 10-26)。

(2)“中一二”进攻战术

“中一二”进攻战术的基本配合方法是:由前排 3 号位队员担任二传,其他 5 名队员都将来球垫(传)给二传队员,再由二传队员将球传给 4 号位或 2 号位队员进攻,这种进攻配合方法称为“中一二”进攻战术(图 10-27)。它是进攻战术中最基础、最简单的一种进攻战术形式。

(3)“后排插上”进攻战术

“后排插上”进攻战术的基本配合方法是:由站在后排的二传队员在对方发球击球后,或由本队队员将对方进攻的球防起之后,或在对方的第三次击球,不可能进行强有力的进攻时,迅速插到网前担任二传,将球传给前排三个进攻队员中任何一个队员,扣球进攻,其他两名队员作佯攻掩护,这种进攻战术称为“后排插上”进攻战术。根据后排队员插上时起动的位置不同,可以分为 1 号位插上、6 号位插上和 5 号位插上;根据场上战术的时机不同,又分为接发球时的插上和接扣球的行进插上(图 10-28)。

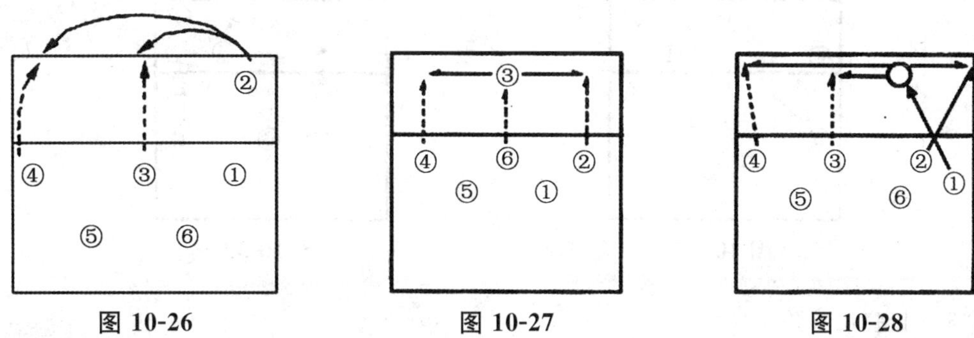

图 10-26　　图 10-27　　图 10-28

2. 集体防守战术

(1)接发球战术

①2 人接发球阵型

如图 10-29 所示,可用 2 名后排队员负责全场接发球,另 1 名后排队员不接发球,专门准备进行后排进攻。

如图 10-30 所示,采用专人接发球站位阵型,保持 2 名接发球好的队员接发球,采用“心二传”进攻阵型,1 号位队员专门准备组织前排和后排进攻战术。

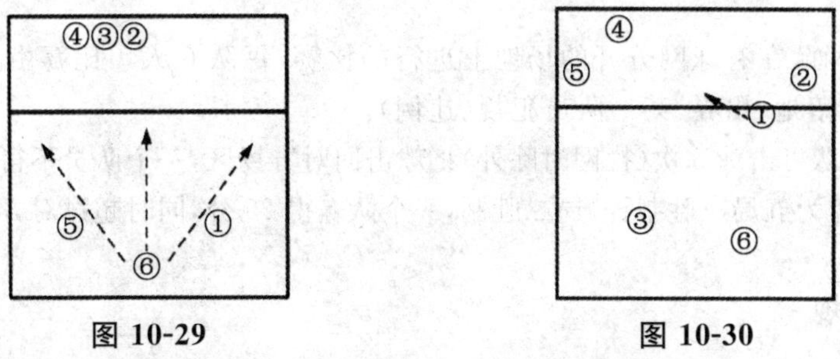

图 10-29　　图 10-30

②3 人接发球阵型

3 人接发球可采用前排两名队员和一名插上队员不接发球,或前排 3 名队员都不接发球,而由后排队员担负全场一传任务。

(2)接拦回球阵型

①2人或1人接拦回球阵型

本方以“立体进攻”为主时,进攻点分散且变化大,场上4或5名队员在掩护、跑动进攻。因此,二传队员组织进攻后应立即参与接拦回球,形成2人或1人接拦回球阵型。

如图10-31所示,前排3名队员掩护、跑动,后排⑥号位队员进行后排进攻,①号位队员传球后立即下撤,⑤号位队员迅速向进攻点移动接拦回球。

如图10-32所示,前排3名队员掩护、跑动,后排①、⑥号位队员进行后排进攻,⑤号位队员传球后立即下撤,迅速向进攻点移动接拦回球。其他没有扣球的队员都应尽可能地参与接拦回球,以加强接拦回球的力量。

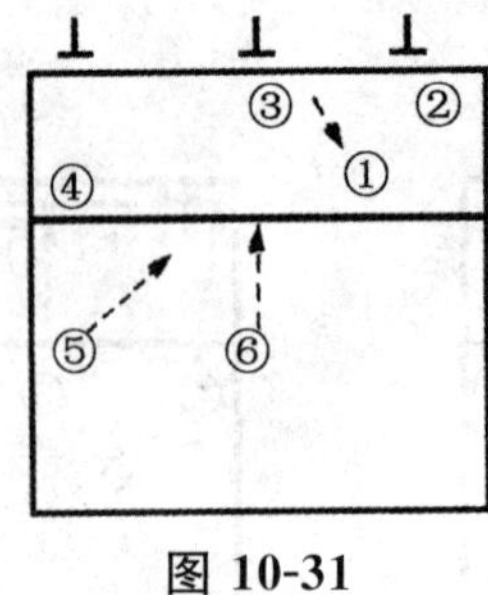

图 10-31

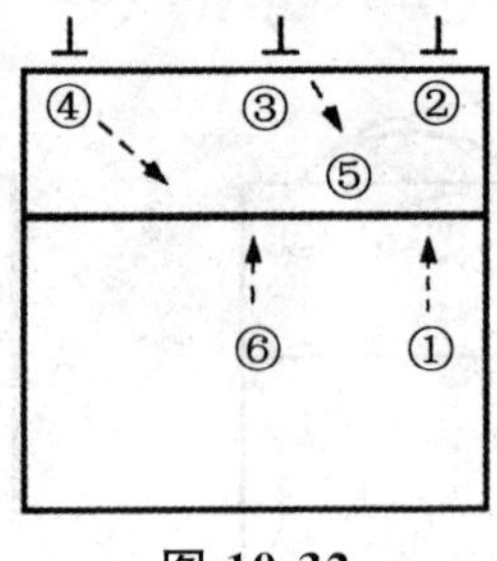

图 10-32

②3人接拦回球阵型

本方以前排快攻配合为主时,进攻点变化较大,前排3名队员在掩护、跑动,二传队员组织进攻后立即参与接拦回球,形成3人接拦回球阵型。

第三节 排球运动规则简介

一、比赛方法

排球比赛是两队在有球网分开的场地上进行的比赛,每队6人。比赛由后排右边的队员发球开始,直至球落地、出界、某一队员犯规(违例)。

在比赛中,每队可击球3次(拦网时除外)将球击回对方场区,一个队员不得连续击球两次。

排球比赛一盘为五局三胜制、三局二胜制,一个队赢得25分,同时超过对方2分时胜一局。

二、发球犯规

正确发球:

发球队员击球前在本方端线后,也可以有助跑或跳起,一手将球抛起,另一只手(张开或握拳)或手臂的任何部位将球击出。

发球犯规:

(1)击球时脚踏及端线或踏出两边线延长线。

(2)未将球抛起或未使球清晰离手即击球。

(3)双手击球或用单手将球抛出、推出,以及用臂以外的身体部位击球。

(4)发球队员未能在裁判员鸣哨后八秒钟内将球发出。

(5)发球队进行个人或集体发球掩护。

(6)发球队的队员站在场外或踏出场区界线。

(7)发球次序错误。

发球失误:

(1)发出的球触及任何物体或发球队的队员,球没有过网。

(2)发出的球触及标志杆,未从过网区域越过。

(3)发出的球触及本方队员或落在对方场外地面上。

知识拓展

朱　婷

朱婷,女,中国著名女子排球运动员,1994 年 11 月 29 日出生于河南省周口市郸城县,毕业于郑州大学体育学院,司职主攻位置。2013 年正式入选郎平执教的中国国家女子排球队,现为队中主力主攻手,披 2 号球衣。

2007 年,13 岁的朱婷进入周口市体校,2008 年,朱婷被选入河南省体校学习排球。2010 年,朱婷进入国少队,2012 年亚青赛,中国队夺冠,朱婷本人荣膺 MVP。2013 年带领国青女排 8 战全胜,朱婷荣膺最佳得分、最佳扣球以及 MVP 三项大奖,赛后国际排联官网史无前例的盛赞朱婷是超级球星(megastar)、不可思议的力量(incredible power)。

2014 年 10 月 13 日,中国女排时隔 16 年再次获得女排世锦赛亚军。朱婷在世锦赛获最佳得分、最佳主攻单项奖。

2015 年女排世界杯,中国女排久隔 11 年之违再获冠军,朱婷首次获得三大赛 MVP 称号。

2016 年 8 月 21 日,2016 年里约奥运会中国女排时隔 12 年再获奥运冠军,朱婷加冕里约奥运会女排 MVP 与最佳主攻称号。

2017 年 1 月 15 日,朱婷获得 2016 年 CCTV 体坛风云人物最佳女运动员奖项。

三、持球、连击的判断

(1)持球。击球时没有将球清晰地击出或触球时有较长时间的停留(如捞捧、推掷、携带等),则判为持球犯规。判断持球的主要依据是接触球时有较长时间的停留。根据比赛队水平可适当放宽,但前后尺度需一致,双方一样。

(2)连击。一名队员连续击球两次或球连续触及他的身体不同部位,则造成连击犯规(拦网除外)。但在第一次击球时,除上手传球外,允许身体不同部位在同一击球动作中连续触球。

四、网上球的判断

(1)过网击球。在对方场区空间内击球为过网击球犯规。判断过网击球犯规的依据是击球点是否在对方场区间。如击球点在本场区上空,击球后随球过网是允许的。

(2)触球出界。指球触及拦网队员的手后出界。

(3)触网。比赛进行中,队员触及9.50米以内的球网或标志杆,则判为触网犯规。如果扣球队员将球击在网上,由于球的压力使球网触及对方队员,不应判对方队员触网犯规。双方队员同时触网,应判对方触网犯规。

(4)过网拦网。对方完成进攻性击球以后,过网拦网是允许的。但是在对方击球前和击球时不允许过网拦网。

五、暂停与换人

只有在比赛成"死球"时,经教练员或场上队长请求,裁判员才允许暂停或换人。每局中,每队可以暂停两次,每次暂停的时间为30秒钟。暂停时间从裁判员鸣哨开始计算。

每一局可以替换六人次(一名队员下场另一名队员上场为一人次)。

每局开始上场的队员,只能退出比赛一次。在同一局中,他再次上场比赛时,只能回到该局中替换他的人的位置。自由防守球员不受限制。

第十一章 网球运动

学海导航

网球运动被称为“绅士运动”，也被视为一项贵族运动，是一项优美而激烈的竞技性体育运动。本章对网球运动相关知识进行介绍，内容涉及网球运动概述、网球运动技战术、网球运动规则简介。通过学习本章，高职学生应了解网球运动的起源与发展知识、掌握网球运动基本运动技能，了解网球运动规则，学会欣赏网球运动比赛，并能科学参与网球运动实践。

第一节 网球运动概述

现代网球运动孕育在法国，诞生在英国，开始普及和形成高潮在美国，盛行于全世界。据考证，网球运动源于公元 10 世纪左右的一种用手掌击球的游戏。古式网球在法国十分盛行，现代网球运动起源于英国。

从网球运动游戏的成熟到现代网球竞技形式的正式形成，网球运动经历了从 14 世纪到 19 世纪漫长的 500 余年。19 世纪的英国，“真正的”或“皇家的”网球正式出现。1874 年，确定了场地大小和球网的高低。1875 年，在英国的板球俱乐部制定了网球比赛规则。1877 年 7 月由全英板球俱乐部在温布尔顿举办了第一次草地网球冠军赛。目前世界上网球运动的管理体制机构是成立于 1912 年的世界网球联合会，当时这个组织叫作世界草地网球联合会。当今最著名的四大网球比赛是：英国（温布尔登）网球公开赛、法国网球公开赛、美国网球公开赛和澳大利亚网球公开赛。网球运动的职业化进程较早，整个 20 世纪是网球运动职业化发展最快的时期，进入 21 世纪以后，网球运动的职业化和商业化发展日益成熟，目前，网球已经成为一项世界性的热门运动。

我国的网球运动起步较晚，网球运动是在 1885 年前后传入我国的，先是在上海、广州等几个城市的外国传教士和商人之间出现了网球运动。从 1910 年旧中国第 1 届全运会开始，我国虽也举办了多次全国及国际比赛，但参加人数较少，故运动水平较低。新中国成立后，我国的网球运动不断发展，技术水平迅速提高。近年来，参加网球运动的人数迅猛增加，在全国各地尤其在高等院校中逐步形成了“网球热”。值得关注的是近年来中国女选手在国际大赛中的出色表现。女子双打组合李婷/孙甜甜在 2004 雅典奥运会获得了冠军。2011 年 6 月，我国女子运动员李娜，夺得法国网球公开赛大满贯，创造了亚洲女运动员在世界网球公开赛中的最好成绩。在 2014 年的澳网公开赛上，李娜再次拿下一个大满贯冠军，创造了亚洲女子网坛独一无二的成绩。在国际网联世界排名女子排名中，李娜最高排在第 2 名，创造了我国网球运动员的最佳排名。2016年WTA天津公开赛,30岁的彭帅在家门口喜获WTA单打首冠,这也是其职业生涯第一个单打冠军。2016年澳网比赛,张帅职业生涯中首次闯入大满贯八强,本赛季的年终排名定格在第23位,创造职业生涯新高,成为新的亚洲一姐。

目前,我国网球运动在亚洲居首位,但同世界网球强国相比,我们的网球水平仍存在着相当大的差距,随着"一姐"李娜的退役,高手也出现了真空,网球运动人才出现断层,进一步培养与发掘网球运动人才是我国网球运动的一个重要工作重点。

网球四大满贯赛事

(1)澳大利亚网球公开赛。澳大利亚网球公开赛是网球四大满贯赛事中每年最先登场的,通常于每年一月的最后两个星期在澳大利亚第二大城市墨尔本举行。

(2)法国网球公开赛。法国网球公开赛通常在每年的5月至6月举行,是每年继澳网之后,排在第二个进行的大满贯赛事。法国公开赛规定男子每场比赛采用5盘3胜淘汰制,女子采用3盘2胜淘汰制。

(3)温布尔登网球锦标赛。温布尔登网球锦标赛是网球运动中最古老和最具声望的赛事。该赛事于每年6月最后一周至7月初定期举行,参加资格是按前一年在各种重大比赛中获胜的得分累计而确定的。

(4)美国网球公开赛。美国网球公开赛是每年度第四项也是最后一项网球大满贯赛事。美国网球公开赛始于1881年,每届比赛均在每年的8月底至9月初在美国纽约城网球总会的国立网球中心举行。

第二节 网球运动技战术

一、网球运动基本技术

(一)握拍法

网球的握拍方法基本上分为东方式、大陆式、西方式和双手握拍四种。

1. 东方式握拍法

(1)东方式正手握拍法(图11-1)

东方式正手握拍法亦称"握手式"握拍法,其握法是:拍面与地面垂直,手握拍柄好像与人握手一样。准确地说,用握拍手的虎口对正拍柄右上侧楞,手掌根与拍柄右斜面紧贴,拇指垫握住拍柄的左垂直面，食指稍离中指压住拍柄右垂直面，五指握紧拍柄。这种握法能增大正手击球的力量。

(2)东方式反手握拍法(图 11-2)

从正手握拍法把手向左转动 1/4 即转动 90°(或拍柄向右转动 1/4 即转动 90°)，使虎口对正拍柄左侧棱面上，即用手掌根压住拍柄的左上斜面，拇指直贴在拍柄的左垂直面上，食指压住拍柄右上斜面。

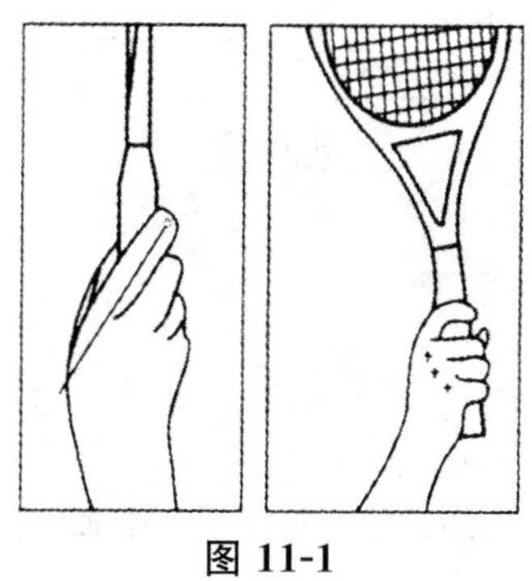

图 11-1

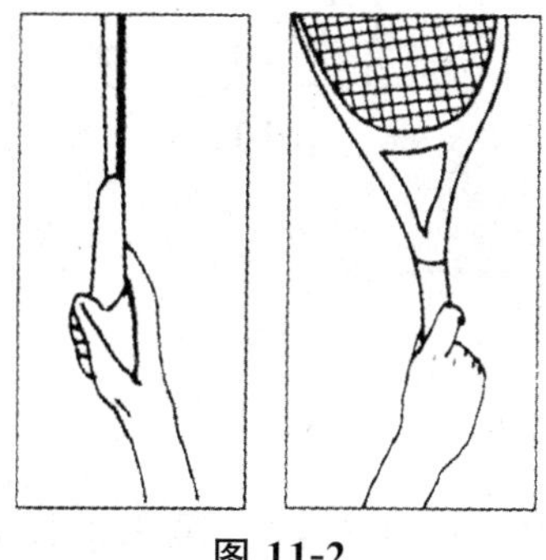

图 11-2

2. 大陆式握拍法

"V"字形虎口对准拍柄上平面与左上斜面的交界线上，手掌根部贴住上平面，拇指直伸围住拍柄，食指下关节紧贴在右上斜面上(图 11-3)。

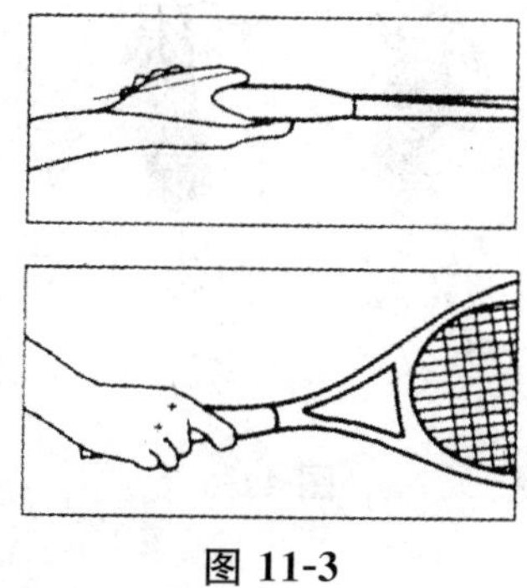

图 11-3

3. 西方式握拍法

左手持拍，使拍面与地面平行。右手从正上面握拍柄，食指和拇指都不前伸，大把握拍，而且正手、反手击球都使网拍向同一个面(图 11-4)。

4. 双手握拍法

右手是东方式反手握拍法，握在拍柄的后方，左手是东方式正手握拍法，握在拍柄的前方(图 11-5)。

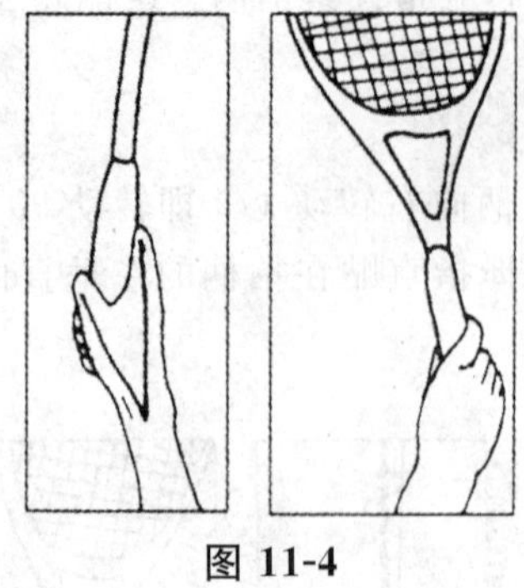

图 11-4

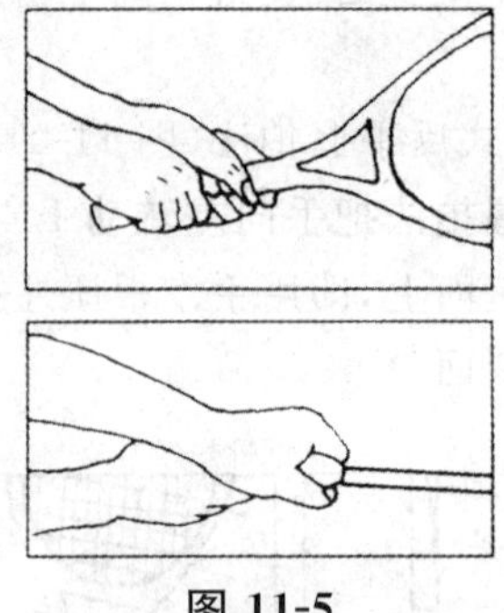

图 11-5

(二)发球与接发球

1.发　球

发球是现代网球运动最重要的技术之一,是网球运动竞赛中唯一由自己掌握、主宰的进攻技术。另外,发球也是评价网球队员技术水平高低的重要内容。发球技术是由发球姿势、抛球及抛球位置、击球、跟进动作组成(图 11-6)。

图 11-6

(1)下手发球。面对球网,两膝微屈,身体重心落在前脚掌,左手持球,右手持拍放松。上体向右后方扭转,球拍后摆,左脚向前上步,左手将球稍向上抛,两眼始终盯着球。击球时,肩向前扭转,手腕关节微打开,在球落地前,在身体一侧的前面击球。击球后,击球手臂和球拍顶端尽可能长的向前上方随挥,重心前移,然后还原成准备姿势,准备下一次击球。

(2)发平击球。侧对球网站立,前脚与端线约成 45°,指向右侧网柱,身体重心在左脚上,左手托住球拍的拍颈,手臂放松,稍微弯曲并保持在胸部的高度。双臂同时稍下放,在其最低点抛球手臂与击球手臂分开,但以不同的速度向上摆动;在眼睛的高度将球抛出,击球臂向后、向下、向上引拍,身体重心移至右腿上;在手臂伸展到最高点时,身体重心又移到左腿上,同时,通过髋关节前移,降低身体重心;左腿支撑身体向前、向上运动。

击球时，击球肩膀转向前面，前臂旋内，充分向前、向上伸展击球臂，在最高点击球，击球瞬间，拍面几乎垂直地面。击球后右前臂继续向外转动，球拍随挥至身体的左侧，左臂在体前的位置做相反运动。击球后随球上网或站在端线附近准备击球。

2. 接发球

接发球的准备姿势只要能以最快的速度还击球就行。当对方发球前，可以膝盖弯曲，两腿分开；当对方抛球准备击球时，可以重心升起，两脚快速交替跳动，并判断来球迎前回击。接发球站位要根据对方的发球水平和自己的接发球水平、习惯、场地快慢和战术需要来确定，一般应站在对方能发到内外角的中角线上，接第一发球时站位稍后些，接第二发球时站位略前。

接发球的击球动作一般介于底线正、反拍击球动作和截击球动作之间。对发球差的选手，可用自己的底线正、反拍动作来接对方的发球；而对发球好、速度快的选手，可用网前截击球的动作来接对方的发球，这样接出的球很有威胁。

（三）击球技术

1. 正手击球

正手击球是网球运动中最主要的击球方法，是最基本和最可靠的进攻性击球手段，也是最容易取胜的重要击球技术。正手击球由回拉转肩、击球、跟进动作组成（图 11-7）。

（1）回拉转肩动作：将身体从准备姿势转向一侧，使不握拍的另一侧正对着来球方向，膝盖弯曲，将拍向后挥至击球的高度。

（2）击球动作：击球时，左腿迈向前，挥拍，在膝至腰部的高度击球。挥拍时沿臂部由下向前上挥拍，尽量伸展手臂并使肘部放松。

（3）跟进动作：击球后，动作不要立即停下来，应沿着击球的方向继续挥拍，挥到头部一侧。同时保持拍面沿球的飞行方向运动，并使拍面平稳。

图 11-7

2. 反手击球

反手击球有单手和双手击球两种。反手击球是回击来球和进攻对方必须掌握的基本技术之一。反手击球是由回拉、转体、用力、击球、跟进等动作组成（图 11-8）。

（1）回拉动作：一手持拍朝前，一手轻握拍，肩膀完全向后转动，重心移到左脚；当球拍拉至左臂后方时，最后将背部转向球网。挥拍时，身体重心要准备前移，身体展开，右脚要跟进。

(2)转体动作：要求挥拍和脚步的跟进同时完成。挥拍时，拍面沿一个方向进行，由低向高使球在击球区掠过。

(3)用力动作：以后脚为轴，握拍(在臀部后)做好击球姿势，然后伸展身体。

(4)击球动作：放开握在拍喉上的手，让拍沿同一个方向由低往高挥动，同时脚步跟进，击球的刹那，握拍手保持稳定，最后使拍面自然朝上。

(5)跟进动作：当感觉到球拍击球后，球拍继续向上挥，手臂保持伸直，同时身体前倾，重心在前腿上。

图 11-8

(四)截击球

截击球是网前进行的一种攻击性击球方法，当球还没落地并在空中飞行时(除高压球外)，被凌空打掉，称为截击，亦称拦网(图 11-9)。在现代网球比赛中，截击球是一项重要的得分手段。掌握好网前截击技术，对单打时的发球上网，随击球上网和双打中的上网，都有很大的帮助作用，同时也能使自己的技术水平提高到一个新的高度。

图 11-9

(五)高压球

同截击球一样，属于上网击球技术，是用以对付对方挑高球的，其动作类似发球，在头部上空用扣杀动作还击来球(图 11-10)。高压球堪称击球中的一门“重炮”，是迅速制胜的锐利武器。采用高压球，合适的步法是前提，击球时不要迟疑。

图 11-10

(六)挑高球

当一方在比赛中处于被动地位,而对手高压球水平也不很高的情况下,用挑高球来破坏对方的进攻节奏,使自己赢得时间回到有利的位置;或者挑球过顶,迫使对方退回底线救球,使自己上到网前,反守为攻。因此业余选手掌握此技术很有必要。

知识拓展

网球场地类型

1. 草地场

草地球场是历史最悠久、最具传统意味的一种场地。其特点是球落地时与地面的摩擦小,球的反弹速度快,对球员的反应、灵敏、奔跑的速度和技巧等要求非常高。因此,草地往往被看成是"攻势网球"的天下,发球上网、随球上网等各种上网强攻战术几乎被视为在草地网球场上制胜的法宝,底线型选手则在草地网球场上难有成就。但是,草地球场的保养与维护费用昂贵。温布尔登锦标赛是使用草地场地的最古老也最负盛名的赛事。

2. 红土场

红土场是"软性球场",其最典型的代表就是红土场地的法国网球公开赛。此种场地特点是球落地时与地面有较大的摩擦,球速较慢,球员在跑动中特别是在急停急回时会有很大的滑动余地,因此要求球员必须具备出色的体能、奔跑和移动能力,以及顽强的意志品质。该场地比赛中,球员要付出数倍的汗水及耐心在底线与对手周旋。

3. 硬地场

硬场地是最普通和最常见的一种场地,现代大部分的比赛都是在硬地网球球场上进行的。硬地网球场一般由水泥和沥青铺垫而成,其上涂有红、绿色塑胶面层,其表面平整、硬度高,球的弹跳非常有规律,但球的反弹速度很快。硬地网球更具"爆发力",硬地不如其他质地的场地弹性好,地表的反作用强而僵硬,容易对球员造成伤害,已使许多优秀的网球选手付出了很大代价。

4. 地毯场

地毯场是一种"便携式"可卷起的网球场,其表面是塑胶面层、尼龙编织面层等,一般用专门的胶水粘接于具有一定强度和硬度的沥青、水泥、混凝土底基的地面上即可，有的甚至可以直接铺展或粘接于任何有支持力的地面上，其铺卷方便、适于运输且有非常强的适应性，室内室外甚至屋顶都可采用，且保养简单。该场地上，网球的速度需视场地表面的平整度及地毯表面的粗糙程度而定。

二、网球运动基本战术

(一)单打战术

1.发球战术

发球不受对方支配，可通过力量、速度和准确性达到得分目的；针对对方弱点，攻其薄弱环节；利用不同的发球方式，随着上网截击；运用相似手法，发不同性能的球，使对方不易捉摸；利用外界自然条件（如风向、阳光、硬地和草地等）发球，给对方接发球制造困难。

(1)发球站位。发第一区时，尽量接近中点线，发直线球逼住对方反拍；发第二区时，站位可距中点线稍远，便于以更大斜线发对方反拍区，扩大自己正拍防守区域。

(2)第一次发球。多用大力平击发球使对方难以抵挡，造成接发球失误，或用切削发球、上旋发球打落点，发至对方防守较差地区。

(3)第二次发球。重点在准确，力求凶狠，打落点。多用切削发球或上旋发球。

(4)上网的发球。大力平击发球和上旋发球后上网。但大力平击发球后，对方回球快，而且身体不易掌握平衡，常来不及上网，故利用上旋发球上网的居多。

2.接发球战术

接发球一般是处于被动地位，但处理得好可减少被动，甚至化被动为主动。

(1)接发球站位。站在对方可能把球发到的角度的分角线上。当对方发向外或向内旋转的球时，要靠近旋转方向一点。此外，应尽量站在底线内半米左右处，压制对方上网，便于自己上网。

(2)接发球击球方法。一般采用平击抽球，将球回击到对方底线两角；也可运用旋转球拉开对方，使之左右奔跑；或运用切削球打到近网两角，运用挑高球挑过发球上网者头顶等。

3.上网战术

在发球或接发球后，冲到离网较近的位置，不等对方回击的球落地便进行空中截击或高压。

(1)上网时机。多用于第一次发球。发上旋球后，借球在空中飞行时间长，对方难于回击之机上网截击。若抽击球后上网，则出球要斜、要深、要重，或接近中央地带。

(2)上网站位。尽可能站到大约距离网 2 米处。近网则进攻威胁性大，封网角度小，防守控制面积大。此处，站位应在对方可能的击球角度的分角线上。

4. 底线结合上网战术

(1)底线正反拍必须具有进攻性和较大威胁。
(2)用凶狠抽击球(如上旋球)拉开对方,及时上网。
(3)具有较好的预测、判断能力,击球果断、有力,随球上网。
(4)底线抽击球在斜、深、重的情况下使对方被动,紧跟着上步做捕杀。
(5)既考虑积极上网,又要提防对方的破网打法。
(6)上网击球的主要开口是截击球和高压球,此处还要熟练掌握反弹球,以落点为主,应付被动情况,争取第二次截击。

5. 底线战术

以进攻性打法为前提,用快速力量、准确、凶狠取胜对方,使看来是防守性的打法具有攻击性。常用的有逼右攻左、逼左攻右,攻击对方弱点或打对方不喜欢打的球。

(二)双打战术

双打比赛,站位一般是正拍好的站右边,反拍好的站左边,理想的是一个右手握拍一个左手握拍。双打有其特定的战术,不能用单打战术代替。

1. 发球战术

(1)发球站位。发球者站在底线后面的中线与边线之间的一半处,比单打站位稍靠边线。因为另一边有同伴防守,同时可使发出的斜线球角度更大。
(2)第一发球。大力、凶狠、准确,掌握上网主动权。常用大力上旋球发对方反拍区,压制其进攻力量和回击角度,也可用大力平击发球,迫使对方回击高球,以便上网扣杀。
(3)同伴站位。在离网 2～3 米,离边线 3 米左右处,把守半边场区,伺机截击或高压击球。

2. 接发球战术

(1)接发球站位。站在对方可能把球发到角度的分角线上。
(2)回击方法。平击、切削、旋转三种交替运用,使对方捉摸不定。球过网要低、角度斜、落点深。压制对方上网,利用时机自己上网。
(3)同伴站位。站在发球线附近,比发球者站得稍后一些。随时注意场上变化,攻则进,守则退。

3. 网前比赛战术

当 4 人均上网时,短兵相接,要求反应灵敏,动作迅速,有较高的技术水平。
(1)站位。上网位置约在离网 2～3 米处,两人各站半场中间稍靠中线位置。这样站位,便于进退和防“中间球”。
(2)同伴之间配合原则。来球在两人之间,由正拍击球者回击;球在两人之间,又是斜线球时,由距离近的运动员迎击;挑高球在两人之间,由正拍击球者进行高压;对方接发球回击过来的是中场球，由上网运动员争取截击，发球运动员随时准备补漏；情况复杂时，通过呼叫“我的”“你的”互相照应；上网运动员左右移动时，底线同伴要移动补位。

(3)分析彼我情况，制定战术，以己之长，攻彼之短。比赛中还要灵活机动地变化战术，出奇制胜。

4.底线比赛战术

双打，应争取机会上网，一旦被压在底线，只能考虑防守，伺机反攻，或诱使对方失误。可用挑高球，回击短而低的球，或打平直线球快速穿过对方中央场区，或运用侧旋直线球打对方两侧。

第三节　网球运动规则简介

一、发　球

(一)发球前的规定

发球员在发球前应先站在端线后、中点和边线的假定延长线之间的区域里，用手将球向空中任何方向抛起，在球接触地面以前，用球拍击球(仅能用一只手的运动员，可用球拍将球抛起)。球拍与球接触时，就算完成球的发送。

(二)发球时的规定

发球员在整个发球动作中，不得通过行走或跑动改变原站的位置，两脚只准站在规定位置，不得触及其他区域。

(三)发球员的位置

每局开始，先从右区端线后发球，得或失一分后，应换到左区发球。发出的球应从网上越过，落到对角的对方前场方块区域内，或其周围的线上。

(四)发球失误

发球失误是指未击中球；发出的球，在落地前触及固定物(球网、中心带和网边白布除外)；违反发球站位规定。发球员第一次发球失误后，应在原发位置上进行第二次发球。

(五)发球无效

发球无效是指发球触网后，仍然落到对方发球区内；接球员未做好接球准备。应重发球。

(六)交换发球

第一局比赛终了,接球员成为发球员,发球员成为接球员;以后每局终了,均依次互相交换,直至比赛结束。

二、通　则

(一)交换场地

双方应在每盘的第 1、3、5 等单数局结束后,以及每盘结束双方局数之和为单数时,交换场地。

(二)失　分

发生下列任何一种情况均判失分:在球第二次着地前,未能还击过网;还击的球触及对方场区界线以外的地面、固定物或其他物件;还击空中球失败;故意用球拍触球超过一次;运动员的身体、球拍,在发球期间触及球网;过网击球;抛拍击球。

(三)压线球

压线球是指落在线上的球,压线球算界内球。

网球观赛礼仪

(1)观看比赛时应尽量避免携带能发出声音的物品或关掉其声音。从球员开始准备发球到一分结束,观众在此过程中最好不要随意交谈、吃东西、叫好、喝彩、鼓掌。

(2)在球员发球的时候,不要用闪光灯拍照,更不要发出声响。

(3)如果观看网球比赛时迟到,应该在球员休息的时候进场,以免影响球员的注意力,干扰比赛;同样,如果在观看比赛的时候离开观众席,也要在球员休息的时候离开。

(4)不要随便进入正在比赛的场地,以免影响比赛的正常进行。

(5)观看比赛时,千万别带小孩去,以免造成不必要的尴尬影响比赛。

三、双打比赛

(一)双打发球次序

每盘第一局开始时,由发球方决定由何人首先发球,对方则同样地在第 2 局开始时,决定由何人首先发球;第 3 局由第 1 局发球方的另一球员发球;第 4 局由第 2 局发球方的另一球员发球。以下各局均按此顺序发球。

(二)双打接球次序

先接球的一方,应在第 1 局开始时,决定何人先接发球,并在这盘单数局,继续先接发球;双方同样应在第 2 局开始时,决定何人接发球,并在这盘双数局继续先接发球。他们的同伴应在每局中轮流接发球。

(三)双打还击

接发球后,双方应轮流由其中任何一名队员还击。如运动员在其同队队员击球后,再以球拍触球,则判对方得分。

四、计分方法

男子戴维斯杯、四大满贯、奥运会决赛是五盘三胜制,其余比赛均为三盘两胜制。女子不论什么比赛均为三盘两胜制。

(一)一局数

每胜 1 球得 1 分,先胜 4 分者胜 1 局;双方各得 3 分时为平分,平分后,净胜两分为胜 1 局。

(二)一盘数

一方先胜 6 局为胜 1 盘;双方各胜 5 局时,一方净胜两局为胜 1 盘。

(三)胜局计分制

在每盘的局数为 6 平时,有以下两种计分制。

1. 长盘制

一方净胜两局为胜 1 盘。

2. 短盘制(抢七)

(1)决胜盘除外,除非赛前另有规定,一般应按以下办法执行。

先得 7 分者为胜该局及该盘(若分数为 6 平时,一方须净得两分);首先发球员发第 1 分球,对方发第 2、3 分球,然后轮流发两分球,直到比赛结束;第 1 分球在右区发,第 2 分球在左区发,第 3 分球在右区发;每 6 分球和决胜局结束都要交换场地。

(2)短盘制的计分方法如下。

第 1 个球(0∶0),发球员 A 发 1 分球,1 分球之后换发球;第 2、3 个球(报 1∶0 或 0∶1,不报 15∶0 或 0∶15),由 B 发球,B 连发两分球后换发球,先从左区发球;第 4、5 个球(报 3∶0 或

1∶2,2∶1,不报40∶0或15∶30,30∶15),由A发球,A连发两球后换发球,先从左区发球;第6、7个球(报3∶3或2∶4,4∶2或1∶5,5∶1或6∶0,0∶6),由B发1分球之后交换场地,若比赛未结束,B继续发第7个球;比分打到5∶5,6∶6,7∶7,8∶8……时,需连胜两分才能决定谁为胜方。但在记分表上则统一写为7∶6;决胜局打完之后,双方队员交换场地。

第十二章　羽毛球运动

学海导航

羽毛球运动是一项竞技体育项目，也是一项大众健身运动，更是高等院校体育教学的传统课程，在高职院校开展的时间相对较长。本章对羽毛球运动相关知识进行介绍，内容涉及羽毛球运动概述、羽毛球运动技战术、羽毛球运动规则。通过学习本章，高职学生应了解羽毛球发展历程、掌握羽毛球运动技术与战术训练方法，了解羽毛球运动比赛规则知识，建立起科学参与羽毛球运动锻炼的习惯，并能终身参与羽毛球运动。

第一节　羽毛球运动概述

羽毛球运动历史悠久，《大不列颠百科全书》中记载，大约在 2 000 多年前，原始的羽毛球游戏活动在世界一些地区就流行了。关于羽毛球运动的起源众说纷纭，被广泛认可的羽毛球运动起源于印度的一种球类游戏。

19 世纪 60 年代，一批退役的英国军官把印度孟买的“普那”(Poona，球用圆形硬纸板插上羽毛制成，板是木质的，一种类似羽毛球运动的游戏)带回英国，于是在英国出现了用羽毛和软木制成的球和用弦穿的球拍击球的活动。1873 年在英国格拉斯哥附近的鲍弗特公爵的伯明顿庄园里举办了一次游园活动，由于下起了大雨，便改在室内进行羽毛球游戏，场地呈“葫芦形”，中间狭窄处挂着网。由于这项游戏的趣味性强，参与者个个尽兴而归，于是这项游戏活动便逐渐风行起来，并以“伯明顿”命名。英语中羽毛球运动名称“Badminton”便由此而得。

1899 年，英国羽毛球协会举办了首届全国羽毛球锦标赛——“全英羽毛球锦标赛”。此后，每年 3 月在伦敦举办一次，一直沿袭至今。1934 年成立国际羽毛球联合会。首届世界男子团体锦标赛(汤姆斯杯)和世界女子团体锦标赛(尤伯杯)分别于 1948 年和 1956 年举办。当今国际羽毛球比赛可分为世界锦标赛、国际系列大奖赛、国际公开锦标赛、其他国际性锦标赛和国际综合性运动会的羽毛球比赛等五大类。1992 年，羽毛球在 1992 年巴塞罗那奥运会上被列为正式比赛项目。

20 世纪 20 年代初，羽毛球运动传入我国。新中国成立后，1953 年 5 月在天津举办了一次全国羽毛球表演赛。此后，羽毛球活动迅速地发展起来。20 世纪 50 年代末，以归国华侨为骨干，组建成立了国家羽毛球队。20 世纪 60 年代初，我国羽毛球健儿以跃进的姿态，在一次次重大国际比赛中取得好成绩，先后战胜了丹麦、印尼等世界强队，跨进了世界羽毛球运动的先进行列。1996 年，在第 26 届奥运会上，中国羽毛球队获得了 1 块金牌、1 块银牌、2 块铜牌的好成绩。2000 年悉尼奥运会中中国包揽了除了男双金牌以外的其余 4 项比赛的金牌。在女双的比赛中更是历史性地包揽了金、银、铜牌，创造了奥运会羽毛球比赛的一个前无古人的历史。2004 年，继悉尼奥运会夺得 4 金后，中国羽毛球队在雅典奥运会也有尚佳表现，获得了 3 金、1 银、1 铜的不俗成绩。2008 年北京奥运会上，蔡赟/傅海峰的银牌创造了历史。2012 年伦敦奥运会上，中国羽毛球队创造了包揽五金的奇迹。2016 年汤姆斯杯中，中国羽毛球男团遭遇“滑铁卢”，无缘四强，相比之下，中国羽毛球女团表现出色，2016 年 5 月 21 日，中国队实现尤杯三连冠，历史上第 14 次夺取尤伯杯。2016 里约奥运会上，谌龙夺得羽毛球男子单打冠军，傅海峰/张楠获男双冠军。整体来看，中国羽毛球队表现欠佳，中国羽毛球队总教练李永波指出：“从伦敦到里约，还是这批人。他们的年龄和伤病是无法阻止的。四年前他们是‘黄金一代’，现在确实老了。”中国羽毛球队当前正面临着青黄不接的发展困境，对后备人才的培养将是我国羽毛球运动未来发展的重点。

谌　龙

谌龙，出生于湖北省荆州市沙市区，中国羽毛球队主力队员。2000 年进入厦门队，2006 年 6 月 9 日进入国家队二队。

2007 年世界青年锦标赛，获得男单冠军。2011 年，在世界羽联超级系列赛丹麦公开赛男单决赛中问鼎男单冠军，这也是他连续第三站夺取超级赛冠军。2012 年伦敦奥运会男单季军，世界羽联超级系列赛总决赛男单冠军。2014 年 9 月 1 日，在哥本哈根世锦赛决赛中获得职业生涯第一个单项世界冠军。2015 年 8 月 16 日，谌龙在雅加达世锦赛男单决赛中再次成功卫冕。2016 年 8 月 20 日，里约奥运会男单决赛，谌龙以 2∶0 战胜李宗伟，首次获得奥运冠军，实现中国夺奥运会男单三连冠。

第二节　羽毛球运动技战术

一、羽毛球运动基本技术

（一）握拍法

羽毛球基本的握拍法有两种，即正手握拍法和反手握拍法。

1. 正手握拍法

握拍之前，先用左手拿住球拍，使拍面与地面垂直；再张开右手，使手掌下部靠在球拍的握柄底托部位，虎口对着球拍柄。小指、无名指、中指自然并拢，食指与中指稍稍分开，自然弯曲并贴在拍柄上(图 12-1)。

2. 反手握拍法

在正手握拍的基础上，拇指和食指将拍柄稍向外转，拇指顶点在拍柄内侧的宽面上或内侧棱上，中指、无名指和小指并拢握拍，柄端靠近小指根部，使掌心留有空隙。球拍斜侧向身体左侧，拍面稍后仰(图 12-2)。

图 12-1　　图 12-2

(二)基本步法

1. 上网步法

由中心位置起动，根据来球的远近可采用一步、二步或三步上网击球；但最后一步总是要求右脚在前、重心落在右脚上。

2. 后退步法

由中心位置后退，根据来球的远近，也采用一步、二步或三步后退击球。最后一步是右脚在后，重心在右脚上。反手击球时左脚退一步后，身体需向左转，右脚再向左跨出一步。

3. 两侧移动步法

向右侧移动，若来球较近，用左脚掌内侧蹬地，右脚同时向右侧转跨一大步：若来球较远，左脚可向右垫一小步再起蹬，右脚同时向右侧转跨一大步。向左侧移动，右脚掌内侧起蹬，左脚同时向左侧跨一大步。若来球较远，左脚可先向左侧移半步，上体向左转身的同时右脚向左跨出一大步。

(三)发　球

发球是羽毛球运动中一项重要基本技术。发球是组织进攻的开始，高质量的发球会给接发球方造成困难，甚至致使对方接发球失误。发球可分为正手发球和反手发球两种。

1. 正手发球

运动员两脚前后站立与肩同宽，身体左肩侧对球网，左脚在前，右脚在后，重心在右脚上，眼睛注视对方。右手持拍向右后侧自然举起，肘部放松微屈，左手拇指、食指和中指夹住球，举在胸腹间。发球时，身体重心由右脚移至左脚。此发球站位和准备姿势适用于各种正手发球动作(图 12-3)。正手发球一般用于单打比赛中的发高远球、平高球、平快球，同时也可用于发网前短球。

图 12-3

(1)正手发后场高远球

发球时，左手持球，自然弯曲置于胸前，右手持拍向右后上方摆起，身体重心前移，右脚跟提起，身体放松。左手放球使其下落，在右臂向前上方挥动的同时，右脚蹬地，腰腹向正前方转动。使下落的球与拍面在身体右侧前下方的交叉点碰触，球触拍面的中上部。击球瞬间，握紧球拍，闪动手腕，向前上方鞭打击球，在击球的同时，手臂随击球后的惯性自然往左肩上方挥起，身体重心也由右脚移至左脚。击球后，重心下沉，微屈双膝，随时准备回击对方的来球(图 12-4)。

图 12-4

(2)正手发后场平高球

发球时，站位与准备姿势以及引拍时的轨迹都与发高远球基本相同，只是在发平高球的瞬间前臂加速带动手腕发力，拍面稍向前上方推进，动作幅度小于发高远球。发球后，应迅速准备回击。

(3)正手发后场平快球

发球时，站位稍靠后些(以防对手迅速回球到本方后场)，击球时要充分利用前臂带动手腕的爆发力快速向前方击球，使球从对方肩稍高处越过，迅速插入对方反手后场或空当处。击球后，收拍到胸前，回动至中心位置。

(4)正手发网前球

正手发网前球时,站位稍靠前。握拍尽量放松,上臂动作要小,重心在左脚上,右脚跟提起。击球时,由前臂带动手腕使拍面从右向左斜切击球,控制用力,使球刚好贴网而过,落在对方前发球线附近。击球后,还原成准备姿势。

2.反手发球

反手发球主要靠挥动前臂和伸腕闪动发力,其特点是动作小、出球快、动作一致性好、对方不易判断。发球时,运动员两脚前后站立,左脚在前,右脚在后,上体稍前倾,重心在前脚。右手反手握拍将球拍摆在左腰侧前,肘部微屈稍抬高,拍框朝下,拍面稍后仰,握拍手自然放松,左手持球于腹前腰下处(图 12-5)。

图 12-5

(1)反手发平球

发球时,球拍的挥动方向与反手发网前球一样,只要在击球的瞬间,手腕抖动,突然发力,拍面要有"反压"动作。

(2)反手发网前球

发球时,小臂带动手腕发力,球拍由后向前推送,拍面呈切削式击球,使球过网后急速下落在对方场区的前发球线附近。

羽毛球规则规定:发球时,发球员"两脚都必须有一部分与地面接触,不得移动,直至将球发出"。在击球瞬间,"发球员的球拍必须先击中球托,与此同时,整个球要低于发球员的腰部";"拍杆应指向下方,从而使整个拍框明显低于发球员的整个握拍手部"。初学者首先须弄懂这些规定,以免发球违例。

(四)接发球

接发球是相对于发球方说的,还击对方发过来的球叫接发球。

1.站　位

单打的接发球站位离前发球线约 1.5 米处,在右发球区要站在靠中线的位置,在左发球区则站在中间稍偏边线位置,主要防备对方发球攻击反和部位。双打接发球时站位可靠近前发球线,因双打的后发球线距离前发球线比单打短 0.76 米,发高远球易被扣杀。所以,双打接发球应把主要精力放在对付对方发网前球上。

2. 准备姿势

单打接发球应左脚在前，右脚在后，侧身对网，重心在前脚，后脚脚跟稍提起，双膝微屈，收腹含胸，持拍于右侧前，两眼注视前方(如图 12-6)。

图 12-6

双打接发球准备姿势基本同单打一样，但重心可随意放在任何一只脚上，球拍高举在肩上，注意力要高度集中。

3. 接　球

在接球时，首先要提高后场击球能力。在比赛中，当对方发平快球时，可采用平高球、平推球、劈吊、劈杀还击，以快制快，掌握主动；也可用高远球还击，充分做好再次还击的准备；对方发网前球时，可用平高球、挑高球、放网前球、平推球还击，有机会还可以用扑球还击。

接发球时，球路与变化直接关系到接发球技、战术的运用。发球抢攻是最常用的战术，要及早发现对方的意图，避强就弱，准确及时的应用放网和平推球还击，落点尽量远离对方的站位，限制对方进攻。遇到对方连续发球抢攻时，接发球一定要沉着、冷静，控制住球，尽可能减少让对方抢攻的机会。

(五)击　球

1. 后场击球

(1)高　球

①正手击高球。首先要判断好来球的方向和落点，侧身后退，使球处在自己的右肩前上方的位置。左肩对网，左脚在前，右脚在后，重心在右脚上。左臂屈肘，左手自然高举，右手执拍，手臂自然弯曲，将球拍举在右肩上方，两眼注视来球。击球时，右上臂后引，随之肘关节上提明显高于肩部，将球拍后引至头部，自然伸腕(拳心朝上)。然后在后脚蹬地、转体收腹的协调用力下，以肩为轴，上臂带动前臂快速向前上方甩腕，在手臂伸直的最高点击球。击球后，持拍手臂向左下方挥动并收拍至体前，与此同时，左脚后撤，右脚向前迈出，身体重心由后脚移至前脚上(图 12-7)。正手高球也可起跳击球，按上述要求做好准备动作，然后右脚起跳，随即在空中

转体,并完成引拍击球动作。击球动作是在球将从空中最高点落下的瞬间完成。

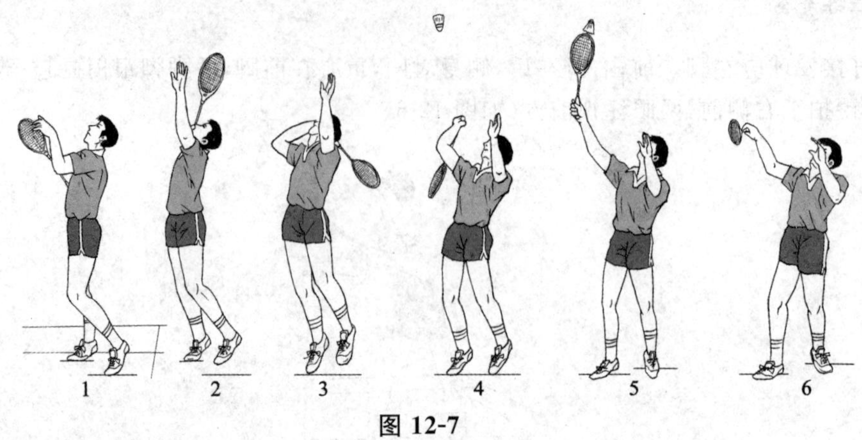

图 12-7

②头顶击高球。动作要领与击正手高球基本相同,只是击球点偏左肩上方。准备击球时,身体向左倾斜。击球时,上臂带动前臂使球绕过头顶,从左上方向前加速挥动,注意发挥手腕的爆发力击球。落地时左脚向左后方摆动幅度大些(图 12-8)。

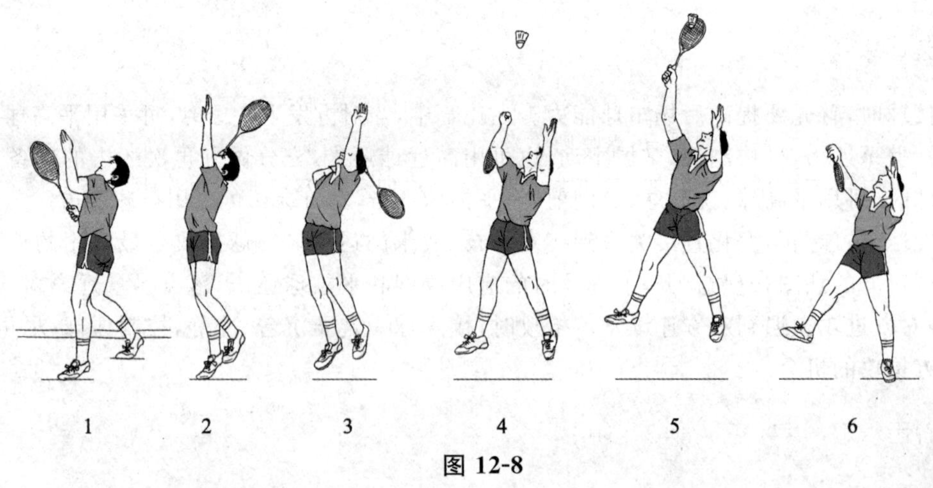

图 12-8

③反手击高球。当对方将球击到己方左后场区时用反手击高球。首先判断好对方来球的方向和落点,迅速将身体转向左后方,移动步法,最后一步用右脚前交叉跨到左侧底线,背对网,身体重心在右脚上,使球处在身体右上方。击球前,迅速换成反手握拍法,持拍于右胸前,拍面朝上。击球时,以上臂带动前臂,通过手腕的闪动,自下而上地甩腕,将球击出。在最后用力时,要注意拇指的侧压力与甩腕的配合,以及两腿蹬地转体的全身协调用力。

(2)吊　球

①正手吊球。击球准备和前期动作同正手击高球。只是击球时拍面稍向内倾斜,手腕快速切削下压动作,击球托的后部和侧后部。若吊斜线球时,则球拍切削球托右侧并向左下方发力;若吊直线球时,则拍面正对前方向下切削(图 12-9)。

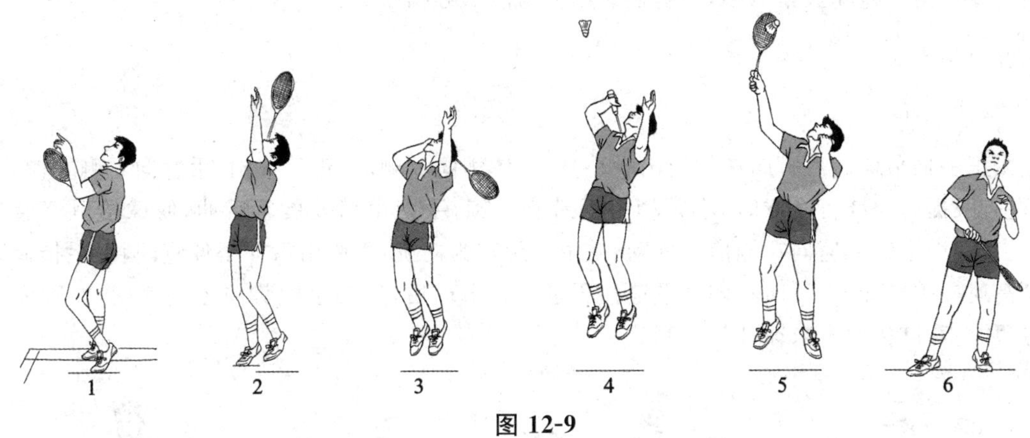

图 12-9

②头顶吊球。击球准备和前期动作同头顶击高球。头顶吊斜线球时，中指、无名指和小指屈指外拉拍柄，使拍子内旋，拍面前倾，以斜拍面击球托左侧部位；头顶吊直线球时，球拍击球托的正中部位。

③反手吊球。击球准备和前期动作同反手击高球。不同点在于击球时对拍面的掌握和力量的运用。吊直线球时，用球拍反面切削球托的后中部，向对方的右半场网前发力；吊斜线球时，用球拍反面切削球托的左侧，朝对方左半场网前发力。

(3)杀　球

①正手扣杀球。准备姿势相似于正手击高球，不同的是最后用力的方向朝下。在右脚起跳后，身体后仰成反弓后收腹用力，靠腰腹带动大臂、大臂带动前臂、前臂带动手腕，形成鞭打向下用力，球拍正面击球托的后部，无切击，使球沿直线向前下方快速飞行。击球后立即成原准备姿势(图 12-10)。

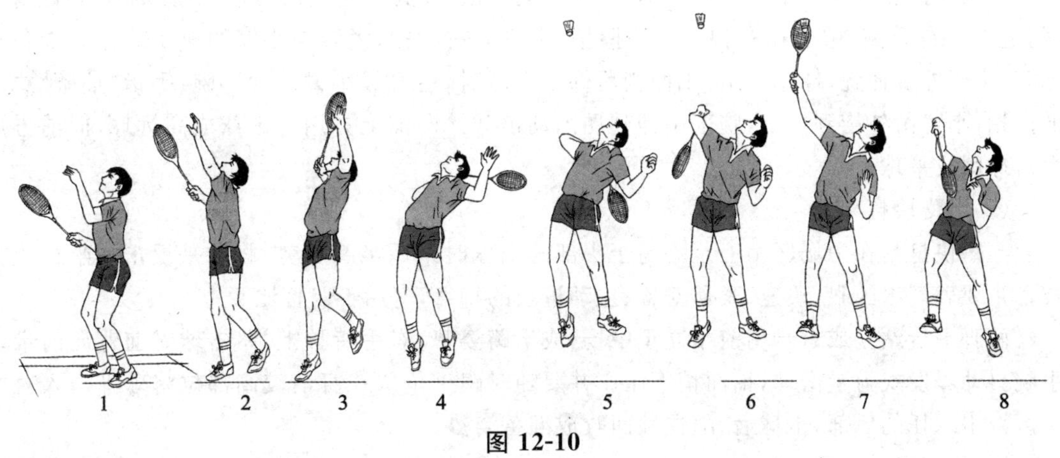

图 12-10

②反手扣杀球。通过准确判断对方来球，迅速移动到合适的击球位置，最后一步右脚向左后侧跨出，背对球网，反手握拍，持拍手屈臂将球拍举至左肩上方准备击球。当球落到右肩上方适当高度时，以肘关节为轴，用左脚蹬力、腰腹力、肩力及大臂带动小臂，手腕、手指快速用力

向后击球。击球瞬间握紧球拍,手腕快速用力向前下方扣压。

2. 中场击球

(1)抽　球

①正手抽平球。右脚向右侧迈出一小步,上体稍向右侧倾,正手握拍,手臂向右侧上摆,屈肘,左脚跟提起。准备击球时,小臂稍后摆带有外旋,手腕由稍外展至后伸,使球拍引至后下方。击球时,小臂急速向右侧前方挥动,并由外旋转为内旋,手腕由后伸至伸直闪腕,手指握紧拍柄高速挥拍击球,由后向右侧稍平地抽压过去。击球后,持拍手顺势向左侧挥摆,左脚向左前方迈一步,准备迎击来球(图 12-11)。

图 12-11

②反手抽平球。右脚向左前跨一步,上体左转,右手反手握拍向左身前收,屈肘并稍上抬,小臂内旋手腕外展,球拍引向左侧。击球时小臂在向前挥拍的同时外旋,手腕由外展到伸直闪腕,手指握紧拍柄,拇指前顶,迎球挥拍,击球托的底部。击球后球拍顺势盖过去,并随身体的回动收回到右侧前。

③正手抽底线球。准确判断来球,快速移动步法,左脚蹬地,右脚向正手底角跨出,侧身向网,上体向右后倒,重心在右脚。正手握拍,手臂向右举拍,大臂与小臂约成 120°角。准备击球时,小臂外旋伸腕,球拍后引,拍面稍后仰。击球时,主要靠小臂带动手腕、手指“抽鞭”式向前挥拍,小臂由外旋到内旋,腕部由伸到屈闪动击球。向前上方用力击球成高远球,向前方用力击球则成平球。

(2)半蹲快打

半蹲快打是在中场区稍上至略高于头部的来球时采用半蹲姿势,将球平反击。半蹲快打技术主要表现出凶狠、快速、紧逼对方、主动进攻的特点,多用于双打比赛中。

两脚平行站立或右脚稍前站立于中场,成半蹲姿势,右手持拍上举,击球时前臂向前带动手腕抖动爆发式力量击球,拍面稍下压。并要随时跟进争取在身前较高部位将球平击入对方场区。击球托的后部,击球后,随惯性回收成准备姿势。

(3)挑高球

①正手挑高球。判断来球,快速上网,左脚积极蹬地,右脚跨步向前成弓箭步,侧身对网,重心在右脚。正手握拍,手臂自然向右前方伸出,小臂外旋伸腕。击球时,以肘关节为轴,前臂带动手腕、手指由右下方向前上方或左上方挥拍击球(挑直线高球时,则球拍向前上方挥动击

球；挑对角线高球时，则球拍向左前上方挥动把球击出。

②反手挑高球。判断来球，快速上网，左脚积极蹬地，右脚跨步向前成弓箭步，侧身对网，重心在右脚。反手握拍，手臂向左前方伸出，小臂内旋屈肘、屈腕。击球时，以肘关节为轴，小臂带动手腕、手指由左下方向前上方挥动把球击出。

3.前场击球

(1)放网前球

①正手放网前球。侧身对右边网前，右脚向右侧前方大跨一步成弓步。正手握拍，球拍向右前上方斜举，准确判断来球路线和落点。击球时，右臂自然后伸，手腕稍后伸，小臂稍外旋，手腕由后伸至稍内收转动，右手轻松握拍，食指和拇指夹住球拍，在手腕和手指的控制下，轻击球托底部将球轻送过网。击球后，还原成下次击球前的准备姿势。

②反手放网前球。准备动作与正手放网前球相同，不同的是先向左前场转体，右肩对网，反手握拍，反拍迎球。击球时，前臂前伸、外旋，手腕内收至外展，轻击球托底部把球轻送过网，击球后，还原成准备姿势。

(2)搓 球

①正手搓球。向前移动靠近网前时，右脚向前跨成弓箭步，重心在右脚上，侧身对网，左手自然后伸，起平衡作用。球拍在手臂的带动下向前伸。在伸拍时前臂开始外旋，手腕稍后伸，用食指和拇指夹住拍，中指、无名指和小指轻握球拍，手指和手腕自然放松。击球时，球拍在手指和手腕的作用力下，用正拍面搓击来球的底部，使球滚过网。挥拍力量和拍面的角度大小以来球时离网的远近而定。

②反手搓球。对方回击网前球时，上网步法要快，左脚蹬地，右脚向网前跨弓箭步，侧身背对网，重心在右脚。握拍手臂前伸同时，手腕前屈，握拍手背部高于拍面，反拍迎球。击球时，靠前臂的前伸外旋和手腕由内收至展腕的合力，搓球的侧后底部使球侧旋翻滚过网。

(3)勾对角线球

①正手勾球。移动至右网前，球拍随上臂向右前方斜平举，同时前臂稍有外旋，手腕稍后伸，右手握拍将拍柄稍向外捻动，使拇指指腹贴在拍柄的内侧宽面，食指的第二指节贴在拍柄的外侧宽面上，掌心空出。击球时，靠前臂稍有内旋，并往左拉收，手腕由微伸至内收抖腕，手腕要控制好拍面角度，击球托的右侧下部，使球沿着网的对角飞行至对方网前角落，击球后还原成准备姿势(图 12-12)。

②反手勾球。移动至左网前，反手握拍，上臂前伸将拍子平举。击球时，拍面正对来球，肘部突然下沉，上臂稍外旋，手腕后伸闪腕，拇指与中指向右转动拍柄，其他手指突然握紧拍柄，拨击球托的左侧下部，使球飞越过网至对角处，击球后，球拍往右侧前回收至准备姿势。

(4)推 球

①正手推球。移动到位，球拍向右侧平举。推球前，前臂稍外旋，手腕后伸同时球拍也稍往后摆，拍面对准来球。这时小指与无名指稍松开，使拍柄离开手掌，这样能充分发挥手指的力量。推球时，拍面尽力后仰，手腕由后伸直并且闪腕，食指向前压下，小指、无名指突然握紧拍柄，球拍快速地由右经前向左挥动。推球后，在回动过程中回收球拍于胸前。

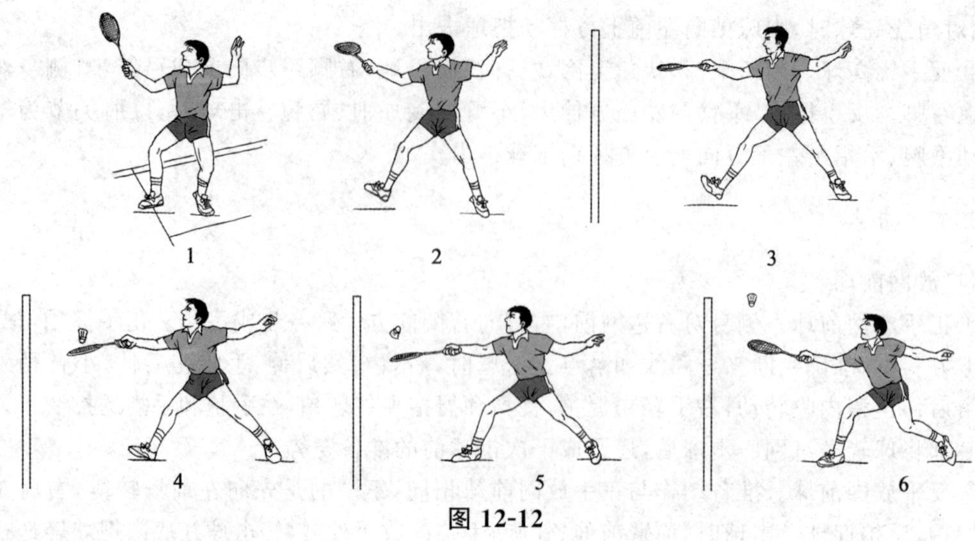

图 12-12

②反手推球。移动至网前左侧，反手握拍，臂侧上举。推球前，臂向左胸前收引，手腕稍外展，球拍松握，拇指顶住拍柄的内侧宽面，推球时，当前臂往前伸的同时外旋，手腕由稍外展到伸直抖腕，中指、无名指、小指突然紧握球拍，拇指顶压，向前挥动将球推出，触球托的后部。击球后，身体还原至准备姿势。

(5)扑　球

①正手扑球。左脚先蹬地随后右脚发力蹬跃，使身体向球网右侧腾空跃起，球拍正对来球。同时前臂前伸稍外旋，腕关节后伸，放松握拍。击球时，前臂带动手腕和手指快速抖动发力。如球离网带上沿较近，可采用手腕从右向左将球压下的“滑动”式扑球方法，避免球拍触网犯规。击球后，要控制身体重心，球拍随惯性回收至准备姿势(图 12-13)。

图 12-13

②反手扑球。右脚跨至左前蹬跳上网，身体稍右侧前倾，反手握拍上举至左前上方。击球时，手臂伸直并外旋，拇指顶压拍柄上端，假如来球靠近网带上沿，可将手腕外展由左向右拉切击球，以防触网。击球后，落地缓冲，回收球拍于体前。

二、羽毛球运动基本战术

(一)单打战术

1.发球战术

(1)保持发球技术动作的一致性。做到各种发球技术的前期动作一致，就能使对方无法预先把握球的时机和意图，迫使接发球队员多方防备而造成回球质量差，就有机会发动主动进攻。

(2)要掌握发球的时间差。每次发球，从准备发球到球发出去(球从拍面弹出)的时间长短可有差异，这样，往往会造成对方判断错误而被动接球或接球失误(但应注意不要发生击球违例的现象)。

(3)要机动地变换发球点和发球的弧线。将球发向对方接球能力最薄弱的部位，诱使其失误、失分。

(4)要善于发现和把握对方接发球的习惯球路，重点防范，抓住战机，争取尽快结束战斗。

2.接发球战术

要全面掌握接发球技术，充满信心的迎击各种发球。在接球时能一拍制胜是最理想的，但也不要在条件不允许的情况下勉强进攻。接发球要力争不让对方有直接进攻的机会，把球回击到远离对方所站位置的落点上，或者回击到对方移动方向相反的位置上，又或者回击到对方击球技术薄弱的部位上，迫使对方被动回球。为此，要求在接发球时做到思想高度集中、见机行事、出手果断。

3.发球抢攻战术

一般以发网前球结合发平快球、平高球开始，以高质量的发球和发球线路的变化迷惑对手，使其判断失误，一旦对方接发球质量较差时第三拍就应主动进攻，夺取主动权。

4.压后场战术

对后场还击能力较差的对手，可以攻击对方后场底线两个角落(尤其是反手场区)，待回球质量差时，果断发动进攻，或趁对方注意力只顾及后场时突然吊网前球。

5.攻前场战术

对网前技术较差的对手，可多以吊球和放网前球为主，使其在网前的对抗中失误，或对方勉强回击成高球时进攻其后场。

6. 四方球结合突击战术

若对手步法较慢，体力较差，技术又欠全面，可以用平高球压对方后场底线两角和吊对方网前两角来调动对手，当对方回球质量差或站位不当时发动进攻。

7.“杀上网”及“吊上网技术”

当对方击来后场高球时，即以杀球或吊球把球下压，落点要选择在场地两边，使对方被动回球。对方还击网前球时，迅速上网以贴网的搓球，或勾对角，或快速平推创造半场扣杀机会；若对方在网前挑高球，可在其向后退的过程中把球直接杀向他的身上。

8. 过渡球战术

首先要明确过渡球是为了摆脱被动，为下一拍的反攻积极创造条件。怎样才能变被动为主动是比赛中的重要一环。在被动时要做到争取时间调整好自己的位置和控制住身体的重心。从网前或后场底线击出高远球是被动时常用的手段。当处于不停地跑动追球的状态时，或身体重心失去控制时，都可以打出高远球，以赢得时间，恢复身体重心，调整自己的处境。其次，利用球路变化打乱对方的进攻步骤。在接杀球或接吊球时要把球还击到远离对方位置的地方，以破坏对方吊、杀上网的连续快速进攻。如果对方吊、杀球后盲目上网，而自己位置较好时，则可把球还击到对方底线。

（二）双打战术

双打比赛不仅仅是竞赛双方在技术、战术、体力上的较量，同时也是双打同伴相互间配合默契程度的较量。因此，在学习双打战术之前，首先要了解两人之间站位形式上的配合。

一般情况下，有两人一前一后站位和两人分边（左、右）站位两种形式。一前一后站位即站在后场的人分管后半场的球，站在前场的人则负责前半场的球。这种站位形式有利于进攻，而不利于防守。所以，一般在本方进攻时多采用此站法。分边站位多在防守时采用，这样，各人分管半个场地，在防守时就没有什么空当了。站位形式不是固定不变的，它在比赛中随着进攻与防守之间的不断转换而变化。

1. 发球、接发球战术

双打的发球往往是决定胜负的关键。发球要根据对手的情况，选择好站位，注意球路、落点、变化，争取主动。因双打接发球区比单打短 76 厘米，不利于发高球，往往以发网前球为主。接发球时，如果对方发网前球弧线较高，最好能快速上网扑杀；不能扑杀的则争取以搓、推技术回击，迫使对方向上挑球，为后场进攻创造机会。接发球应尽量不用挑高球，以避免发球方的进攻。接发球的球路要有变化，不要只用习惯性的固定球路回击。

2. 攻人战术

集中攻击对方中有明显弱点的人，并伺机攻击另一人因疏忽而露出的空当，或对此人偷袭。双打比赛中的配对选手的技术，一般总有一人好，另一人稍差些，即便两人水平相差不多，但若能集中力量攻击其中一人，也可给其造成很大的心理压力，从而使其出现失误。

3.攻中路战术

当对方分边站位防守时，将球攻击到对方两人的中间；当对方前后站位时，可将球下压或平推两边半场。这样可使对方防守时互抢或互让而出现失误。

4.攻后场战术

遇到对方后场扣杀能力差的对手，可采用平高球、平推球、挑底线，把对方一人紧逼在底线两角移动。当对方还击被动时，大力扑杀。若另一对手后退支援时，即可攻网前空当。

5.后攻前封战术

当本方处于主动进攻前后站位时，后场队员逢高球必杀，迫使对方接杀挡网前，为本方前场队员创造封网扑杀机会。前场队员要积极封锁前场，迫使对方被动挑高球，遇挑高球不到后场，就会为本方创造再进攻的机会。

6.防守反击战术

在防守中寻找反攻的机会，以便摆脱困境，转被动为主动。例如：挑底线高球，即不论对方从哪里进攻，本方都应设法把球挑到进攻者的另　边底线。如对方正手后场攻直线，就挑对角线，如对方攻对角就挑直线。这是一种较容易争得主动的防守战术，在女子双打中运用更为有效。时机有利时，即可运用反抽或挡网前回击对方J的杀球，从守中反攻，争得主动权。运用此战术时，要注意挑高球一定要挑到底线，否则将会出现对方连续攻杀而本方无力反击的局面。

羽毛球运动三大杯赛

1.汤姆斯杯羽毛球赛(Thomas cup badminton)

世界男子羽毛球团体锦标赛，是世界上最高水平的男子羽毛球团体赛，由原国际羽联创办于1948年。每两年举办一次。2016年第29届汤姆斯杯赛在我国昆山举行。

2.尤伯杯(Uber cup badminton)

世界女子羽毛球团体锦标赛，又称为“世界女子羽毛球团体锦标赛”。在1982年以前是每三年举行一次，比赛采用七场四胜制。自1984年开始，改为每两年举行一次，采用五场三胜制。2016年第26届尤伯杯赛在我国昆山举行。

3.苏迪曼杯(Sudirman Cup)

世界羽毛球混合团体锦标赛，羽毛球整体水平的最重要的世界大赛，与汤姆斯杯赛和尤伯杯赛齐名，采用五场三胜制，由男子单打、女子单打、男子双打、女子双打和混合双打五个项目组成。1989年，在印度尼西亚举行了第1届苏迪曼杯赛，此后每两年举行一届，逢双数年是汤姆斯杯赛和尤伯杯赛,单数年为苏迪曼杯赛。第 14 届苏迪曼杯于 2015 年在我国广东东莞举行。第 15 届苏迪曼杯赛于 2017 年在澳大利亚黄金海岸举行。

第三节　羽毛球运动规则简介

一、发　球

(一)发球开始

一旦发球员和接发球员做好准备,任何一方都不得延误发球。发球员的球拍头第一次向前挥动,即为发球开始,任何迟滞都是延误发球。

(二)站　位

发球员和接发球员,应站在斜对角的发球区内,脚不得触及发球区和接发球区的界线。

发球员和接发球员的两脚都必须有一部分与场地的地面接触,不得移动。双打比赛发球时,发球员和接发球员的同伴应在各自的场区内。其站位不限,但不得阻挡对方发球员或接发球员的视线。

(三)击　球

发球员的球拍击中球的瞬间,整个球应低于发球员的腰部。腰指的是发球员最低肋骨下缘的水平切线。发球员的球拍击中球的瞬间,球拍杆应指向下方。

(四)重发球

以下情况要重发球。

(1)发球员在接发球员未做好准备时发球。

(2)在发球过程中,发球员和接发球员都被判违例。

(3)发球被回击后,球停在网顶;球过网后挂在网上;比赛进行中,球托与球的其他部分完全分离;裁判员认为比赛被干扰或教练干扰了对方运动员的比赛;司线员未能看清,裁判员也不能做出裁决时;遇到不可预见的意外情况。

二、发球区和接发球区

(一)单打发球区和接发球区

发球员的分数为 0 或双数时,双方运动员均应在各自的右发球区发球或接发球。发球员的分数为单数时，双方运动员均应在各自的左发球区发球或接发球。

(二)双打发球区和接发球区

一局比赛开始和获得发球权的一方得分为0或双数时，都应从右发球区发球。当发球员一方得分数为单数时从左发球区发球。双打配对中的另一名运动员将采用相反的方法。发球员和接发球员都必须站在斜对角发球区内发球和接发球。只能由接发球员接发出的球；如果接发球员的同伴触及球或接球即为违例，发球方得一分。发球必须从两个发球区交替发出。接发球方站在各自发球区不变，直到他们发球得一分后才交换发球区。

羽毛球为什么是16根毛?

羽毛球的羽毛根数对称才能保持羽毛的平衡，羽毛根数为2的平方数的时候是对称的。而16根是能够保持羽毛间隙最合适的根数，这样才能保证羽毛球的平稳飞行。历史上也曾经有过14根、15根羽毛做的羽毛球，但之后国际羽联统一了标准，一律用16根羽毛做的羽毛球。

三、得 分

(一)单打得分

(1)接发球员违例或因球触及接发球员场区内的地面而成死球，发球员就得一分。随后，发球员再从另一发球区发球。

(2)发球员违例或因球触及发球员场区内的地面而成死球，接发球员就得一分，同时发球员失去发球权，接发球员成为发球员。

(二)双打得分

(1)接发球方违例或因球触及接发球方场区内的地面而成死球，发球方得一分，原发球员交换场区继续发球。

(2)发球方违例或球触及发球方场区内的地面而成死球，接发球方得一分，发球方失去发球权，而接发球方成为发球方。

四、计分方法

(一)单打计分

每场比赛采取三局两胜制。率先得到21分的一方赢得当局比赛。如果双方比分打成20

平，获胜一方需超过对手2分才算取胜。如果双方比分打成29平，则率先得到第30分的一方取胜。

(二)双打计分

每球得分21分制，比赛开始前，双方通过投掷硬币方式确定由哪一方来选择是先发球或后发球。任何一方只要将球打“死”在对方的有效位置，或者因为对方出现违例或失误，均可得分。平分后的加分赛：每局双方打到20分平后，一方领先2分即算该局获胜；若双方打成29分平后，一方领先1分，即算该局取胜。

五、违规发球

(1)根据规则的规定，如果发球违规，应判“违例”。

(2)发球员发球时未能击中球，应判“违例”。

(3)一旦双方运动员站好位置，发球员挥拍时，发球员的球拍头第一次向前挥动即为发球开始。

(4)发球员应在接发球员准备好后才能发球，如果接发球员已试图接发球则应被认为已做好准备。

(5)发球开始后，发球员的球拍击中球或者未能击中球均为发球结束。

(6)双打比赛，发球员或接发球员的同伴站位均不限，但不得阻挡对方发球员或接发球员的视线。

六、间歇与暂停

(1)当一方先得11分的时候，每局间歇不能超过60秒；比赛的第一局与第二局之间，及第二局与第三局之间允许不超过120秒的间歇。

(2)如遇有不是运动员所能控制的情况，裁判员可根据需要暂停比赛；如遇特殊情况，裁判长可以要求裁判员暂停比赛；如果比赛暂停，已得分数有效，续赛时由该分数算起。

第十三章　乒乓球运动

乒乓球运动被誉为中国的“国球”，集健身性、竞技性、娱乐性等为一体，是世界上开展最为广泛的体育运动项目之一。本章对乒乓球运动相关知识进行介绍，内容涉及乒乓球运动概述、乒乓球运动技战术、乒乓球运动规则。通过学习本章，高职学生应充分了解乒乓球运动的起源与发展，掌握基本的乒乓球运动技战术学练方法，了解乒乓球运动比赛规则，学会欣赏乒乓球比赛，并养成日常参与乒乓球运动的体育锻炼习惯。

第一节　乒乓球运动概述

乒乓球的英文名称是“table tennis”，即为桌上网球（在台湾和日本，乒乓球被称为桌球），国际乒联分析指出，现代乒乓球运动是由网球运动派生而来的，大约起源于19世纪末的英国。

据资料记载，在网球运动盛行的19世纪后半叶，英国一些大学生受网球运动的启发，十分热衷于一种类似于现代乒乓球运动的室内游戏，称“弗利姆—弗拉姆”或“高西马”。最初乒乓球是一种宫廷游戏，欧洲贵族间的一种娱乐活动，后来逐渐流入民间。乒乓球到20世纪初逐渐成为一项有规则规定的体育竞赛运动。

1926年12月，国际乒联在英国伦敦正式成立，并举行了第1届世界乒乓球锦标赛。由于拍击球和球碰桌面时发出的是“乒”“乓”的声音，1928年，国际乒联将“乒乓”的名称正式定下来。

我国乒乓球运动是在1916年开展起来的。1952年，我国加入国际乒联。1953年，我国参加了第20届世乒赛。1959年，在第25届世乒赛上，我国优秀运动员容国团第一次夺得世界锦标赛男子单打冠军。1961年，我国主办了第26届世界乒乓球锦标赛。在这届比赛中，我国运动员夺得男子团体和男、女单打3项冠军。从此，经过几代人的努力，我国乒乓球运动的技术水平得到进一步提高，逐步形成了“快、准、狠、变、转”的中国独特的近台快攻打法，并在国际大赛中屡建奇功，特别是在第36届世乒赛上，我国运动员夺得全部7项金牌，创造了世界乒乓球史上的奇迹，为祖国赢得了荣誉，也为世界乒乓球运动的发展做出了贡献。此后，中国乒乓球队始终站在世界乒坛的最高峰。在2012年伦敦奥运会中，中国乒乓球队包揽了全部金牌。2016年里约奥运会中，中国乒乓球队第五次包揽该项目所有金牌。2017年的世乒赛上，中国乒乓球队收获男单、女单、男双、女双四项冠军。

目前，中国乒乓球运动水平仍居世界前列，世界其他各国和地区乒乓球运动也不断寻求发展与突破,"中国打世界、世界打中国"的局面还将继续。

知识拓展

乒乓球为什么是这个颜色?

乒乓球只有亮黄和纯白两种颜色之分,这是因为初期转播使用黑白显像,所以颜色必然要比较挑,同时这两种颜色也能让运动员和观众看得清楚。当然橙色的球更有利于缓解视觉疲劳和提高运动员的竞争情绪等等。而球台是深色十白边,方便观众明晰边界,时间久了就约定俗成。

国际乒联规定:比赛使用的乒乓球主要有橙色和白色两种颜色,这两种颜色乒乓球的使用与球台的组合不受限制,可自由组合。近年来的国际、国内比赛,大多选用白色球。

目前,乒乓球有了双色球,即一半橘色一半白色,像神奇宝贝里的精灵球,首次使用是国内2014年乒超联赛的季后赛,据说能看清球旋转的轨迹。

第二节　乒乓球运动技战术

一、乒乓球运动基本技术

(一)握拍法

1. 直握球拍法

直握球拍法常见的有快攻型握拍法、弧圈型握拍法和削攻型握拍法。

(1)快攻型握拍法。拇指与食指自然而平均地钳住拍柄,拍柄贴住虎口,其他三指自然弯曲重叠于拍面背后,中指第1指关节顶在拍背1/3处,使球拍保持平衡(图13-1)。

(2)弧圈型握拍法。握拍与快攻型握拍法相同,在拍的前面,食指扣住拍柄,形成一个环状,拇指贴住拍柄左侧,拍面背后,中指和无名指较直地以第一指节顶住拍面背部,小指自然贴在无名指之下(图13-2)。

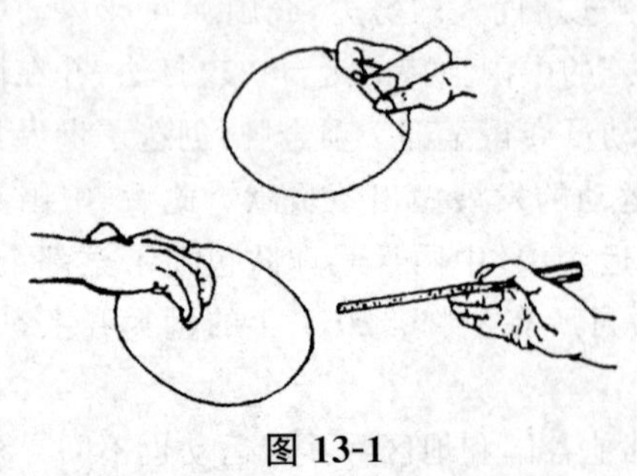

图13-1

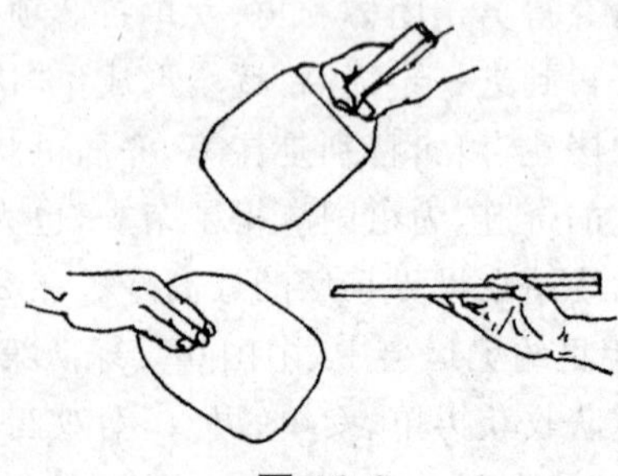

图13-2

(3)削攻型握拍法。此种握拍法是拇指自然弯曲、紧贴拍柄左侧,第一指关节用力下压,其余四指自然分开托住球拍背面(图 13-3)。

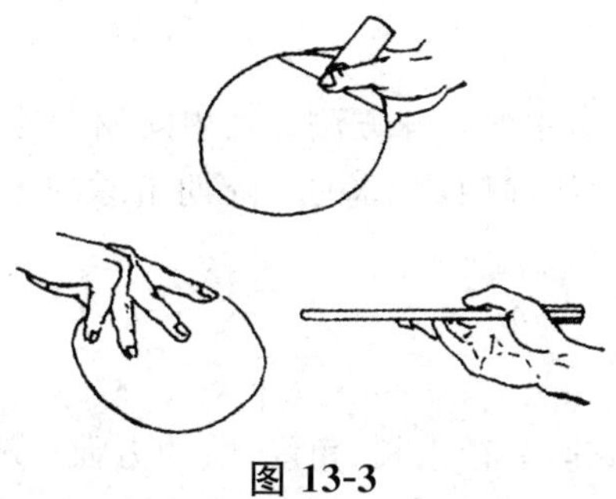

图 13-3

2. 横拍握法

横拍攻击型(快攻和弧圈型)和削攻型握拍方法基本相同,中指、无名指自然伸直斜放于球拍的背面,虎口贴在拍肩。正手攻球时,食指稍向上移动,反手攻球时,拇指可稍向上移动。

(二)基本步法

1. 单　步

以一脚为轴,另一脚需要向某一方向移动,移步完成时,身体重心也随之落到移动脚上。单步通常在来球离身体不远的小范围内运用。移步要简单灵活,重心转换较平稳,各种打法都适用。

2. 跨　步

以远离来球的一脚蹬地,靠近来球的脚向移动方向跨出一大步,身体重心随即落到该脚上(攻球时可落脚、击球同时进行),蹬地脚迅速跟上半步或一小步。跨步幅度较大,常会降低身体重心,故而打借力球好、发力球差。

3. 跳　步

以远离来球的一脚用力蹬地为主,使两脚同时或几乎同时离地向来球方向跳动,蹬地用力大的脚先落地,另一脚跟着落地站稳。跳步移动范围较跨步略大,但速度较慢。

4. 并　步

并步与跳步基本相似,但不作腾空跳动。远离来球方向的一脚向来球方向迅速蹬地起动,先并一小步,同时另一脚向来球方向跨出一步。先起动的远侧脚,其移动幅度不超过另一脚。移动速度较快时,并步也可称为滑步。并步移动范围比跳步略小,但较之跳步更有利于保持身体重心的稳定。

(三)发球技术

1. 正手平击发球

正手平击发球是初学者最基本的发球方法。其中间偏左处,抛球同时向右侧上方引拍,上臂带动前臂向前平行挥动,拍形稍前倾,在球的下降期击球的中上部向前方发力,使球的第一落点在球台的中段附近。

2. 正手发右侧上旋急长球

正手发右侧上旋急长球球速快、落点长、角度大、冲力强。球的飞行弧线低且向左偏斜,具有较强的右侧上旋。如图 13-4 所示,左脚稍前,身体略微向右转,当球向上抛起的同时,执拍手随即向右后上方引拍,拍形稍前倾,腰向右转。当球下降至网高时,以肘关节为轴,上臂带动前臂由右后方向左前方挥动,触球瞬间运用手腕的弹击力量,再变化拍面发斜、直两线,提高隐蔽性,这时重心由右脚向左脚移动。速度应一般,略带上旋。

图 13-4

3. 正手发下旋加转球与不转球

正手发下旋加转球与不转球球速较慢,前冲力小,主要用相似的发球动作制造旋转变化去迷惑对手。动作左脚在前,右肩侧对球台,持球向上抛球,同时,持拍手臂将拍引至后上方略比肩高,肘部后移,带动手腕旋内,球拍呈横向拍面垂直,身体重心后移。当球回落时,肘关节加速运动,前臂带动手腕猛然加力旋外,在胸腹前偏右一臂距离处,拍形后仰用球拍下部靠左的部位,触球中后位底部,加大力臂摩擦球体,击球后,随势将身体重心移至前脚。"切"球愈薄,发球愈转。

4. 反手平击发球

反手平击发球出球性质与正手平击发球相类似,但整个技术动作都与之差异非常大。发球时,右脚在前,左脚在后,身体稍向左转。左手掌心托球,置于身体左侧,右手持拍于体前。抛球后,球拍开始后撤,待球将回时,小臂从身体左后方,向前挥击球的中上部,整个过程是"抛—拉—打"。

5.反手发急球

比赛中为了能很好牵制对方，可偶尔使用一个反手急球。也可反手发急球再突变为正手，作为主要战术的配合。左手把球向上抛起，同时右臂外旋，让拍面稍前倾，上臂自然靠近身体左侧，向左后方引拍。球从高点下降至低于网高时，击球左侧中上部，触球的瞬间前臂要加速向右前上方横摆，手腕控制球拍应加力摩擦球，腰部配合向右转动。

6.反手发右侧上(下)旋球

反手发右侧上(下)旋球以旋转变化为主，飞行弧线要向左偏拐，对方回球时容易出现向其左侧上(下)反弹。其能很好地起到迷惑对方的作用。如图 13-5 所示，右脚稍前，重心在右脚上。抛球的同时向左后方引拍，腰略向左转，拍面稍后仰，手腕适当内旋，当球下落时手臂自左上方向右下方挥摆。在触球瞬间加大前臂、手腕的爆发力，同时注意配合转体动作，使腰、臂协调用力，有利于增大发球的速度和力量，以增加球的旋转。

图 13-5

7.反手发急下旋球

反手发急下旋球球速较快，并带有下旋，飞行弧线低而长，容易造成对方下网。如图 13-6 所示，右脚稍前或两脚平行，腰略向左转，抛球的同时右臂微做内旋，拇指压拍使拍面稍后仰，向后上方引拍。当球降到低于网高时，前臂迅速用力向前下方推球，用边碰撞边摩擦球的动作击球的中下部，球击出的第一落点接近端线。

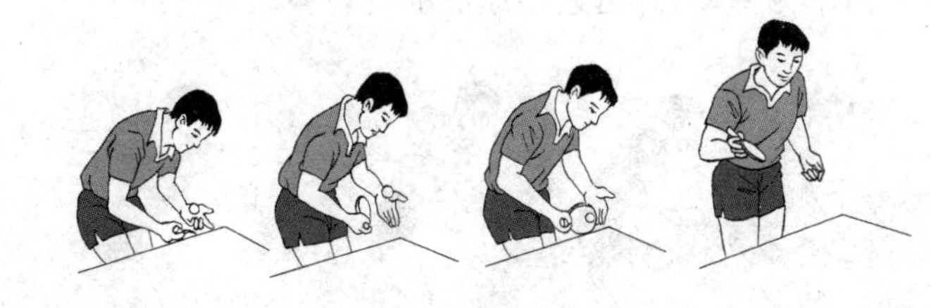

图 13-6

(四)接发球技术

首先，接发球时，要合理选择站位。一般来讲，如果对方站在球台左半台，本方也应站在球台的左半台；若对方站在球台的右半台，本方也应相应调整至球台的中间偏右位置。一般站位离球台 30～40 厘米为宜。

其次,接发球时,要正确判断来球路线,判断上不出现大的偏差,才能谈得上更好地运用接发球技术。

(五)挡球和推挡球技术

1. 挡　球

挡球球速慢,力量较轻,动作简单,易掌握。对方攻击时,挡球还可以作为防御的一种手段。如图 13-7 所示,两脚要平行或左脚稍前,身体离球台大约 50 厘米。击球之前,前臂与台面应平行伸向来球。拍触球时,前臂和手腕要稍向前移动,主要是借助对方来球的反弹力把球挡回。在上升期,击球的中部,拍形与台面接近垂直。击球之后,快速收回球拍,快速还原成击球前的准备姿势。

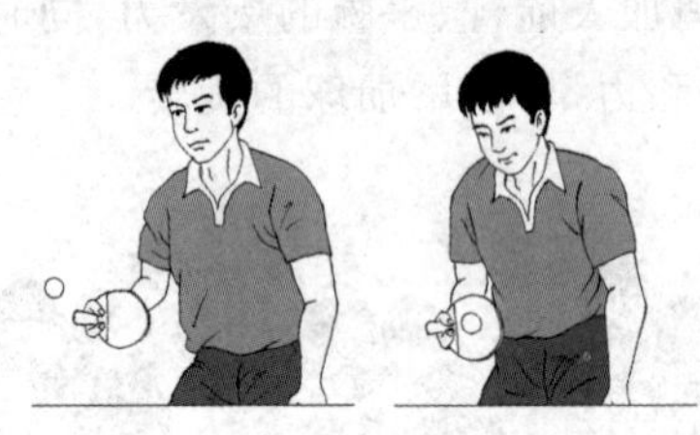

图 13-7

2. 加力推

加力推回球力量要重,球速快,击球点较高;要充分发挥手臂前推力量,压制对方攻势,这样利于争取主动。如图 13-8 所示,站位在球台中间或偏左,身体离台约 50 厘米。两脚平站或右脚稍前,两膝微屈,收腹含胸,身体向前或略向左转;右上臂和肘关节靠近身体右侧,前臂外旋并向上提起,引拍至身前或偏左,与球网同高或略高,拍面稍前倾。来球飞越球网时,上臂、前臂和手腕向前,挥拍迎球,同时,腰、髋向左转动,在来球的上升后期或高点期,以前倾的拍形推击球的中上部。球拍击球瞬间,上臂、前臂和手腕向前上方发力推压,腰、髋亦协助用力。击球后,手和臂顺势向前下方挥动,并迅速还原成准备姿势。

图 13-8

3. 减力挡

减力挡回球弧线低、落点低、力量轻。回接对方的大力扣杀或加力推挡时能减弱回球的力量。动作站位与挡球要相同。击球前身体重心略升高，稍屈前臂，球拍保持合适的前倾角度；触球瞬间，有意识地做手臂和手腕后收的动作；削弱来球反弹力的同时，借来球的力量将球挡过去，回球速度快。

4.快　推

快推要借力还击，回球速度要快，力量较轻。在发挥出速度上的优势时能起到助攻作用。如图 13-9 所示，站位在球台中间或偏左，身体离台约 40 厘米。两脚平站或右脚略后，两膝微屈，收腹含胸，身体向前或略向左转。右上臂和肘关节靠近身体右侧。手自然弯曲，引拍至身前或偏左，同时前臂外旋，使拍面稍前倾。来球从台面弹起后，前臂和手腕向前，挥拍迎球，在来球的上升期，以稍前倾的拍形推击球的中上部。球拍击球瞬间，前臂和手腕自然向前或向前兼略向上发力，并主要借用来球的反弹之力将球快速击回。击球后，手和臂顺势向前挥动，并迅速还原成准备姿势。动作过程中，身体重心要放在双脚上。

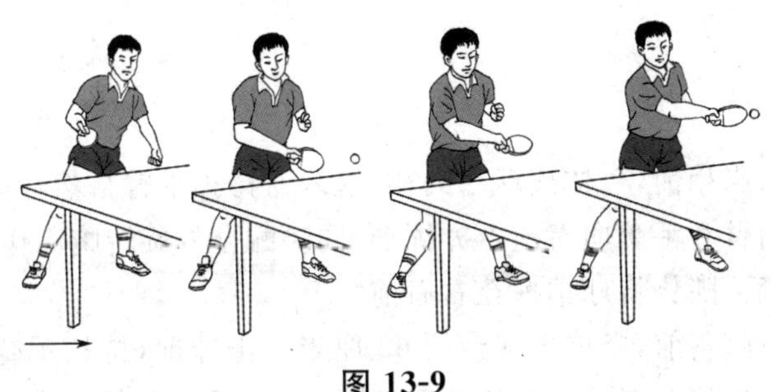

图 13-9

(六)攻球技术

1.正手攻球

(1)正手快攻。左脚稍前，身体离球台约 40 厘米。击球前，持拍手臂要右前伸迎球，前臂自然放松，球拍呈半横状。当球从台面弹起时，前臂和手腕向前上方挥动，并配合内旋转腕的动作，使拍形前倾，在上升期击球中上部。拍触球刹那，拇指压拍，同时加快手腕内旋速度，使拍面沿球体做弧形挥动。击球后，挥拍至头部高度(图 13-10)。

图 13-10

(2)正手拉攻。攻球时,左脚稍前,身体离球台约60厘米。击球前,持拍手臂向右后下方引拍,球拍比半横状略下垂些,拍形稍后仰。当球从高点开始下降时,上臂由后向前上方挥动,在将触球前,前臂加速用力向左上提拉,同时配合手腕动作向上摩擦球,在下降期击球中部或中下部,拍形接近垂直。遇来球低或下旋较强时,腰部应配合向上用力。击球后,要随势将球拍挥至额前,重心移至左脚(图13-11)。

图 13-11

2.反手攻球

(1)反手快攻。右脚稍前,身体离球台约40厘米。持拍手臂自然弯曲,将球拍移至腹前偏左的位置。击球时,前臂和手腕向右前上方挥动,同时配合外旋转腕动作,使拍形前倾,在上升期击球中上部。击球后,随势将球拍挥至右肩前。

(2)反手拉攻。右脚稍前,身体离球台约60厘米。击球前,持拍手臂的上臂靠近身体,前臂向左下方移动,将球拍移至腹前偏左的位置,球拍略下垂并稍低于台面,拍形稍后仰。击球时,上臂稍向前,同时配合向外转腕动作,前臂向右前上方迅速挥动,在下降期击球中部或中下部,腰部应辅助用力。击球后,随势将球拍挥至额前,身体重心移至右脚。

(七)搓球技术

(1)慢搓。反手慢搓的站位是右脚稍前,身体离球台约50厘米,持拍手臂向左上引拍。击球时,前臂和手腕向前下方用力,同时配合内旋转腕的动作,拍形后仰,在下降后期搓击球中下部。击球后,前臂随势前送。

(2)快搓。右脚稍前,身体靠近球台。来球在身体左侧时,可运用反手搓球。击球时,上臂迅速前伸,前臂跟随向前,拍形稍后仰,利用上臂前送力量,在上升期击球中下部。来球在身体右侧,可以运用正手搓球。搓球时,身体稍向右转,手臂向右前上引拍,然后前臂和手腕向前下方用力,在上升期击球中下部。

(3)摆短。摆短具有动作小、回球快、弧线低、落点近网的特点。用以还击近网下旋来球很有效,但对付长球或不转球有一定难度。其动作与快搓基本相同,但击球时间相对提前(上升前期)。在将触球时,手臂停止前伸,利用来球的反弹力,向前下方摩擦球的中下部,手腕有一定的减力动作,还可略带侧向摩擦,以便起到缓冲作用。

(4)劈长。劈长具有速度快、线路长、旋转强,弧线低平,出手凶狠。常使对方无法获得上手进攻所必需的引拍距离,在接发球时与摆短配合运用能起到更好的效果。动作与一般搓球类似，但引拍稍高（须高于来球），在高点期（或上升后期）触球，前臂带动手腕快速向前下方砍击，发力集中，动作幅度较大，身体重心要随摩擦球的方向跟出。

（八）削球技术

1.远　削

（1）正手远削。两脚分开，右脚稍后，身体略向右转，手臂向右后上方移动，前臂提起，球拍上举。当来球跳至下降后期，随着身体的向左转动，上臂带动前臂同时向左前下方用力，拍面后仰，触球中下部，手腕有一摩擦球的动作。

（2）反手远削。基本同正手削球，但方向相反。反手削球引拍动作要有节奏。

2.近　削

（1）正手近削。动作与远削有相同处。与远削动作不同之处有，以向上引拍为主，拍形近似垂直或稍稍后仰，整个动作以向下为主，略带向前向左，在来球的上升后期或高点期触球的中下部（比远削偏中部），动作速度比远削要快。

（2）反手近削。与正手近削相同，但方向相反。引拍动作应适当加快。

（九）弧圈球技术

1.正手弧圈球

（1）正手高吊弧圈球。两脚开立，右脚稍后，身体略向右转，两膝微屈，重心放在右脚上。准备击球时，持拍手臂自然下垂，并向后下方引拍，右肩略低于左肩，拇指压拍使拍形略为前倾，呈半横立状，并使拍形固定。当来球从台面弹起时，手臂向前上方挥动，前臂在上臂带动下爆发性用力做快收动作。将触球时，手腕向前上方加力，在球下降期用拍摩擦球的中上部。球拍擦击球时，要注意配合腰部向左上方转动和右腿蹬地的力量。击球后，重心移至左脚。

（2）正手前冲弧圈球。两脚开立，右脚稍后，身体略向右转，重心放在右脚上，将球拍自然地拉至身后（约与台面同高），拍形保持前倾，与地面成35°～40°夹角。当球从台面弹起还未达到高点时，腰部向左转动，手臂向前上方挥出，前臂在上臂的带动下，迅速内收，手腕略为转动，在高点期或下降期前用拍擦击球的中上部，使之成较低的弧线落在对方的台面上。击球后，重心移至左脚。

2.反手弧圈球

两脚平行或左脚稍后站立，两膝微屈，重心较低。击球前，将球拍引至腹部下方，腹部略内收，肘部略向前，手腕下垂，拍形前倾。当球从球台弹起时，以肘关节为轴，前臂迅速向上挥动，结合手腕向上转动的力量，在下降期用拍擦击球的中部或中上部。在击球过程中，两腿向上蹬伸。

刘国梁

刘国梁，1976年1月10日出生于河南新乡封丘县，奥运冠军，曾任中国国家乒乓球队总教练（兼男子乒乓球队主教练），原中国乒乓球队著名运动员。

6岁开始学打球，1989年入选国青队，1986年入伍，1991年破格入选国家乒乓球队。中国第一位世乒赛、世界杯和奥运会男单“大满贯”得主，多次获得男子单打冠军并和孔令辉一起获得男子双打冠军，与邬娜一起获得过混合双打冠军，作为主力队员多次与队友一起获得男子团体冠军。是首位在正式比赛中采取直拍横打技术并取得成功的乒乓球手。

2003年，正式退役，进入上海交通大学学习，随后出任中国国家乒乓球队男队教研组组长，兼男队总教练。2011年，在北京红山口八一体工队被授予大校军衔。执教期间，带领中国乒乓球队蝉联重大赛事单人、团体冠军。2013年，正式担任中国乒乓球队总教练兼男队主教练。2016年带领中国乒乓球队征战里约奥运会，包揽全部金牌。2017年刘国梁卸任总教练。

二、乒乓球运动基本战术

（一）发球抢攻战术

发球抢攻战术是一种先发制人的战术，特别是以攻为主的选手，常以此作为一种重要的得分手段。常用的发球抢攻战术有：

（1）反手发右侧上、下旋球后抢攻。

（2）反手发急上、下旋球后抢攻。

（3）正手或侧身发转与不转球后抢攻。

（4）正手发右侧上旋球后抢攻。

（5）下蹲式正、反手发左、右侧上、下旋球后抢攻。

（二）接发球战术

接发球战术是与发球抢攻战术相抗衡的一项战术，其目的在于破坏对方发球抢攻战术的运用，争取形成相持或主动的局面。其主要战术有：

（1）用拉球、快拨或推拉回接，争取形成对攻的相持局面，这是比较主动的接发球方法。

（2）用快搓短球回接，使对方难以发力抢攻（拉），力争下一板抢先进攻，但切忌连续搓球，以免造成被动。

（3）用削球或搓球的旋转、落点变化来控制对方，以造成对方击球失误或形成相持局面，这是削球手常用的接发球方法。

（4）接发球抢攻，这是比较积极、凶狠的回接方法。

(三)对攻战术

对攻战术是对攻型打法互相对垒时常用的一项重要战术。常用的对攻战术有：
(1)紧压反手,结合变线,伺机抢攻。
(2)调右压左,伺机抢攻。
(3)连续压中路及正手,伺机抢攻。
(4)轻重力量变化,伺机抢攻。
(5)近台打(拉)回头和远台对攻。

(四)拉攻战术

拉攻战术是以攻为主打法对付削球类打法的主要战术。其主要战术有：
(1)以拉反手为主,侧身突击斜线后,进行扣杀或加力拉冲。
(2)拉两角,突击(或拉冲)中路或直线后,扣杀或拉冲两角。
(3)拉中路,突击(或拉冲)两角,再扣杀或拉冲空挡。
(4)拉正手伺机突击(或拉冲)后,连续扣杀或拉冲。
(5)长拉短吊,伺机突击或拉冲。

(五)搓攻战术

搓攻战术是进攻型选手的一项辅助战术,而削球类选手则以此作为进行反攻的一项重要手段。其主要战术有：
(1)以快搓短球为主,伺机进攻。
(2)搓转与不转球至不同落点;伺机进攻。
(3)以稳搓防守为主,伺机进攻。

(六)削中反攻战术

削中反攻战术是削球类打法赖以得分的主要战术。其主要战术有：
(1)以削加转球至对方左角为主,配合削不转球至对方右角后进行反攻。
(2)连削对方正手,突变反手,迫使对方用搓回接,伺机用反手或正手反攻。
(3)连续削加转球至不同落点,伺机削不转球后进行反攻。
(4)中近台逼角反攻。

知识拓展

乒乓球能不能带上飞机?

一直以来,乒乓球是被禁止带上飞机的,这是因为制成乒乓球的材料赛璐珞十分容易燃烧,该材质俗称“假象牙”。其主要成分是纤维素硝酸酯、乙醇、樟脑等,具有很强的抗张强度,且耐水、耐油、耐酸,而且在燃烧时会释放出大量刺激性有毒气体。甚至可以被用来制作军工用品，烟花爆竹。

自 2014 年 7 月 1 日起，包括奥运会乒乓球比赛和世锦赛、世界杯以及国际乒联公开赛及总决赛等都将使用安全环保、以高分子聚合物为原料的新塑料球，乒乓球由此进入了“40+时代”。

第三节　乒乓球运动规则简介

一、合法发球

(1)发球时，球应放在不执拍手的掌上，手掌张开和伸平，球应是静止的，在发球中的端线之后和比赛台面的水平面之上。

(2)发球员须用手把球几乎垂直地向上抛起，不得使球旋转，并使球在离开不执拍手的手掌之后上升不少于 16 厘米。

(3)当球从抛起的最高点降落时，发球员方可击球，使球首先触及本方台区，然后越过或绕过球网装置，再触及接发球员的台区。在双打中，球应先后触及发球员和接发球员的右半区。

(4)从抛球前静止的最后一瞬间，到击球时，球和球拍应在比赛台面的水平之上。

(5)运动员发球时，有责任让裁判员或副裁员看清他是否按照合法发球的规定发球。

(6)无论是否第一次或任何时候，只要发球员明显没有按照合法发球的规定发球，他将被判失一分，无需警告。

(7)在运动员发球时，没有击中处于比赛状态的球即失一分。

二、发球、接发球和方位的次序

选择发球、接发球和方位的权力应由抽签来决定。中签者可以选择先发球或先接发球，或选择先在某一方位。当一方运动员选择了先发球或先接发球，或选择了先在某一方位后，另一方运动员必须有另一个选择。

在获得每 2 分之后，接发球方即成为发球方，依此类推，直至该局比赛结束，或者直至双方比分都达到 10 分或实行轮换发球法，这时，发球和接发球次序仍然不变，但每人只轮发一分球。

在双打的第一局比赛中，先发球方确定第一发球员，再由先接发球方确定第一接发球员。在以后的各局比赛中，第一发球员确定后，第一接发球员应是前一局发球给他的运动员。

在双打中，每次换发球时，前面的接发球员应成为发球员，前面的发球员的同伴应成为接发球员。

一局中首先发球的一方，在该场下一局应首先接发球。在双打决胜局中，当一方先得 5 分时，接发球方应交换接发球次序。一局中，在某一方位比赛的一方，在该场下一局应换到另一方位。在决胜局中，一方先得 5 分时，双方应交换方位。

马　龙

马龙，1988年10月20日出生于辽宁省鞍山市，中国男子乒乓球队运动员，乒乓球奥运冠军。乒坛史上第10位大满贯选手，首位集奥运会、世锦赛、世界杯、亚运会、亚锦赛、亚洲杯、巡回赛总决赛、全运会单打冠军于一身的超级全满贯男子选手。

马龙2003年进入国家队；2004年获得世青赛男单冠军；2009年在亚锦赛中夺得团体、男单、男双和混双四冠，是自1984年谢赛克以来中国的首个四冠王。2012年，在乒乓球世界杯中获得第一个男单世界冠军；2013年，蝉联亚锦赛男单冠军，成为史上第一位亚锦赛男单三连冠选手；2014年，获得亚洲杯男单冠军，成就亚洲杯四冠；2014年4月，当选中国乒乓男队队长。2015年，连续夺得苏州世乒赛、乒乓球世界杯、国际乒联世界巡回赛总决赛男单冠军，成为历史上首位一年内取得这三项冠军的男子球员。

2016年8月12日，在里约奥运会夺得男单冠军，实现个人男单大满贯，也是史上首位超级全满贯男子选手。2016年12月9日，获得国际乒联年度最佳男运动员奖项；同月11日，第五次夺得国际乒联巡回赛总决赛男子单打冠军，刷新自己夺得总决赛单打冠军次数的纪录。

2017年1月15日，获得2016年CCTV体坛风云人物最佳男运动员奖。

2017年在德国杜塞尔多夫举行的世乒赛上，马龙卫冕男单冠军。

三、判一分

回合中出现重发球以外的下列情况，应判失一分。

(1)未能合法发球。

(2)未能合法还击。

(3)拦击或阻挡。

(4)连续两次击球。

(5)用不符合所规定的拍面击球。

(6)运动员或其穿带的任何物品移动了比赛台面。

(7)不执拍手触及比赛台面。

(8)运动员或其穿带的任何物品触及球网装置。

(9)在双打中，除发球和接发球外，运动员未能按正确的次序击球。

(10)实行轮换发球法时，发球方发出和还击的球，被接发球方连续十三次合法还击。

四、胜一局、胜一场

(1)一局比赛。在一局比赛中，先得11分的一方为胜方。10平后，先多得2分的一方为胜方。

(2)一场比赛。一场比赛由奇数局组成。所有比赛均采用7局4胜制。

五、间 歇

除了一方运动员提出要求外,单项比赛应连续进行。

在单项比赛的局与局之间,有不超过1分钟的休息时间。在单项比赛的每局比赛中,每得6分后,或决胜局交换方位时,可用短暂的时间擦汗。一名或一对双打运动员可在一场单项比赛中要求一次暂停,时间不超过1分钟。在单项比赛中,暂停应由运动员或指定的场外指导者提出;在团体比赛中,应由运动员或队长提出。

如果一名运动员或一对运动员与其指导者或教练员对是否暂停有不同意见时,在单项比赛中决定权属于这名或这对运动员,在团体比赛中决定权属于指导者或教练员。

请求暂停只有在球未处于比赛状态时做出,应用双手做出“T”型表示。在得到某方合理的暂停请求后,裁判员应暂停比赛并出示白牌,然后将白牌放在提出要求暂停一方运动员的台区上。当提出暂停的一方运动员准备继续比赛(以时间短的计算)或1分钟暂停时间已到时,白牌应被拿走并且立即恢复比赛。如果比赛双方运动员或是他们的代表同时提出要求暂停,应在双方运动员准备恢复比赛或暂停时间满一分钟时继续比赛。在这场单项比赛中,双方运动员都不再有暂停的权利。

如果赛区内有人受伤流血,应立即中断比赛,直到他接受了医疗救护并将赛区内所有血迹擦干净后再恢复比赛。除非裁判长允许,运动员在单项比赛中应留在赛区内或赛区附近,在局间法定休息和暂停间歇时间内,运动员应在裁判员的监督下,留在赛区周围3米以内的地方。

第十四章 健美操运动

学海导航

健美操运动是在音乐的伴奏下，以身体练习为基本手段，以有氧运动为基础，以健、力、美为特征，融体操、音乐、舞蹈为一体的体育运动，具有增进健康、塑造形体和娱乐休闲的多元价值。本章介绍健美操运动相关知识，内容涉及健美操运动概述、健美操运动技能和健美操运动创编。通过学习本章，高职学生应了解健美操运动的基本发展情况，掌握健美操运动基本动作技术和组合动作技术，通过参与健美操运动实践来体验健美操运动的魅力，并能进行简单的健美操创编。

第一节 健美操运动概述

健美操起源于传统的有氧健身运动，是有氧运动的一种。现代健美操从 20 世纪 60 年代初开始萌芽，20 世纪 70 年代在美国迅速兴起，并形成热潮。自 1985 年开始，美国正式举办了一年一度的健美操锦标赛，同时确定了健美操的比赛项目和规则。健美操不仅在欧美国家迅速发展，而且在苏联和其他东欧国家也相当普及。苏联早已把健美操列入大、中、小学的体育教学大纲。在亚洲地区，日本、菲律宾、新加坡等国家和地区也建有许多健美操活动中心及健身俱乐部。

健美操在我国也有着悠久的历史。早在 2 000 多年前，我国古代导引图上，就彩绘着 44 个不同性别、不同年龄、栩栩如生、做着不同姿势的人物，有站、立、蹲、坐等基本姿势，臂屈伸、方步、转体、跳跃等各种动作，几乎和当今的健美操动作相仿。现代健美操于 20 世纪 70 年代传入我国。1986 年 4 月，广州举办了首届"全国女子健美操邀请赛"。1992 年，中国健美操协会在北京成立，从此我国健美操运动朝着国际化、科学化、规范化的方向发展。2004 年的第 8 届世界健美操锦标赛中，我国取得了六人操项目的季军，2005 年 7 月在德国杜伊斯堡举行的第 7 届世界运动会竞技健美操比赛中取得的六人操项目冠军，实现了我国健美操运动史上参与世界大赛金牌零的突破。近年来，我国健美操运动发展迅速，竞技健美操运动水平不断提升。2016 年 6 月第 14 届健美操世锦赛在韩国仁川落下帷幕，中国健美操队参加了本次比赛全部七个单项的比赛，最终获得 2 金 3 银 1 铜的优异成绩，成为本届比赛的最大赢家。

中国健美操协会(CAA)

中国健美操协会(Chinese Aerobics Association),英文缩写 CAA,成立于1992年,最初隶属于国家体委社会体育中心,办事机构设在北京。随着我国体育制度改革的不断深入,1997年初,中国健美操协会并入国家体育总局体操运动管理中心,是中国体操协会(Chinese Aerobics Association)的一个下属协会。这一改革理顺了我国健美操组织与世界健美操组织的关系,以及我国内部管理体制。CAA 是中国奥委会承认的全国性体育协会,是中国健美操运动的管理体系。

第二节　健美操运动技能

一、健美操基本动作

(一)基本手型(图 14-1)

(1)合掌。五指并拢伸直。
(2)西班牙舞手势。五指用力,小指、无名指、中指自掌指关节处依次弯曲,拇指稍内扣。
(3)分掌。五指用力分开,手腕保持一定的紧张程度。
(4)芭蕾手势。五指微屈、后三指并拢,稍内收,拇指内扣。
(5)拳。五指弯曲紧握,大拇指压在食指弯曲部位。
(6)一指式。握拳,食指伸直或拇指伸直。
(7)推掌。手掌用力上翘,五指自然弯曲。
(8)响指。拇指与中指摩擦与食指打响,无名指、小指弯曲至握。

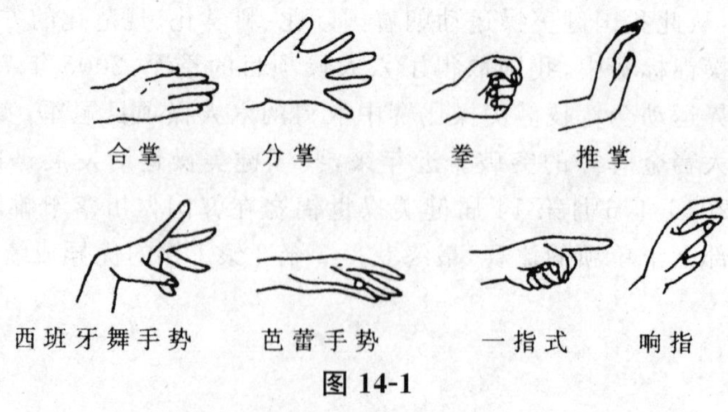

图 14-1

（二）头、颈部动作

1. 屈（图 14-2）

动作描述：头部向前、后、左、右 4 个方向分别做颈部关节弯曲的运动。
注意要点：身体正直，做动作时应缓慢，充分伸展颈部肌肉。
动作变化：前屈、后屈、左侧屈、右侧屈。

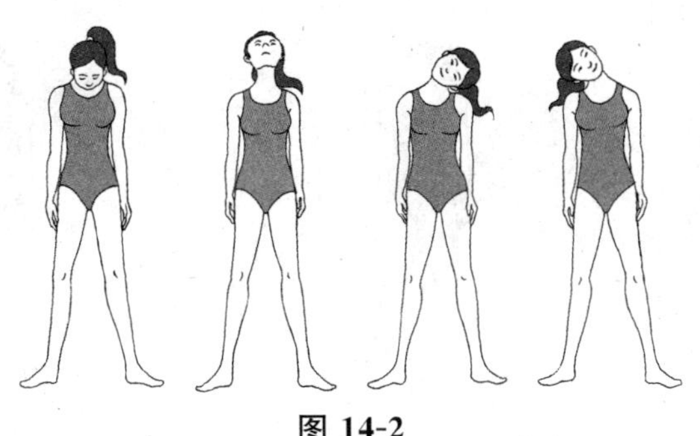

图 14-2

2. 转（图 14-3）

动作描述：头保持正直，然后头颈部沿身体垂直轴向左、右转动 90°。
注意要点：下颌平稳地左右转动。
动作变化：左转、右转。

3. 环绕（图 14-4）

动作描述：头保持正直，然后头颈部沿身体垂直轴向左或右转动 360°。
注意要点：转动时头部要匀速缓慢，不要过快。动作要到位，向后转时头要后仰。
动作变化：左或右环绕，两动作一致，方向相反。

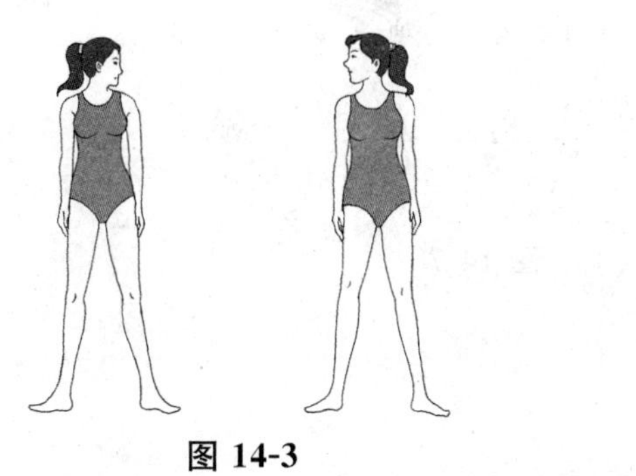

图 14-3

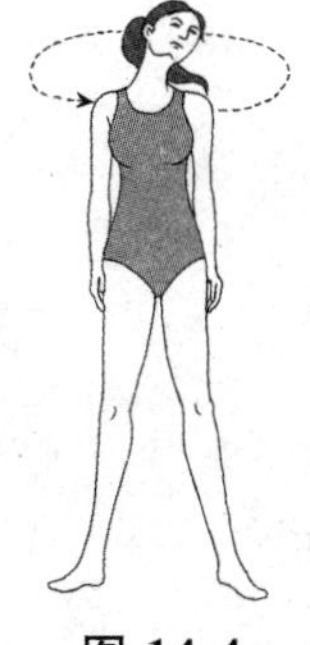

图 14-4

（三）肩部动作

1. 提肩（图 14-5）

动作描述：脚开立，身体保持正直，然后肩部沿身体垂直轴向上提起。

注意要点：尽可能向上提起，提肩时，身体不能摆动。
动作变化：单提肩、双提肩。

2. 沉肩（图 14-6）

动作描述：脚开立，身体保持正直，然后肩部沿身体垂直轴向下沉落。
注意要点：尽可能向下沉落，沉肩时，身体不能摆动，头尽量往上伸展。
动作变化：双肩下沉。

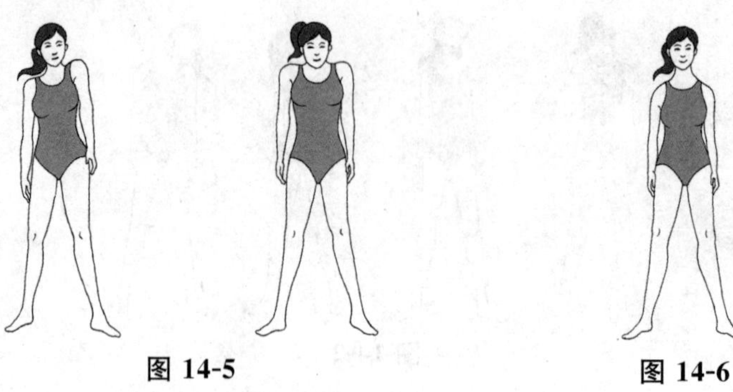

图 14-5　　　　图 14-6

3. 绕肩（图 14-7）

动作描述：脚开立，身体保持正直，然后肩部沿身体前、后、上、下四个方向进行绕动。
注意要点：绕肩时，身体不要摆动，动作尽量的大，要舒展开。
动作变化：单肩环绕、双肩环绕。

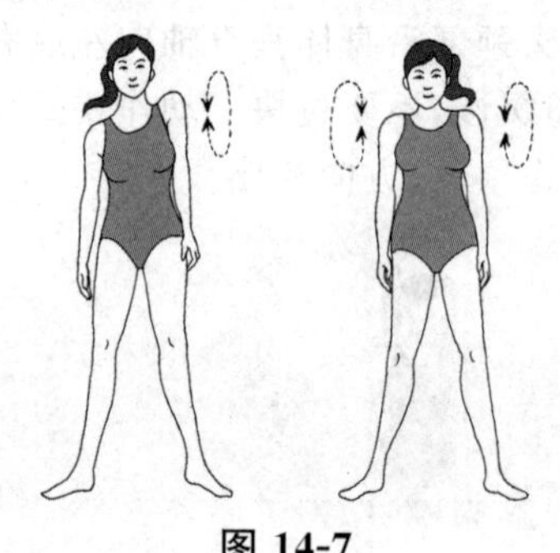

图 14-7

（四）上肢动作

1. 举（图 14-8）

动作描述：以肩关节为中心，手臂进行活动。
注意要点：动作到位，有力度。
动作变化：前举、后举、侧举、侧上举、侧下举、上举。

图 14-8

2. 屈(图 14-9)

动作描述:肘关节由弯曲到伸直或由伸直到弯曲的动作。
注意要点:关节做有弹性的屈伸。
动作变化:胸前平屈、肩侧屈、肩侧上屈、肩侧下屈、胸前上屈、头后屈。

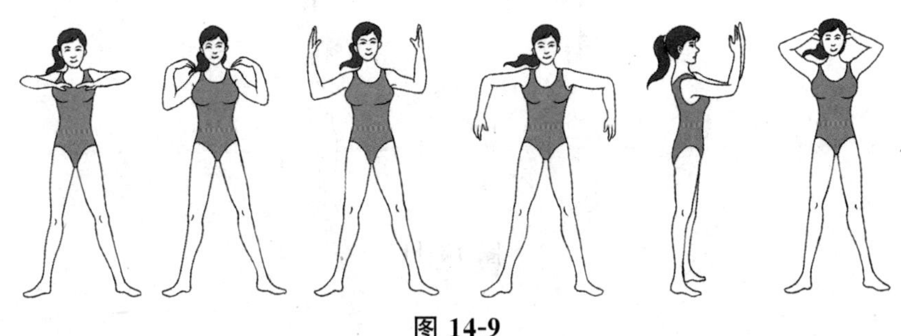

图 14-9

3. 绕、绕环(图 14-10)

动作描述:两臂或单臂以肩为轴做弧线运动。
注意要点:路线清晰,起始和结束动作位置明确。
动作变化:两臂或单臂向内、外、前、后绕或环绕。

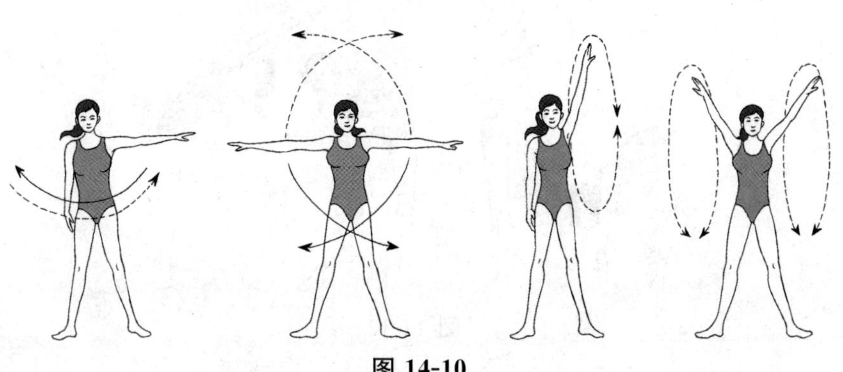

图 14-10

(五)躯干动作

1.胸部动作

(1)移　胸

动作描述:髋部位置固定,腰腹随胸部左右移动。

注意要点:移胸时,腰腹带动胸部移动;动作要尽量的大。

动作变化:左右移胸。

(2)含胸、挺胸(图 14-11)

动作描述:含胸时低头收腹,收肩,形成背弓,呼气;挺胸时,抬头挺胸,展肩,吸气。

注意要点:含胸时身体放松,但不松懈;挺胸时,身体紧张但不僵硬。

动作变化:手臂胸前平屈含胸,手臂侧平举展胸。

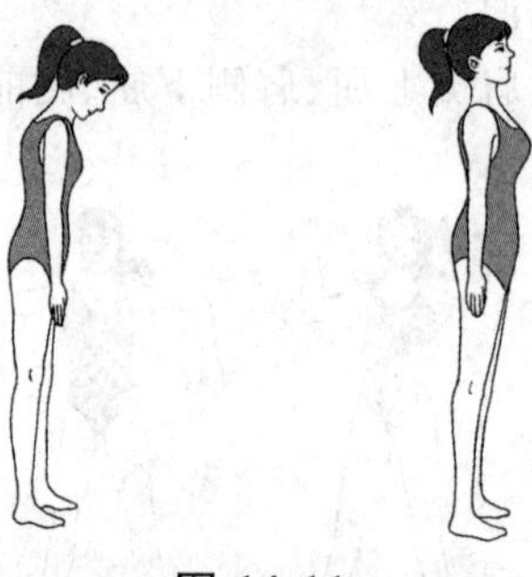

图 14-11

2.腰部动作

(1)屈(图 14-12)

动作描述:腰部向前或向侧做拉伸运动。

注意要点:充分伸展,运动速度不宜过快。

动作变化:前屈、后屈、侧屈。

图 14-12

(2)转(图 14-13)

动作描述:腰部带动身体沿垂直轴左右转动。

注意要点:身体保持紧张,腰部灵活转动。

动作变化:迈步移动重心与转腰运动结合。

(3)绕和环绕(图 14-14)

动作描述:腰部做弧线或圆周运动。

注意要点:路线清晰、动作圆滑。

动作变化:与手臂动作相结合进行腰部绕和环绕。

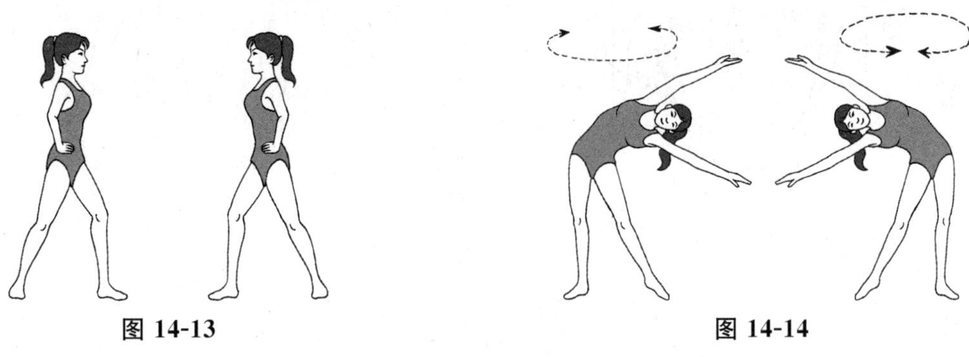

图 14-13　　　　图 14-14

3. 髋部动作

(1)顶髋(图 14-15)

动作描述:两腿开立,一腿伸直支撑、另一腿屈膝内扣,上体保持正直,用力将髋顶出。

注意要点:动作用力且有节奏感。

动作变化:双手叉腰顶髋,左顶、右顶、后顶、前顶。

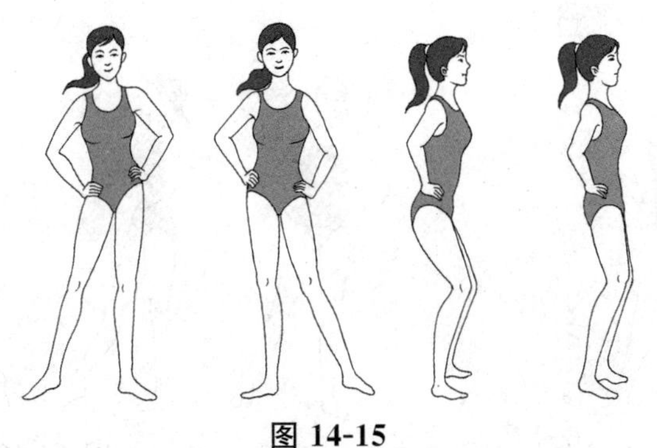

图 14-15

(2)提髋(图 14-16)

动作描述:髋向上提。

注意要点:髋与腿部协调向上。

动作变化:左提、右提。

(3)绕和环绕(图 14-17)

动作描述:髋做弧线或圆周运动。

注意要点:运动轨迹要圆滑。

动作变化:左、右方向进行绕和环绕动作。

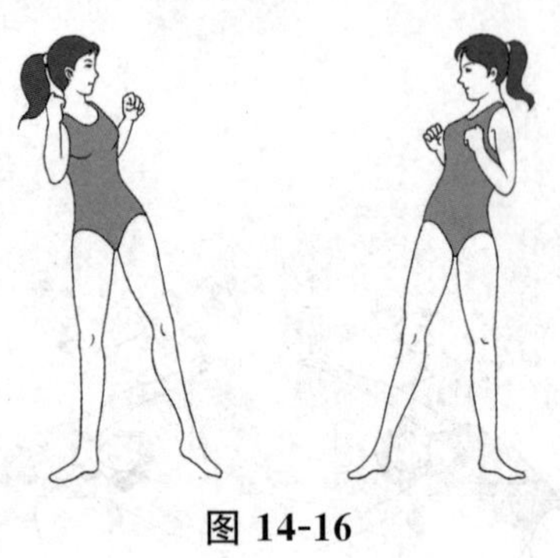

图 14-16

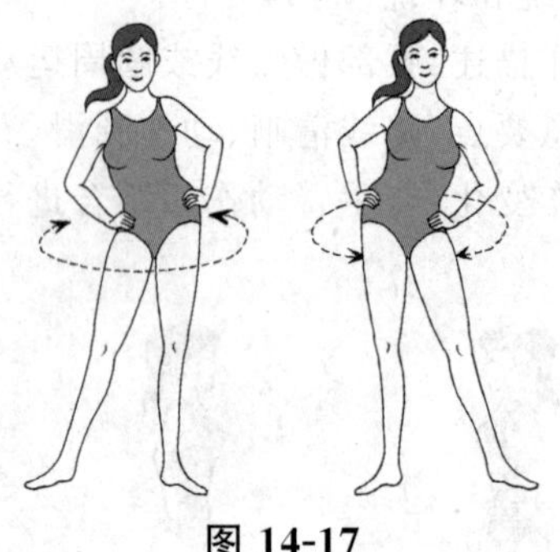

图 14-17

(六)下肢动作

1. 立

(1)直立、开立(图 14-18)

动作描述:身体直立,再双腿打开,做开立动作。

注意要点:直立时身体要抬头挺胸;开立时,脚的间距约与肩相等。

(2)点立(图 14-19)

动作描述:先直立,再伸出一条腿做点立或双腿提起做提踵立。

注意要点:动作要舒展。

动作变化:侧点立、前点立、后点立、提踵立。

图 14-18 **图 14-19**

2. 弓步(图 14-20)

动作描述:直立后,大步迈出一腿,做屈腿动作。

注意要点:步子迈出不能太小,当然也不能太大。

动作变化：前弓步、侧弓步、后弓步。

图 14-20

3. 踢（图 14-21）

动作描述：双腿交换做踢腿动作。
注意要点：动作干净利落。
动作变化：前踢、侧踢、后踢。

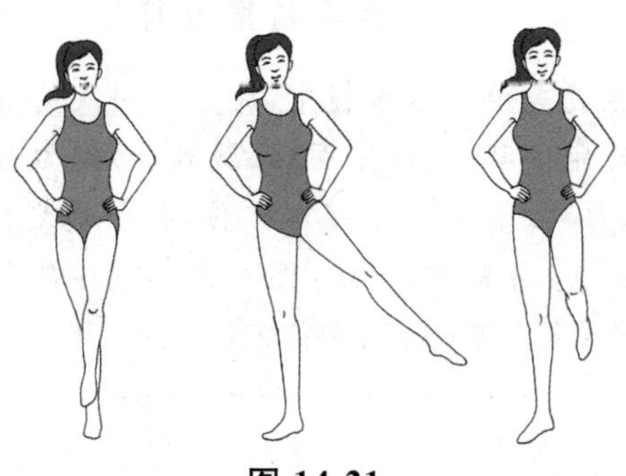

图 14-21

4. 弹（图 14-22）

动作描述：双腿进行弹动动作。
注意要点：双腿弹动要有弹性。
动作变化：正弹腿、侧弹腿。

图 14-22

5.跳(图 14-23)

动作描述:做各种姿势进行腿部练习。

注意要点:跳的时候要有力度和弹性。

动作变化:并腿跳、开并腿跳、踢腿跳。

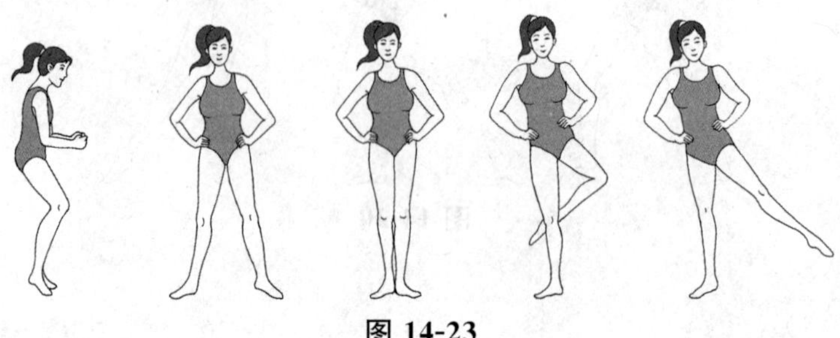

图 14-23

健美操的场地方位

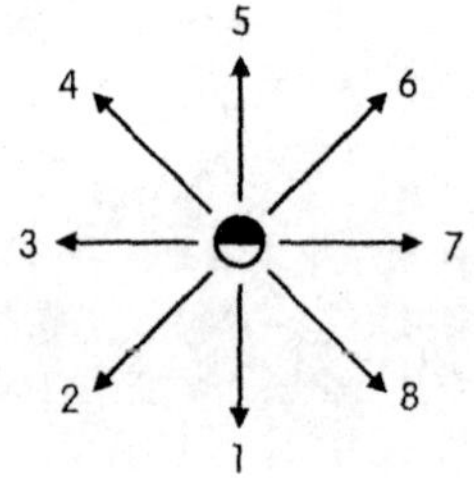

健美操需要场地支持,在健美操学练过程中,为了表明人的身体在场地上所处的方位,把开始确定的某一面(主席台、裁判席)定为基本方位的第一点,按顺时针方向,每 45 度为一个基本方位,将场地划分为 8 个基本方位:1 点:正前方;2 点:右前方;3 点:正右方;4 点:右后方;5 点:正后方;6 点:左后方;7 点:正左方;8 点:左前方。

三、健美操基本技术

(一)落地技术

在健美操系统中,健身性健美操中的高冲击力动作对人体产生的冲击力很大,容易使关节、肌肉受到损伤,因此落地技术的正确与否很重要。

健美操运动的落地技术是一种滚动技术,即脚后跟先着地,然后过渡到全脚掌着地;或前脚掌先着地,再过渡到全脚掌着地,紧接着屈膝屈髋缓冲,从而使冲击力减小。该技术的最后环节是“全脚掌”着地,这是因为:如果脚后跟长时间不着地,容易使小腿的肌肉负担过重而产生疲劳,严重时会引起肌肉过度疲劳或拉伤,甚至导致胫骨或腓骨骨膜炎。

(二)弹动技术

弹动技术是健美操最重要的基本技术之一,是体现健美操的最基本特征,也是用以区别其他运动项目的重要因素之一。

健美操的弹动技术主要是依靠踝关节、膝关节、髋关节由下至上的缓冲产生的，所以要完成这个技术就要掌握缓冲。一方面，可以通过提踵练习来提高踝关节的屈伸能力，即：双脚并拢，反复上提和下落脚后跟，这样可以提高踝关节的缓冲能力；另一方面，可以通过半蹲练习提高膝关节和髋关节的屈伸能力，即：双脚分开，半蹲，髋关节稍屈。

（三）半蹲技术

在健美操运动中，无论是落地技术还是弹动技术，都要求膝关节弯曲缓冲，从这个角度上可以说它们都与半蹲技术有着紧密的联系。

健美操的半蹲技术要求上体挺直，身体重心在两腿之间，臀部向后 45°，膝关节弯曲的角度不得超过 90°，两脚外开，膝盖与脚尖同方向，并且膝盖的垂线不能超过脚尖。这一点在学练健美操技术的过程中要尤其注意。

（四）身体控制技术

1. 身体姿态控制

身体姿态控制是表现健美操“美”的关键。健美操的身体姿态是根据现代人的人体与行为美的标准而建立的，正确的身体姿态是头正直，向上顶，两眼平视，下颌略回收，两肩下沉，挺胸，收腹，立腰，提气。正确的健美操身体姿态是最基本的动力定型，是建立准确的本体感觉的第一步，也是建立良好健美操形态的基础。

2. 操化动作控制

操化动作的控制是表现健美操“力”的关键。健美操运动者对操化动作的控制是指操化动作的肌肉发力与控制。在健美操的操化动作中要求肢体迅速运动到准确的位置，并且肌肉用力将肢体瞬间控制在一定的位置上。健美操运动者对操化动作的控制应使动作有力而不僵硬，松弛而不松懈。

第三节　健美操运动创编

一、健美操创编的要素

（一）动作要素

健美操的基本动作界定了动作的轮廓，赋予动作的外形和动作过程。动作形式间的相互转换是通过动作形式衍生出另一种动作形式，表现一种蕴藏在身体中有待于用动作形式表现的和谐，以身体运动的持续性美感和后继动作的节奏实现前后呼应。

练习者应把自己融入动作中，以更好地表现动作自身的精神实质，体现自己的精神风貌。

(二)音乐要素

音乐对健美操绝不仅仅是一种音响效果或节拍，而是有着非常重要意义的构成要素。

(1)音乐对动作的编排起着组织、串联的指导作用。

(2)音乐有力地渲染、烘托成套动作的气氛，抒发情感，表现风格，烘托健美操的艺术感染力。

(3)音乐的风格直接指导着动作的风格，尊重音乐的风格进行创编的工作，才能使动作与音乐协调，有力地支撑动作。

(4)在创编中要考虑到音乐中节奏的因素，从时间与力的关系两个方面来进行编排，有助于我们更好地理解健美操。

(5)音乐的速度要力求使人们的心情随着音乐的旋律起伏而共振，才能达到调整运动强度的效果。

健美操音乐的种类

爵士乐：爵士乐主要来源于黑人，是欧洲文化与非洲文化的混合。特点是旋律由连续不断的切分节奏组成；拥有变化多端的节奏，音色鲜明而强烈；使用强有力的打击乐器；和声丰富，多即兴演奏。

摇滚乐：又称滚石乐，是一种从爵士乐当中派生出来的音乐，它继承了爵士乐演奏的即兴性。摇滚乐有快有慢，往往以一种节奏型反复出现，给人以摇摆之感。

轻音乐：指那些轻松愉快、生动活泼、浅而易懂的音乐，一般不表现复杂的内容和重大的思想。

迪士科：源于美国，流行于20世纪六七十年代的欧美。追求快的节奏，重音重复不断地出现，其旋律继承了爵士乐的切分节奏，更强调打击乐，多采用单拍子。

(三)时间要素

健美操编排中的时间要素具有量化动作速度的性质，体现在动作的力度上，健美操的编排就是要在时间分割的开始、过程、结束中保持和谐一致。

(四)空间要素

健美操动作的完成受空间条件的制约。健美操动作的空间特征主要表现在表演者方向的选择，路线和空间层次的变化上。

(五)执行对象

首先，执行对象的水平层次会直接影响健美操创编的实践效果。一方面，如果执行者很难达到健美操创编动作的要求，说明编排的动作缺乏针对性。另一方面，健身指导员的水平有限，就无法准确地把创编者的意图灌输下去，不能体现创编者最直接的思想意识。所以，在创编的过程中一定要了解执行人员的水平和层次。

其次，在创编之前编创者需要了解练习者的学习动机和目的，进行有针对性的创编。动机不同，对健美操的动作、音乐、风格等方面的要求也是不同的。

二、健美操创编的原则

（一）目的性原则

首先要明确成套健美操创编的目的、任务，是健身还是矫形，是减肥还是保健等。例如有的健美操是为了加强身体素质训练，有的健美操是为了培养正确的体态，有的健美操是为了进行形体训练，有的健美操是为了解决身体某部位的健美，有的健美操是为了防治疾病。

健美操创编的要求随着其创编目的的变化而变化。

（二）有效性原则

对于健身性健美操运动的创编来说，有效性是一个非常重要的原则。一般来说，健美操的练习者都是本着健身的目的去的，因此在进行健身房健美操的创编时要充分考虑到健美操动作的有效性，并将其充分体现在左右肢体动作的平衡、高低冲击力动作的平衡、原地与移动动作的平衡等诸多方面。

值得注意的是，有效性原则要和安全性原则要充分结合起来，注重动作有效性的同时不要忽略动作的安全性。

（三）合理性原则

健美操动作的创编应根据人体生理解剖结构，动作之间的搭配要合理、科学，动作之间的衔接要自然流畅。

例如，在健美操创编过程中，当两类不同动作编排在一起时，常常会因动作变化而突然使重心不容易掌握，这对身体平衡能力弱的人来说容易引起运动损伤。例如前后动作幅度较大时易失去平衡。因此，在进行健美操创编时，要了解学员的身体素质和运动需求，合理、科学地创编动作。

（四）创新性原则

创新始终是健美操不断发展动力，高校健身健美操的创新主要应表现在以下两方面。

（1）动作的创新。主要是指教师在健美操的创编过程中从动作方向的变化、动作节奏的变化、动作路线的变化，成套组合动作的变化，以及造型的变化，队形的变化中寻求创新。根据人体结构的运动规律设计新颖动作。

（2）音乐的创新。在健美操的配乐中，不论是民乐、西乐、打击乐，都可以大胆的选择，突出健美操的特色。

(五)艺术性原则

从某种意义上讲,健美操是一种艺术组织形式。

在单个动作的设计上,要健康、大方,力求使体操动作艺术化、舞蹈动作体操化,使健美操的创编过程成为塑造艺术形象的过程。

在成套动作的处理上,要讲究起、承、转、合、抑、扬、顿、挫,还要注意动作的大小搭配、上下起伏、左右回旋、快慢交替。动作与动作之间的连接不要填得太满,给集体练习时的队形变化留下空间,给健美操的艺术性发挥留有余地。

(六)安全性原则

无论是健身性健美操的创编,还是竞技性健美操的创编,在追求健美操健身或竞技难度时,都应充分考虑运动者练习的安全性。健美操练习中出现任何损伤都应尽量避免,因此在选择与编排动作时首先要考虑健美操的"安全",如过度背伸展运动对拉伸腹部肌肉会对脊柱造成很大压力,很有可能引起腰部的损伤,所以属于不适宜的动作,应该避免。

·职业发展篇·

第十五章　计算机信息、法律财经类职业主要适应体育运动

学海导航

从事计算机信息、法律财经类职业的人群，长期工作对人的体力和脑力是一个极大的考验，因此多参加一些体育活动对其身心健康发展是非常有帮助的。其中，中国象棋、保龄球和台球等就是比较适合这类人群参与的运动项目。本章就重点介绍以上运动项目的基本知识和运动技术。通过学习本章，高职学生可以了解相关运动项目的基本知识，并掌握运动技能，从而更好地发展身心和适应社会。

第一节　中国象棋

一、中国象棋简介

中国象棋是起源于中国的一种棋戏，属于二人对抗性游戏的一种，在中国有着悠久的历史。由于用具简单，趣味性强，成为流行极为广泛的棋艺活动。

中国象棋是中华民族的文化瑰宝，它源远流长，趣味浓厚，基本规则简明易懂，千百年来长盛不衰。中国象棋是模拟的古代战争、直线战争、陆地战争、平面战争。在中国古代，象棋被列为士大夫们的修身之艺。现在，中国象棋则被视为是怡神益智的一种有益身心的活动。象棋集文化、科学、艺术、竞技于一身，不但可以开发智力，启迪思维，锻炼辨证分析能力和培养顽强的意志，而且可以修心养性，陶冶情操，丰富文化生活，深受广大群众的喜爱。古今中外男女老少皆宜，由于用具简单，趣味性强，大街小巷常常可见对弈的象棋爱好者。

象棋中的"楚河汉界"

我们在下中国象棋时，常见棋盘上写着"楚河汉界 "4个大字，因为中国象棋本来就是模拟历史上"楚汉相争"的故事而设计的娱乐工具。那么，"楚河汉界"现在究竟在何处呢？据史料记载，历史上的楚河汉界并不是在今日的湖北(楚地)与陕西(汉中)，而是在荥阳、成皋一带，它的地势是北临黄河，西靠邙山，东连平原，南接嵩山，是历史上兵家必争之地。公元前204年，刘邦与项羽在此兵刃相交，翌年，刘邦(汉)凭着后方粮草供给充足，大举进攻项羽(楚)，迫使项羽不得已提出"中分天下，割鸿沟以西为汉，以东为楚"的要求。从此就有了"楚河汉界"之说，如今在荥阳东北处的广武山上，还残留着两座遥遥相对的古城遗址(相传是后重新修建的)，西面的一座叫汉王城，东边的一座叫霸王城(即西楚霸王)，而两城之间，有一条约300米宽的大坑沟，便是"楚河汉界 "。

二、中国象棋的棋具

中国象棋的棋具主要包括棋子和棋盘。

(一)棋　子

中国象棋的棋子共有三十二个，分为红、黑两组，每组十六个，由对弈的双方各执一组。兵种是一样的，分为十种：

红子：有帅一个，仕、相、车、马、炮各2个，兵5个。

黑子：有将一个，士、象、车、马、炮各2个，卒5个。

其中帅与将、仕与士、相与象、兵与卒的作用完全相同，仅仅是为了区别红棋和黑棋而已。在对弈开始前，红黑双方应该把棋子摆放在规定的位置。

(二)棋　盘

(1)直线。棋盘上较长的平行排列的边称为直线，共有9条，其中7条被河界隔断。用红色棋子一方的直线从右往左依次用中文数字一、二、三、四、五、六、七、八、九表示；用黑色棋子一方的直线在红方对面也从右往左依次用阿拉伯数字1、2、3、4、5、6、7、8、9表示。

(2)横线。棋盘上较短的平行排列的边称为横线。横线共有10条，用红色棋子一方的横线从红方底线算起，从下往上依次用中文数字一至十表示；用黑色棋子一方的横线则从黑方底线开始，依次用阿拉伯数字1～10表示。

(3)交叉点。直线与横线相交的地方称为交叉点。整个棋盘共有90个交叉点，棋子就摆放和活动在这些交叉点上。

(4)河界。棋盘中央没有画直线的地方称为河界。它代表弈战双方的分界线，确定了各自的地域。

(5)九宫。棋盘两端各画有斜交叉线的地方称为九宫。将(帅)只能在各自九宫的9个交叉点上活动。

三、中国象棋基本技术

(一)常用术语

(1)将军：对局中，一方的棋子攻击对方的帅(将)，并在下一着要把它吃掉，称为“将军”，或简称“将”。

(2)应将：被“将军”的一方所采取的反击、躲避或防卫的着法。

(3)将死：如果被“将军”而无法“应将”，就算被“将死”。

(4)困毙：轮到走棋的一方，帅(将)虽没被对方“将军”，却被禁在一个位置上无路可走，同时该方其他棋子也都不能走动，就算被“困毙”。

(二)走棋和吃子

1. 走　棋

对局时，由执红棋一方先行，以后双方轮流各走一着，直到分出胜负或走成和局为止。走棋一方将棋子从棋盘一个交叉点挪到另一个空着的交叉点上，或吃掉对方某一交叉点上的棋子后占领那个交叉点，都算走了一步棋，双方各走一步棋为一个回合。各种棋子的走法如下。

将、帅：只许在九宫内活动，每步棋前进、后退、横走均可，但不许走出九宫，一次只能走一格。

士：只许沿着九宫内斜线活动，每步只能走一格，进退均可。

象、相：不许越过河界，每一步棋可以沿着对角线斜走两格(俗称相走“田”字)，进退均可。若“田”字中心有其他棋子时，则不能跳过(俗称“塞象眼”)。

车：可以沿着所有直线或横线随意行走，进退均可，但不可越过其他棋子跳着走。另外，它还可以吃掉棋子后占据这个棋子的位置。

马：只能沿着“日”字形的对角线走(俗称马走“日”字)，可退可进。但在马行走的方向上，与马紧邻的交叉点有其他棋子时，马就不能跳过去(俗称“蹩马腿”)。

炮：在不吃子时，每一步棋的走法与车完全相同。

卒、兵：在没过河界时，每步棋只能沿直线向前走一格，过了河界，则可以左右走一格。卒(兵)在任何时候都不能后退。

2. 吃　子

吃子除炮以外，其余棋子吃法与走法完全相同，也就是说当棋子可以走到的位置上有对方棋子存在,就可以运用棋子走法把它吃掉,而占领那个位置。而炮吃子与它的走法不同,它必须沿着所在直线或横线隔一个棋子(不论哪一方)跳吃(俗称“隔山打炮”)。另外,将(帅)不可在同一直线上面对,主动将将(帅)与对方的帅(将)面对意味着送吃。

第二节 保龄球

一、保龄球简介

保龄球起源于德国,是一种在木板球道上用球滚击木瓶的室内体育运动。积极参加这种运动,不仅可以调节心境、陶冶情操、磨练意志,还可以增强身体的柔韧性、灵活性,保持良好的身体状态。

保龄球又叫“地滚球”,最初叫“九柱球”,在公元前3—4世纪起源于德国。这项活动由于娱乐性和趣味性强,所以在传到意大利后便成了一种极受欢迎的民间游戏,并传遍全欧洲。在13—14世纪,此游戏在英国蓬勃发展。1626年,荷兰移民保加兹把这项游戏带到了美国,在19世纪中叶,这项游戏正式变成了一种高尚的娱乐,并改名为“保龄球沙龙”。1875年,美国成立了世界上第一个保龄球协会,并规定了球道距离、决定了柱子大小,各种保龄球由此统一。1895年9月,纽约正式成立了保龄球协会(ABC),为了便于若干球瓶被连续的击倒,这个协会决定将保龄球排列的钻石形形状改为倒三角形的排列形状,并制定了标准的保龄球用具以及其他相关规则。保龄球运动由此成为了一项正式的体育运动。1901年,美国芝加哥举行了世界上第一次保龄球比赛。1952年,国际保龄球联合会成立,总部设在芬兰赫尔辛基。1954年,赫尔辛基主办了第一次正式的国际比赛。1974年,保龄球项目被列为亚运会的正式比赛项目。1988年,第24届汉城奥运会将保龄球列为表演项目。1992年,第25届巴塞罗那奥运会首次将保龄球列为正式比赛项目。并且,以后每2年举行一次区域大赛,每4年举行一次世界大赛,每年在不同的国家和地区举行一次世界杯比赛。

保龄球具有娱乐性、趣味性、抗争性和技巧性,给人以身体和意志的锻炼。由于保龄球属于一项室内活动,因此不受时间、气候等外界条件的影响,不受年龄的限制,易学易打,是一项男女老少皆宜的体育运动,发展至今天,保龄球运动已经成为现代社会中的一项时尚运动,在欧洲、美洲、大洋洲和亚洲一些国家都非常流行。

二、保龄球基本技术

(一)握球方法

握球也称持球,双手放在球的左右两边,将球从回球机上捧起。左手靠左腹把球托住,右手的中指和无名指插入指孔,再把大拇指深插进拇指孔;手心贴着球弧面,把球牢牢握住。有四种放法:①自然并拢;②食指和小指匀称分开;③食指分开,小指并拢;④食指分开,小指弯曲作垫。根据技术打法的不同，有三种握球方法：

(1)传统持球法：传统持球法即中指、无名指插入指孔后，第一指节至第二指节皆没于指孔内的持球法(图 15-1)。

(2)半指节握球法：半指节握球法是将中指和无名指伸入指孔到第一指节和第二指节之间(图 15-2)。

图 15-1　　　　图 15-2

(3)满指节握球法：满指节握球法是将中指与无名指第一指节伸入指孔，然后再将拇指伸入指孔(图 15-3)。

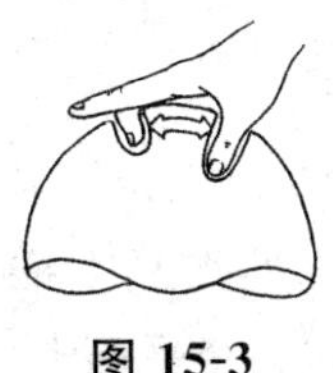

图 15-3

(二)持球技术

1. 持球手型

保龄球有三种持球手型，分别是：手腕挺直、手腕向内侧弯曲或手腕向外侧张开(图 15-4)，这三种姿势将决定投球的形式。绝大多数球员采用前两种姿势。但无论是挺直、弯曲或张开，姿势必须始终如一，决不能因推球、摆球等动作而中途改变持球的形式。

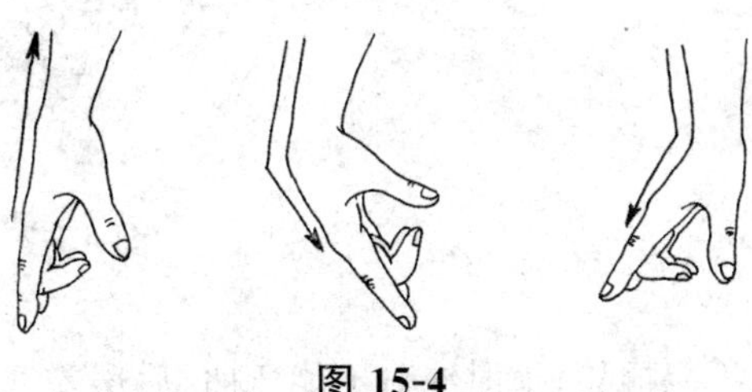

图 15-4

2. 持球姿势

(1)设定站立点

以四步助走为例，在犯规线前背对投球方向向前跨出四大步，然后再跨出半步的滑行距离。在这个点上向后转，并依据自己的打法，向左或向右移动，以此确定站立位置的标示。

(2)持球站立

图 15-5

将球从回球机上捧起,走到设定的站立点上。脚尖对准瞄准标示点,双脚稍微并拢,使脚尖和瞄准点的连线与右肩整个摆动线平行(图15-5)。

在这个设定位置站立好后,左手托住球,右手的中指和无名指插入指孔,大拇指插入拇指孔,手腕伸平,手心贴着球弧面,牢牢握住球。手臂与腰部尽量靠拢,手臂与肩膀成90°角,球的位置在腰与肩之间。握球力右手为60%,左手为40%。两肘紧靠腰部,上身稍微弯曲,腰部挺直,两膝微曲,眼睛瞄准目标及目标线,两肩水平正对目标,集中精神,准备投球。

(三)投球技术

打保龄球,不仅要具备节奏感,而且要有身体平衡及手与脚协调配合的能力。

1.推球动作

以右手投球为例,以四步助走为例,在设立位置站定后,眼睛直视目标箭头,身体重心移到左脚。右脚起步的同时,双手将球向着瞄准点平直推出,上臂与前臂约成45°角,左手离球向外侧运动。脚尖、推出的球与目标箭头在一个平面上(图15-6)。

2.摆动动作

保龄球的摆动动作是依照钟摆的原理,在体侧做一个前后的摆动(图15-7)。

图 15-6

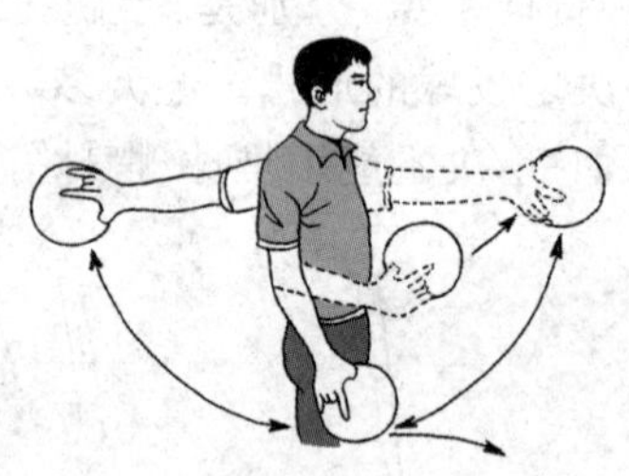
图 15-7

动作关键:手臂和肩膀不能摇晃;手肘绝对不能弯曲;后摆要低,保持与肩同高的自然后摆高度;与瞄准点保持一种直线式的摆动方向;整个摆动行进过程要流畅。

(1)直下摆:当第一步完成的同时,已推出的球依自身的重量自然向下坠落,左脚紧跟跨出稍大一步,左手继续外展。当持球手臂下摆至摆动曲线的最低点位置时,平稳地完成第二步(图15-8)。

(2)垂直后摆:当第一步完成的同时,握球的右手在球的重力及惯性作用下,从垂直下摆过渡到后摆,此时右脚应向前跨出第三步,左手继续外展(图15-9)。

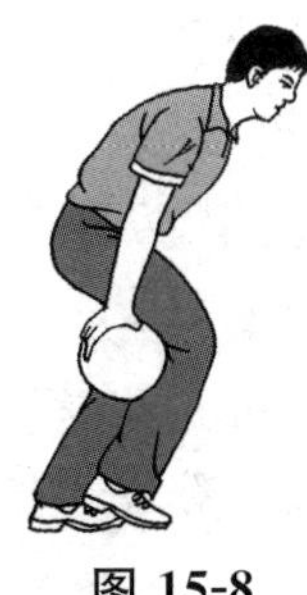
图 15-8

图 15-9

(3)垂直前摆：当第三步完成的同时，球在重力作用下向前回摆，此时应跨出左脚并滑行20～40 厘米，在距离犯规线前 5～7 厘米处，滑行动作完成。右脚向左后方伸出，左手向外侧平伸(图 15-10)。

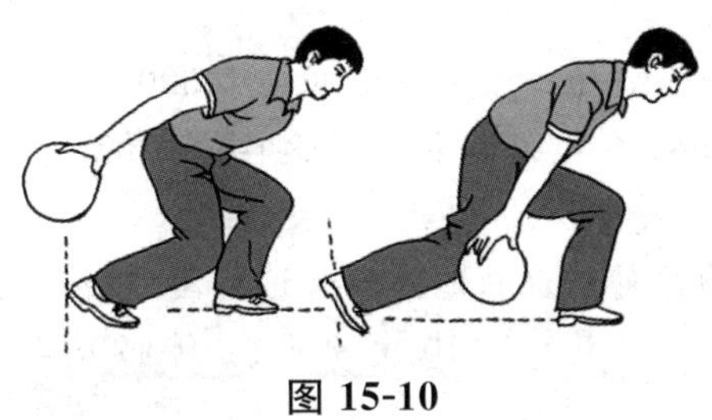
图 15-10

3. 投球动作

在做投球动作时，要始终保持身体的平衡，两肩与犯规线保持平行；眼睛要直视设定的瞄准点，下颌不可往上抬；在依靠手臂力量的同时，还应合理动用全身的力量来投球；当球达到一个定点以后，拇指先离开球孔，然后靠中指和无名指来做球的旋拉动作。

当身体自然向前滑步完成时，利用重力球垂直回摆到距犯规线 15～20 厘米处的高度，此时手腕不做任何人为的加力和转动。大拇指在 10 点钟位置，中指和无名指在 4～5 点钟位置顺势把球往目标箭头送出(图 15-11)。

投球后的延伸动作：投球出手后，手臂随出球方向向前垂直上举，上身充分向前伸展，保持投球姿势。看清球的落点及球是否滚过瞄准点，看清球的运行路线、进入瓶位的角度及击球情况(图 15-12)。

图 15-11

图 15-12

知识拓展

保龄球相关纪录

(1)美国阿拉巴马州的瑞德·托雷创造了最荒唐的300分的纪录。那是在1989年,他在获得一局300分后连续两局各得了88分从而创造了包括300分在内连续三局最低的476分纪录。

(2)美国的佛罗里达州是最年轻和最老的取得300分成绩的球手的故乡。杰瑞·怀曼在1992年取得300分成绩时已经81岁高龄了。他是一个退休的房地产经济人,平均水平1分。他在获得这份荣誉后说:"这一天让我期待太长时间了。"迈特·吉曼在1993年举行的一次青年保龄球联赛上获得了300分。那时他只有11岁零两个月,他以小7个月的成绩打破了获得300分的最年轻球手的纪录。

(3)美国堪萨斯州有一个家庭的每个成员都取得了300分的成绩。女儿朱迪最早在1979年取得了300分。父母亲1981年也双双获得了这样的成绩。儿子在1982年终于也得到了300分。

(4)美国宾西法尼亚州的鲍勃·雷恩是获得通过美国保龄球协会认可的得到300分次数最多的球手。他在1988～1989年获得了10次300分,到1993年底已经获得了43次300分成绩。

(5)使用左右手均获得300分的球手是肯尼斯舒。他分别在1983年和1991年使用左手和右手取得了300分的好成绩。

(6)思尼·弗斯博是一个摆瓶的少年(在20世纪初,自动置瓶机还未发明,保龄球的木瓶需要人工摆放)。他用一个13.5磅的木球获得了美国保龄球协会联赛中的300分。

第三节　台　球

一、台球简介

台球,也叫"桌球""打弹子",是一种用球杆在台上击球、依靠计算得分确定比赛胜负的室内娱乐体育运动项目,也是一项在国际范围内流行的高雅的室内休闲类体育运动。

台球的具体起源现仍无确切资料考证。相传,早在15世纪法国就已经出现"台球"一词;英国詹姆斯一世执政期间(1603—1625年),在他的宫廷已出现早期的台球。18世纪台球运动开始逐渐完善,到19世纪,英国人克·卡首创出用来擦杆头的巧克粉,并开创了英式打法。1885年由业余与职业球手组成了台球协会,并制定了第一套正式的比赛规则。1940年成立了世界台球联盟，负责世界性的台球比赛，当前台球比赛主要有世界职业锦标赛（专为职业斯诺克选手设立）、F. U. T. 国际赛、ROTHMANS 大奖赛、英国公开赛、世界锦标赛等。

台球传入中国较晚，距今还不到一百年。直到 20 世纪 80 年代，英式斯诺克和美式台球才得以在中国得到普及。目前，台球运动在中国已经相当普及。我国选手也已经取得了世界级的冠军。当前，我国台球界的领军人物主要有丁俊晖、傅家俊、潘晓婷等。

台球运动是一项高雅的体育休闲运动，集娱乐和健身于一体，具有“静中有动、动中有静、急中见稳”的特点，在参与台球运动过程中，参与者需要不断地思索和走动，有助于促进参与者血液循环，加强机体的新陈代谢，有益于增进健康，提高体质、开发智力，锻炼意志品质，养成稳重的性格，获得强健身心的效果。此外，台球运动还有助于陶冶情操，并通过以球会友提高交际能力、拓展交际圈。

二、台球基本技术

（一）身体姿势

身体要面向所击的主球与目标球。两脚约齐肩宽站立（左脚稍前），左腿向前微屈，右腿伸直，右脚尖向外侧自然转动 45°～80°。上体前俯，右肘提起，握杆手与肘关节处在同一条与地面相垂直的线上（图 15-13）。两眼水平前视，使面部中线与球杆和右臂处在一个垂直面上（图 15-14）。

图 15-13

图 15-14

（二）握杆方法

握杆时要握牢球杆，不使球杆滑动，但又要使手处于松弛状态，这样击球才有力量，才有弹性。最佳的握杆位置由球杆的重心位置、击球的力量和被击主球的位置等因素决定。

一般球杆的重心位置在杆尾 1/4～1/3 处，凭手感大约可以估计出来。重心的测量方法：伸直左手或右手的食指，将球杆摆在食指上，然后慢慢调整球杆位置，能使球杆平衡的那一点即是球杆的重心位置。找到重心后，握杆的位置就可以确定了，一般是离重心向杆尾一端的 6～9 厘米。击打不同位置的球时，握杆位置也要适当变化。

（三）击球动作

台球运动的运动结构是由瞄准、架杆、运杆、出杆击球和随势跟进构成的。

1. 瞄　准

(1)确定目标球线路:确定目标球进哪个袋更为有利,确定目标球的中心点和袋口中心呈一条直线,并没有其他影响整个球体顺利进袋。

(2)确定目标球击点:在确定了目标球下球线路后,即可确定目标球的击点。由目标球所对的球袋中心,经过目标球中心点延长,这条线与目标球球体外缘相交,这个相交点便是目标球的击球点。可先用球杆在目标球的击点上瞄一下,以便在心中留下一个清晰的目标球击点印象。

(3)确定瞄准点:确定目标球上的击点后,接下来便是要确定目标球的瞄准点。从目标球的击点向后再量出一段与球体半径相等的长度,这个半径长度的最远点,就是瞄准点。主球的位置在目标球中心与袋口中心点直线延长线左、右两侧的90°范围内。只要瞄准点不变,在此范围都能将目标球击入球袋。

2. 架　杆

(1)基本架杆方法

①"V"形架杆(图15-15):先将整个手掌放在台面上,将拇指以外的四指分开,手背稍微弓起,拇指翘起和食指的根部相贴形成一个"V"形的夹角,球杆放在"V"夹角内。需要注意的是,架杆手的掌根、小拇指、食指以及拇指处大鱼际部位要充分地贴住台面,切勿使架杆向左侧或右侧翻起,以确保架杆的稳定。

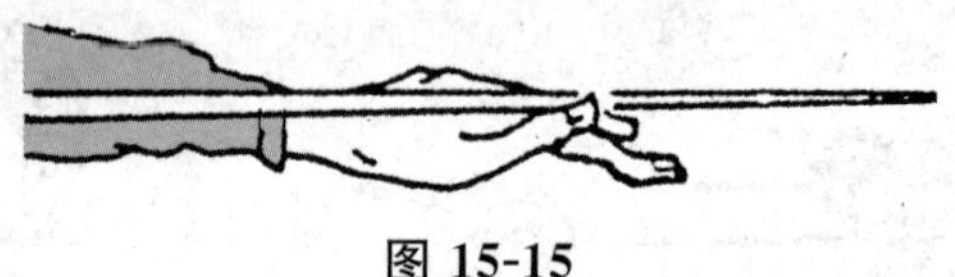

图 15-15

②凤眼式架杆(图15-16):左手指张开,指尖微向内弯曲,用拇指和食指扣成一个指环,并与球杆成直角,掌握和中指、无名指、小指构成稳定支撑。

第一种架杆方法常用在斯诺克台球中,第二种架杆方法多用在开伦台球、美式台球中。根据击打主球点不同,架杆手背可以由平直、稍弓起和弓起去找击球点的下、中、上点。

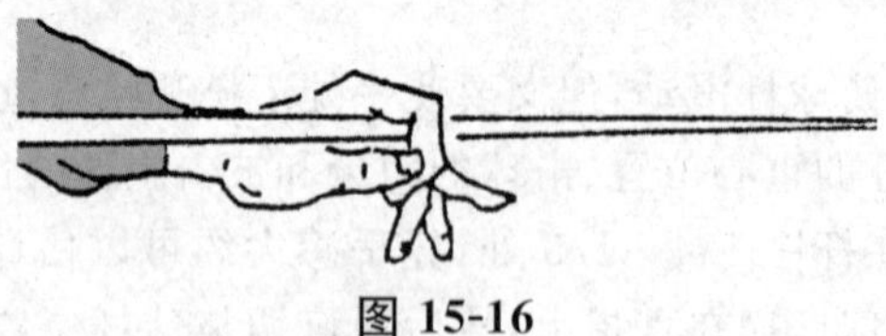

图 15-16

(2)特殊架杆方法

①当主球靠近台面边时,架杆手需用四指压在台边上。

②当主球和台边有一定距离时,架杆手可以用四指抓住台边。

③当主球后有一其他球时,架杆上手需要将四指立起来,避免球杆碰到球。

3.运　杆

在击主球前,台球选手都会有一个运杆的过程,可分解为运杆动作、后摆和暂停三个部分。

运杆动作:在确定击打主球的部位后,便开始做运杆动作。运杆时,要求身体保持稳定,持杆手的手臂进行前后运杆,运杆时应尽可能使球杆平直运摆。运杆的目的是为了获得击球的准确性,运杆的次数不宜太多,但运杆的节奏要均匀。

后摆:后摆的幅度大小取决于所需要的击球力量。在肌肉用力相同时,后摆幅度大,球杆击球力量也要大,后摆动作要做到"稳"和"慢"以保证出杆的平直。

暂停:暂停是在出杆前的一个短暂的停顿,略屏呼吸,减少胸廓由于呼吸产生的起伏,以此保证平稳出杆。

4.出杆击球

正确的握杆、身体姿势、架杆以及运杆是进行有效击球的重要的准备工作,而出杆触击球则是台球击球动作结构中最重要的环节,决定最终击球的效果。

出杆击球是在后摆停顿后所完成的动作。以肘关节为轴,前臂向前送出,触击球瞬间,根据击球的要求,注意对手腕力量使用的控制,避免由于过分抖动手腕造成击球的不准确。出杆时,肩部和身体不要用力,出杆动作要果断、清晰,即便是打一个轻缓的球。

5.随势跟进

击球后的球杆跟进动作,是为了保证击球的力量充分作用在主球上以及击球动作的协调连贯。适当的跟进动作对击球动作的完成起着重要的作用,如果跟进太多,杆头出得太长,会使肩、肘下沉,破坏击球动作的正确性,影响击球质量;如果跟进太少,则会使击球动作发紧,力量不能有效作用于主球,也不能保持好出杆击球的稳定性。

(四)基本杆法

台球的击球技术方法复杂多变,其基本的杆法与应用如下:

推进球技术:握杆击球时,应保持轻松的姿势,球杆击主球的中心点或中上点,进杆的力量取决于主球与目标球的位置,并有明显旋转前进的特点。

跟进球技术:做好击球准备,握杆手保持球杆水平,手架靠近主球,击主球的中上点,出杆的力量根据主球走位距离的长短而定。

定位球技术:做好击球准备,球杆保持水平。击主球的中心点,使之平衡滑行前进。出杆时要有爆发力、有弹性,短促有力,如目标球较远,可击打主球的中心点稍偏下,以确保主球的定位。

缩杆球技术:做好击球准备,击球时架杆手尽量放低平些,球杆保持水平,击主球的中下点,出杆时要果断、迅速,进杆后要保持击杆的姿势,不可回撤或转动球杆。

侧旋球技术:击侧旋球时,球杆要保持水平,击球点要准确,出杆时要略向前送。击球时球杆呈水平状态,主球直线前进;击球时随握杆手的提高,主球前进路线的弧度增加。

斯诺克台球单杆 147 分

在英式斯诺克比赛中，球台上共有红球 15 颗，黄色球、绿色球、咖啡色球、蓝色球、粉色球、黑色球和白色球（母球）各一颗。根据斯诺克比赛的规则，在桌面上还有红球的前提下，选手要率先用白球击打红色球，将红球打进后可任选一颗彩色球（除红球外）击打，彩球的分值不同，其中黑色球分值最高为 7 分。如果一名选手每次打进红球后都打进黑球，那么他打完所有红球后的总得分将是 120 分（每颗红球分值为 1 分）。这样在按黄色球（2 分）、绿色球（3 分）、咖啡色球（4 分）、蓝色球（5 分）、粉色球（6 分）、黑色球（7 分）的顺序将所有彩球打进，将会得到斯诺克的单杆最高得分 147 分。

第十六章　服务、艺术类职业主要适应体育运动

学海导航

从事服务、艺术类职业的人员通常来说都要求具有良好的形体条件和独特的气质，而要想发展自身，提高自身的魅力离不开相关体育运动锻炼，如形体训练、体育舞蹈等都能有效提高人们的身体素质，完善形体，提升气质。本章就重点介绍形体礼仪及形体训练、体育舞蹈的基本知识和技术。通过学习本章，高职学生要了解以上运动项目的基本知识，提高运动技能水平。

第一节　形体礼仪

一、形体矫正

（一）肩部形态缺陷及矫正训练

1. 溜肩矫正

“溜肩”又叫“垂肩”，是肩部与颈部角度较大的一种身体形态。“溜肩”的矫正练习方法如下。

（1）矫正练习一：两脚开立，两手握拳，拳眼向前持哑铃或重物下垂于体侧。随即吸气，持哑铃向两侧举起，手臂与肩齐时稍停 3～4 秒钟，再呼气。持哑铃慢慢放下还原至体侧，重复 10～12 次，练习 3 组。

（2）矫正练习二：两脚开立，两手于体侧提一重物或哑铃。吸气时，两手持哑铃屈臂提肘上拉到上臂与地面平行，稍停 2～3 秒钟，然后再呼气，持铃慢慢贴身放下还原，练习 8～10 次，练习 4 组。

2. 一肩高一肩低矫正

两肩高低不一是因为经常用同一侧的肩膀挎包或肩扛、手提重物，使一侧肩关节周围的软组织长时间处于紧张状态，久而久之，则使肩部下肌群紧缩，上臂肌群拉长而成斜肩。矫正方法如下。

(1)矫正练习一:在帮助下对墙倒立,要求身体正直,两手用力均匀,每次停留30～60秒,练习5次。

(2)矫正练习二:双杠双臂支撑,在帮助下做上下屈伸练习。注意练习中身体保持正直,防止前后、左右摆动屈伸,每组动作重复完成10～15次,练习4组。

(二)四肢形态缺陷及矫正训练

1.手臂太细矫正

手臂太细主要表现为前臂和上臂的围度过小。这一缺陷的矫正方法如下。

(1)矫正练习一:两脚开立,两臂伸直,两手握杠铃,快速有力将杠铃举至胸部。重复练习数次。

(2)矫正练习二:仰卧,两臂伸直握杠同肩宽,两腿直膝、绷脚放在凳上,梗头两臂屈,将身体抬起,落下还原。重复练习数次。

2.一臂粗一臂细矫正

一臂粗一臂细通常情况下都是左臂细(左撇子除外),这是因为左臂相对用得较少。矫正过程中应多练平时练得少的细的那条手臂。同时练三头肌和肱三头肌,使手臂肌肉发达。两臂粗细不一的矫正方法如下。

(1)矫正练习一:单臂三点支撑,做10次俯卧撑,练习4组。

(2)矫正练习二:细小的手臂单臂持哑铃由自然下垂做侧平举,稍停2～3秒。重复20～25次,练习3组。

3.腿太细矫正

腿太细主要表现为大腿和小腿的围度相对全身的比例过小。通常称“羊角骨”。这一身体缺陷的矫正方式如下。

(1)矫正练习一:在自行车练习器上练习,计时和计程。

(2)矫正练习二:立正,上体保持正直,两腿交替做高抬腿跳。每天每条腿不得少于50次。

4.一腿粗一腿细矫正

造成“一腿粗一腿细”一般是由于损伤,受伤腿肌肉萎缩,或先天性的小儿麻痹症而无法运动造成一侧肌肉群长期得不到工作,而退化到失去功能。只要经过科学训练,这一身体缺陷可以得到矫正,矫正练习方法如下。

(1)矫正练习一:专门练单腿的股四头肌和股二头肌,最好采用双人对抗法。让同伴压按住细腿,促其用力伸直,做腿屈伸来发展股四头肌;让同伴抓住细腿做单腿的腿弯举,在对抗中练股二头肌的肌力。

(2)矫正练习二:用斜蹲练双膝关节肌肉、韧带的力量,然后将重心转移到弱腿再做斜蹲,反复练习,促进细腿增粗。

5."X"形腿矫正

"X"形腿是指股骨内收、内旋和胫骨外展、外旋形成的一种骨关节异常现象。"X"形腿主要是因为先天遗传,后天营养不良,幼儿时期走坐姿势不正确而引起的。矫正方法如下。

(1)矫正练习一:坐正,两臂身后支撑,用橡皮圈套在脚踝上,两腿伸直抬起,两脚用力向左右外分,动作要慢,然后还原。重复 8～10 次,练习 3 组。

(2)矫正练习二:坐在椅上,两臂后撑,两踝处夹紧一件软的物体,足跟着地,用足带动腿尽量前伸后,控制 4～5 秒,然后还原放松。重复 10～15 次,练习 3 组。注意开始练习时所夹物体要用厚的,熟练后再换薄的。

6.罗圈腿矫正

罗圈腿也称"O"形腿,是指膝关节内翻,是儿童期骨骼发育畸形造成,或者是站立过早或行走时间过长,或缺乏营养和锻炼所致。罗圈腿矫正方法如下。

(1)矫正练习一:晚上睡前,两膝下处用宽带绑起来,到第二天早上放松开始可以绑松一些,以后逐渐加紧,但不能影响血液循环直到两膝靠紧为止,每星期 1～2 次。

(2)矫正练习二:两脚开立,上体前屈,两手扶膝关节外侧,当双腿屈膝半蹲的同时两手用力向内侧推压膝关节,尽量使两膝内扣,然后慢慢放开还原。重复 10～15 次,练习 3 组。

7.扁平足矫正

扁平足又叫"平底足",大多数扁平足是非病理性的,而且是轻度的,只要及时采取措施,是可以矫正或减轻的。矫正方法如下。

(1)矫正练习一:两足心合抱一小皮球,前后左右揉动,慢慢加快速度做 20 秒钟,练习 4 组。

(2)矫正练习二:双手持哑铃做足尖、足跟走,足底外缘着地走,各练习 1～2 分钟。

8."八"字脚矫正

"八"字脚有外"八"字和内"八"字之分。走路时两脚尖向内扣的称内"八"字;走路时两脚尖向外撇的称为外"八"字。外"八"字脚比较常见,大都是年幼过早站立学走路,腿的力量弱,很难保持身体平衡,脚尖自然地向左右分开,慢慢形成习惯。矫正方法如下。

(1)矫正练习一:平时走路和跑步,随时注意检查自己的膝盖和脚尖,是否正对前方,在一直线上。也可以画一条直线,来回练习。

(2)矫正练习二:以 15 米为半径画圆,再通过圆心画直径,直径两端各延长 1 米。练习时,站立在直径的延长线上起跑,接弯道加速跑至直径的另一端延长线上,然后沿圆弧线走半圈,如此反复。

左脚外撇严重时按顺时针方向跑,右脚外撇严重时跑向相反,这种训练方法比直线效果好。

(三)躯干形态缺陷及矫正训练

1.脊柱侧弯矫正

脊柱侧弯是指人的脊柱发生向左或向右的弯曲。脊柱侧弯轻者表现为两肩不等高，腰凹不对称；重者可见胸部、胸腰部至腰部一段的脊柱向一侧弯曲，同侧背部隆起，胸廓塌陷；严重的可影响心肺功能和内脏功能。常见的矫正练习方法如下。

(1)矫正练习一：身体正侧面对肋木站立，用胸椎侧凸面方向的手扶肋木，另一手上举向肋木做体侧屈运动。在练习时，必须抬头，挺胸，收腹，上体不能前倾。重复 30～50 次，练习 3 组。

(2)矫正练习二：侧卧，两手交叉枕在脑后托头，双脚钩住肋木，上体抬起做体侧屈运动，抬起到最大限度时控制 2～3 秒钟。重复 15～20 次，练习 4 组。

2.鸡胸矫正

“鸡胸”是一种软骨病，它是由于患佝偻病使得肋骨后侧向内凹陷，胸骨部分抬高、突出，从外形上看，整个胸部的形状就像鸡的胸脯。“鸡胸”直接影响胸腔内的心肺功能和正常发育功能，同时也影响对疾病的抵抗能力。通过科学的锻炼方法可以有效改善胸廓外形，弥补鸡胸所造成的缺陷。矫正方法如下。

(1)矫正练习一：自然站立，两臂向外绕环一周成双腿全蹲，同时含胸低头，双手抱住小腿，控制 2 秒钟，然后还原成直立。重复 10～15 次，练习 2 组。

(2)矫止练习二：坐立，两臂体前交叉，按在异侧腿的膝部，吸气，双手向外推膝，而两大腿内收，用力保持膝不动，要持续对抗一段时间，大约 5～10 秒钟，然后呼气，还原放松。重复 10～15 次，练习 3 组。

3.扁平胸矫正

造成扁平胸的原因主要是胸部肌肉发育不良，过多从事耐力和有氧训练的人，会由于脂肪的消耗而使身为脂肪球的乳房变得扁平。女性多出现扁平胸的问题，要使胸部隆起，可采用以下矫正方法。

(1)矫正练习一：两腿分开躺在凳子上，身体保持平稳，呈挺胸沉肩状，双手掌心朝上握哑铃，握距与肩同宽或大于肩的宽度，将哑铃横放在胸部乳头外侧处。随即吸气，两臂用力向上推起哑铃，手臂伸直，控制 2～3 秒钟，然后呼气，慢慢放下哑铃还原。重复 10～12 次，练习 3 组。

(2)矫正练习二：自然站立，两脚开立同肩宽，紧腰，收腹，挺胸，两手分别握拉力器的两端，两臂伸直上抬置胸前，深吸气的同时，两手平稳而均匀地将拉力器向两侧拉开，到最大限度后控制 2～3 秒钟，然后呼气，慢慢还原。重复 15～20 次，练习 3 组。

4.驼背矫正

“驼背”是指胸椎后突所引起的形态改变，这不是脊柱本身有病，而是因为经常低头、窝胸和背部肌肉薄弱，松弛无力所致。矫正驼背，主要是加强背部伸肌的力量和牵拉胸部前面的韧带，练习方法如下。

(1)矫正练习一：仰卧，背后垫高枕，全身放松，做仰卧练习。一次控制 30～60 秒，重复 4 次。

练习过程中注意头颈部、胸部肌肉要充分放松。

(2)矫正练习二：两脚左右分开站立，同肩宽，两手臂背向体后相握，吸气时，两手用力向下伸，使两臂充分伸直，同时用力挺胸使肩胛骨尽量靠近，动作至最大限度后，控制 4～5 秒钟，然后放松还原，重复 10～15 次，早、中、晚各练习一次。

二、仪容仪态及训练

(一)站姿及训练

人们在日常生活中最基本的姿势就是站姿，养成良好的站姿习惯是培养良好形象和气质的重要手段。

1. 基本站姿

基本站姿是各种站姿的基础，其规范要求是：两脚跟相靠，脚尖分开呈 45°～60°，身体重心落在两脚间的中心位置上；两腿直立，双膝并拢；收腹提臀，髋部上提；立腰挺胸，挺直脊背；双肩平齐，放松下沉；双臂自然下垂，虎口向前，手指自然弯曲(中指贴裤缝)；头正，颈直，下颌微收，双目平视前方。

2. 服务工作中的站姿

在许多服务工作中，许多岗位需要站立服务，在为客人服务时，站姿一定要规范。服务人员在工作中的站姿常有以下几种。

(1)垂臂式站姿

垂臂式站姿同基本姿势。

(2)腹前握指式站姿

腹前握指式站姿是在基本站姿的基础上，两手握于腹前，右手在上，握住左手手指部位，两手交叉放在衣扣垂直线上。

①站姿一

在基本站姿基础上，两脚尖略展开，右脚在前，将右脚跟靠于左脚内侧前端，两手握指交于腹前，身体重心可在两脚上，也可在一只脚上，通过两脚重心的转移减轻疲劳。

②站姿二

在基本站姿的基础上，左脚向左横迈一步，两脚之间距离不得超过肩宽，两脚分开平行站立，两手握指于腹前，身体重心在两脚上，身体直立，注意不要挺腹或后仰。

(3)单臂后背式站姿

①左臂后背式站姿

在基本站姿的基础上,左脚前移,将脚跟靠于右脚内侧中间位置,两脚尖展开 90°,成左丁字步。左手后背,右手自然下垂,身体重心在两脚上。

②右臂后背式站姿

在基本站姿的基础上,右脚前移,将脚跟靠于左脚内侧中间位置,两脚尖展开 90°,成右丁字步。右手后背,左手自然下垂,身体重心在两脚上。

(4)单臂前曲式站姿

①左臂前曲式站姿

在基本站姿基础上,右脚前移,将脚跟靠于左脚内侧中间位置,两脚尖展开 90°,成右丁字步。左臂肘关节弯曲,前臂抬至横膈膜处,左手手心向里,手指自然弯曲,右手自然下垂,身体重心在两脚上。

②右臂前曲式站姿

在基本站姿基础上,左脚前移,将脚跟靠于右脚内侧中间位置,两脚尖展开 90°,成左丁字步。右臂肘关节弯曲,前臂抬至横膈膜处,右手手心向里,手指自然弯曲,左手自然下垂,身体重心在两脚上。

(5)后背握指式站姿(也称双臂后背式站姿)

在基本站姿的基础上,两臂后摆,两手在身后相握,右手握住左手手指部位,左手在上,置于髋关节处,两臂肘关节自然内收。

(6)站姿注意事项

一般情况下,工作人员为客人服务时应面对客人。男士更适合后背式,而女士更适合前曲式。在站式服务中常见一些不良姿态,这些姿态会让人产生没有礼貌、懒散无力、自卑猥琐或缺乏教养的印象。作为企业而言,会令人感到缺乏管理、服务性差。这些都是应该避免的。

①忌无精打采,身体东倒西歪或依靠物体。

②忌双手叉腰、握拳、画脚、抱在胸前或两手插兜,或两腿交叉,一腿弯曲,脚尖点地,更不要做小动作,如摆弄打火机、香烟盒、衣角、笔等。

③忌弯腰驼背,两肩一高一低,两脚过于分开,腿脚抖动。

3.站姿训练

服务工作者必须经过严格训练,长期坚持,养成习惯,才能在站立服务中做到持久地保持优美、典雅的站姿。下面介绍几种站姿的训练方法。

练习要求:练习过程中要微闭嘴,收紧腹,通过鼻腔慢吸慢呼,控制住胸式呼吸。保持身体向上的感觉和地面垂直的形态。

(1)基本站立控制练习

动作要领:第 1 拍成双脚跟并拢,脚尖开立 45°～60°,双腿夹紧,收腹,挺胸、立腰、立背、紧臀,双肩后张、下沉,双臂自然伸直于体侧、中指顺裤缝线向下伸,下颌略回收,头向上顶,两眼平视前方,背部成一平面的立正姿势,控制 2×8 拍。

(2)双手叉腰站立控制练习

动作要领:预备姿势同上节结束动作。第1拍双手叉腰,双肩放松,其他要求同动作一,控制2×8拍。

(3)双手叉腰、双足提踵站立控制练习

动作要领:预备姿势同上节结束动作。第1拍双足提踵站立至只有脚趾关节着地,双腿蹬直夹紧,重心平稳上升,双肩不能改变形态。其他要求同动作一,控制2×8拍,最后一拍落地。

(4)双手叉腰向前、侧、后快移重心练习

动作要领:预备姿势同上节结束动作。在身体与地面保持垂直,重心随支撑腿移动的基础上,第1拍左脚蹬地,右直腿,绷脚面,经擦地向前移重心成左脚右点地,控制2×8拍,第8拍左腿向前并右腿成立正姿势。3×8拍第1拍左脚蹬地,右直腿,绷脚面,经擦地向右侧移动重心成左侧点地控制2×8拍,第8拍左腿向侧并右腿成立正姿势。5×8拍第1拍左脚蹬地,右直腿向后移重心成左脚前点地,控制2×8拍,第8拍左腿向后并右腿成立正姿势。7×8拍至12×8拍反复做练习1×8拍至6×8拍动作,方向相反。

(5)双手叉腰移重心转体练习

动作要领:预备姿势同上节结束动作。旋转时,在保持身体与地面垂直的基础上,第1拍左脚蹬地同时,右直腿擦地前移,身体从左向后转180°成左脚前点地,控制2×8拍,第8拍左腿并右腿成立正姿势。3×8拍第1拍左脚蹬地同时右直腿擦地右侧移重心身体从右向后转180°成左脚侧点地控制2×8拍第8拍左腿并右腿成立止姿势。在5×8拍第1拍左脚蹬地同时,右直腿后移重心,身体从右向后转180°成左脚后点地,控制2×8拍,第8拍左腿并右腿成立正姿势。7×8拍至12×8拍反复做练习1×8拍至6×8拍动作,方向相反。

(6)双手叉腰,腿做向前、侧、后点地的站立控制练习

动作要领:在双腿伸直、重心平稳的基础上,第1拍右直腿垂直向前擦地至远端,绷脚面,脚外侧点地。控制2×8拍,第8拍迅速擦回。3×8拍第1拍右腿水平向侧擦地至远端,脚面向侧点地。控制2×8拍,第8拍迅速擦回。5×8拍第1拍右直腿垂直向后擦地至远端,绷脚面,用大脚趾趾尖点地,脚面外翻。控制2×8拍,第8拍迅速擦回。7×8拍、8×8拍动作同3×8拍、4×8拍动作。换左腿练习(动作同右腿练习)。

(7)纠正不良站姿

在教师的指导或他人的帮助下,或自己对着镜子进行训练,这样才能纠正不良姿势。在找准规范动作时的感觉后,再坚持20分钟左右的训练,开始时间可短一点,以后再慢慢延长训练时间。

(8)靠墙站立练习

靠墙站立练习,要求后脚跟、小腿、臀、双肩、后脑勺都要紧贴墙壁。这种训练是让练习者感受到身体的上下处于一个平面。每次训练时间同上。

(9)两人背靠背站立练习

两人一组,背靠背站立练习。要求两人的个子高矮差不多,两人脚跟、小腿、臀部、双肩、后脑勺要贴紧。两人的小腿之间夹一张小纸片,不能让纸片掉下来。每次训练时间同上。

(二)坐姿及训练

端庄、娴雅的坐姿是受过良好教育的标志，端正优美的坐姿会给人以文雅、稳重、自然大方的美感。优美的坐姿不仅仅指坐的静态姿势，还包括人们从就座时到坐定后的一系列动作和姿势，所以说完整的坐姿应包含入座、坐定和起座三个程序。美的姿态需要日常生活中良好习惯的积累，所以对坐姿、蹲姿的各个细节的规范要求是必不可少的。

1.入座和起座

入座时从容大方地走到座位前，自然转身，背对座位，双腿并拢，右脚后退半步，轻稳自如地坐下，然后将右脚与左脚并起，身体挺直，呈基本坐姿状。女子入座时若穿的是裙装，应用手沿大腿侧后部轻轻地把裙子向前拢一下，并顺势坐下，不要等坐下后再来整理衣裙。最忌还未站稳，就失重般地散坐在椅子上，这样给人以懒散、不文明、没修养之感。

起座应舒缓、自然。可右脚向后收半步，用力蹬地、起身站立，亦可用手掌支撑于大腿，重心前移，起身站立，注意起身时动作不可太快、太猛。

2.基本坐姿

基本坐姿是其他坐姿演变的基础，其规范要求为：头正，颈直，下颌微收，双目平视前方，或注视对方；身体正直，挺胸收腹，腰背挺直；双腿并拢，小腿与地面垂直，双膝和双脚跟并拢；双肩放松下沉，双臂自然弯曲内收，双手呈握指状，右手在上，手指自然弯曲，放于腹前双腿上。忌弯腰驼背，含胸挺腹，双膝分开。

3.常见的坐姿

(1)双腿垂直式坐姿

同基本坐姿，有时根据情况，上体可稍稍前倾。这种坐姿是正式场合最基本的坐姿，它给人以诚恳、认真的印象。

(2)开膝合手式坐姿

在基本坐姿基础上，双脚向外平移，两脚间距离不得超过肩宽，两小腿垂直于地面，两膝分开，两手合握于腹前。此坐姿仅适于男士。

(3)侧步坐姿

此坐姿适于女士，基本要领如下。

①左侧步。在基本坐姿的基础上，左脚向左平移一步，左脚掌内侧着地，右脚左移靠拢，脚跟提起，双腿靠拢斜放。双膝在整个变化过程中，始终靠在一起，不可分开。

②右侧步。基本要领同左侧步，只是腿位由左侧改为右侧。

(4)开并式坐姿

在基本坐姿基础上，两脚外移分开，两脚间分开的距离不得超出肩宽，两脚尖约向外，两膝并拢，两腿呈下开上并之态，此坐姿适合坐在低矮的凳椅或不起眼的地方。

(5)屈伸式坐姿

屈伸式坐姿是在基本坐姿的基础上，左脚后收，脚掌着地，左脚呈后曲状。右脚前伸，全脚着地，右腿呈前伸状，膝部靠拢，两脚在前后一条直线上。

(6)腿位交叉坐姿

①前伸交叉位坐姿。在基本坐姿基础上，左小腿向前伸出约45°，右小腿跟上，右脚在上与左脚相交，两脚相交于踝关节处，右腿膝盖弯靠于左腿膝盖处。

②后收交叉位坐姿。在基本坐姿基础上，双脚前后位内收，两脚脚掌着地，脚跟提起，双腿靠拢。

③叠步式坐姿：叠步式坐姿是在基本坐姿的基础上，左腿左侧一步，右腿交叠于左腿上，右腿小腿内收，脚尖朝下，相叠的两小腿靠紧呈一直线。

(7)伏案工作的坐姿

动作要领：胸自然挺拔，立腰收腹；肩平、头正、上体稍前倾，眼睛与笔尖的距离保持0.3米左右，两臂屈肘扶在台面上(肘关节触台边为宜)，两肘之间的距离为一肩半；两膝靠拢或稍许分开，小腿垂直地面。若坐得时间长，两腿在不影响姿态美的前提下，可适当调换。在适当的情况下也可离开座位，做一些健身运动。

(8)公共场合应避免的坐姿

①坐立时，上体不直，左右晃动，这种坐姿显得缺乏教养。

②翘着二郎腿，晃动脚尖，这种姿态让人觉得目中无人，傲慢无礼。

③双腿分开，伸得过远的坐姿，这种姿态显得不雅。

④双手置于膝上或椅腿上。这种坐姿容易被人误解为你想结束这次见面。

坐姿中除了注意两腿两脚的摆放外，两臂两手的摆放姿势也很重要。两臂两手的摆放除两臂自然弯曲内收，两手成握指式放于腹前双腿之上外，还可根据坐姿的变化两手呈握指式放于一条腿上。若椅子有扶手，女士可将两手重叠或呈握指式放于扶手上，也可将一手臂放在扶手上，掌心朝下，另一手臂横放于双腿上，不要把双手放在扶手上。男士则可双手掌心向下放在扶手上。若前有桌子，也可将两臂弯曲，两手相握放在桌子上。

无论哪种坐姿，一般不要满坐。如与德高望重的长辈、上级谈话时，为表示尊重、敬意可坐凳面的三分之一；如坐宽大的椅子或沙发，不可满座，也不可坐得太靠里边，坐满三分之二即可，否则会使小腿靠着椅子边或沙发边而有失雅观；若坐得太少、太靠边会使人感到你在暗示对方你随时都会离开。与人谈话时要目视对方，若对方不是与你对面相坐，而是有一定的角度或坐于你的一侧，那么我们的上体和腿应同时转向一侧面对对方。

(三)蹲姿及训练

在日常生活中，在各种公共场合，人们有时难免会有需要捡起掉在地上的东西，或取放在低处的物品。下面介绍两种常用的蹲姿。

1.高低式蹲姿

下蹲时左脚在前，全脚着地，右脚稍后，脚掌着地，后跟提起。右膝低于左膝，臀部向下，身体基本上由右腿支撑，女子下蹲时两腿要靠近，男子两腿间可保持适当距离。

2.交叉式蹲姿

下蹲时右脚置步于左脚左前侧，使右腿从前面与左腿交叉，下蹲时，右小腿垂直于地面，右脚全脚着地。左膝从右腿后面向右侧伸出，左脚脚跟抬起，脚掌着地，两腿前后靠紧，合力支撑身体；臀部向下，上身稍前倾。此蹲姿女子较适用。

(四)走姿及训练

人们的步态能直接反映出一个人的精神面貌、性格特点等。不同的人其走姿各有不同，有的矫健、轻松，有的稳健、端正，还有的铿锵有力。另外有些人不重视步态美，表现出不好的精神面貌。人们应注重走姿的练习，提升自身的气质风度。

1.走姿的总体要求

标准的走姿要以端正的站立姿态为基础，通过四肢和髋部的运动，以大关节带动小关节，使整个身体移动来实现。总体要求是轻巧、自如、稳健、大方，有节奏感。

2.步态的三要素

所谓步态的三要素，即一个人在行走时的步位、步幅和步速。

(1)步位，即脚落地时的位置。女子行走时，两脚内侧着地的轨迹要在一条直线上；男子行走时，两脚内侧着地的轨迹不在一条直线上，而在两条直线上。

(2)步幅，即跨步时前脚跟与后脚尖之间的距离。标准的步幅是本人的1～1.5个脚长。

(3)步速，即行走时的速度。一般步速标准为女士每分钟118～120步，男子为每分钟108～110步。

3.步态规范

在行走时，头正，颈直，下颌微收，目光平视前方；挺胸收腹，直腰，背脊挺直，提臀，上体微前倾：肩平下沉，手臂放松伸直，手指自然弯曲，摆动两臂时，以肩关节为轴，上臂带动前臂呈直线前后摆动，两臂前后摆幅(即手臂与躯干的夹角)不得超过30°，前摆时，肘关节微屈，前臂不要向上甩动：提髋、屈大腿带动小腿向前迈步，脚跟先触地，身体重心落在前脚掌上：身体重心的移动，主要是通过后腿后蹬将身体重心推送到前脚掌，从而使身体前移；前脚落地和后脚离地时，膝盖必须伸直。

4.服务工作人员应掌握的两种走姿步态

(1)便步式走姿

动作要领：行走时，假设前下方有条直线，两腿交替踩迈，前摆腿屈膝程度不宜过大。脚跟先着地，然后迅速过渡到前脚掌，脚尖略向外，距离直线约5厘米，腿部具有力度感；上身自然挺拔，立腰、收腹，身体重心随脚前摆迅速跟上，勿落在后脚或两腿之间，身体保持平稳前移；头正、目光平稳，用眼睛的余光注意前下方，下颌微有内收，使脸面保持在垂直线上；肩平，肩峰稍后张，上臂带动小臂自然前后摆动，肩勿摇晃；前摆时，手不得超越衣扣垂直线，肘关节微屈约

30°，掌心向内，勿甩小臂，后摆时，勿甩手腕。

（2）一字步走姿

动作要领：行走时，也假设前下方有一条直线，两腿交替迈步，两脚交替踏在直线上。左脚前迈时微向左前方送胯，右脚前迈时微向右前方送胯，但送胯不要明显；两臂自然摆动，前摆臂时注意肩部稍平送，后摆臂时肩部稍平拉。其他动作要领同男性便步式走姿相同。

（3）走姿步态要求

①男性步伐矫健、稳重、刚毅、洒脱，具有阳刚之美，步伐频率每分钟约 100 步；女性步伐轻盈、柔软、玲珑、贤淑，具有阴柔美，步伐频率每分钟约 90 步。

②行走时不可把手插在衣服口袋里，尤其不可插在裤袋里。

③眼睛注意平视前方，不要左顾右盼，不要回头张望，不要老是盯住行人乱打量。

④脚步要干净利索，有鲜明的节奏感，不可拖泥带水，也不可脚步声重如马达声。

⑤男性步幅（前后脚之间的距离）约 25 厘米，女性步幅约 20 厘米，在工作过程中行走步幅不宜过大。

5.几种不同着装的走姿要领

（1）着西装的走姿

西装以直线为主，给人挺拔、庄重、大方之感。因而在步态上亦应以直线为主，身体要挺直，步幅可略大一些。尤其是女性，着西装时通常是公共场合，行走时应显得庄重，切忌髋部左右摆动。

（2）穿高跟鞋的走姿

穿高跟鞋时身体的重心随之移到前脚掌上。行走时，从头到脚都应给人挺拔的感觉。所以行走时要将踝关节、膝关节、髋关节挺直，挺胸收腹，立腰提臀，头微微上仰。步位称为柳叶步，即两脚跟前后踩在一条直线上，走出来的脚印像柳叶一样。

（3）着短一步裙的走姿

短一步裙是多数女性工作时的常规装。因而行走时应显示出女性端庄、敏捷、干净、利落、能干、高效的特点。所以行走时注重保持平稳，步幅要小一些，步速可稍快一点，双臂的摆幅也要小一点。

（4）着旗袍的走姿

旗袍以曲线展现其妩媚、典雅的特点，反映出东方女性柔美、富有曲线的风韵。因而女性在身着旗袍行走时，要求身体挺拔、胸微含、下颌微收，步幅应小一些，髋部则可随重心的变化而左右略摆动。

6.走姿训练

目的：通过行走的专门练习，增强学生在行进中身体形态的控制能力。在改变原始自由行走状态的同时，使行走的姿态更规范，更优美，更有风度。

练习时控制好上体形态，双肩放松，不前倾、后倒、左右晃动。双臂自然前后摆动，幅度不能过大。双脚落地要稳，行进中重心不能上下颤动。控制好胸式呼吸，充分展示良好的身体形态。

可将下述练习一至练习四组合进行练习。

(1)练习一:直线行走。

目的:加强行进中上体形态的控制,提高行走中的步伐稳健和韵律感觉。

动作要领:按音乐节奏原地踏步后行进,行进路线为直线,左脚踏音乐重拍。

(2)练习二:侧身直线、斜线行走。

目的:提高行走中的身体形态表现力。

动作要领:可从立正姿势开始,按音乐节奏行进,行进轨迹可直线也可斜线。行进中双脚尖向前进方向,上体向左(右)转体45°,头向右(左)方向看成左(右)侧身走。

(3)练习三:行进中左、右旋转360°。

目的:在行进旋转动作中,加强身体重心的稳定性,提高身体形态的控制能力。

动作要领:按音乐节奏直线行走进或侧身斜线行进中用1～4拍完成左、右旋转。左旋转第1拍,右脚从左脚前向左平行交叉,第2～4拍回头看原方向,双脚蹬地绕左肩旋转360°,再按原行进路线前进。右旋转动作同左旋转,方向相反。

(4)练习四:行进中左、右丁字步站位练习。

目的:动、静转换中体现良好身体形态。

动作要领:用1～4拍完成左丁字步、右丁字步站位练习。第1～2拍向侧迈左脚身体向左转45°,头向前看,右侧肩对前形成右丁字步,控制3～4拍(手臂可自由设计)。左丁字步同右丁字步,方向相反。

7.日常生活中应避免的不雅走姿

(1)行走时步幅应适度,太大显得鲁莽、不雅观,太小显得不大方。

(2)行走时,双手插入裤袋,显得拘谨小气,双手背于背后,显得呆板、傲慢。

(3)行走时,上体晃动或摆动,易给人轻佻、浮夸的感觉。

(4)行走中,尤其要避免内“八”字或外“八”字步位。这种姿态不仅难看,而且极损害形象。

三、表情训练与气质培养

(一)表情训练

1.眉语

长在眼睛上方的眉毛,在面部占有重要的位置,具有美容和丰富面部表情的作用。它虽然不像眼睛那样生动,但也是面部表情中很重要的一部分。双眉的舒展、收拢、扬起、下垂可反映出人的喜、怒、哀、乐等复杂的内心活动。在中国文学里,有很多形容眉毛的。例如:扬眉吐气、愁眉不展、紧锁双眉、眉飞色舞、喜上眉梢、柳叶弯眉等等,都是用眉毛来传情达意的。但在人际交往中,我们较少用眉毛来表达情感。公共场合中,眉毛应保持自然舒展。

2.眼神

眼睛是心灵的窗户。在交际中通过视线接触所传递的信息，也称眼神。在人的面部表情中起主导作用。因此，学会运用眼神有助于我们的人际交往。

(1)瞳孔的变化

瞳孔是兴趣、偏好、动机、态度、情感、情绪等心理活动的高度灵敏的显示屏。瞳孔的变化随着人们的情感、态度、情绪等的变化而自动地变化。在某一特定光线下，当一个人的情绪或态度从积极状态变为消极状态，或从消极状态转变为积极状态时，他的瞳孔就会随之缩小或扩大。当人们对某物表示爱、喜欢或感兴趣时，即兴奋时，瞳孔会扩大；而当人们对某物不喜欢或厌恶时，或在紧张、生气、戒备、消极时，瞳孔就会缩小。一些精明的商人即通过顾客瞳孔的变化，来判断他是否喜欢某种商品，从而决定是高价还是折价卖给顾客。

(2)注视时间

在一般的交谈过程中，要学会适当地控制自己目光的注视时间，目光接触的时间占交往时间的30%～60%。如果超过60%，通常认为是对对方的兴趣大于谈话；如果低于30%，则通常认为是对对方或谈话不感兴趣。

①注视时间过长，会令人感到不自在，这是一种对他人占有空间的侵犯行为；注视时间过短，甚至不看对方，使人感到受漠视。这两种行为都是非常失礼的，都不利于感情的交流，在交往中一定要避免发生。

②在交谈过程中，除对方关系十分亲近外，连续的目光接触时间一般为1秒钟左右。较长时间的目光接触会引起生理上和精神上的紧张，大多数人倾向于避开这种接触，把目光转移开，以示谦让和退让。

③一般眨眼的正常次数是每分钟5～8次，一般1秒钟眨眼几次，且神情活泼，往往被视为对某物有特殊的兴趣，但有时会给人怯懦的感觉，若频繁地眨眼看人，目光闪烁不定，会给人心神不定，心不在焉的感觉；如果眨眼的时间超过一秒钟，则可视为闭眼，如果在交谈中不时地闭眼，就易给人厌烦、藐视之感。

(3)注视位置

在人际交往中，注视位置的不同所传达的信息也不尽相同，营造的交往氛围自然也有所差异。根据不同的场合和交往对象，注视位置一般有以下三种。

①公务注视

这是人们在工作交往中，联系业务、洽谈生意及外事谈判等场合中使用的注视行为。目光注视的位置在以对方双眼或双眼为底线，额头顶点的三角形区域内。这种注视给人严肃、认真、有诚意的感觉，能令对方慎重考虑你的意见，在一定程度上能让自己掌握控制权，保持主动。

②社交凝视

这是人们在社交活动中，舞会、茶话会、宴会及朋友聚会等场合使用的注视行为。注视的位置以对方双眼或双眼为底线，唇心为顶角的倒三角形区域内。这种注视能营造一种缓和的气氛，令人感到舒适，也很有礼貌。

③亲密注视

这是亲人之间、恋人之间所使用的注视行为。注视的位置在对方的双眼或双眼到胸部之间的区域内。这是一种最亲近、最没有芥蒂与防备的注视行为，所以，一般人不得随便使用亲密注视，以免引起他人的误解。

(4)学会用眼神表达尊敬与友好

①俯视，即目光向下注视对方，一般表示爱护、宽容之意。

②平视，即目光与对方目光约在同一高度平行接触，一般体现平等、公正、自信、坦率等语义。

③仰视，即目光向上注视对方，一般体现尊敬、崇拜、期待的语义。

④斜视，即视线斜形，一般表示怀疑、疑问的语义。

⑤侧扫视，即目光向一侧扫视，一般表示兴趣、喜欢或轻视、敌意态度的语义。表示兴趣、喜欢时，伴有微笑和眉毛上扬；表示轻视、敌意时，伴有皱眉、嘴角下撇。

所以，面对长辈、贵宾和上司时，自下而上地仰视对方，往往很容易赢得对方的好感。

(5)正式场合应克服的不良眼神

①不要浑身上下反复地打量人，这种眼神容易被理解为有意寻衅闹事。

②不要盯住对方某一部位"用力"地看，这是愤怒最直接的表示，有时也暗含挑衅。

③不要频繁地眨眼看人。这种眼神看起来心神不定，失于稳重，显得轻浮。

④不要左顾右盼，东张西望。这种眼神游离不定，让人觉得用心不专。

3.唇型

五官中，嘴的表现力仅次于眼睛，唇型的开合变化都能传递一定的信息。如撅嘴表示生气，撇嘴表示惋惜等，这些人们早已熟知的含义，在公共场合中都不宜采用。嘴除了话语表达之外，在社交场合中一般只配合笑容作表情。

4.微笑

人们在微笑时，传达给人一种良好的信号，促进了人与人之间的沟通，它是一种人人皆知的世界语。

(1)微笑的作用

微笑可充分展示一个人的风度，助其成功。当他人获得成功时，你的微笑表示出你对他(她)的真诚祝贺；当他人不慎做错了事而向你表示歉意时，你的微笑显示出你对他(她)的谅解和你的大度；他人处在紧张、缺乏信心的时候，你的微笑表明你在为他(她)鼓励、加油，而不是鄙视，等等。

在人际交往中，微笑能迅速地缩小彼此间的心理距离，创造出和谐、融洽、互尊、互爱的良好氛围，在交流与沟通中起着润滑剂的作用，有助于交际成功；微笑可以使客人感到受欢迎、受尊重；微笑还可使客人消除初到异地的陌生感、紧张感及疲劳感，使客人在心理上产生亲近感、安全感和愉悦感；微笑有助于企业树立良好的形象，获得良好的经济效益和社会效益，促进企业成功与发展。

微笑的作用，已为世界上不少企业家所深晓，被奉为企业成功的法宝。在服务行业内，微笑服务更是受到普遍的重视与倡导。

(2)微笑的培养

微笑是人们喜悦心情的自然流露,服务工作者的微笑是其自身良好情绪的体现。加强这方面的培训教育使服务人员能够习惯微笑,善于微笑,并自觉地控制不良情绪。

①加强爱岗敬业、职业道德及微笑服务意识教育

只有当服务人员在思想和心灵深处,对自己所从事的职业和岗位有正确的认识,并热爱它时;只有当服务工作人员在思想和心灵深处具有了敬业、乐业的职业道德时;只有当服务工作人员的思想或心灵深处具有了微笑服务意识,认识到微笑服务的意义和作用,明白了为什么要进行微笑服务时,服务工作人员才能以强烈的责任感,饱满的热情,把个人的烦恼、杂念置于脑后,全身心地投入到服务工作中去,自觉地为客人提供微笑服务。

②加强心理素质训练、增强自控能力

微笑需要以良好的心情为先导。心理素质好的人,无论遇到什么事,心理承受能力都较强,情绪相对较稳定,自控能力也较强。而心理素质差的人,心理承受能力较弱,情绪的波动较大,自控能力也较弱,喜怒哀乐溢于言表,这常常会有损形象。因此,培养良好的心理素质,增强自控能力,对服务工作人员来说是非常重要的。微笑服务要求服务工作人员不得将个人的任何不良情绪带入岗位,而要在上岗前就控制调整好自己的情绪,从而全身心地投入到工作中去,为客人提供微笑服务。

③体验角色转换的感受

体验角色转换的感受,即是要求服务工作人员去体验一下顾客的感想和感受:了解顾客的需求以及在获得相应的服务之后的感受。服务工作人员的微笑不仅是职业道德规范的要求,基本的待客礼仪,而且还是一种具有普遍意义的人情味的体现。服务工作人员在有了角色转换感受的深刻体验之后,在服务中才能多为客人着想,才能体谅客人的感受,才能对客人多一份理解,多一份人情味,从而自觉地为客人提供微笑服务。

(3)微笑的训练

微笑的诀窍在于发自内心、有诚意。基本做法是:不发声,不露齿,肌肉放松,嘴角两端向上略微提起,面带笑意,亲切自然,使人如浴春风。

①对着镜子训练。对着镜子微笑,首先找出自己最满意的笑容,然后不断地坚持训练此笑容,从不习惯到习惯微笑,并以此笑容去为客人服务。

②情绪记忆法。即将生活中自己最好的情绪储存在记忆中,当工作需要微笑时,即调动起最好的情绪,这时脸上就会露出笑容。

③视顾客为“上帝”“财神”。只有当服务人员内心深处真正有了顾客就是“上帝”,顾客就是“财神”的观念时,才能在服务中形成一种条件反射,自然地展露微笑。

④借助于一些字词进行微笑口型训练。微笑的口型为闭唇或微启唇,两唇角微向上翘。除对着镜子找出最佳口型进行训练外,还可借助一些字词发音时的口型来进行训练。如普通话中的“茄子”“切切”“姐姐”“钱”等,当默念这些字词时所形成的口型正好是微笑的最佳口型。

(二)气质培养

这里说的气质培养,实际上主要是人格的培养,因此其是一种内在修养和外在形象的结

合，是一种说不清、道不明却又让人真真切切感受到的美，是可以征服人的内心的一种形象，与漂亮不漂亮无关，是厚重的文化底蕴与素质修养的升华，是经得起时间考验的人格魅力与高雅气质。要想培养自身良好的气质，首先要明确良好气质的基本要求，然后掌握正确的培养方法，长期坚持，一定会达到完善原有气质特征，塑造完美形象的目的。

1. 良好气质的要求

良好的气质包括内在气质和外在的气质，是以其丰富的内在素养为底蕴，加上外在形象的塑造而构成的。内在的优良气质应该是：远大的理想和坚定的信念、高尚的道德品质、扎实的文化知识、良好的心理素质以及积极的创新精神和实践能力。外在的优良气质应该是：在待人接物、为人处世和日常外事等交往中行为得体、语言文明、礼仪庄重、着装得体大方。通过这种内在和外在的气质培养，塑造一个既有人格魅力又具有高雅气质的比较完整的优良气质形象。

如果一个人没有理想、缺乏道德、知识既乏，就会造成内心空虚，那就无法表现出内在的气质美。而外在的气质又是通过在内在素养孕育的基础上，加上得体的行为举止、文明的语言、庄重的礼仪礼节、大方得体的着装等多方面体现出来，形成一个比较完整的优良气质形象。

良好气质的要求有以下几点。

(1)合适的感受性和灵敏性

感受性是指个体对外界刺激达到多大强度时才能引起反应；灵敏性是指个体心理反应的速度和动作的敏捷程度。感受性过高，势必造成精力分散，注意力不集中，影响正常工作；感受性太低，也会出现怠慢现象，必须随时调节感受性和灵敏性至合适状态。

(2)忍耐性和情绪兴奋性不能太低，可塑性强

忍耐性是指个体遇到各种刺激和压力时的心理承受力。情绪兴奋性是指个体遇到高兴和扫兴的事情时，是否能够控制自己的情绪。人在遇到挫折、压力、巨大挑战的时候，情绪都会有波动，如遇到尖酸刻薄的人、不可理喻的事，控制情绪，保持良好状态，体现出很高的素养就显得很重要。面对这样的问题时，要选择积极的、催人奋进的语言给自己打气，进行心理暗示，告诉自己一定可以战胜挫折。

(3)自信

自信就是相信自己，深信自己有能力去完成自己所负担的各种任务。自信心就像人的能力的催化剂，将人的一切潜能都调动起来，将各部分的功能推动到最佳状态。而高水平的发挥在不断反复的基础上，会逐渐巩固成为人的本性的一部分。自信的人表现在对工作的积极性和主动性上，会产生战胜困难的巨大勇气；缺乏自信是个人性格软弱的表现，表现为缩手缩脚、犹豫不决，丧失勇气而自卑。

(4)诚实

诚实待人和诚实待已。一是对人讲真话，忠诚老实，不弄虚作假，不阳奉阴违，二是要诚实地对待自己，如实地反映自己的优缺点，恰当地评价自己。相信别人，待人真诚，并能积极倾听别人的想法，从他们的行为中寻找优点。恰到好处地推崇赞扬别人。

(5)谦虚

谦虚是一种公认的美德，是一种良好的个性品质。“满招损，谦受益”，“莫言人非，莫道已

长”确实是一种境界和修养。

(6)宽容

宽容,就是能够容忍,有气量,不过分计较和追究,能够谅解他人。做到:一是能以大局为重,不计较个人得失,在非原则问题上能够忍让;二是团结和自己意见不同甚至相反的人一道共事,求大同存小异,保持良好的人际关系;三是不嫉贤妒能,绝不能心胸狭窄。

宽容不是简单地忍受,而是理解、同情、练达、包涵,是因大而容,因容而大。无论遇到多么大的困难,都要认真解决,任何时候都不要为自己的错误找借口,诚恳地感谢指出自己错误的人,同时对他人做错事时要给予谅解与包容。保持心情愉快、舒畅,不为芝麻小事烦心,保持阳光心态。

(7)具有较强的观察力和准确的判断力

具有敏锐的观察力,通过着装、表情、言谈举止对人和事进行准确的判断。

(8)出色的表现能力和表达能力

通过自己的语言、行动和表情,完整、准确、恰当地表达自己的观点和思想,展示自身的魅力。

以上这些是很完善的人格特征,是人的一生中努力追求和完善的一个目标。完美的人格,散发出无尽的气质魅力。

2.良好气质的培养

举止得体、语言文明大方、人际关系和谐,是完美人格、高雅气质的展现。培养良好的气质,树立良好的个人形象可从以下几个方面着手。

(1)培养内在美

精神世界的美与丑是形成气质的内在根源。唯有美好的情操,才有照人的风采。长期的思想文化和道德品质的修养是形成良好气质的重要因素。为此要倍加珍惜自己的青春年华,立志高远,努力学习,加强道德文化修养。培根说过:“读史使人明智,读诗使人灵秀,数学使人周密,科学使人深刻,伦理学使人庄重,逻辑学使人善用:凡有所学,皆成性格。”唯有内在美,才能导致外在美。而内在美的形成非一日之功,它需要不懈地努力,不断地积累,不断地进行思想文化和道德情操的修养,才能逐渐培养起来。

首先要树立崇高的理想信念。这是现代人培养气质美的基本前提。理想信念是人生奋斗的目标和指路明灯,没有理想信念的追求和支撑,人只能浑浑噩噩、内心空虚、萎靡不振,所以有人说:没有理想信念的青春是灰色的,没有理想信念的行为是盲目的,没有理想信念的生活是乏味的。现代人一旦树立了坚定的理想信念,就会朝气蓬勃、充满斗志、乐观向上,朝着明确的目标,以坚强的毅力,努力提高精神境界,塑造高尚的人格。这样,就会在工作和生活中塑造出美好、阳光的气质和风度。

其次要培养高尚的道德品质。道德品质的纯洁高尚或庸俗低下是一个现代人是否受欢迎的分水岭。道德高尚的人具有爱心、诚信、真心,以热爱祖国、服务人民、崇尚科学、辛勤劳动、团结互助、诚实守信、遵纪守法、艰苦奋斗为自己的道德准则,使自己成为引领社会主义道德风尚的楷模。

（2）培养语言美

古人云："言，心声也；书，心画也。"语言是心灵之窗，其粗俗与文雅，是一个人道德情操和知识水平的反映。因而大学生要在培养健康、文雅、深刻的语言上下功夫。首先，要有健康的语言，即语言所表达的内容要健康、高尚、清洁。健康的语言产生于美好的心灵。一个志向远大、品德高尚、内心充实的大学生，自然会将粗鄙的内容排斥于谈吐之外；相反，满嘴污言秽语的人，也正反映出他心灵深处的肮脏。因此，语言美首先要使语言的内容美。其次，要有文雅的语言，即语言要讲究艺术。语言是人与人交往的桥梁。俗话说："良言一句三冬暖，恶语伤人六月寒。"高雅优美的语言可以消除误会，增进友谊；相反会造成隔阂，甚至酿成大祸。再次，大学生的语言一定要有深刻性。无论是与人交谈、会上发言，还是写文章，都要有深度，有一定的见解和水平，切忌言之无物的空话。因此大学生要在培养健康、文雅、深刻的语言上下功夫。

（3）培养鲜明的个性

良好的气质还表现在鲜明的个性上。现代人要注意个人的涵养，遇事不急、不慌、不怒、不狂；待人接物有主见、有智慧、有度量、有修养，能体贴人、谦让人、帮助人。要做到：高雅但不高傲、自尊但不自负、温柔但不懦弱、活泼但不轻浮、开朗但不粗俗、天真但不幼稚、成熟但不世故。

（4）培养高雅的兴趣爱好

兴趣爱好的广泛也是气质美的内涵之一。作为现代人要努力做到一专多能。一专就是对自己所学的专业、所从事职业的相关知识、业务能力要刻苦钻研、专心致志、有所发明、有所创造。多能就是兴趣爱好广泛，培养爱美之心。如爱好文学、喜欢读书可以让你了解人情世故，还可以提高语言表达能力，显得有书卷气；爱好音乐可以让你更热爱这个动感的世界；爱好美术可以让你感受色彩的美丽，享受这五彩缤纷的世界；爱好体育和舞蹈可以让你身健体美，让病痛远离你，让健康伴随你。总之，高雅的脱离了低级趣味的广泛的兴趣爱好，使人在其中学会欣赏美、追求美、创造美、表现美、演绎美，处处散发出特有的魅力，显示出与众不同的高雅气质。

（5）培养高雅的举止

高雅的举止不仅能在外观上给人以美感，而且有利于团结与合作，是气质美的重要标志。培养高雅的举止，应做到如下几点。

①彬彬有礼。中华民族素称礼仪之邦，彬彬有礼的气质风度历来受人们的赞誉。待人彬彬有礼，获得的将是友谊和尊敬。

②严守纪律。遵守纪律恰恰是有知识、有教养的表现。每个人都应该养成严守纪律的良好习惯。

③豁达大度。豁达大度是一种性格、气质美，它表明待人接物通情达理颇有胸怀，有最大限度的理解和容忍，能够抛弃心胸狭隘和易怒的性格。有的人心胸狭窄，不能容人，常因一点小事就暴跳如雷，或出口伤人，或大打出手，这是个性修养上的一大缺陷。因此，应注意克服这些缺陷。

（6）培养美观的仪表

仪表是首先映入人们眼帘的气质表现。注重仪表美是热爱生活、积极向上的表现，而不修边幅、邋遢则是消极颓废的反映。对每个人来说，整洁、朴素、大方的仪表最美。苏联诗人马雅可夫斯基赞美说:“世界上没有任何一件衣衫能比健康的皮肤和发达的肌肉更美丽。”每个人在珍惜自己的自然美的同时,如果能根据自身的形体特点和情趣爱好,恰到好处地锦上添花,使本来的自然美与修饰浑然一体、相映生辉,那就更美了。爱美是可贵的,但美并不等于浓妆艳抹。托尔斯泰在《安娜・卡列尼娜》一书中描写了这样一个故事:年轻的姑娘吉堤为了和安娜争美,参加舞会前打扮了一整天,她穿上最华贵的衣服,连裙子的每一个褶皱都考虑过了,以为稳操胜券。可是到舞会上一看,安娜只穿了一件黑色天鹅绒长袍,未作任何修饰。然而在那些珠光宝气、浓妆艳抹、五光十色的贵夫人之间翩翩起舞,却显得冰清玉洁,光彩照人,使举座倾倒。这时的吉堤感到自己身上的装饰品和华贵的衣服是多么多余,那些贵夫人就更显俗气了。从这个故事中可以看出,过多的修饰只能破坏青春之美,而淡雅、朴素、大方的服饰却能起到绿叶映红花的作用。

总之,良好的气质不是生来就有的,而是经过后来努力、长期培养起来的。人的气质美是各具特色的,气质美的表现形式是因人而异的,不能生硬机械地模仿,只能长期培养。

第二节　形体训练

一、形体训练简介

形体训练有狭义和广义之分。狭义的形体训练把它定义为形体美训练,是具体而系统的以对人形体方面相关的部位进行训练的一种时尚运动。广义的形体训练认为,只要是有形体动作的训练就可以叫作形体训练,这样各式各样的动作都可以称为形体训练,甚至某些服务行业的程式化动作,比如迎宾、端菜、送菜、礼仪姿势等,也被称为形体训练。这里的具体训练沿用狭义的概念。

形体训练是一项比较优美、高雅的健身项目,它起源于芭蕾、舞蹈、体操的基本功训练,后来脱颖而出,成为现在的具有健身、塑形、美体、矫正身体形态缺陷、培养气质的一种科学的训练方法。形体训练从一些舞蹈、体操的基本功练习中分离出来后,有了自己独特的发展,并且建立了科学、系统的训练体系。

形体训练适合的人群比较广泛,各个不同年龄阶段的人,社会各阶层的人,都可以成为形体训练广大训练者中的一员。形体训练尤其适合女性,对于现代女性来说,时尚的美,健康美、形体美、姿态美和气质美在其中占有很重要的地位,而形体训练所带来的健身、健美效果和培养健康的审美情趣、顽强的效果以及陶冶人的情操等效果正好与这些美吻合。

二、基本形体训练

(一)脚位姿态

(1)正步(并立):两脚并拢,脚尖向前,重心在两脚上(图 16-1)。

(2)自然站立(八字步):两脚跟靠拢,两脚尖向前斜方成“八”字形,重心在两脚上(图 16-2)。

(3)开立(大八字):与八字步相同,两脚跟相距约一脚(图 16-3)。

(4)丁字步:一脚跟在另一脚弓处,成“丁”字形,重心在两脚上(图 16-4)。

(5)点步:一脚站立,另一脚向前(侧、后)伸出点地,身体应正直,目平视(图 16-5)。

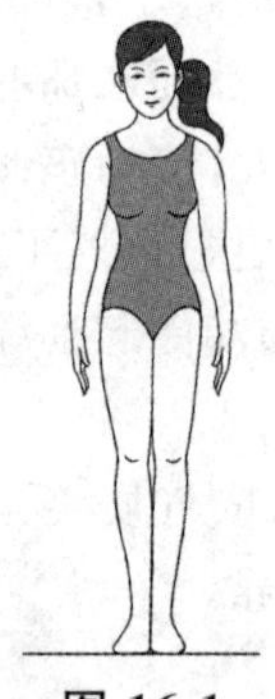

图 16-1

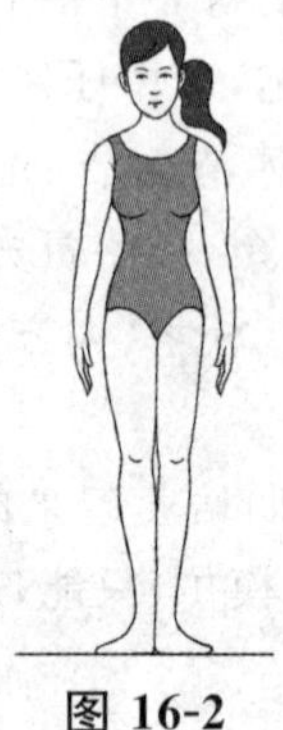

图 16-2

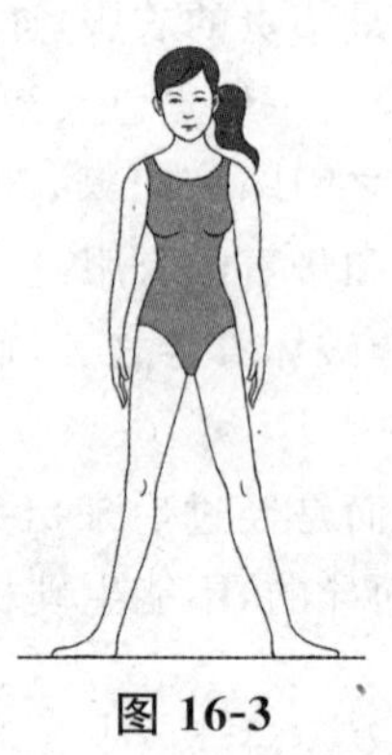

图 16-3

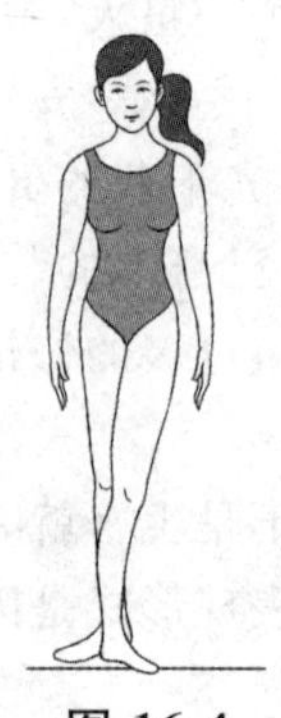

图 16-4

图 16-5

(二)芭蕾舞脚位(图 16-6)

一位——两脚跟靠拢,脚尖向两侧,两脚成一横线。

二位——脚尖向两侧,两脚跟左右距离约一脚,两脚成一横线。

三位——脚尖向两侧,一脚跟相叠在另一脚弓处,平行横立。

四位——两脚前后两行,脚尖向两侧,两脚间距离约一脚。

五位——两脚前后平行相靠,脚尖向两侧。

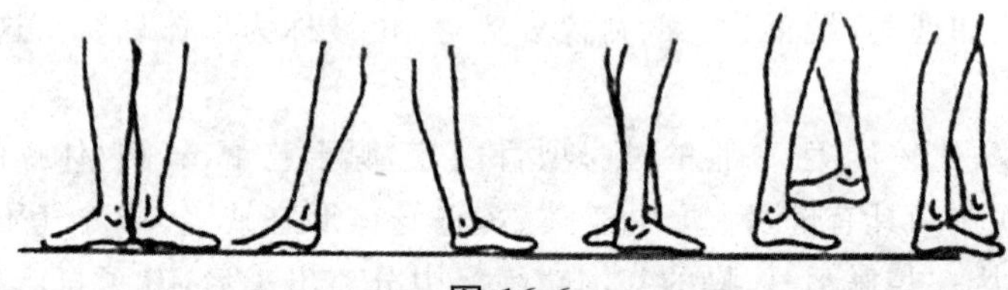

图 16-6

(三)手臂姿态

(1)前上举:以大臂带动小臂,肘抬起至前上举,掌心向前(图 16-7)。

(2)前下举:做法同前上举,但两臂举至前下举部位(图 16-8)。

(3)前举:大臂带动小臂,肘举至前举,掌心向下(图 16-9)。

(4)上举:两臂抬至上举,掌心向前(图 16-10)。

(5)侧上举、侧下举、侧平举、后下举:做法同上举,只是部位不同(图 16-11)。

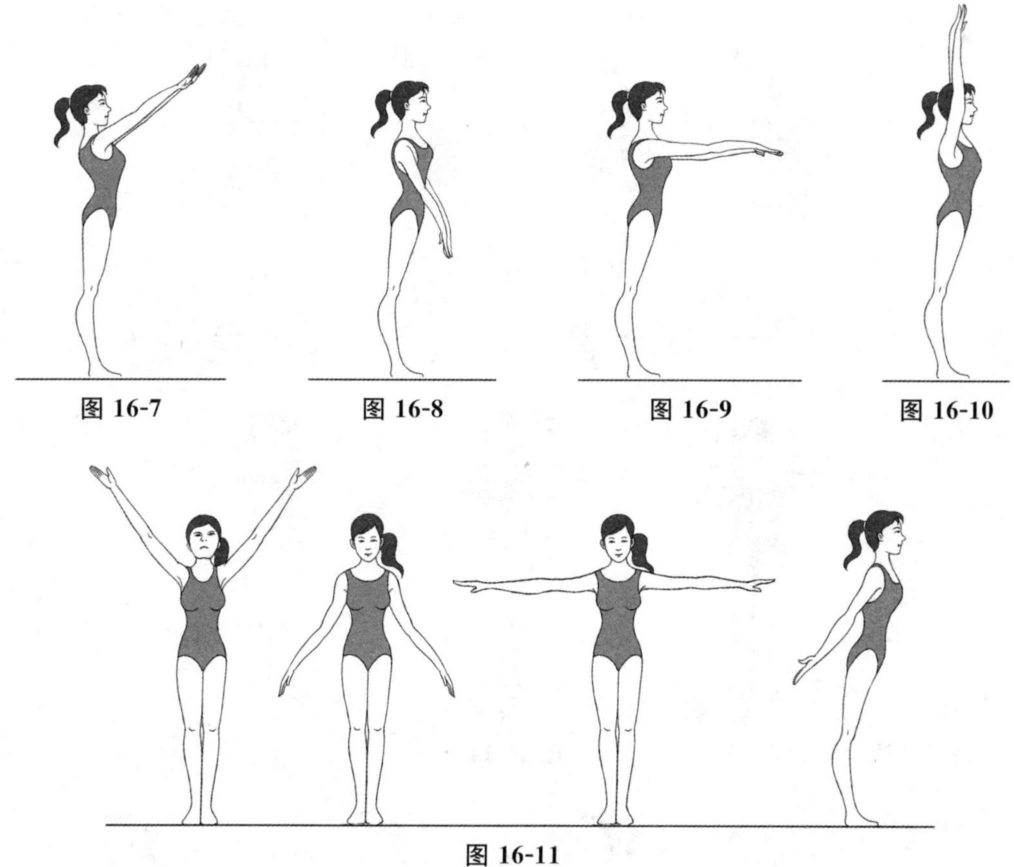

图 16-7　图 16-8　图 16-9　图 16-10

图 16-11

(四)芭蕾舞手位(图 16-12)

一位——两臂体前自然下垂,食指、拇指相对掌心稍向内上方。
二位——两臂保持弧形前举,稍低于肩,掌心向内,手指相对。
三位——两臂保持弧形上举,稍偏前,掌心相对。
四位——左(右)臂三位(上举),右(左)臂二位(前举)。
五位——左(右)臂三位(上举),右(左)臂七位(侧举)。
六位——左(右)臂二位(前举),右(左)臂七位(侧举)。
七位——两臂弧形侧举,掌心稍向前,稍低于肩。

(五)手臂动作

(1)两臂向前(向后)摆动(图 16-13)。以肩为轴向前摆动,摆动时两肩放松,以肘带动小臂、腕和手指。

(2)两臂向左(右)侧摆(图 16-14)。动作同前,但两臂向左(右)侧摆,掌心向下。

(3)一臂向前摆,一臂向后摆(图 16-15)。

1 2 3 4

5 6 7

图 16-12

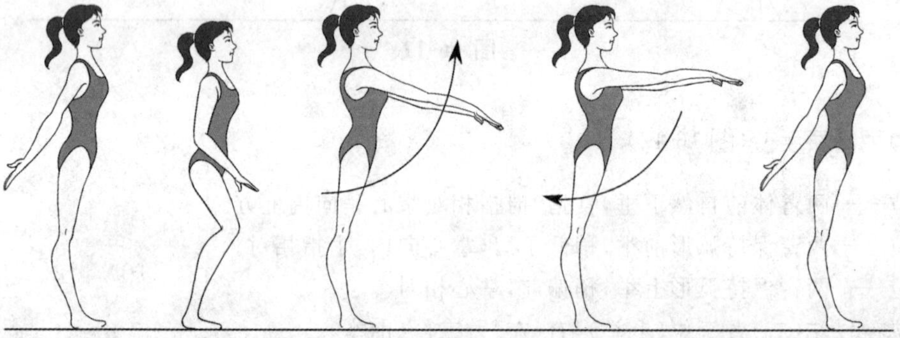

图 16-13

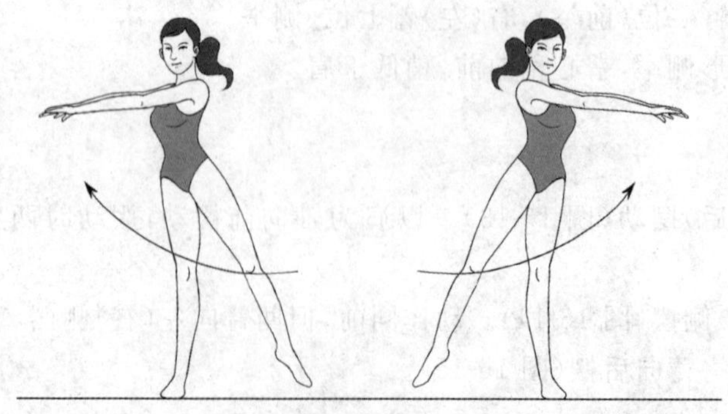

图 16-14

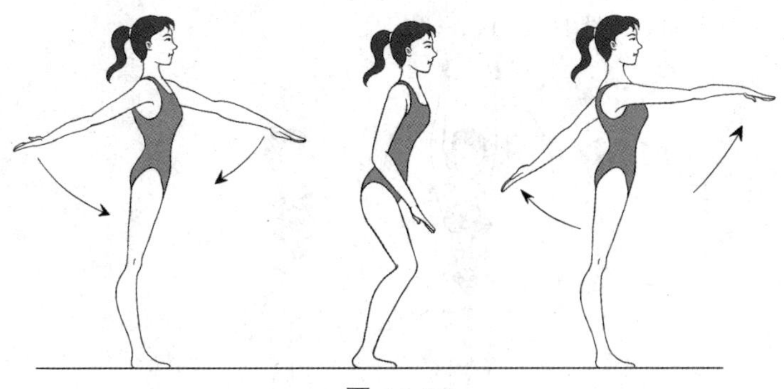

图 16-15

(4)一臂向前上摆,另一臂向后下摆(图 16-16)。

图 16-16

(5)两臂由左(右)侧经体前绕至右(左)上举(图 16-17)。

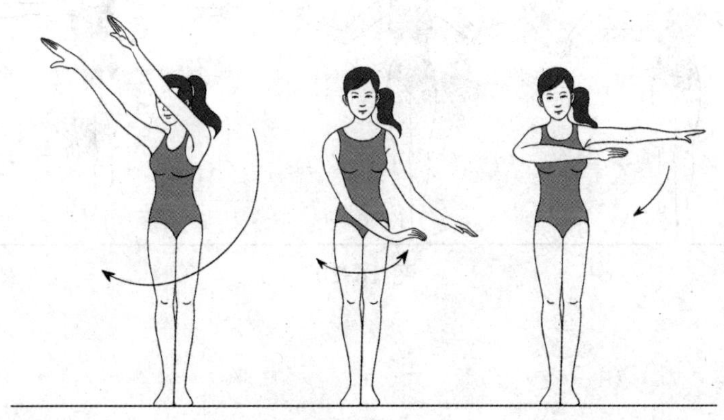

图 16-17

(6)两臂上举向内绕至体前交叉(图 16-18)。

(7)两臂向内大绕环(图 16-19)。

(8)手臂波浪:自然站立,两臂侧举,以肩带动手臂稍屈时,腕和手指放松下垂,然后由肩开始稍下压，肘腕至掌依次伸直(图 16-20)。

图 16-18

图 16-19

图 16-20

(六)基本步法

1. 柔软走步(图 16-21)

预备：自然站立，两手叉腰。

动作方法：左(右)脚稍屈膝，脚面绷直向前伸出，脚面稍向外，由脚尖柔软地过渡到全脚掌落地，身体重心随之前移，换右(左)脚做。走时上体保持正直，收腹立腰，目平视。

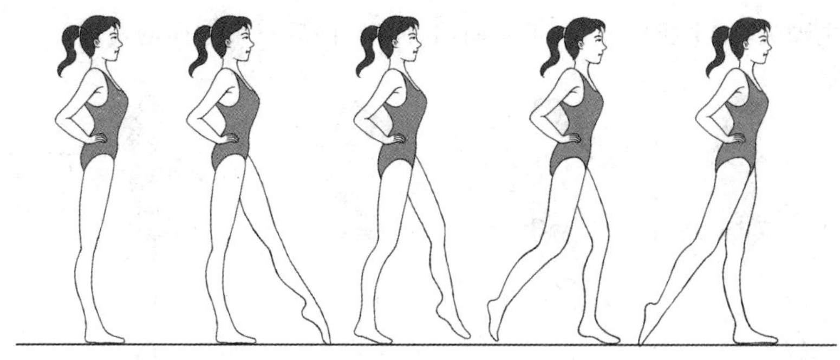

图 16-21

2. 跑跳步

预备：自然站立，两手叉腰。

动作做法：节拍前动作，右腿原地轻跳，同时左腿屈膝抬起，脚面绷直，足尖向下；1—上半拍，左脚向前落地；1—下半拍，左脚原地跳，同时右腿屈膝抬起。换另一脚做。

3. 波尔卡

预备：自然站立，两手叉腰。

动作做法：节拍前—右腿原地小跳，同时左腿稍屈膝前举；1—上半拍，左腿向前展膝落地，1—下半拍，右脚与左脚并立（或三位）；2—上半拍，左脚向前一步，2—下半拍，左脚小跳同时右腿屈膝前举，换右脚做，动作相反。

4. 华尔兹步

预备：左脚在前的三位提踵立，两手叉腰。

动作做法：1—左脚向前一次柔软步，落地稍屈膝，重心随之前移，左膝伸直；2—3，右脚开始向前做二次足尖步。换右脚做，动作相反。华尔兹步变化形式多样，有前华尔兹、侧华尔兹、后华尔兹、转身华尔兹、跑华尔兹等。

（七）把杆姿态

（1）擦地向前、向侧、向后练习（图 16-22）。

（2）小踢腿：动作脚经擦地至脚尖到达最远点时，用力使它略离地抬起至 20°左右，接着动作脚经擦地收回五位。小踢腿的动作应做得干净利落。可向前、向侧、向后重复做。

（3）大踢腿：动力腿擦地往外到达它的最远点，再往上踢起（尽量踢高）；收回时，先脚尖点地，紧接擦地收回，脚跟往前，收成五位，往前、往侧、往后重复做练习。

（4）正压腿：体前屈用胸贴近大腿。

（5）侧压腿：侧屈用肩和身体的外侧去贴近大腿。

（6）后压腿：体后屈，尽量抬头向后弯腰，用头去贴近腘窝（膝部的后面）。

（7）搬腿：是在压腿的基础上，用手抓住踝关节向前、向侧、向后的搬动动作。

（8）控腿：是在搬腿的基础上，一腿支撑另一腿举起并停止在一定部位上，从胸廓开始发力经髋传递到腿主脚尖，整个肌纤伸长，可做向前、向侧、向后三个方向的控腿。

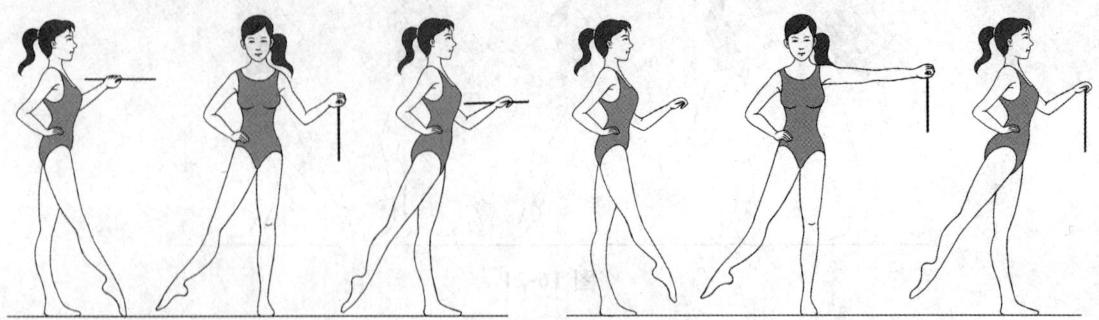

图 16-22

形体美的标准

站姿标准

(1)颈部和躯干自然挺直，身体重心在两脚之间，头、颈、躯干和腿在同一垂线上。

(2)身体各主要部位尽量舒展，做到头不歪，脖颈不前伸后仰，背不驼，胸不含，肩不耸，髋不松，膝不变。

(3)双脚略微分开或成“丁”字步，两脚均匀着地，双臂自然下垂或双手在体前交叉。

坐姿标准

(1)入座后，上体保持自然挺直，肩部放松，两臂自然下垂，高度相同，两臂屈放在桌面，或小臂平放在坐椅两侧的扶手上，也可轻轻放在两膝上，或两手相接握放在膝上。

(2)颈部伸直前倾，两膝自然弯曲，大腿保持在水平部位，两脚掌均匀着地。臀部坐在椅子的中后部，腰部始终要挺直，保持端正的姿态。

(3)挺腰，收腹，双膝紧靠，脚尖朝外。

行姿标准

(1)开始迈步时，以大腿带动小腿，先以脚跟着地，再过渡到前脚掌，身体重心落在前脚掌，步子要柔而轻快。向前迈步时，膝关节向前，脚尖稍微外展。

(2)颈部自然挺直，下颌内收，双目平视。

(3)两肩放松，两臂自然协调地前后摆动，向前摆动稍屈肘，后摆幅度不大，一般保持在30°左右。

(4)收腹挺胸是保持步态美的关键，有节奏地向前移动重心。重心与前进的方向成一直线。

(5)走路时，一般步长为75厘米左右，根据个人高矮有一定的区别，但步态必须自如、轻盈、矫健、敏捷。

第三节 体育舞蹈

一、体育舞蹈简介

体育舞蹈源于欧美传统宫廷舞、交际舞和各种土风舞，后经整理规范成为现在的体育舞蹈。体育舞蹈融艺术、体育、音乐、舞蹈于一体，被人们誉为“健与美”相结合的典范。作为一种艺术形式，它不但具有独特的观赏性，而且具有强烈的艺术感染力。根据体育舞蹈对身体练习作用效果的适用性和合理性，可分为大众性体育舞蹈和竞技性体育舞蹈两大类。

体育舞蹈是1986年传入我国的，当时，中国舞蹈家协会邀请日本成濑先生来我国教授体育舞蹈，此后一些体育舞蹈界知名人士先后前来执教，为体育舞蹈在中国发展揭开了序幕。我国体育舞蹈发展迅速，从1987年开始，每年至少举办一次全国性的锦标赛，2015年11月在深圳举行的全国体育舞蹈锦标赛已经是第25届。此外，我国每年都会举办中国体育舞蹈公开赛。随着比赛的不断增多，我国的体育舞蹈水平不断提高，也积极参与到世界性的比赛之中，并取得了不错的成绩。2016年2月在意大利举行的“WDSF World Cup”（世界体育舞蹈联合会举办的“世界杯”）的比赛中，中国选手谷庆午、林紫萱，经过5轮比赛，一路过关斩将，最终夺得冠军，成为体育舞蹈历史上第一个在该组别夺冠的中国人。

体育舞蹈强调的是娱乐性和健身性，强调身体的和谐发展。从体育的社会价值看，体育舞蹈是人们交流思想、抒发情感、相互沟通的最好形式之一。体育舞蹈这一独有的特征，使这一项目很快在全国得到普及与发展。

二、体育舞蹈的基本舞姿

掌握正确的舞姿是学好体育舞蹈必不可少的条件。正确的舞姿必须是规范的舞姿，规范才可称为标准，规范才能优美。优美的舞姿富于观赏性和表演性，可以给人以美的艺术享受。体育舞蹈的基本舞姿如下。

（一）开式舞姿

开式舞姿是指男女平行相对站立时，单手相握或者双手相握在体前而另一手臂向外展开的一种舞姿，这种舞姿常在拉丁舞中使用。一般要求重心在支撑腿上，两腿前后或者左右开立，结合使用在各种舞步中，完成各种舞姿和造型。上下连接“闭式”“扇形位”“散式”等舞姿，舒展奔放，自由灵活，能充分展现四肢和躯干动作。

（二）闭式舞姿

男女舞伴双足并合，脚尖正对前方，相对平行而立；男女舞位互相将自己的右脚尖对准对方的双脚中线，间距为6～9厘米，女伴偏向男伴右旁约1/3；男女舞伴的头向左转过去，女45°

并稍向左倾斜，男 25°，越过对方右肩上方向前看，肩平，背直，腰挺，膝松弛，气舒缓。女伴胸腰微向后倾弯约 25°。

(三)散式舞姿

散式舞姿也称 P. P. 舞姿。在闭式舞姿的基础上，男伴将头及上身略向左打开，女伴将头及上身略向右打开，两人的头均向同一方向。

(四)扇形位舞姿

这种舞姿是伦巴舞、恰恰舞常用的舞姿之一，是指女方站在男方的左侧相隔一只手臂的距离，男方的左手(掌心向上)和女方的右手(掌心向下)相握，女方的身体和男方的身体呈直角形排列，女方的左臂和男方的右臂均侧平举。女方的左脚向后踏出一步，重心落在左脚，男方的右脚向右侧跨出一步并稍微向前，重心落在右脚。

知识拓展

体育舞蹈的国际礼节

请　舞

请舞又叫邀舞。舞曲响起后，男士听清楚音乐的节奏和所跳的舞蹈是几步舞后，应主动走到女士面前邀请对方跳舞。一般来说，跳舞是男士主动邀请女士，但并不排除女士邀请男士的形式。男士邀请女士跳舞时，女士可以拒绝，但要很有礼貌地婉言谢绝；相反，当女士主动邀请男士跳舞时，男士即使不会跳舞，也不可以拒绝女士。男士或女士邀请有舞伴的女士或男士跳舞时，首先要得到对方舞伴的同意，然后才能邀请对方。

领　舞

领舞是邀请到舞伴后带对方到舞池中去跳舞。做法有两种：如果在正规场合中跳舞，男士要用右手或左手，牵带女士的左手或右手，掌心向上；如果是在非正式场合中或者是同事、朋友及比较熟悉的人在一起跳舞，邀请舞伴后，以男士在前、女士在后跟随的方式去做。

共　舞

共舞是男士和舞伴随着音乐共同跳舞的过程。在共舞时，应当保持优美的舞姿，遵循跳舞场合的礼节。在共舞过程中，男士对女士应多关照，始终以礼相待。引带手势要清楚，不要用力，直至一支舞曲结束。

谢　舞

谢舞是男士领带女士共舞结束时以有礼节的形体动作向舞伴表示谢谢和再见。根据音乐结束时的旋律，男士左手举高引带女士向左旋转一圈或两圈，以示感谢。此动作要求男士掌握动作要领，讲究规范、高标准、高质量地完成。

第十七章　机械安装、土建类职业主要适应体育运动

学海导航

从事机械安装、土建类职业的人群必须要具有良好的身体素质，这些身体素质主要包括灵敏性、力量性和耐力性等。而健美运动、体操和攀岩等运动能为此类职业人群提供良好的运动手段与方法，经常参加这些项目的锻炼对从事这些职业是非常有帮助的。本章主要介绍健美运动、体操和攀岩运动的基本知识与技能。通过学习本章，高职学生能学习、掌握和提高以上几项运动技能，从而为从事本职业打下良好的基础。

第一节　健美运动

一、健美运动简介

近代健美运动是19世纪末在欧洲兴起的，是由德国的体育家尤金·山道首创，并于1901年9月4日在英国举办了世界第1次健美比赛。山道对健美运动起到了很大的推动作用，他被称为“现代健美之父”。山道首创了利用各种姿态来展示人体美的方法，他自己不仅是当时健美体型的典范，还编辑健美训练书刊，制定健美比赛规则、评分标准，创办健美训练学校等，对完整的发展现代健美运动奠定了坚实的基础。这个时期被认为是健美运动的早期。

20世纪30年代开始，人们的审美观开始发生变化，喜欢追求更加庞大的肌肉，对肌肉的对称性和轮廓清晰度提出更高要求。他们通过改善训练技巧、提高营养水平以及使用更有效的器械达到健美目的。很多有影响力的发行刊物也开始出现，在一些欧美国家出现了授予各种称号的男子健美比赛，以后流行到其他国家。20世纪30年代早期，中国健美运动创始人赵竹光先生在上海沪光大学求学时曾参加过这个函授班，也就是这一时期开始健美运动传入我国。这一时期被认为是健美运动的黄金时期。

20世纪70年代以后，这个时期被称为健美运动的现代时期。70年代，阿诺德·施瓦辛格的影片《铁金刚》所塑造的健美形象令健美吸引了很多公众的眼光。1980年男子比赛“宇宙先生”称号诞生。20世纪80年代初期，健美运动在世界范围内进入大发展阶段，恰逢我国开始实施改革开放的新政策，这为中国健美运动的发展铺平了道路。随着人们生活水平的不断提高，健美运动逐渐走进了我们的生活，群众性的健美运动在我国逐渐盛行起来。20世纪90年代后期，是我国竞技健美运动加速发展的时期，历年来都会举办全国健美锦标赛、冠军赛，在此

期间成立了国家健美集训队多次参加世界性的健美比赛，并且取得了骄人的成绩。进入21世纪以后，健美运动逐渐从大众健身项目向竞技性项目转变，逐渐走上职业化的道路，各种健美俱乐部也不断涌现出来。

中国健美历史上的第一

第一位将健美运动引入中国的推广人：赵竹光（上海人，1907—1991），被誉为“中国健美运动之父”。

第一家健美组织：1930年创办的上海“沪江大学健美会”。

第一家健美学府：1940年创办的“上海健身学院”。这是中国第一所运用教学方法来指导健美锻炼的学府。

第一本全国性健美杂志：1980年底由《体育报》社编辑部主办的《健与美》杂志正式创刊。

第一届全国健美冠军赛：1987年10月24—26日在山东省淄博举行了第一届全国健美冠军赛。

第一位中国健美先生：1992年11月28日在海南省海口市举行的“利斯杯”首届中国先生、小姐大赛上杨新民荣获“中国健美先生”称号。

第一位中国健美小姐：1992年11月28日在海南省海口市举行的“利斯杯”首届中国先生、小姐大赛上张萍荣获“中国健美小姐”称号。

二、健美运动技术

（一）颈部技术

（1）单手左右侧压颈屈伸：按在头右侧的手用力把头向左侧推压，而颈部则用力顶住并逐渐被压倒，然后颈部用力把头向上伸（左右侧轮换练习）。

（2）双手正压颈屈伸：双手十指交叉，按在脑后，头向上仰，双手用力压头部，使其向前下屈，颈部则用力顶拉不使头被轻易下压，但终于逐渐被压到颈部触及锁骨柄，然后颈部用力把头上抬，两手用力按住，不使头轻易上抬，但终于逐渐抬到原位。

（3）自抗左右转颈：头部正直，两目前视。向左转颈，颈部自身使劲，然后再回转到正面，同样使用自抗力，完全转到正面后，再开始向右转颈。

（二）胸部技术

（1）俯卧撑：两手与肩同宽撑地，两脚向后伸直并拢，脚掌蹬地，微抬头，使身体成一条斜线。两臂弯曲使身体直线下降至胸部几乎触及地面时，迅速将身体推起两臂完全伸直，重复进行。

(2)仰卧推举:仰卧在凳面上,两腿分开,两脚踏地,两手握住杠铃横杠置于乳头上方,将杠铃往上推起至两臂完全伸直,还原后再重复进行。

(三)臂部技术

1.前臂技术练习

(1)两臂弯举:先两手握住杠铃横杠,掌心朝外,距离与肩同宽,两脚自然分开站立,两臂下垂置横杠于身前,接着吸气,并同时利用肱二头肌收缩的力量,使前臂与持杠铃的两手向胸前尽量弯起,呼气的同时,两臂慢慢放下成还原姿势。

(2)直立提肘上拉:两手掌心朝里,虎口相对,用不同的握距直臂体前握杠铃,然后提肘用力上拉杠铃,在肘关节超过肩关节高度时,朝下缓缓伸直两臂,置杠铃于原来开始的部位。

(3)单臂肘屈伸:单臂上举,屈肘,使哑铃或小杠铃下落至颈后背部上方,再按原路线复原。

2.上臂技术练习

(1)前平举:两手掌心向里,握小杠铃或调节哑铃直臂下垂体前,握距与肩同宽。用三角肌的收缩力,直臂向前上举,至与肩成水平部位稍停,为了加深对三角肌的刺激和加强肩关节的灵活性,直臂再继续往上举至头顶上方,直臂循原路徐徐落下,将杠铃放回开始部位。

(2)侧平举:练习时两手拳眼向前握哑铃铁片或其他重物,直臂下垂于体侧,用三角肌的收缩力,直臂向身体的两侧举起,至与肩成侧平为止,直臂徐徐下落,将哑铃垂放于身体两侧的原来位置。

(四)腰腹部技术

(1)仰卧起坐:练习者仰卧在地,脚背上可置放杠铃和沙袋,以固定两脚,两手抱于颈后,用腹肌收缩力使上体坐起,尽量使脸部靠近腿部,同时吸气;坐起后随即后仰,恢复仰卧姿势,同时呼气。

(2)俯卧挺身:练习开始,由同伴坐在脚跟或小腿上,并用双手按住练习者膝关节附近。然后向下俯身,同时呼气,到躯干接近地面时,即抬头展体,同时吸气使上身成反弓形,也可以用双脚钩住肋木,俯伏在山羊或鞍马上做。当每组能做 12 次以上时,置于颈后的手臂可以伸直,也可以携上杠铃片或哑铃来做。

(五)腿部技术

(1)颈后负重深蹲:站在深蹲架前,屈膝,两手握住深蹲架上的杠铃并担负在颈后肩上(勿压放在颈椎顶部以免疼痛)。向前走两步,两脚开立,略宽于肩,足趾稍向外撇,身体伸直。

(2)腿后拉引:背向杠铃站立、下蹲,两手握杠,用力拉起放在腿后地上的杠铃,吸气后挺胸伸直全身,然后循原路将杠铃轻轻放下,呼气成下蹲持杠铃姿势。如此多次重复。

(3)提踵:练习提踵时,两脚尖站在高出地面 5～10 厘米厚的木块或砖上,先将脚跟慢慢下沉触及地面,随即用力提脚跟,踮起脚尖,提高身体重心位置,收紧臀部和大腿肌肉;然后再下沉脚跟,放松臀部和大腿肌肉,同时呼气,再次重复上述动作。

第二节 体 操

一、体操运动简介

体操一词来源于古希腊语，古希腊人将从事锻炼的各项走、跑、跳、攀登、爬越、舞蹈、军事游戏的内容统称为体操，体操是当时所有运动的总称。而现代体操，则指通过徒手、持轻器械或在器械上完成不同类型与难度的单个动作、组合动作或成套动作，充分挖掘人的潜能，表现人的控制能力，并具有一定艺术要求的体育项目。随着时代的变革，体操运动的项目和运动方式等得到了不断发展和完善。1896 年，第 1 届奥林匹克运动会将体操列为正式比赛项目，但当时只有男子体操项目。同年，在欧洲体操联合会(1881 年成立)的基础上成立了“国际体操联合会”。在第 1 届奥运会上体操比赛项目有单杠、双杠、鞍马、吊环与爬绳等。1903 年举行了第 1 届世界体操锦标赛。1928 年，荷兰阿姆斯特丹举行的第 9 届奥运会上首次将女子体操列为正式比赛项目。

19 世纪 60 年代，近代体操经由军事学堂和教会系统从国外传入中国。新中国成立后，在党和政府的正确领导与关怀下，体操运动和其他运动项目一样，得到了迅速发展。中国从 1958 年开始参加世界体操锦标赛，男、女团体成绩很快达到了世界先进水平，并在 1983 年战胜了苏联队，首次登上了世界冠军的宝座。在世界体操比赛中，中国队发挥非常出色，在国际上的影响力与日俱增，为世界体操运动的发展做出了贡献。2008 年北京奥运会，主场作战的中国体操队发挥出色，共夺得九枚金牌，其中中国男子体操队夺得全部八枚金牌中的七枚，而中国女子体操队首夺奥运女团金牌，实现了新的突破。2012 年的伦敦奥运会上，中国体操队再创佳绩，获得了 4 金 3 银 1 铜的优异成绩。近些年来，我国体操队面临着新老交替等问题，水平有所起伏，但是目前一直处于上升状态，2015 年在英国格拉斯哥举行的第 46 届世界体操锦标赛上，我国取得了 2 金 2 银 4 铜的成绩，其中尤浩和范忆琳分别在双杠和高低杠项目上夺得冠军。但是在 2016 年巴西里约热内卢奥运会上，中国体操代表队发挥欠佳，没有获得任何一个项目的冠军，为中国体操代表队历届奥运会最差成绩，这需要引起中国体操界的高度重视，争取提高自身的训练水平，重回世界顶尖水平。

体操王子——李宁

李宁，原中国著名体操队运动员，他曾经创造了世界体操史上的神话，先后摘取十四项世界冠军，赢得一百多枚金牌。

1982 年 12 月 22 日，在南斯拉夫萨格勒布举行的第 6 届世界杯体操比赛中，李宁一人夺得男子全部 7 枚金牌中的 6 枚，获单杠、自由体操、跳马、鞍马、吊环和全能 6 项冠军，创造了世界体操史上的神话，被誉为“体操王子”。

1984 年，李宁在第 23 届洛杉矶奥运会男子体操单项比赛中夺得男子自由体操、鞍马和吊环 3 项冠军，一举夺得 3 金 2 银 1 铜，接近中国代表团奖牌总数的 1/5，成为该届奥运会中获奖牌最多的运动员。

1988 年退役后，李宁以其姓名命名创立了“李宁”运动品牌。运动品牌涉足广泛，从生产运动服装、运动鞋到生产篮球、足球等。

二、体操基本技术

(一)徒手体操基本技术

(1)前滚翻。由蹲撑开始，重心前移，两腿向后下方蹬直离地，同时屈臂、低头、提臀，以头的后部在两手撑地前着地，经后脑、背、腰、臀部依次向前滚动，当背部着地时，迅速收腹屈膝上体紧跟大腿团身抱腿成蹲立(图 17-1)。经常练习前滚翻，可以提高前庭器官机能，培养学生时空方位的判断能力和自我保护的技能，发展其协调性和灵巧性。

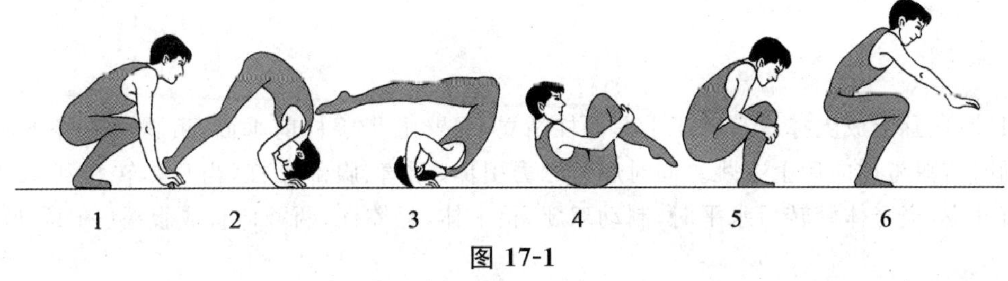

图 17-1

(2)后滚翻。由蹲撑开始，身体稍前移接着直臂顶肩推手低头拱背团身后滚，依次经臀、腰、背向后滚动，两手迅速屈臂抬肘翻腕置于肩上(掌心向后)，当头部着地时两手用力推地撑起翻转成蹲撑。

(3)前滚翻直腿起。开始同前滚翻，但两手比前滚翻稍远撑地，顺势屈臂、低头前滚，当滚至臀部时，上体迅速前屈缩小髋角，同时两手在膝部外侧撑地向后快速用力推起，以脚跟先着地再过渡到全脚掌，经屈体立起成直立(图 17-2)。

图 17-2

(4)鱼跃前滚翻。由半蹲两臂后举姿势开始,两臂前摆,同时两脚蹬地,向前上方跃起,身体腾空时保持含胸、紧腰、梗头,髋关节大于90°,腿处臀部水平位。接着两臂前伸撑地、屈臂、低头经后脑着地做前滚翻(图17-3)。此动作的练习,可以培养学生勇敢、顽强的意志品质及时空感觉和自我保护的技能,发展学生的协调性和灵巧性。

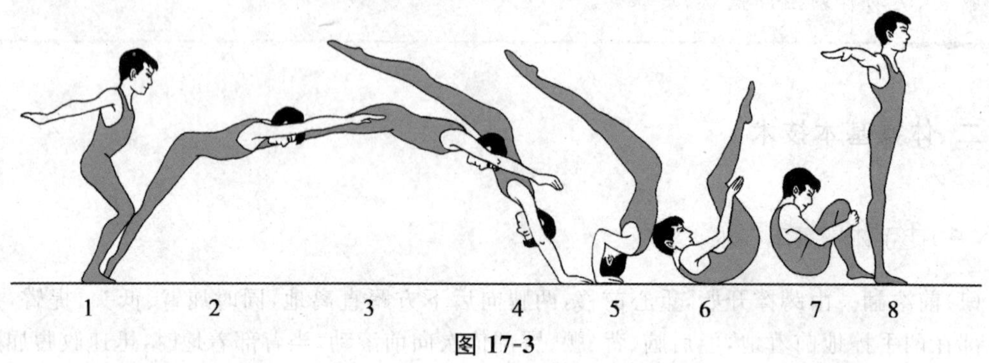

图 17-3

(二)器械体操基本技术

1.单　杠

(1)蹬地翻上成支撑。直臂正手握低杠站立,屈臂上步于杠前垂面,后腿由后经下向前摆动。同时前腿蹬地向后上方跳。同时屈臂用力引体、倒肩、腹部靠杠,当身体转斜到45°时,双腿伸直并拢,当身体翻转后水平时,制动双腿,抬上体,翻撑杠,两臂伸直成腹撑(图17-4)。

图 17-4

(2)单腿骑撑后倒挂膝上。右腿骑撑开始,两臂伸直撑杠,向后摆左腿,推双手,身体重心后移,右腿屈膝挂杠,上体后倒。身体重心远离杠面,当身体转到杠垂面对,左腿加速向前上摆。当转到斜上45°时压穿右腿,翻腕立腰,握紧双手制动,双腿前后大分腿成骑撑(图17-5)。

(3)悬垂摆动屈伸上。悬垂前摆开始,收腹成直角沉肩,过杠下垂面后收腹屈体,双腿靠杠面到前摆极限,回摆同时直臂压杠穿腿、跟肩成支撑腿继续后摆(图17-6)。

(4)支撑后摆下。由支撑开始,两腿先向前预摆。肩部稍前倾,接着双腿向后上方摆腿,两臂伸直支撑。当后摆到极点要下落时,稍含胸制动,双腿顶肩推手,挺身落下(图17-7)。

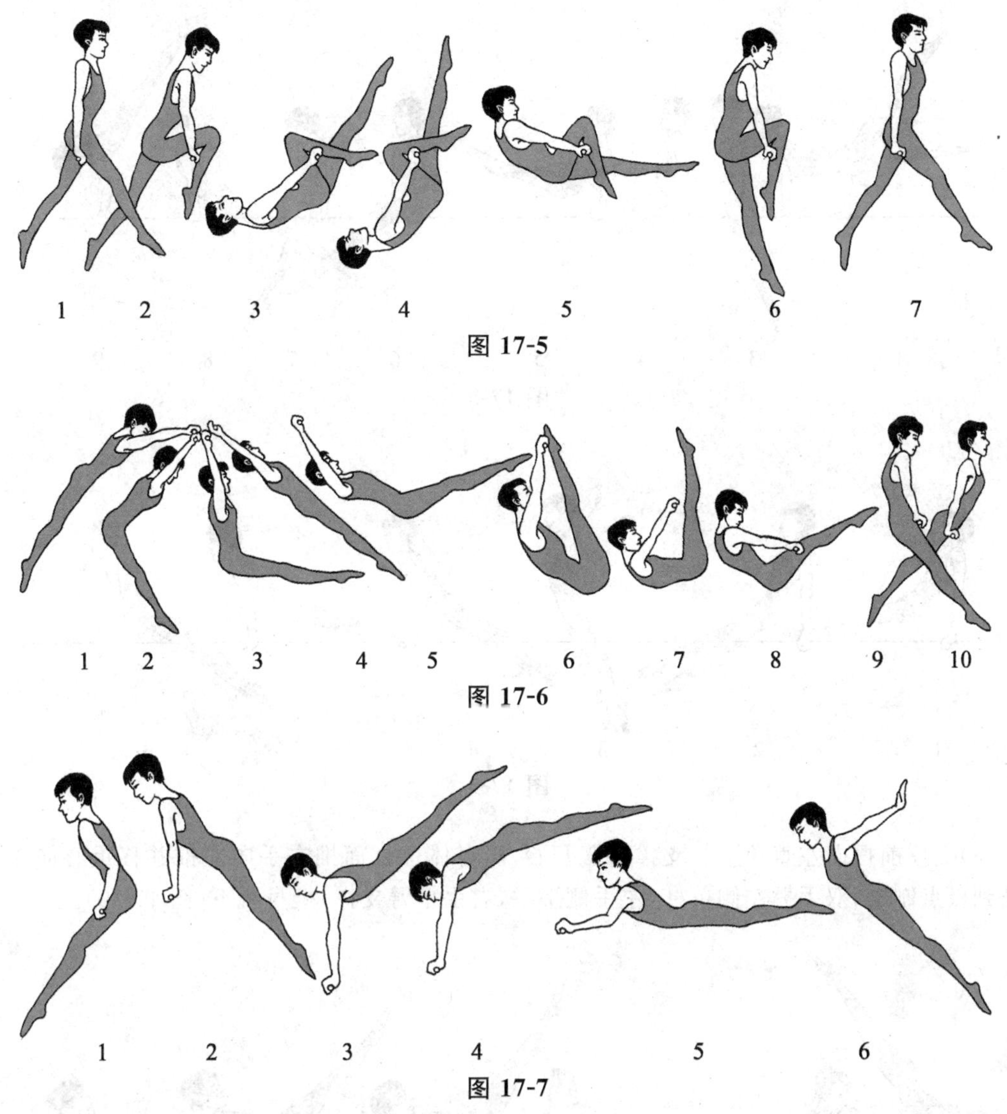

图 17-5

图 17-6

图 17-7

2. 双　杠

(1)支撑摆动。前摆从后摆最高点开始,以肩为轴,身体保持直体自然下摆,脚尖向后远伸,肩稍前移。当身体到支点时顶肩向前上方兜腿、顶肩、梗头,按惯性紧腰,身体自然展开,肩角充分拉开。后摆从前摆最高点开始,身体保持伸直,身体自然下摆。固定肩,双臂用力支撑。当身体下摆接近垂直部位前,髋关节稍屈,摆过垂直部位后,加快腿的“鞭打”,含胸顶肩,以肩为轴自然后摆,顶臂使肩角充分拉开(图 17-8)。

(2)分腿骑坐前进。由支撑前摆开始,当前摆两腿过杠面时,立即向前上两侧分腿,分腿落于两杠面成骑坐,推手重心前上移,用两大腿内侧压杠挺身上立。过支点后上体前倒,双手向远处撑杠,同时两腿伸直,用大腿压杠反弹,后摆并腿,支撑自然前摆(图 17-9)。

图 17-8

图 17-9

(3)支撑前摆向左直角下。支撑前摆开始，当身体过杠面推右手向左推并移重心向左，当腿摆到极点制动，双手握左侧单杠，左手侧平举，右手单臂支撑，挺身跳下(图 17-10)。

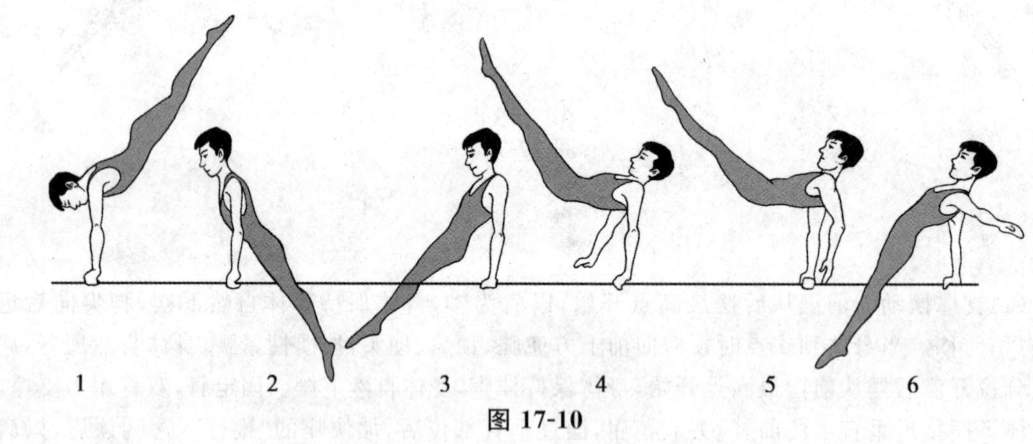

图 17-10

(4)挂臂前摆上。由摆臂开始，前摆到杠垂面稍沉肩加速兜腿，身体摆到杠面突然制动，压臂跟肩支撑，身体继续上摆，肩充分顶开(图 17-11)。

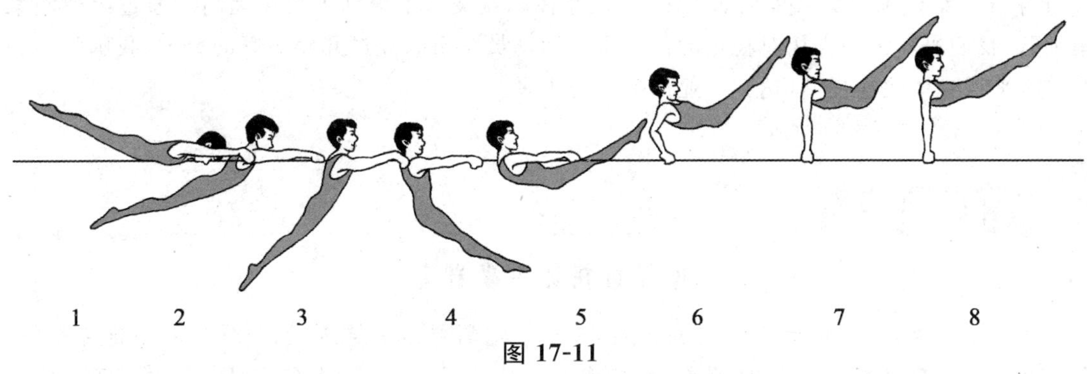

图 17-11

第三节　攀　岩

一、攀岩简介

攀岩运动起源于20世纪五六十年代，但攀岩技术的发展已有一百多年的历史。早在1865年，英国登山家、攀岩运动创始人埃德瓦特首次用简易的钢锥、铁锁和登山绳索等技术装备成功地攀登上了险峰。1890年，英国登山家马默里又改进了攀登工具，发明了打楔用的钢锥和钢丝挂梯以及各种登山绳结，把攀岩技术推进到了新的阶段。但是，难度较大的攀岩竞赛，则是在20世纪50年代末60年代初才出现的。当时在苏联高加索地区的一些地方体协和军队中，率先开始试行攀岩竞赛，逐渐发展为全苏性比赛。1974年9月，苏联和捷克斯洛伐克的登山组织在苏联克里米亚举办了首届“国际攀岩锦标赛”，英国、民主德国、联邦德国、意大利、美国和日本等12个国家的213名选手参加了比赛。此后，国际登山联合会决定，每两年举办一次“国际攀岩锦标赛”，比赛项目有个人攀登赛、个人平行计时赛和小队攀登赛等。

我国从1987年起已先后举办了多届全国性的攀岩比赛，比赛项目有男、女单人攀登赛，双人结组攀登赛和人工岩场的攀登比赛。

1991年1月，“亚洲攀登比赛委员会”成立，并决定每年举办亚洲竞技攀岩锦标赛。同年12月在香港举行了首届攀岩锦标赛。当今世界攀岩比赛分两大流派：分别是以苏联为代表的“速度”派和以两欧国家为主的“难度”派。

经过三十多年的发展，攀岩运动在我国已得到很好的普及与推广。目前，攀岩已成为追求时尚、放纵心情的理想选择；成为对广大青少年学生进行素质教育的有效途径；成为众多户外运动俱乐部引以为傲的拳头产品；成为拓展培训中不可缺少的挑战项目。近几年来，我国每年都举行多次全国性、国际性赛事，且数量越来越多、规模越来越大、层次越来越高、形式越来越丰富。这些赛事的成功举办，逐步建立了我国攀岩比赛的商业运作模式；为国内外攀岩选手提供了众多相互交流的平台；大大提升了中国攀岩的国际地位；吸引了无数中国百姓的眼球。自

2001年开始组建国家攀岩集训队以来，我国整体的竞技水平得到了快速提高。通过组建国家集训队，我们培养了一支相对稳定的优秀攀岩运动员队伍。经过几年不懈的努力，我国整体的竞技水平得到了快速提升，达到了亚洲准一流水平。

知识拓展

世界最快徒手攀岩者

丹·奥斯曼，一个性情温和、勇敢的人，一个吉尼斯纪录保持者，也是攀岩界的传奇人物，是一个天才的攀岩者。他于20世纪90年代初期在美国Nevada的Cave Rock首创了一些最难的攀登路线。他超于常人的徒手攀岩能力在1990年攀登位于New River Gorge的gun club时表现到了极点。同时，他也进行高难度路线的攀冰，并尝试世界各地的big wall路线，包括Alska的middle triple peak登顶。创造出三项自由降落的新世界纪录，他曾经6分钟之内攀过高122米的陡峭的花岗岩石壁，是世界上最快徒手攀岩者。

二、攀岩基本技术

攀岩要有良好的身体条件，但更重要的要有熟练的技术。学习攀登技术实践性很强，必须在不断攀登中练习，如果能有技术熟练者在旁指导，将能收到事半功倍的效果。

(一)手　法

攀登中用手的根本目的是使身体向上运动和贴近岩壁。岩壁上的支点形状很多，常见的也有几十种。攀登者对这些支点的形状要熟悉，知道对不同支点手应抓握何处，如何使力。根据支点上突凹的位置和方向，有抠、捏、拉、攥、握、推等方法。但也不要拘泥于某种方法，同一支点可以有多种抓握的方法，比如有种支点是一个圆疙瘩上面有个小平台，一般情况是把手指搭在上面垂直下拉，但为了使身体贴近岩壁，完全可以整个捏住而平拉。又如有时要两只手抓同一支点时，前手可先放弃最好抓握处，让给后手，以免换手的麻烦。抓握支点时，尤其是水平用力时，手臂位置要低，凭借向下的拉力加大水平摩擦力。要充分使用拇指的力量，尽量把拇指搭在支点上。对于常见的水平浅槽的支点，可把拇指扭过来，把指肚一侧扣进平槽，或横搭在食指和中指指背上，都可增加很大力量。

攀登中手指的力量十分重要，平常可用指卧撑、引体向上、指挂引体向上、提捏重物等方法练习。现在国外一些高手已能达到单指引体向上的力量水平。在攀登较长路线时可选择容易地段两只手轮换休息。休息地段要选择没有仰角或仰角较小，且手上有较大支点处，休息时双脚踩稳支点，手臂拉直(弯曲时很难得到休息)，上体后仰，但腰部一定要向前顶出，使下身贴近壁，把体重压到脚上，以减小手臂负担，做活动手指、抖手动作放松，并擦些镁粉，以免打滑。

(二)脚　法

攀岩时腿脚的运用非常重要，腿的负重能力和爆发力都很大，而且耐力强，攀登中要充分利用腿脚力量。

攀岩一般都穿特制的攀岩鞋，鞋底由硬橡胶制成，前掌稍厚，摩擦力大，鞋身由坚韧的皮革制成，鞋头较尖。穿上这种鞋，在不到1厘米宽的支点上都可以稳固地支撑全身重量。在选购这种鞋时，易小不易大，鞋越紧脚，发力时越稳固。一些选手比赛时甚至要在挂钩的辅助下穿鞋。

攀岩时用到脚的部位只有鞋正前尖、鞋尖内侧边、鞋尖外侧边和鞋后跟(主要是翻屋檐时用来挂脚)，而且攀爬过程中只能踩进一指左右的宽度，不能太多。如果实行换脚、转体等动作，需把整个脚掌放上去，为的是使脚在受力的情况下能够左右旋转移动。

换脚是一项基本的技术动作，攀登中经常使用，换脚时要保证平稳，不增加手上的负担。以右脚支撑换到左脚支撑为例，先把左脚提到右脚上方，右脚以脚在支点上最右侧为轴逆时针(向下看)转动，把支点左侧空出来(体重仍在右脚上)，左脚从上方切入，踩点，右脚顺势抽出，体重过渡到左脚。动作连惯起来，右脚从支点滑出，左脚同时滑入，体重一直由双脚负担，手只用来调节平衡。有些初学者换脚时是前脚使劲一蹬，跃起，后脚准确地落在前脚原在的支点上，看起来十分利落，但实际上是错的，因为这样一方面使手指受力较大，另一方面造成身体失衡，更重要的是在脚点较高时无法用这种方法换脚。双脚在攀登过程中除了支撑体重外，还常用来维持身体平衡。脚并不是总要踩在支点上，有时要把一条腿悬空伸出，来调节身体重心的位置，使体重稳定地过渡到另一只脚上。

(三)移动重心

攀登中，应明确地意识到自己重心的位置，灵活地控制重心的移动。移动重心的主要目的是在动作中减轻双手负荷，保持身体平衡。通常通过推拉腰胯和腿平衡来达到调节重心的目的。腰是人体的中心，它的移动直接带动重心的移动，较大的移动往往形成一些很漂亮的动作。把腿横向伸出，利用腿脚的重量来平衡身体也是常见的做法。

初学动作时大都十分盲目，不知道去体会动作，只想提升高度，其实初学者最好不要急于登高，先做一段时间的平移练习，即水平地从岩壁一侧移到另一侧，体会重心、平衡、手脚的运用等基本技术。在最基本的三点固定、单手换点时，一般把重心向对侧移动，使手在没离开原支点之前就已经没有负荷，可以轻松地出手；横向移动时，要把重心向下沉，使双手吊在支点上而不是费力地抠拉支点。一般情况下，应把双脚踩实，再伸手够下一支点，而不要脚下虚踩，靠双手上拉使身体上移。一定要注意体会用腿的力量顶起重心上移，手只是在上移时维持平衡。

攀爬时身体要尽量贴近岩壁，可常见一些高手往往身体离岩壁很远，这是因为常用的侧拉、手脚同点、平衡身体等技术动作的准备动作需要与岩壁间有一定空间，只是身体上升的一刻，身体才贴向岩面。

(四)侧　拉

侧拉是一项很重要的技术动作，主要在过仰角及支点排列近于直线时使用，它能极大地节省上肢力量，使一些原本困难的支点可以轻易达到，在过仰角地段时尤其被大量采用。其技术要点是身体侧向岩壁，以身体同侧手脚接触岩壁，靠单腿支撑身体重量，同侧手抓握上方支点，另一只腿伸直用来调节身体平衡。以左手抓握支点为例，身体朝左，右腿弯曲踩在支点上，左腿用来保持平衡，右腿蹬支点发力，右手伸出抓握上方支点。

由于人的身体条件，膝盖是向前弯曲，若面对岩壁，抬腿踩点必然受到阻碍，如果身体侧向岩壁就可以很好地解决这一问题，身体离墙更近，使脚能够承受更多的体重，而且可以充分利用自身的高度，达到更高的支点。一次侧拉结束后，视支点位置可做第二个连续侧拉。双手抓稳后，以支撑脚为轴转体，脸转向对侧，平衡腿在支撑腿前交叉而过，以脚尖外侧踩下一支点，这时平衡腿变成了支撑腿，自由手变成了支撑手，完成第二次侧拉。其间支撑脚踩点一定要少，否则不易做转体动作。

侧拉动作有以下方面应当注意：身体侧向岩壁；支撑脚应以脚尖外侧踩点，不要踩得过多，以利换脚或转身；若要踩的点位置较高，可侧身后双手拉牢支点，臀部向后坠，加大腰前空间，抬脚踩点，再双手使劲把重心拉回到这只脚上，另一条腿用来保持平衡用；支撑手只负责把身体拉向岩壁，身体完全由单腿发力顶起，以节省手臂力量；发力前把腰肋顶向岩壁，体重转到脚上，切记过度的放松身体，使身体下坠，这点在攀爬仰角时尤为注意；自由手应在发力前就向上举起，把肋部贴向岩面，如果蹬起后再把手从身下移到头上，中间必会把身体顶离岩壁，加大固定手的负担。

（五）手脚同点

手脚同点是指当一些手点高度在腰部附近时，把同侧脚也踩到此点，身体向上向前压，把重心移到脚上，发力蹬起并伸手抓握下一支点，这期间另一只手用来保持平衡。手脚同点技术主要用在支点比较稀少的线路上。

手脚同点的岩壁支点较少，且身体上升幅度大。若支点较高，应将身体稍侧转，面向支点，腰胯贴墙向后坠，腾出空间抬腿，不要面向岩壁直接抬腿。脚踩实后，另一脚和双手同时发力，把重心前送，压到前脚上，单腿发力顶起身体，同侧手放开原支点，从侧面滑上，抓握下一支点，另一手固定不动调整身体平衡。

（六）节　奏

攀岩讲究节奏，讲究动作的快慢和衔接。每个动作做完，身体都有一定的惯性，而且，一旦上一动作正确到位身体平衡也不成问题，这时可以利用这一惯性直接冲击下一支点，两个动作之间不作停顿，这样原本觉得困难的点也被轻易击破。如果过分求稳，一动一停，每个动作前都要先移动重心、调节平衡，然后开始发力，必然导致大量体力的消耗。

动作要连贯但不能粗糙，各个细节要到位，上升时一定要由脚发力，不能因为求快而手拉脚蹬，手主要的作用是保持平衡和使身体靠近岩壁。动作不要求太快，每个动作做实，一般做一两个连惯动作稍微停顿一下，用来调整重心，观察、选择路线。困难地段快速通过，容易地段稳定、调整。连惯一停顿一连惯一停顿，间歇进行，连惯动作时手脚、重心调整一定要到位，到达一支点后要尽快恢复身体平衡。有必要时，可选好地段稍作休息，放松双手。

第十八章　交通运输、林牧业类职业主要适应体育运动

学海导航

交通运输、林牧业类职业对人的体能素质有着相对较高的要求，因此在平时加强自身的运动锻炼是非常重要的。而定向越野、野外生存、登山等运动能有效发展人的体力，促进人们综合素质的提高。本章重点介绍以上几个运动项目的基本知识与技能。通过学习本章，高职学生可以很好地认识与了解这些项目，为掌握这些运动技能打下良好的基础。

第一节　定向越野

一、定向越野简介

定向越野是指利用地图与指北针穿越一个未知的地区。定向越野是定向运动的主要比赛项目之一。

所谓定向越野是指利用地图和指北针到访地图上所指示的各个点标，以最短时间到达所有点标者为胜。定向运动通常设在森林、郊外和城市公园里进行，也可在大学校园里进行。野外定向是一项高度发挥个人智慧和体能的野外运动。参加者需凭个人定向技术、地图阅读能力、指南针运用及自已思考判断，在陌生野外环境中寻找赛会预先放置的各控制点。

控制点的位置是预先绘在地图上的，当参加者到达控制点时可以找到控制点标志，它是三面一方尺(30 厘米×30 厘米)的旗号，对角分为白色和橙红色，控制点编号印在上方白色的位置，参加者利用附在标志上的密码夹在控制点适当位置上打孔作记，证明他曾到达该处。但控制点与控制点之间的路线却没有限制，通常两点之间的路线会有两个以上的选择，寻找完成所需到达之控制点后，必须返回终点报到。

知识拓展

定向运动员星级称号

定向运动员星级称号由高至低依次为：金星二级、金星一级、五星级、四星级、三星级、二星级、一星级运动员等称号。

一、金星二级运动员(相当于国际健将级运动员):

凡符合下列条件之一者,可申请授予金星二级运动员称号。

(一)世界锦标赛、世界体育大会定向赛单项前八名或接力赛前三名者;

(二)世界杯赛、世界青年锦标赛单项前六名或接力赛前三名者。

二、金星一级运动员(相当于健将级运动员):

凡符合下列条件之一者,可申请授予金星一级运动员称号。

(一)世界锦标赛、世界体育大会定向赛单项八至十二名或接力赛四至八名者;

(二)世界杯赛单项七至十二名或接力赛四至六名者;

(三)亚洲锦标赛、亚太锦标赛单项前三名或接力赛第一名者;

(四)全国体育大会定向赛单项第一名者;

(五)全国锦标赛精英组(E组)或全国冠军赛连续两届单项第一名者。

三、五星级运动员(相当于一级运动员):

凡符合下列条件之一者,可申请授予五星级运动员称号。

(一)亚洲锦标赛、亚太锦标赛单项四至八名或接力赛二至三名者;

(二)全国体育大会定向赛单项二至八名或接力赛一至三名者;

(三)全国冠军赛单项一至六名者;

(四)全国锦标赛精英组(E组)单项一至六名,接力赛第一名者;

(五)由中国定向运动协会认定的全国城市定向系列赛或相当于此级别比赛的精英组第一名者。

二、定向越野技术

(一)野外辨别方向

1.利用地物特征

(1)庙宇:庙宇通常也南向设门,尤其是庙宇群中的主要殿堂。

(2)树木:树木通常朝南的一侧枝叶茂盛,色泽鲜艳,树皮光滑,向北的一侧则相反。同时,朝北一侧的树干上可能生有青苔。

(3)凸出地物:例如墙、地埂、石块等,其向北一侧的基部较潮湿,并可能生长苔类植物。

(4)凹入地物:例如河流、水塘、坑等,其向北一侧的边缘(岸、边)的情况与凸出地物相同。

2.利用太阳与时表

上午9时至下午4时之间按下面这句话去做,就能较快地辨别出概略的方向:“时数折半对太阳,‘12’指的是北方”。如在上午9时,应以4时30分的位置对向太阳;如在下午2时40分(即14时40分),则应以7时20分的位置对向太阳,此时“12”字的方向即为北方。为提高判定的准确性,可在“时数折半”的位置上竖一细针或草棍,并使其阴影通过表盘中心。

3. 利用指北针

当指北针的磁针静止后，其 N 端所指的方向即为北方。利用指北针辨别方向十分简便，但使用它时要注意以下几点。

(1)尽量保持指北针水平。

(2)不要距离铁、磁性物质太近。

(3)不要错将磁针的 S 端当作北方，造成 180°的方向误判。

（二）使用越野图比例尺

1. 比例尺的概念

图上某线段的长度与相应实地水平距离之比，叫作地图比例尺。

地图比例尺＝图上长度/相应实地水平距离

如某幅图的图上长度为 1 厘米，相应实地的水平距离为 15 000 厘米，则这幅地图是将实地缩小 15 000 倍测制的，1 与 15 000 之比就是该图比例尺，叫 1∶15 000 或 1∶1.5 万地图。

2. 比例尺的特点

(1)比例尺是一种没有单位的比值，相比的两个量的单位须相同，单位不同不能成比。

(2)比例尺的大小是按比值的大小衡量的。比值的大小，可按比例尺分母来确定，分母小则比值大，比例尺就大；分母大则比值小，比例尺就小。如 1∶1 万大于 1∶1.5 万，1∶25 万小于 1∶1 万。

(3)一幅地图，当图幅面积一定时，比例尺越大，其包括的实地范围就越小，图上显示的内容就越详细；比例尺越小，图幅包括的实地范围就越大，图上显示的内容就越简略。

(4)比例尺越大，图上量测的精度越高；比例尺越小，图上量测的精度也就越低。

3. 图上距离的量算

(1)用直尺量读

当利用刻有“直线比例尺”的指北针量读时，可根据刻在尺上的数值在图上直接读出相应实地的距离。当利用“厘米尺”量读时，要先从图上量取所求两点间的长度，然后乘以该图比例尺分母，即得出相应的水平距离(需将结果化算为米或千米)：

实地距离＝图上长度×比例尺分母

如在 1∶1.5 万越野图上量得某两点间的距离为 3 毫米(0.3 厘米)，则实地水平距离为：

3 毫米×1.5 万＝45 000 毫米(45 米)

当量算某两点间的弯曲(如公路)距离时，可将曲线切分成若干短直线，然后分段量算并相加。

(2)估算法

又叫心算法。要掌握它，需要具备下述两方面能力。

①能够精确地目估距离，包括图上的距离和现地距离。在图上，能够辨别 0.5 毫米以上尺

寸的差异;在现地,目估距离的误差不超过该距离总长度的1/10,如某两点间的准确距离为100米,目估出的距离应在90～110米之间。

②熟知几种图上常用的尺寸单位与相应实地水平距离的对应关系,如在1∶1.5万图上,1毫米相当实地15米;2毫米相当实地30米,1厘米相当实地150米等等。

4.越野图的注记

地名注记:在越野图上,地名的表示并不重要,除非对运动员判定方向与确定站立点非常有用,地名(包括村镇、河流、高地等)一般不表示。

高度注记:高度注记分为等高线注记(注在等高线上)、高程注记(地面高程注记绘有测注点"."，水面高程注记旁则不绘测注点)和比高注记三种。

图外说明注记:越野图图外说明注记包括比例尺、等高距、图名、图例、出版单位、出版时间、成图方法、用图要求等。有时越野图上还会印有检查卡片、检查点说明表、赞助人广告等。

(三)比赛路线的选择

果断、细心、迅速地选择最佳的行进路线,是定向越野比赛中取胜的重要手段。选择路线的标准应该是安全性能最高以及体能消耗最少,易于发挥自己的技能和体能优势。

选择路线要遵循下述原则:尽量沿线形地貌(公路、输电线、小径、湖边等)行进,在线形地貌上容易确定站立点,使运动员更具信心;地面相对平坦,有利于提高奔跑速度,走高不走低;如果不得不越野,应尽量在高处(如山脊、山背)行进,因为,地势高,展望好,便于确定站立点和保持行进方向,高处通风、干燥,荆棘、杂草、虫害及其他危险少。在山脊这样的地方,利用放牧、砍柴的人踏出的小路可提高奔跑速度。

在实际操作中,仅依靠上述一般原则决定路线的选择还不够,还要让自己的"感觉"或"估计"变得更有科学依据,才有可能更快地提高定向越野成绩。

(四)国际定向越野地图

1.越野图的符号

识别越野图的符号对于正确地使用越野图是十分重要的。越野图要求完整而详细地表示地貌、水系、建筑物、道路、植被和境界,即所谓"地图的六大要素"。根据定向越野比赛的特殊需要,国际定联将越野图的符号分成以下五类。

(1)地貌用棕色表示。这类符号还包括小丘、小洼地、土崖、冲沟、陡坡、土垣等表示地面详细形态的专门符号。

(2)岩石与石块用黑色表示。岩石与石块是地貌的特殊形式,它们既可以为读图与确定点位提供有用的参照物,又可以向运动员表明是危险还是可奔跑通行的情况。为使它们明显地区别于其他地貌符号,这一类符号使用了黑色。

(3)水系与淤泥地(沼泽地)用蓝色表示。这类符号包括露天的明水系和水生或沼泽生的植物。

(4)植被用空白或黄色和绿色普染表示。白色(空白):指一般性起伏地上的树林的密度适度,地面上无阻碍行进的灌木或杂草丛,可以按正常速度奔跑的地区;黄色:空旷的地域。分为空旷地、半空旷地及凌乱的空旷地；绿色：树林中密度较大的地区。按可跑性分为：慢跑，使正常跑速降低20%～50%；难跑，使正常跑速降低50%～80%；通行困难，使正常跑速降低80%～100%。

(5)人工地物用黑色表示。包括各种道路、房屋、栅栏、境界等地图符号。

2.读图规则

(1)要完整、正确地理解越野图。越野图不是地面客观存在的机械反映，它是通过制图工作者采用取舍、概括、夸大、移位等制图综合方法完成的。地图比例尺越小夸大程度越高，这必然引起线状地物两旁其他符号的移位，因此这些符号的位置就不可能十分精确。

(2)要有选择地了解地图的内容。读图时不能漫无边际什么都看，而应有选择地把注意力集中在与解决如何定向和越野跑问题有关的地域和内容上。可以先综合扫视一下图上的比赛地域，而后确定需要重点考察的内容，进而获取需要的信息。

(3)要对各类符号进行综合阅读。不能孤立地看待地物或地貌的单个符号，而应将它们与地貌和其他地形要素联系起来阅读。即不仅要了解它们的性质，还要了解它们之间的方向、距离、高差等空间位置关系，从而明确这些要素对竞赛的综合影响。

(4)要注意读图与记图的关系。读图时，要边理解边记忆，对在竞赛中可能有助于判定方位与确定站立点的各种要素更应如此。有效的读图应转变为这样一种能力：比赛中不必过多而频繁地查看地图就能在自己的意识中清楚地再现从图上得到的信息，并根据自己的记忆快速而准确地确定自己在图上的位置、下一步的运动路线和方向。

(5)要考虑现地的可能变化。人工或自然的原因造成地形变化不可避免，有时十分迅速，因此读图时必须根据图廓外说明注记中注明的测图时间，考虑图上表现内容落后于现地变化的可能性。一般地，测图时间距离使用时间越久，图上与现地之间的差异就会越大。

第二节　野外生存

一、野外生存简介

野外生存就是人们在住宿无着落的山野丛林中求生。人类生存至今，无不是借助大自然的恩惠以满足衣食住行的需要。尽管人类文明已相当发达，但面对紧张的都市生活，巨大的工作、学习压力，人们又渴望走出这片钢筋水泥的森林，回归自然，去体验大自然的原始与神秘，磨炼我们渐已消退的意志。

野外生存生活训练是指在远离居民点的山区、丛林、荒漠、高原和孤岛等野外环境中，在不完全依靠外部提供的生存、生活等物质条件下，依靠个人和集体的努力保存生命、维持健康生活能力的训练。包括登山、野营、野炊、负重行军、攀岩、速降、定向、漂流、涉水、穿越丛林、野外自救、野外觅食(水)等内容，具有较强的挑战性、冒险性、趣味性和实用性等特点，能充分展现团队合作精神和个人创造性，因而引起了大学生浓厚的兴趣。野外生存训练作为一种新的教学模式，已逐步走入高校体育课堂，国内已经有多所高校不同程度地开展或准备开展野外生存生活训练课程。这种新的尝试和改革将对创新传统体育课教学的手段与方法、丰富和完善我国高校体育课的课程体系起到积极推动作用。参加野外生存生活训练,不仅可以帮助人们重新认识自我、挖掘自身潜能,而且能够唤起人们面对困难和挑战的勇气,同时通过在活动中提高环保意识,使人们更深切地体会到爱护大自然和保护大自然的重要性。

我国民间开展野外生存活动的时间并不长,直到20世纪80年代中后期,作为西方人的一种现代休闲娱乐方式——野外生存活动才在我国民间开始发展。随着国民经济的持续增长,人民生活水平的大幅度提高,人们已接纳了野外探险运动,认同了它开拓、进取、前仆后继、不屈不挠的精神,于是漂流、登山、野营、溯溪、攀岩、自行车等野外生存活动发展势头更加迅猛。

荒野求生专家——贝尔·格里尔斯

贝尔·格里尔斯,1974年6月7日出生于英国怀特岛本布里奇城,探险家、主持人、作家、演讲家。

2006年,因其在探索频道主持节目《荒野求生》中所食用的东西太过惊人,而被冠以"站在食物链顶端的男人"称号。2007年,贝尔为英国四频道做了八个系列节目,节目名为《天生求存者,贝尔格里尔斯》。2008年,贝尔继续拍摄《荒野求生》和《天生求存者,贝尔格里尔斯》,涉及全球16个地区,从非洲沙漠到印度尼西亚、伯利兹、加拿大育空、伊拉克等等。2009年,贝尔·格里尔斯成为新一届英国童子军总会的主席。2013年7月,主持冒险竞技系列真人秀节目《求生大作战》。2015年,贝尔参加中国东方卫视真人秀节目《跟着贝尔去冒险》。2016年12月与姚明一起录制《越野千里》。

二、野外生存技能

(一)野外取水

1.野外水源

降水:降水本身是洁净的,但在降落过程中,特别是初期易受到大气微生物、各种工业废气、农药、有毒化学物品及各种有害悬浮物的污染。加之收集困难,受时间限制,因此一般很少作为可用水源。

地面水:地面水包括江、河、湖、塘、小溪,甚至较大的水坑等,为野外生存的常用水源。但因其直接暴露在外,一般混浊度大,且易受粪便、污水、农药、工业废水的污染。如作为饮用水源,必须对水进行净化与消毒。同时还应注意该水源是否处于疫区,如血吸虫病等流行区,取水时一定要加倍小心。

地下水:地下水由于经过砂层土壤过滤,水质在野外水源中是最好的,特别是深层地下水

(深水井、泉水)大都可直接饮用。

植物:仙人蕉(野芭蕉)的芯、储水竹的根、瓶树(纺锤树)的茎、高大的旅人蕉的叶柄、野山葡萄的藤和桦树汁等,在口干舌燥时都能解渴。另外,各种野山果、许多树木花草、大多数藤科植物都含有液汁,在将其砍断或剥皮吸吮前一定要尝尝有无苦涩或腥辣异味,看其他动物是否食用,以防中毒。

动物:一般动物的血都可以直接饮用,在电影、电视中我们看到干渴的士兵生饮马血、羊血的镜头。在书中我们读过饮用马尿,还有自身小便的报道。在野外不少鲜活的蛇类、蛙类、鸟类都可以剥皮后嚼碎其肉取汁解渴。另外一些昆虫如蝉、蚂蚱、野蚕、无毒的蛾,其汁都可作为水分补充。

2.野外找水

听:流水声、滴水声一般在岩石上面和岩石下面;在水中生活的动物,如蛙声、水鸟声。

嗅:泥土的腥味、水草味。

看:地面潮湿、水位较高,秋天早上有雾处,周围特别炎热,但这个地方特别凉,地下水位高,冬天先有霜处、春天解冻早处、冬天解冻晚处;常长在有水的地方的植物,如水杉、梧桐树、金针、胡杨、柳树、马兰花等;动物:蜗牛、大蚂蚁窝、燕子窝附近;山谷有薄雾水气重;有些植物本身就含水,如野刺莓、猕猴桃、桦树汁、仙人蕉的芯、仙人掌等。

3.水质鉴别

(1)肉眼观察。水质呈黄色为腐败物污染,水质呈绿色为低价铁污染,水质呈黄棕色为高价铁污染或锰元素污染,水质呈黑色为严重工业污染。

(2)嗅觉。凡被污染不能饮用的水大都有腐败、恶臭、霉变、铁锈或咸腥等异味。

(3)味觉。含有机物污染的水质味甜,含氯化钠污染的水质味咸,含硫酸镁或硫酸钠的水质味苦,含铁污染的水质味涩,含某些农药的水质味辣。

凡以上口味异常、颜色怪异、气味恶心的水均不能饮用。

(二)野外觅食

动物中蛹、蚯蚓、蚕、蜻蜓、知了、蜗牛、蚂蚁、蛆、鱼均可食用。

捕鱼的方法有:钓、筑堤、圈、炸、笼、叉鱼、浑水摸鱼等。

抓捕大型的动物既要判断是否凶猛动物,又要判断是食肉动物,还是食草动物,可用粪便和蹄印来判别,食肉动物的脚印是奇蹄数。狩猎方法有枪猎、犬猎、网猎、套猎、夹猎、伏猎、陷阱猎、箱笼猎、洞猎等。

植物中可食的植物很多,并且营养价值高。桦树叶、皮杨树叶、皮槐树叶、花猕猴桃、野刺梅、野蒜、地菜等均可食用。但应注意植物的颜色越艳越不能吃,不确认的不能吃。有两种以上动物吃过的可以吃。可以将植物切开口投点盐,毒是生物碱可以和盐起反应,有苦味、变色有毒;舌头舔舔,苦有辛辣味有毒;苔涩味有毒。少量吃一点,等8～12小时没有不良反应才可以大胆吃。

真菌的营养价值高,但有些菌类有毒,食用前应注意辨别。

(三)取火用火

(1)火柴:火柴是最便利的点火工具。可以多携带一些标有"非安全""可以在任何地方划着"标记的火柴,把它们扎成一捆放在防水容器内,防止它们相互摩擦以致自燃,另外也可防止火柴自身变潮。

注意:即使火柴受潮,也是有办法补救的。如果头发干燥并且不油腻,可将潮湿的火柴放在头发里摩擦一番,头发产生的静电会使它干燥。

另外,通过在火柴上滴蜡可防止火柴变潮。点火时,可用指甲将蜡层剥除。

(2)使用凸透镜:强烈的阳光通过凸透镜聚焦后,可产生足够的热量点燃火种。其中,取火最为迅速的是照射汽油和酒精,可在1~2秒内点燃火种。

放大镜或望远镜以及照相机里的凸镜,都可以代替凸透镜来点燃火种。另外,在手电筒反光碗的焦点上放置火种,向着太阳也能取火。如果在有冰雪的环境下,将冰块加工成中间厚、周边薄的形状代替凸透镜也是可以的。

(3)击石取火:找一块坚硬的石头做"火石",用小刀的背或小片钢铁向下敲击"火石",使火花落到大火种上。一条边缘带齿的钢锯比普通小刀可产生更多的火星。当火种开始冒烟时,缓缓地吹或扇,使其燃起明火。当然并不是任何一块石头都能点燃火种,石头击出的火花必须有一定的热量和持续时间才能点燃火种。

(4)电池生火:若有电量较大的电池,将正负两极接在削了木皮的铅笔芯的两端,顷刻间,铅笔芯就会烧得像电炉丝一样通红。

如驾车旅行的话,可取两根长导线,连在电瓶的正负两极接线柱上。如果没有电线,可以用两个扳手或其他金属工具代替。如导线不够长,可将电池从车中取出,将两根导线末端慢慢接触,短路会产生火花。这时,一块沾了汽油的布是最好的火种。

(5)弓钻取火:用强韧的树枝或竹片绑上鞋带、绳子或皮带,做成一个弓子。在弓上缠一根干燥的木棍,用它在一小块硬木上迅速旋转。这样会钻出黑色粉末,最后,这些粉末会冒烟而生出火花,点燃火种。

(6)藤条取火:找一根干的树干,一头劈开,并将裂缝撑开,塞上火种,用一根长约两尺的藤条,穿在火种后面,双脚踩紧树干,迅速地左右抽动藤条,使之摩擦发热而将火种点燃。

(四)应对自然灾害

(1)雷暴:雷暴最初通常是由小块积云发展开始的,然后迅速发展,经过浓积云发展时期并进入成熟的积雨云阶段,它是一种猛烈的、恶劣的而急剧变化的天气。野外活动人员应注意:当积云开始堆积,并且变黑时就有可能发生雷暴;雷暴通常持续时间很短,要保持镇静,不要害怕,留在可躲避的地方。

(2)闪电:闪电的危险性在于击穿物体和人体,引起火灾,以及所产生的雷声震破人的耳膜。因此应该记住以下几点。

①汽车往往是极好的避雷设施,可以躲在汽车里。

②最好的防护场所就是洞穴、沟渠、峡谷或高大树丛下面的林间空地。

③如果在露天,应远离孤立的大树高度的两倍距离之处蹲下。

④当你感觉到电荷时，即头发竖起，或皮肤颤动了，那很可能就是受到了电击，要立即倒在地上，施以自身保护。

⑤如果在孤立的凸出物附近躲避，则该凸出物的顶部至少应高出自己头部15～20米。

⑥离开垂直的墙壁或悬崖、应避开裸露的山峰和山脊以及平坦的开阔地形。

⑦避开地裂缝、成片地衣以及悬空岩石。

⑧万不得已，可以坐在散乱的石块中间。

⑨在地形险要处，要用绳子把自己拴牢。

⑩如果进洞避雷，应离开所有垂直岩壁3米以外以免岩壁导电伤人。

(3)山洪：大雨时，由于降水很急，使得地表来不及吸收雨水，冻土和岩石也难以阻止雨水下泄，这些会加剧山洪的威胁。所以当雷暴活动剧烈时，要避开易聚水的长沟和河床以下的平坦延伸地带；离开易受洪水淹没的地区，必要时应弃装向较高地带转移，同时注意不要试图徒步涉过已达膝盖的溪流。

第三节　登　山

一、登山简介

贯穿法国、意大利、瑞士和奥地利等国家的阿尔卑斯山是现代登山运动的诞生地。其主峰——勃朗峰(在法国境内)，海拔4 810米，是西欧的第一高峰。据历史记载，法国一位名叫德·索修尔的著名科学家为探索高山植物资源，渴望有人能帮他克服当时不可逾越的险阻——阿尔卑斯山顶峰。1760年5月，他在阿尔卑斯山脚下的沙木尼村贴出了一则告示："凡能登上或提供登上勃朗峰之巅线路者，将以重金奖赏。"但告示贴出后长期未获响应。因此，他每年出榜一次。直到26年后的1786年6月，一位名叫帕卡德的山村医生才揭下了告示，他们经过两个多月的准备，并与在当地山区采掘水晶石的工人巴尔玛特结伴，于当年8月6日首次登上了勃朗峰。

1787年8月3日，由索修尔亲自率领，巴尔玛特做向导的一支20多人组成的登山队，再次登上了该峰，揭开了现代登山运动的序幕。在整个登山过程中，他们进行了有关人体生理、自然环境等多方面的考察，取得了不少有关高山环境科学的宝贵资料。

后来，人们把登山运动称为"阿尔卑斯运动"，并把1786年作为登山运动的诞生年，索修尔、巴尔玛特等人则成了世界登山运动的创始人，并得到了国际登山界的公认。

二、登山基本技术

(一)结绳技术

利用打结使绳索之间、绳索与其他装备之间互相连接的方法，称为结绳技术(或称结绳方法）。结绳技术是登山运动员必须掌握的基本技术之一。绳索是登山中所使用的最重要的装备。结绳只有通过运动员身体与其他物体的相互连接和固定，才能起到辅助行进和保护安全的作用。绳结是否运用得当，直接影响绳索使用的质量和效果。

绳结依其用途不同分为固定绳结、接绳绳结、保护绳结和操作绳结 4 种类型。

（二）保护技术

为了防止在登崇山峻岭过程中因动作失误而引起意外险情而进行的各种操作，称为保护技术。

在攀登、下降、渡河、救护等技术操作中，为保护安全，需要各种技术同时配合。运动员长时间在岩石或冰寒峭壁、冰雪裂缝、冰坡或岩石滑坡等危险路段进行多次往返行动中，一旦失误，就有滑坠和摔落的危险。在出现上述情况时，应用保护技术可以使险情得以及时控制。即使在未出现险情的情况下，由于行动中有了保护，也会使运动员产生一种安全感。

（三）攀登技术

根据不同的地貌特点，可将攀登技术分为岩石作业和冰雪作业两类。岩石峭壁的攀登技术简称攀岩技术，而攀登岩石峭壁的方法主要有徒手攀登、器械攀登和缘绳攀登 3 种。

（四）下降技术

下降技术的方法有三点固定下降法和利用器械下降 2 种。

1.三点固定下降法

三点固定下降法是岩石作业下降技术的基本方法，所用工具简单，便于开展。其方法是利用双手、双脚握或蹬牢 3 个支点，然后移动第 4 个支点。这种下降法比三点固定攀登更加困难，因此一定要设上方固定保护。

2.利用器械下降法

主要有下降器下降、单球结下降、坐绳下降和缘绳下降 4 种方法。

登山者不可错过的世界八大登山路线

一、名著之行　坦桑尼亚乞力马扎罗山

顶端扁平的乞力马扎罗山是非洲第一高峰，位于坦桑尼亚与肯尼亚接壤的北部边界处。读过海明威最好的短篇小说之一《乞力马扎罗的雪》的读者一定会对它心驰神往。

二、色彩之行　蒙古辉腾峰

坐落在俄罗斯、中国和蒙古的交界地带，算是地球上为数不多的偏远地带之一。这段非凡的旅程则会因一望无际的绿地、热情的哈萨克牧民和阿尔泰山脉连绵起伏的山色而色彩缤纷。

三、荣耀之行　珠穆朗玛峰

珠穆朗玛峰是地球上最高的山。成功登顶珠峰被认为是登山运动员最具荣耀的成就之一。1953年，埃德蒙·希拉里爵士和腾希·诺盖沿着南坳路线到达了顶峰，完成了登顶珠峰的壮举。到目前为止，这是最容易成功的攀登路线。

四、生态之行　秘鲁安第斯山脉

印加路线是一段可以贯穿多种生态系统的深度之旅。行者一路将会穿越平原、沙漠，再到热带云雾林，掠过山顶积雪的高山和湍急的河水。

五、回归之行　瑞士马特洪峰

这是欧洲大陆最容易识别的高山，轮廓分明的金字塔状岩石峰顶，常被作为经典的地理坐标。马特洪峰是登山运动的诞生地，很多登山者把攀登马特洪峰看作一种纯粹的回归。

六、景致之行　美国阿拉斯加州德纳里峰

位于美国阿拉斯加州的德纳里国家公园，海拔6 194米，是北美洲第一高峰。攀登德纳里峰最好的时间是每年5到6月，行程中的每天都有变化无穷的景色，还能避开雪崩。

七、风俗之行　俄罗斯厄尔布鲁士山

这座巨大的双锥形火山犹如竖立在欧亚之间高加索山脉上的一座眺望塔。对于技术一般的登山者，这座欧洲最高峰有着极大的吸引力。登山者还有机会在途中体验到土耳其人、格鲁吉亚人、阿塞拜疆人以及俄罗斯人等多民族的大融合。

八、人文之行　尼泊尔安娜普纳峰

如果纯粹从地理和文化多样性的角度考虑，尼泊尔安娜普纳峰地区的徒步跋涉是无与伦比的体验。远眺喜玛拉雅山脉，从茂盛的竹林到草木不生的高山景观，能看到多种生物带。

第十九章 警察、安保类特殊职业主要适应体育运动

学海导航

散打、跆拳道等运动是比较适合警察、安保类职业人员参加的运动项目，常参加这类运动项目的训练，不仅能发展自身的体能水平，还能提高自己的运动与对战技能，在平时的工作之中也能起到重要的作用。本章就主要介绍散打与跆拳道的基本知识与技能。通过学习本章，高职学生可以学习和掌握散打、跆拳道的基本技术，提高自己的运动技能水平。

第一节 散 打

一、散打简介

散打，也叫“散手”，古时称之为相搏、手搏、技击等。简单而言就是两人徒手面对面地打斗。散打是中国武术一种主要的表现形式，以踢、打、摔、拿四大技法为主要进攻手段。另外，还有防守、步法等技术。散打是中华武术的精华，是具有独特民族风格的体育项目，多年来在民间流传发展，深受人们喜爱。散打的起源与发展，是和中华民族悠久的历史相同步的。它源起于先辈的生产劳动和生存斗争，逐渐演化成为华夏民族灿烂文化遗产中的瑰宝。原始社会人类为了猎取食物，长期与野兽搏斗，学会了与野兽搏斗所使用的不同方法，如拳打、脚踢、抱摔等简单的散打技术，并学会了一些野兽猎取食物的本领，如猫扑、狗闪、虎跳、鹰翻等。春秋战国时期，散打得到了很大的发展，受到了人们的重视。

散打具有很大的攻防作用。有攻必有防，攻防是一对矛盾体，在散打中双方总想办法去击中对手，而不被对手击中，运动员就是在这种条件下进行训练的。经过长期训练，运动员掌握了散打技术，遇敌而不慌，遇敌方突然袭击的一瞬间能迅速地做出相应的防守和防反动作。在激烈的打斗中，击中没有经过散打训练的人较为容易，同时也能防守对方的一些进攻，即使被对方击中，抗击能力也比一般人强。女性掌握几种散打技术，对防身也有好处，因为女性因其固有的生理特点，容易受恶人欺凌、受邪恶威胁，女性在与歹徒搏斗的关键时刻，如能突然使用擒拿技法或攻击歹徒要害处能化险为夷，较快脱离险境。公安人员和武警战士、保卫人员等掌握一些必要的散打技术，对其保护自身生命安全、维护国家财产、打击犯罪分子有重要的作用。

散打是一项对抗性很强的运动，练习散打能培养机智、顽强、勇敢、灵活、果断等品质。至于强身健体，凡是参加散打运动的人都能体会到，散打运动员的强健体魄是从散打训练中得到的。

散打王中王——柳海龙

柳海龙，当代中国散打的代表人物。籍贯山东，身高1.76米，体重80公斤，他13岁开始习武，后被选入山东散打队受训，初出茅庐就在全国散打锦标赛中战绩显赫：1999年获75公斤级第三名；2000年获75公斤级第一名；2001年再获75公斤级第一名；2002年获80公斤级第一名。他成为中国散打明星是在2000年度举办的第一届中国武术散打王争霸赛上，他在那届比赛夺得了75公斤级冠军并荣获"散打王"称号，此后还获得了"超级散打王"称号。他还在中国功夫VS泰国职业拳王争霸赛中两胜泰国拳手，在中美自由搏击对抗赛中击败美国选手，名声大振。

二、散打基本技术

(一)步　法

1.滑步(以左势为例)

滑步是散打中运用最多的步法，有向前、后、左、右四个方向的滑步。滑步技术的原则是欲向哪一方向移动，就先移动哪一方向的脚，另一脚随即跟进，先动脚移动多少距离，后动脚跟进多少。滑步时后动脚跟进要迅速，尽量保持身体重心的平稳，不能上下起伏。

前滑步。动作过程：由基本姿势开始，右脚掌蹬地，同时左脚借右脚蹬地之力向前移动半步，左脚着地，右脚随即跟进半步，保持基本姿势不变。

后滑步。动作过程：由基本姿势开始，左脚掌蹬地，同时右脚借左脚蹬地之力向后移动半步，右脚着地，左脚随即跟进半步，保持基本姿势不变。

左滑步。动作过程：由基本姿势开始，右脚掌蹬地，同时左脚借右脚蹬地之力向左移动半步，左脚着地，右脚随即向左跟进半步，保持基本姿势不变。

右滑步。动作过程：由基本姿势开始，左脚掌蹬地，同时右脚借左脚蹬地之力向右移动半步，右脚着地，左脚随即向右跟进半步，保持基本姿势不变。

2.垫步(以左势为例)

垫步也是散打中经常运用的一种步法，有向前和向后两种。垫步技术的原则恰好与滑步相反，欲向哪一方向移动，就需先动相反方向的那只脚，另一脚迅速跟进，保持基本姿势不变。如前垫步，由基本姿势开始，右脚掌蹬离地面向前移动一步，左脚在右脚着地后向前移动一步，保持基本姿势不变。后垫步则相反。

3. 环绕步

环绕步也是散打的最基本步法之一。技术要求是从基本姿势开始,右脚前脚掌蹬地,同时左脚借右脚蹬地之力向左滑动一小步,右脚随即向左滑动一大步,保持基本姿势不变,右脚向左滑动时不能超过左脚。

4. 弹跳步

弹跳步也是散打的常用步法之一。弹跳步的基本要领是:双脚前掌发力弹离地面,保持基本姿势向任何方向跳动,双脚可同时落地,也可稍前后落地。弹跳步要轻快,不能跳得过高。

(二)拳　法

拳法具有速度快和灵活多变的特点,它能以最短的距离、最快的速度击中对手,掌握得好,可神出鬼没给对手构成很大的威胁。常用于攻击对手头、颈、腹、肋等部位。

1. 冲拳(直拳)

冲拳属于直线进攻拳法,行走的路线较短,是诸拳法中最优秀的一种,它可直接攻击对手,也可在其他技法的掩护下出击,也可在后退中出击。在散打中,冲拳还可以扰乱对手的视线然后用腿和其他技法攻击对手。

(1)左冲拳(图 19-1)。左脚在前,实战步。前脚掌蹬地,身体稍左转,重心稍前移,左拳向前击出,右拳放于下腭外侧待发,随即,拳顺原路收回成实战步。

(2)右冲拳(图 19-2)。右冲拳略同左冲拳,唯有发拳时身体向左侧倾斜,为了击得远,后脚跟可提起向体外转动。出拳路线要直,出冲拳速度要快,攻击对方中、上盘。

图 19-1　　图 19-2

2. 掼拳(摆拳)

掼拳是从两侧攻击对手,属于弧线进攻拳法,有进攻力量大,击得较远等特点。它能直接攻击对手面部,也能在直拳和其他技法的掩护下进攻,还能在退步中或乱战中发拳。

(1)左掼拳(图 19-3)。左脚在前,实战步。上体微向右转,同时左拳向外、向前、向里横掼,臂微屈,拳心朝下,力达拳面或偏于拳眼侧,右拳护于右腮,目视前方。

(2)右掼拳(图 19-4)。预备势开始,右脚微蹬地并向内扣转,合胯并向左转腰,同时右拳向外(约 45°)、向前、向里横掼,力达拳面或偏于拳眼侧;左拳回收至左腮前。

图 19-3　　图 19-4

3. 抄拳(勾拳)

抄拳击打力量较大,可击打对方腹部或面部。抄拳在近战中能发挥威力,可直接攻击对方,也可以配合摆拳、蹬腿、弹腿、防守动作出击。抄拳还可防对手进身施摔,也可以在虚摔的掩护下出击。

(1)左抄拳。左脚在前,实战步。身体右转,重心略下沉,同时左脚掌蹬地,脚跟外转,向右上挺髋,左拳借此力向右上出击,肘弯曲 90°~110°,拳心朝里,力达拳面,目视前方。

(2)右抄拳。打右抄拳略同左抄拳,右脚蹬地,扣膝合胯,微向左转腰的同时,右拳由下向前、向上抄起,上臂与前臂夹角在 90°~110°之间,拳心朝里,力达拳面;左拳回收至右肩内侧。

(三)腿　法

拳谚云:“手是两扇门,全凭腿打人。”腿的攻击幅度大,动作猛,力度大,具有强大的攻击力。腿法一般在中、远距离的情况下运用,常用于打击对手头部、躯干、裆部和下肢。

1. 蹬　腿

蹬腿是用脚底部位向前直线蹬出,动作略同直拳,具有较大的杀伤力,在实战中实用价值很高。蹬腿低可击腿,高可蹬面,能向四面八方蹬。

左正蹬:左脚在前,实战步,右腿直立或稍屈,左腿提膝抬起,大腿尽量靠近胸腹部位,脚尖勾起,脚底向前蹬出,同时上体稍后仰,力达脚前掌(图 19-5)。

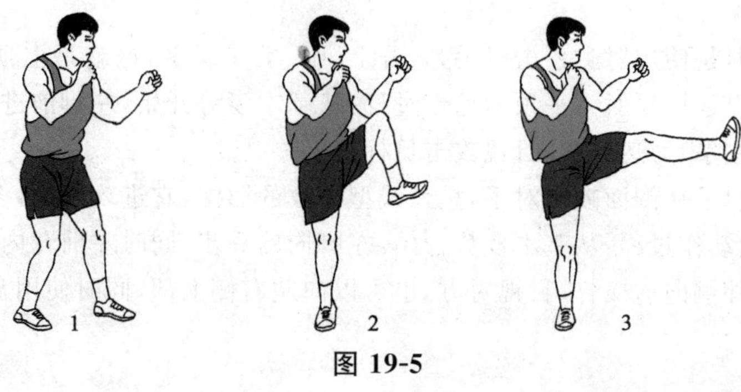

图 19-5

右正蹬:身体重心前移,左腿直立或稍屈,身体稍左转,右腿屈膝前抬,勾脚,以脚跟领先向前蹬出,力达脚跟;亦送髋,脚掌下压,力达脚前掌。

2.踹　腿

踹腿是比赛中使用率较高的腿法之一。容易调整步法,因此,踹腿的使用变化较多,它直线运动,速度快、力量大,不易防守,而且配合步法运用,变化多,易于在不同距离上使用。

左踹腿:左脚在前,实战步。右腿直立或稍屈支撑;左腿屈膝抬起,小腿外摆,脚尖勾起,脚掌正对攻击目标,展髋,挺膝向前踹出,力达脚掌,上体可侧倾(图 19-6)。

图 19-6

右踹腿:左腿直立或稍屈支撑,身体向左转 180°,同时右腿屈膝前抬,小腿外摆,脚尖勾起,脚掌正对攻击目标,用力向前踹出,力达脚掌,上体可侧倾。

3.鞭　腿

鞭腿就是从旁边攻击对方,故又称“边腿”。鞭腿进攻时膝关节提起,脚出收有一股弹射力量,所以又称“侧弹腿”。鞭腿在实战中使用价值最高,它出收腿速度快,进攻力量、高低随意,所以深受广大中国散手和世界搏击手的喜爱。

左鞭腿:左腿在前,实战步。右腿直立或稍屈支撑,上体稍向右侧倾;同时左腿屈膝向左侧摆起,扣膝,绷脚背,随即挺膝向前弹踢小腿,力达脚背至小腿下端。

右鞭腿:左腿直立或稍屈支撑,上体左转 180°,稍向左侧倾;同时右腿屈膝前摆,扣膝,绷脚背,随即挺膝向前弹踢小腿,力达脚背至小腿下端。

(四)肘　击

(1)顶肘。顶肘是使用肘尖顶击对手,它分上、中、下三层次,也就是上顶面、中顶胸、下顶腹,前后左右都可以运用顶肘。平顶肘动作过程:从基本姿势开始,左脚前进一步,同时左肘向前平顶,右掌猛推左拳,力达肘尖,目视攻击目标。

(2)盘肘。盘肘是从侧面攻击对手,呈弧线型进攻的肘法,它进攻有力,多数攻击对方的肋部和腹部。盘肘的动作过程:从基本姿势开始,左脚向前一步,同时左前臂内旋,上体向右猛转体,屈肘时用前臂外侧向前横打,目视对方,也可以向左右侧上部,同时使用盘肘。

（五）膝　击

膝十分坚硬，进攻力量大，它在人体下部，进攻隐蔽性较好。在近距离拳、肘乱战中突然使用顶膝会使敌方防不胜防，泰拳能风靡世界，主要是膝法运用较好。膝法主要有顶膝（屈膝由下向上顶击对方身体，力达膝尖）、冲膝（屈膝向前冲撞对方身体，力达膝前部）、侧顶膝（屈膝由外向内顶击对方身体，力达膝尖或膝后部）、横撞膝（屈膝由外向内撞击对方身体，力达膝内侧）。

（六）摔　法

摔法，也称跌法，因其在比赛中2秒内摔倒对手才得分，所以习惯上称快摔。快摔技术的合理运用，是得分取胜的有效手段，同时也给对手在精神上造成很大压力，并能极大消耗对手的体力，快摔是中国散打的特点。

（1）抱腿前顶摔。对方出拳击头部时，上左步，下潜躲闪，两手抱对方双腿，屈肘，两手用力回拉；同时用左肩前顶对方大腿和腹部，将对方摔倒。

（2）抱腿别腿摔。对方站立或起左侧边腿时，将对方左腿抱住，并向对方的支撑腿后上左步；上体左转，成右弓步，用左腿别对方右腿，同时用胸下压对方腿。

（3）接腿勾腿摔。当对方用右侧弹腿踢击时，左手抄抱其小腿，右手由对方右肩上穿过，下压其颈部；同时左手上抬，右脚向前上方踢其支撑腿将对方摔倒。

（4）接腿上托摔。当对方用右正蹬腿踢击时，两手抓握其小腿下端，随即屈臂上抬。两手挟托其脚后，同时上右步，向前上方推展将其摔倒。

（5）接腿涮摔。当对方用右侧弹腿踢击时，双手抓握对方右脚，双手向左拉其右脚，随即向下，向右上方成弧形摆荡将其摔出。

第二节　跆拳道

一、跆拳道简介

跆拳道被称为“世界第一搏击运动”，是奥运会正式比赛项目之一。跆拳道的前身是“花郎道”，是起源于1 500年前的朝鲜民间武术。所谓跆拳道，“跆（TAE）”，意为以脚踢、摔撞；“拳（KWON）”，以拳头打击；“道（DO）”，是一种艺术方法。跆拳道是经过东亚文化发展的一项朝鲜武术，以东方心灵为土壤，承继悠久传统，倡导练习者有“以礼始，以礼终”的尚武精神。

1966年，国际跆拳道联盟（ITF）成立，崔泓熙任首届联盟主席，为跆拳道的传播发展做出了巨大的贡献。1973年5月，世界跆拳道联盟（WTF）在韩国汉城（今首尔）成立，金云龙当选为主席。1975年，世界跆拳道联盟被正式接纳为国际体育联盟的会员。2011年，世界跆拳道联盟会员数已扩大到200个。

1986年，跆拳道被列为第十届亚运会的正式比赛项目。从2000年奥运会开始，跆拳道成为奥运会正式比赛项目。目前，跆拳道运动已经成为完全独立的国际体育组织和正规的比赛项目，每两年会举办一次世界锦标赛和世界杯比赛。

我国的跆拳道运动正式开始于1992年，其标志是中国跆拳道协会筹备小组的成立，从此跆拳道在中国迅速发展了起来。1995年8月，中国跆拳道协会成立，11月，中国跆拳道协会被世界跆拳道联盟接纳为正式会员。我国运动员的跆拳道水平不断提升，2000年的悉尼奥运会，陈中获得我国跆拳道第一块奥运金牌，2004年奥运会，陈中蝉联冠军并与罗薇一道为我国获得两枚金牌。2005年东亚运动会，刘哮波成为中国第一个男子跆拳道亚洲冠军。2008年的北京奥运会中，吴静钰在女子49公斤级的比赛中问鼎冠军。2012年，第30届奥运会在伦敦举行，吴静钰再次夺得女子跆拳道49公斤级的金牌，为我国争得了荣誉。2015年12月5日，在墨西哥城举行的2015年世界跆拳道年度总决赛女子49公斤级决赛中，奥运冠军吴静钰获得冠军，吴静钰在2015年连续获得6枚国际比赛金牌。2016年里约奥运会跆拳道比赛中，赵帅获得男子58公斤级冠军，郑姝音获得女子67公斤以上级冠军。近年来，跆拳道运动在我国的普及与发展比较迅速，并受到越来越多的青少年的欢迎和喜爱，各种培训班和俱乐部纷纷出现，这对于我国跆拳道运动的发展是非常有利的。

跆拳道礼仪

1. 高昂相互谅解的精神。
2. 对于诽谤或侮辱他人的恶习应感到羞耻。
3. 谦虚、互相尊重人格。
4. 提倡人道主义和正义感。
5. 师范与学员、前辈与晚辈的关系应明确。
6. 处事要符合礼仪。
7. 尊重他人的所有物。
8. 不论问题的大小，坚持公平原则，慎重处理。
9. 不送不收心中含糊的礼物。

二、跆拳道基本技术

(一)立

自然体立：自然体立本是平时站立的姿势，这是最轻松自由的姿势，不可以用其来实战。身体正直，两足合拢。然后两足缓缓分开，距离约同肩宽，足尖向前。两手下垂，全身放松，身体自然，目视前方。

并足立：两腿并拢站立，身体与头部保持正直，此为行礼时的站立姿势。

单足立：一足直立，另一足提起。足背勾贴在站立足的膝关节后方，如“金鸡独立”，头部正直。

前屈立：两足前后分开，宽度约70厘米。前足尖内扣，屈膝。后足蹬地，身体向前转体，成半侧面状，重心大部分落在前足。两手成拳，一手置于腰侧，另一手置于前方。头部正直。左、右屈立要求相同。

后屈立：与前屈立前后相反。两足前后分开，宽度约70厘米，前足蹬直，后足屈膝，身体向后转体，成半侧面状。重心大部分落在后足。

骑马立：两足分开，宽度约80厘米，屈膝像骑马一样站立。足尖稍向内扣，头部正直，两手成拳自然伸直，置于身体两侧。

猫足立：两足前后分开，宽度约40厘米。前足尖点地，两腿微屈。后足全着地，身体向前转体，成半侧面状，重心落在后足。两手成拳，一手置于腰侧、另一手置于前方。头部正直。

中段立：中段立是跆拳道实战中用得最多的基本姿势。两足前后分开，宽度同肩，两足尖内扣、稍屈膝，身体向前，成侧面状，重心落在两足中间。两手成拳，一手置于胸前，一手置于眼前。眼睛注视前方目标。

(二)步　法

上步：左足在前，右足在后，为左中段立。保持中段立不变，后足上一步，成右中段立。

退步：与上步相反，后退一步，其他动作方法一样。

前进步：保持左中段立，右足上半步，并列。向前纵跳，约三步距离，仍为中段立，左右前进步动作方法一样。

后退步：与前进步方向相反，向后纵跳，动作方法一样。

左侧闪步：身体向左侧变换方向的步法。保持左中段立，左足尖内扣，扭转45°，右足后退转动45°，左足几乎没移动，仅改变方向，右足则大幅度移动。

右侧闪步：与左侧闪步方向相反，动作方法一样。

弹跳步：原地轻松跳动，两足前后位置不变，以跳动幅度小、离地高度低为宜，方便出腿攻击对方。

换跳步：换跳步主要用于变换出腿的方位。原地轻微跳动，在跳动中，两足前后变换，变换幅度宜小，变换时两手与身体需要协调配合。

(三)拳　法

前拳：双手握拳，由腰部向前方打出。出拳时后足蹬，身体扭转，发声。以左足前屈立为例：打出左前拳，为顺前拳。打出右前拳，为逆前拳。

勾拳：从右中段立开始，双手握拳，上左步，左拳由腰部向前上方勾拳打出。勾拳时右足蹬，发声。

横拳：从右中段立开始，双手握拳，右拳由腰部向前方划弧线打出，横拳时左足蹬，身体扭转成骑马立，发声。

(四)腿　法

前踢：从中段立开始，两手屈肘，自然上举，右腿屈膝提起，到达腰高度时弹出。用足对准对方的身体或头部。

横踢：从中段立开始，右腿向右侧屈膝提起到腰，身体向左侧倾斜。利用身体向左倾的惯性，右足横向上方弹出，向左侧前方横踢对方肋部。力点在脚背。

侧踢：从中段立开始，身体向左后方移动，右胯连带右腿屈膝提起。右脚掌翻起，足底朝上到达腰的高度，身体向左下方倾斜，利用身体向下的惯性，右足向前方踹踢，对准对方的身体正面。力点在足跟。

劈打腿：从中段立开始，身体向后移动，重心落在右足，左腿屈膝提起，左脚掌勾起，足底朝前，到对方的头部上方，伸展小腿，然后左脚掌往前下方"劈打"，对准对方的面部或身体正面劈打，力点在脚掌。

后踢：从中段立开始，身体向左后方快速转动，右胯带动右腿屈膝提起，随身体旋转惯性划弧转到前方，右脚掌翻起，足底朝前蹬出，力点在足跟。

推踢：从中段立开始，身体重心移到左足，右腿屈膝上提，右脚板勾起，足底朝前，对准对方将要出腿的空隙，向其腿部推顶，迫使对方停止进攻。进而用力向前蹬，反击对方。

旋转踢：半圆形扫荡腿法。从中段立开始，身体向左后方快速转动，带动伸直的右腿旋转。由于身体惯性作用，整体动量直达右足。力点在脚掌。

勾剪踢：向上横踢加小腿勾回的腿法。从中段立开始，身体向左后方转动，右胯带动右腿，伸直向前方旋转横扫，右脚板绷平，当右足扫踢对方的头部时，立即将小腿收回勾剪对方头部或身体。力点在脚掌。

旋风踢：旋转跳跃、身体腾空转一周的腿法。从中段立开始，右足蹬地跳起，同时身体向左后方快速转动，带动左腿旋转，左足落地，右腿在身体旋转惯性作用下向前旋转，扫踢对方头部。

双飞踢：直线跳起，空中左右连续向前踢击的方法。从中段立开始，右足蹬地跳起，左腿屈膝提起，向对方身体踢腿。紧接着左腿收回，右腿对准对方头部踢击。两足踢击的力点都在脚背。

(五)组合进攻

连续左后踢：从自然体开始，提左足向上方后踢，左足下地。立即两足蹬跳推动身体向前，左足再向上方做后踢动作。

左推踢接左侧踢：从自然体开始，左足屈膝提起，向前推踢；下地过程中身体向后倾移，左胯上提，带动左足向前方侧踢。

推踢接空中侧踢腿：从自然体开始，提右足向前推踢，下地即蹬地跳起，空中将左足向正前方侧踢。

推踢、旋风踢接后踢：从自然体开始，提右足向前方头部高度推踢；下地即蹬地跳起，身体腾空右转，带动左腿做旋风踢；下地后顺势转体，左足向前方侧踢。

后旋腿接下推踢：从自然体开始，身体右转，重心移到左足，转身右足后旋踢，下地顺势再转体，左足向前下方推踢腿，拦截对方出腿。

旋风踢接侧踢：从自然体开始，左足蹬地，身体向右旋转，右足向右摆，左腿跟随右腿向右旋踢。下地再次顺势转体，右足向正前方侧踢。

侧踢接空中侧踢：从自然体开始，提右足向前做侧踢，下地后立即蹬地腾空跳起，空中转体，将左足向正前方侧踢出去。

上推踢接双飞踢：自然体开始，左足高抬向前方推踢，下地后立即起跳，身体腾空左足向上踢，右足紧接左足向前方踢出。

双飞踢接后踢：从自然体开始，右足蹬地，身体跳起，先踢左腿、后右腿做双飞踢动作；下地即收右足屈膝，重心移到左足，右足向前上方后踢出去。

前踢、转身双飞踢：从自然体开始，右足做前踢动作，下地后立即蹬地，向左转体腾空跳跃，腾空左足向上踢，右足紧随，向前方踢出。

腰带颜色的象征意义

白带：白带代表纯洁，练习者没有任何跆拳道知识和基础，一切从零开始。

白黄带：练习者经过一段时间的训练，已经了解跆拳道的基本知识并学会一些基本技术，开始由白带向黄带过渡。

黄带：黄带是大地的颜色，就像植物在泥土中生根发芽一样，在此阶段要打好基础，并学习大地厚德载物的精神。

黄绿带：介于黄带与绿带之间的水平，练习者的技术在不断上升。

绿带：绿带是植物的颜色，代表练习者的跆拳道技术开始枝繁叶茂，跆拳道技术在不断完善。

绿蓝带：由绿带向蓝带的过渡带，练习者的水平处于绿带与蓝带之间。

蓝带：蓝带是天空的颜色，随着不断的训练，练习者的跆拳道技术逐渐成熟，就像大树一样向着天空生长，练习跆拳道已经完全入门。

蓝红带：练习者的水平比蓝带略高，比红带略低，介于蓝带与红带之间。

红带：红色是危险、警戒的颜色，练习者已经具备相当的攻击能力，对对手已构成威胁，要注意自我修养和控制。

红黑带：经过长时间系统的训练，练习者已修完从10级至1级的全部课程，开始由红带向黑带过渡。

黑带：黑带代表练习者经过长期艰苦的磨炼，其技术动作与思想修为均已相当成熟。也象征跆拳道黑带不受黑暗与恐惧的影响。

·体能与游戏篇·

第二十章　力量素质与游戏锻炼

学海导航

作为人体运动的基本素质，力量素质是一个能够有效衡量一个人的运动训练水平的重要指标。任何身体素质都是通过肌肉的不同工作方式来体现的，力量是所有素质的基础。力量素质对其他素质的发展起到重要的促进作用，同时，力量素质也会对运动水平产生直接的影响。本章主要对力量素质与游戏锻炼进行介绍，涉及力量素质的基本知识、一般训练方法以及游戏锻炼方法几个方面的内容。通过本章的学习，高职学生可以对力量素质有一定的了解和认识，并能够从中学习一些发展和锻炼力量素质的科学方法，保证良好的学习效果。

第一节　力量素质概述

一、力量素质的概念

人体在任何运动中都离不开肌肉的收缩力量，它会维持人体的基础生活能力。力量在人体中可以分为内力和外力，内力是人体神经肌肉系统活动时对抗和克服外力的能力。外力是因外阻力而引起的力，比如克服重力、摩擦力等。

力量是身体素质的一种。所谓的力量素质是人体获得身体某部分肌肉在工作时克服阻力的能力。在人体参加运动时，所指的力量素质是肌肉力量，即机体完成动作时肌肉收缩对抗阻力的能力。力量素质主要是通过肌肉的工作形式表现出来的，如肌肉在工作时要克服的阻力有内部阻力和外部阻力。外部阻力包括摩擦力、物体重量和空气阻力等。内部阻力是指肌肉间的对抗力、肌肉的黏滞性等。决定肌肉力量的大小的因素主要有三种。

(1)完成动作时肌肉群收缩的合力。

(2)肌肉群收缩的协调能力。

(3)骨杠杆的机械率。

二、力量素质的分类

(一)按照力量和体重关系分类

1.绝对力量

最大力量是各运动项目的主要组成部分,其也与人体体重和运动成绩相关密切。绝对力量是指在不考虑运动员体重时,运动员所能发出的最大力量。通常体重较重的运动员绝对力量要大于体重较轻的运动员。

2.相对力量

相对力量是指运动员相对于体重而言能够发出的最大力量。也就是说,运动员的相对力量等于绝对力量除以体重。因此,在进行力量训练时,运动员适当的减轻体重,能够达到增加运动员的相对力量值。尤其是针对一些移动身体体重的运动项目如跳远、跳高等,相对力量就显得非常重要。

(二)按照力量的表现分类

1.快速力量

快速力量是指人体神经肌肉系统通过肌肉快速的收缩来克服阻力的能力。快速力量以速度和加速度的形式表现出来。快速力量对需要“爆发性”用力的运动项目的成绩起决定性的作用。

快速力量的机制是通过神经肌肉系统通过反射活动、肌肉弹性成分和收缩成分之间的协调来接受和对抗外界施加的快速负荷。收缩力量和收缩速度同时参与进肌肉产生快速力量的机制内,神经反射活动和肌肉弹性成分通过复杂协调,共同参与。

(1)弹跳力

弹跳力是神经肌肉系统在触地前瞬间被拉长,然后在自动(触地)转化为缩短的过程中,以非常高的加速度向相反的方向运动,而使身体产生跃起的能力。通常是指运动过程中迅速改变运动方向时,肌肉克服阻力产生最大负加速度的能力。

(2)爆发力

爆发力是指肌肉在最短时间内产生最高收缩速度和最大力量克服阻力的能力,是人体在短时间内的最大做功能力。爆发力是弹性力量的一个组成部分,是神经肌肉系统以最短的时间最大的加速度爆发出最大的肌肉力量的能力,它利用肌肉的弹性性能在爆发时的极短暂的肌肉预拉长瞬间产生弹性能(大约为原肌肉长度的5%),大约是150毫秒就可达到最大值,并迅速向相反方向用力收缩的动作过程,通常用力的梯度和冲量来表示。

(3)起动力

起动力是指肌肉收缩50毫秒内达到最大力值的能力。起动力是弹性力量中收缩时间最短的力,也是一种表现在必须对信号做出快速反应的运动项目上的一种力量能力。

2.最大力量

最大力量是指肌肉通过最大随意收缩抵抗无法克服的阻力过程中所表现出的最高力值。最大力量取决于传入肌肉的神经冲动的强度和频率,同时还取决于肌肉收缩的内协调能力和关节角度的变化。对于一些参加竞技运动的人来说,最大力量并不是固定不变的,它处于一个动态过程中,因此每个运动者都有发掘自身最大力量极限的潜力。

3.力量耐力

力量耐力是指有机体耐受疲劳的能力,它的主要特征是持续表现出一种较高能力。在很多的运动项目中,力量耐力的要求非常高,如划船、游泳、400米跑等。这些运动项目都是需要持续较长时间内克服阻力的。

力量型健身器材锻炼方法

力量型健身器材是健美人士的首选,可以根据不同的需求进行选择,下面我们简单了解一下力量健身器材的锻炼方法。

1.器械坐姿下拉器

身体挺胸收紧腰腹坐于凳上,双手握住器械拉杆使两肩膀充分向上升起,把胸大肌完全舒展开。集中背阔肌的收缩力,使拉杆向下拉引至胸锁骨以下至乳头以上部位。尽量让背部两侧肩胛骨收拢互触,使背阔肌处于顶峰收缩位,然后再使拉杆慢慢向上回复原位。

2.坐姿侧平举训练器

身体坐在器械凳上,挺胸收腹并将胸部靠紧靠垫,双手屈肘握住器械臂并将前臂放于器械臂下,置于身体两侧。动作过程中集中三角肌中束的气力将器械臂举起至腕、肘、肩在统一平面上,稍停,然后再慢慢还原到起始位置。

第二节　力量素质的一般训练

一、快速力量的训练

快速力量是速度与力量的综合表现,现代广泛采用发展力量的训练作为提高速度力量的主要途径。实践证明，爆发力是快速力量中非常具有代表性的力量形式，发展爆发力在很多的运动项目中都有很大的用途，如篮球、足球、体操等。发展爆发力的训练方法有以下两种。

（一）快速用力法

快速用力法的原理在于，速度的增长就是力量增长的标志。快速用力法有利于培养运动员的速度意识及快速运动反射的传播。快速用力法的练习特征是通过最快的肌肉收缩速度来克服外来力量，以发展爆发力。

它包括小强度快速用力法和中等强度快速用力法，小强度快速用力法的特点是采用30%～60%的强度，练习3～6组，每组重复5～10次，进行专门发展练习，并使练习的结构和肌肉工作方式尽量接近比赛动作。中等强度快速用力法的特点是用70%～85%的强度，用最大速度练习4～6组，每组重复3～6次，这种方法对提高肌肉力量的爆发性发挥的作用非常明显。有很多的运动项目中爆发力的大小都直接影响着运动成绩。因此，可采用这种方法发展爆发力。另外，也可安排负荷较小但快速完成的练习。

（二）超等长练习法

超等长练习实际上是结合了肌肉的退让和克制的训练方法。主要的生理机制是当肌肉被拉长的超过自身的正常长度时，肌肉出现牵张反射，即强大的克制性收缩，从而产生有效的爆发力。在进行此训练时，肌肉要先做退让工作，并且肌肉被极度拉长，然后再尽快转入克制工作。主要目的在于使纯力量转变成爆发力。

二、最大力量的训练

（一）强度法

强度法的特点是以大的、亚极限和极限重量（即85%～100%的强度）进行优势工作，训练时逐渐达到用力极限，以后继续用对体力来说是强的、中上的和中等强度的负荷量，直到对这种刺激产生劣性或接近劣性反应时为止。

强度法保证了神经肌肉用力的高度集中与绝对肌力的发展，能使运动员在肌肉体积没有特殊增加的情况下，使相对力量得到显著提高。很多研究学者证实，对于需要最大力量项目的运动员来说，周期性地举极限和亚极限重量可以有效地促进专项工作能力的提高。

（二）极限强度法

极限强度法由保加利亚功勋教练员阿巴杰耶夫所创。这种方法的显著特点是，非常突出强度，几乎每周每天每项都要求达到、接近甚至超过本人当天最高水平，然后减10千克做两组，再减10千克做两组。即开始递增重量，直至当天最大重量，再递减重量。在计划规定的时间内要求组数越多越好，组与组之间的间歇以能休息过来为准，整个训练全年安排一般不做大的调整和变动。

（三）退让练习法

退让练习法又叫离心收缩法。它与克制性训练方法正好相反，不是肌肉在拉长时收缩，而是在收缩的同时或收缩后被更大的外力拉长，肌肉的起止点被彼此分离。负重力量训练一般都包含有退让性用力。退让练习法的作用主要表现如下。

(1)退让性练习能比动力性练习对抗更大阻力，能用超出克制性收缩的强度进行练习。因而能给予神经肌肉系统非常强大的刺激，取得提高力量的效果。

(2)退让性练习与克制性工作是密切结合的，在许多情况下为主动用力(克制性收缩)创造了有利的生物力学条件。退让性练习的强度一般以120%～190%为宜。另外，从0.4～1.1米的高处下跳(跳深)，也能很好地发展腿部力量。目前，在运动训练中有意识地安排退让练习者还很少。鉴于退让练习对发展力量具有积极作用，在力量训练中应适当安排退让练习。

（四）静力性练习法

静力性力量练习是肌肉在紧张用力时其长度不发生变化的力量练习。静力性力量训练不仅对提高最大力量具有很大的作用，它还可以发展静力性力量和静力性耐力，如举重的支撑动作。生物学研究证实，静态力量是动态力量(包括快速力量)的基础。静力性练习正是发展静态力量的有效手段之一。

三、力量耐力的训练

（一）等动训练法

等动训练法即等动力练习法，它是利用一种专门器械(等动练习器)进行力量训练的方法。这种专门的器械的基本结构是在一个离心制动器上连接一条尼龙绳。拉动尼龙绳时的力量越大，由于离心制动作用，器械所产生的阻力也就越大。所以，器械所产生的阻力总是和用力大小相关。等动练习从肌肉用力形式来看，似乎属于克制性工作，但实际上等动练习与纯粹的克制性工作并不相同。因为克制性工作时，肌肉在缩短过程中张力要发生改变，而等动练习时，肌肉一直以某种张力进行收缩，并且收缩速度始终恒定。因此，等动训练法并不等于肌肉克制性工作。

（二）极端用力法

极端用力法要求训练时做极限数量的重复，即每组试举允许重复10～12次这一最大值，直到完全不能做为止。也就是使参加训练的肌肉再也不能收缩，肌肉越来越疲劳，需要从大脑皮层发出补充的神经冲动去激发新的运动单位，才能把每块肌肉充分地调动起来，并去激发新的肌群——即兴奋过程的扩散。

运动实践已经充分证明，这种方法不仅能极为有效地发展运动员的力量耐力，而且也是发展最大力量和培养运动员意志和心理稳定性的有效方法。

龙　武

龙武生于陕西省咸阳市，从小喜爱体育锻炼，通过努力成为有名的大力士，并在各种重大比赛中获得冠军。

1996 年龙武以优异的成绩考入西安体育学院，系统地学习了体育教育学、运动医学、运动心理学、举重、拳击、武术、散打等 20 项体育专项课程，每科的成绩都在优秀之列。

1998 年毕业后，龙武加入武警云南总队散打队，成为职业散打运动员，在亚洲散打冠军毛广杰教练的带领下，从一名默默无闻的选手，打进全国比赛的前三名，2001 年第九届全运会后退役，然后开始了艰苦的力量训练，卧推、深蹲和硬拉三项力量长很快，肌肉块头也大了很多，许多健身会员看到龙武这样强壮，都会投来羡慕的目光，这使得龙武获得了力量和信心，于是更加刻苦地训练。

2003 年龙武迎来了他人生新的转机，应聘进入一家大型外商投资集团公司担任办公室主任，老板对龙武十分器重，在训练方面都给予龙武很大的支持，让龙武集中精力在上午把本职工作干好，每天下午抽出两个小时进行力量训练。为了获得更好的锻炼效果，龙武到北京奇迹健身中心训练，高飞总经理看出龙武是干事业的人，免费为龙武提供训练器材及场地保证，使得龙武每个星期进行五天力量训练，一天散打与柔韧训练，专项力量稳步上升。

2004 年他开始发力，参加的所有比赛全部取得了冠军：2004 年第九届北京市腕力大赛 100 公斤级冠军和全场冠军、2005 年第二届北京市健身俱乐部腕力大赛 100 公斤以上级冠军和 2005 年第十届北京市腕力大赛暨第二届全国腕力大赛 100 公斤以上级冠军。

2006 年龙武对大力士运动产生了兴趣，并萌生了要夺大力士冠军的愿望，便开始全身心地投入到了大力士运动的训练，当年 10 月份举行的“新月杯”全国大力士比赛，龙武只取得了第七名，龙武是一个不肯服输的人，埋头苦练，谢绝一切应酬。

2007 年 6 月龙武代表北京奇迹健身中心参加了“雪花啤酒杯”2007 年全国大力士锦标赛，跃居总成绩第三名，2009 年 9 月 20 日在郑州举办的全国大力士锦标赛上，龙武终于力挫群雄，名列全国大力士榜首，夺得了分量最重的桂冠——全国大力士总冠军。成功后的龙武，被誉为中国大力士第一人。

2009 年 9 月，在河南省郑州市举行的全国大力士比赛中，龙武在提重物、抱重物、拉汽车、翻轮胎、转大运等 5 项比赛中，以最高的积分获得总冠军，成为中国第一大力士。

第三节　力量素质的游戏锻炼

一、发展上肢力量的游戏

(一)推小车

游戏方法:训练应在平坦场地进行。在场地上画两条相距 10～20 米的平行线作为起、终点。将参与者按前后两人一组分成若干组,前后两人一组,站在起点线后,前面的人俯撑分腿于地上作为“小车”,后边的人站于俯撑者两腿间,两手握其踝关节并抬起,后者作为“推车人”做好准备。当听到开始口令后,俯撑人用两手交替向前迅速移动,和“推车人”相配合,尽快到达终点,以先到终点的组为胜,然后两人互换,再按此进行比赛。

基本要求:推车人到达终点为完成游戏;中途翻倒或停止,应从原地重新开始。

(二)持哑铃走迎面接力

游戏方法:训练需准备哑铃两副,并在场地上画相距 10 米的平行线。将参与者分成人数相等的两队,每队再分成甲乙两组,分别成纵队面对面站在两条平行线后。游戏开始后,各队甲组排头两臂侧平举双手持哑铃向前走,走到对面将哑铃交给乙组排头,站到队尾,同时乙组排头手持哑铃,向对面走,再将哑铃交给甲组的第二人,依次交接哑铃行进,直至最后一人完成,先完成的队为胜。

基本要求:手持哑铃走时必须保持两臂侧平举,不允许跑;不得抢走,否则视为犯规。

(三)投掷空水瓶

游戏方法:游戏需在平坦场地进行,准备空水瓶、沙包若干。在场地上相距 15 米画两条平行线作为投掷线,在投掷线两侧 1 米处画一条预备线,中间画一条中线,中线上等间隔距离摆放一些空水瓶。将游戏者分成人数相等的两队,每队再分两组,分别站在投掷线与预备线后,面向中线,每人手中拿一沙包。组织者发令后游戏开始,站在投掷线后一方的游戏者,一齐用沙包掷击水瓶,击倒一个得一分。投完后,按口令一起跑去捡沙包,并将水瓶摆好,然后从两侧跑回预备线后,按原队形站好。另一方的游戏者听口令继续进行,每个游戏者投 2 次后,计算各队总分,积分多的队为胜。

基本要求:投掷时不得越过投掷线;必须听口令投和捡沙包,超过投掷线则视为犯规,重新投掷。

(四)四面攻击

游戏方法:游戏需在空场地进行,准备沙包 4 个,小木板 1 块。在空场地上画一个边长 20 米的正方形,中间画一个直径 2 米的圆,将游戏者 4 人一组分成若干组,先由一组进攻,另一组防守。组织者发令后，攻队每人手持一沙包，按顺时针方向依次向守卫者投掷，防守队出一名游戏者在圆内用小黑板挡沙包，反复进行。如守卫员的身体任何部位被击中，攻队得分，守队换另一人重新防守。在规定的时间内，攻队未击中守卫员，守队得分。每队所有游戏者完成进攻与防守后以积分数量决定胜负。

基本要求：攻者不得越线投沙包，守者不得出圈；沙包落地时，守卫员可将沙包踢出线外，进攻者可进场地内捡沙包。

(五)打　靶

游戏方法：在地上画 4 个直径分别为 1、2、3、4 米的同心圆为靶位，距靶 25 米处画一条投掷线，准备沙包若干。将游戏者分成人数相等的两路纵队，分别站在投掷线后，组织者发令后，两个排头将沙包投向靶心，落在圆心得 4 分，向外依次 3 分、2 分、1 分，每人投 3 次，最后按各队积分数量评定胜负。

基本要求：投沙包时不准超过投掷线；投到线上按外线计分，超过投掷线则视为犯规，重新投掷。

(六)推　球

游戏方法：在地面上画两条相距 15 米的平行线，两线之间画若干远度线，准备实心球若干。将游戏者分为人数相等的两组，分别站于投掷线外。其中一组持实心球，游戏开始，持实心球的一组用原地推铅球的方法将实心球推出，落点超过几米线得几分，球压线算低分，组织者将投完的组每人投的得分相加，计下总分。然后另一组用同样的方法进行，两组可进行多轮比赛，最后累计各组得分总和数值。多者为胜。

基本要求：用原地推铅球的方法推出实心球，不能抛或投；不得越线推，投掷结束后也不能越线。

二、发展下肢力量的游戏

(一)矮人竞走接力

游戏方法：场地上画 5 条相距 10 米的平行线，并按顺序 1～5 编号，1 为起点线，5 为终点线。线的长度依分队数量而定。把参与者分成 4 人一队，每队队员分别于 1～4 号线后成一路纵队面向终点线站立。游戏开始，第一组各队排头迅速蹲下，以蹲姿向前走，当走到本队第二人身后时站起，同时拍击第二人肩部，第二人立即蹲下，同样蹲着走向第三人，依次接着走，以最后一人到达终点的先后顺序排列名次。

基本要求：不准抢走；不允许半蹲和站立行走，只许深蹲(全蹲)行走；以最后一人脚过终点线先后顺序判定名次。

(二)步步高

游戏方法：训练需要准备踏跳板 2 块，不同高度的跳箱 6 架。在场地上画一条直线作为起跳线，线前依次并排放置 2 块踏跳板、2 架一节跳箱、2 架二节跳箱和 2 架三节跳箱。将游戏者分成人数相等的两队，分别成一路纵队面向跳箱站立。组织者发令后，各队列队依次双脚跳在踏跳板上、跳箱上，最后向前跳在地上，然后左队从左侧、右队从右侧跑回起跳线，以全部跑回起跳线最快的队为胜。

基本要求：发令后才能开始跳跃；游戏者必须用双脚同时向前跳，必须依次跳在各个跳箱上，不准漏跳，否则重跳。

（三）穿梭跳远

游戏方法：训练前要在场上画两条相距 10 米的平行线。将游戏者分成人数相等的两队，各队分成两组，成纵队分别站在平行线后面。发令后，各队排头用立定跳远方式，连续跳到对面拍排头的手后站到排尾，对面排头依次再跳到对面拍下一人的手，依次进行，先跳完的一队获胜。

基本要求：必须用双脚起跳，双脚落地；拍手后第二人才能开始跳。

（四）火车赛跑

游戏方法：训练需要在平坦场地进行，间隔 15 米画两条平行线作为起终点。将游戏者分成人数相等的两队，各成纵队站在起点线后，游戏开始前每个队员都把自己的左脚伸给前面的人。左手用手掌兜住后面队员伸来的脚，右手搭在前人的肩上。排头不伸脚，排尾不兜脚，组成一列“火车”。听到出发口令，全队按照一个节拍向前跳动，排头可以走步，以“车尾”先通过终点线的队为胜。

基本要求：如遇“翻车”或“脱节”，必须在原地接好后方能前进；“列车”完整通过终点才能记成绩。

（五）连续跳横绳

游戏方法：训练需要画一条起跳线，线前每隔 1 米拉一道橡皮筋，其高度依次为 30 厘米、40 厘米、50 厘米、60 厘米。把游戏者分成人数相等的 2～4 个纵队。组织者发令后，各队排头按规定的方法依次连续跳过每条橡皮筋，全部跳过者得 5 分，每触及橡皮筋一次扣 1 分。当排头跳过第三条橡皮筋时，第二人开始起跳，如此依次进行，最后以累计得分多的队获胜。

基本要求：必须按规定的方法跳越，犯规重新跳；不得触及橡皮筋和支架。

（六）跳橡皮筋

游戏方法：训练需要在平坦空地上成正方形竖立 4 根木柱，柱间拉适当高度的橡皮筋 1 根。将游戏者分成人数相等的两队，各成纵队对角排列在一根木柱边。比赛开始，发令后，各组第一人开始沿着四边的橡皮筋（单、双脚）从外向内跳，然后由内向外跳出，每人跳过四边后，回本队拍第二人的手，第二人也按上述方法继续进行，各组全部完成后，最后速度快的队获胜。

基本要求：跳越橡皮筋时，脚不准碰到橡皮筋，如碰到则应从头做起；跳越前可稍加助跑；可以超越对方，超越时相互不得影响。

孟苏平

孟苏平，安徽人，中国女子举重队运动员。四肢匀称，肩宽背厚，腰肌发达，同时头脑冷静，悟性较高，是举重训练不可多得的人才。

2009 年夺得全国女子举重锦标赛 75 公斤级抓举冠军、挺举亚军、总成绩亚军。

2010 年土耳其世界举重锦标赛上，孟苏平以 179 公斤获得挺举冠军。

2011 年亚洲举重锦标赛 75 公斤以上级抓举亚军，2011 年亚洲举重锦标赛 75 公斤以上级挺举冠军，2011 年亚洲举重锦标赛 75 公斤以上级总成绩冠军。

2012 年 4 月 5 日全国女子举重锦标赛暨奥运会选拔赛，抓举 140 公斤，挺举 178 公斤，总成绩 318 公斤获得第二名。

2015 年世界举重锦标赛在美国第四大城市休斯敦落幕，最后一日的较量中，中国选手孟苏平获得女子 75 公斤以上级抓举、挺举和总成绩 3 枚银牌，成绩分别为 145、180 和 325 公斤。

2016 年 7 月 18 日，里约热内卢奥运会中国奥运代表团成立，孟苏平替补侯志慧参加比赛。8 月 15 日，夺得里约奥运会女子举重 75 公斤以上级冠军。

第二十一章　速度耐力素质与游戏锻炼

学海导航

速度素质和耐力素质都是重要的身体素质。良好的速度素质对其他运动素质的发展具有积极意义，能为耐力素质的发展提供更大的空间，而耐力是从事任何运动项目的训练和比赛都需要具备的重要身体素质。本章对速度和耐力素质与游戏锻炼进行介绍，涉及速度与耐力素质的相关知识、一般训练方法以及游戏锻炼方法。通过本章的学习，高职学生能够对速度和耐力素质有一定的了解和认识，并能够参与游戏锻炼，从而取得理想的锻炼效果。

第一节　速度与耐力素质概述

一、速度素质概述

（一）速度素质的概念

速度素质是指人体或人体某部位快速运动的能力，即人体或人体某一部分快速做出运动反应、快速完成动作、快速移动的能力，它是人的基本运动素质之一。速度素质包括运动时人体对各种信号刺激的快速反应能力、快速完成动作的能力、快速通过一定距离的能力三个方面的内容。

（二）速度素质的分类

1.反应速度

反应速度，是指人体对外界各种刺激信号的应答能力。这种能力决定于刺激信号通过神经传导的需要时间，即身体某部位感受到外界异常刺激后，由感觉神经元传入至中枢神经，由中枢神经发出指令，经运动神经元传出至效应器肌肉，从而使肌肉产生运动。这段极为快速的时间被称为“反应时”，“反应时”长反应速度慢，“反应时”短反应速度快。

反应速度以神经过程的感觉时间、思维判别时间和动作始动时间为基础。影响反应速度的原因有多方面，其中受遗传因素的影响较大，根据有关数据显示反应速度的遗传力高达75％以上。另外，反应时的长短与刺激信号的强度和注意的集中程度与指向有关。

构成速度素质的反应速度、动作速度、位移速度之间既有联系又有区别。位移速度本身就是由各个单个动作速度和动作速率组合而成的。反应速度又往往是位移速度的开始,反应速度在运动中,已经成为反应的第一个动作速度。因此,在发展位移速度中,要考虑三者之间的相互关系;就位移速度而言,反应速度是前提条件,动作速度则是基础。

2.动作速度

动作速度,是指人体或某一人体部位完成单个动作或成套动作的快慢以及某种动作在单位时间内的重复次数多少的能力。因此,动作速度可以分为三种,即单一动作速度、成套动作速度和动作速率。

动作速度与神经系统对人体运动器官指挥能力的关系十分密切。例如,当人受到的兴奋冲动强度大,就会使人神经系统传递速度加快,身体协调性倍增,如此会大大提升人脑对身体部位器官的指挥能力,这将会直接导致动作速度和反应能力的加快。此外,动作速度的快慢还与人体各器官系统的准备状态、快速力量与速度耐力水平以及动作熟练程度有关。

3.移动速度

移动速度,是指在周期性运动的单位时间内人体进行快速移动的能力。对于这一速度能力的评判标准可以采用在一定距离的时间或单位时间内所通过的距离来表示的方法。为更好的理解移动速度的计算方法,可以参照物理公式 $v=s/t$。其中,位移速度 v 是表示物体运动快慢的物理量,它是距离(s)与通过该距离的时间(t)之比。

与动作速度相同的是,移动速度的快慢也与人体神经过程的灵活性有着密切的联系。神经兴奋性程度越高,就会使得人体在神经信号转换的能力越强,从而使得两腿交换频率越高,这些现象最终也将直接体现在人体位移速度的加快。在技术动作中,移动速度可分为平均速度、加速度和最高速度。

二、耐力素质概述

(一)耐力素质的概念

耐力素质是一种抗疲劳能力,具体是指个体克服工作过程中所产生疲劳的能力,它是人体身体素质的重要组成部分之一,是体现个体的健康水平或体质强弱的重要标志。

个体耐力与抗疲劳具有重要的关系,个体的耐力素质好坏的主要判断标准是其是否能在长时间工作中克服机体产生的疲劳。因此,在这里运动者必须明确疲劳的概念及其产生的生理机制。

就个体耐力与运动疲劳的关系来讲,疲劳使运动者工作能力下降并限制其机体工作的时间,因此又是运动训练必须要克服的障碍。所以,运动者克服疲劳的能力,客观真实地反映其耐力水平。

(二)耐力素质的分类

1.根据氧代谢的特征分类

(1)有氧耐力

有氧耐力是指个体在氧气供应充足的情况下能坚持长时间运动的能力。

(2)无氧耐力

无氧耐力是指个体在氧气供应不足的情况下能坚持较长时间运动的能力。一般的,无氧耐力又可以分为非乳酸供能无氧耐力和乳酸供能无氧耐力。

2.根据肌肉工作的性质分类

(1)静力性耐力

静力性耐力主要是指有机体在较长时间的静力性肌肉工作中克服疲劳的能力。

(2)动力性耐力

动力性耐力主要是指有机体在动力性肌肉工作中克服疲劳的能力。

3.根据耐力表现形式和用力特征分类

(1)心血管耐力

个体的心血管耐力是其有机体在运动中循环系统保证氧气到达细胞以支持身体的氧化能量过程和运走物质代谢废物的能力。个体的心血管耐力实际上还可以分为有氧耐力和无氧耐力。

(2)肌肉耐力

肌肉耐力是指有机体在一定外部负荷或对抗一定阻力(来自外部或人体内部的阻力)时,能坚持较长时间或重复较多次数的能力。

(3)速度耐力

速度耐力是指有机体将获得的较高或最高速度一直保持到运动结束的能力。

4.根据专项活动的关系分类

(1)一般耐力

一般耐力是指一种多肌群、多系统长时间工作的能力。是专项耐力的基础,是有机体各器官系统机能克服疲劳的综合能力。

(2)专项耐力

专项耐力是指运动员在其专项比赛中或训练中所要求的时间内,坚持高强度工作的能力。是个体为了获取良好的专项成绩而最大限度地调动有机体整体的能力,以克服有机体在较长时间内进行专项负荷所产生的疲劳的能力。

5.根据持续时间的长短分类

(1)短时间耐力

短时间耐力是指有机体持续短时间运动(45 秒至 2 分钟)项目所要求的耐力。运动中,主要是通过无氧过程提供完成运动所需要的能量。

(2)中等时间耐力

中等时间耐力是指有机体持续运动时间为2～8分钟所需要的耐力,其强度高于长时间耐力项目。

(3)长时间耐力

长时间耐力是指个体持续运动较长时间(超过8分钟的运动)时所需要的耐力。

6.根据身体活动的部位分类

(1)局部耐力

局部耐力主要指有机体的局部身体部位在长时间的身体活动中克服机体疲劳的能力。运动者的局部耐力取决于其一般耐力素质的发展水平。

(2)全身耐力

全身耐力主要指有机体的整个身体机能在训练和竞赛中克服疲劳的综合能力。个体的全身耐力是其综合耐力水平的表现。

速度之最

1.爬行类动物的速度冠军是美国的一种蜥蜴,它逃跑时的最大时速达24公里。

2.昆虫当中的游速(水面)最快的冠军是鼓甲,鞘翅目,豉甲科,甲虫。

3.爬行类动物的游泳冠军是太平洋中的棱皮龟,其爬行速度最高达35.2公里/小时。

4.飞得最快的昆虫是澳大利亚蜻蜓,它短距离的冲刺速度可达每小时58公里。

5.跑得最快的鸟是鸵鸟,75千米/小时。

6.长跑最快的动物是藏羚羊,具有特别善奔跑的优点,奔跑速度可达每小时70～110公里,即使是妊娠期满临产的雌藏羚羊,也会以很快的速度疾奔,它还是高原严酷环境下奔跑最快的动物。

7.陆地上短跑最快的动物是非洲的猎豹,时速可达110公里。它的长距离奔跑时速仅为60公里左右。它们最快的速度只能维持一分钟,接着便得花上二十分钟时间喘息、恢复。

8.长距离游速最快的鱼类是金枪鱼,游速达230公里/小时。

9.游得最快的鱼类是旗鱼,游速每小时达120公里,比轮船正常航行的速度要快三四倍。

10.长距离飞得最快的动物是尾部有脊骨的褐雨燕(也称楼燕),它的时速高达170.98公里,最快352.5公里。一般速度为每小时110～190公里,是长距离飞行最快的鸟类。

11.短时间飞得最快的动物是游隼,它俯冲时飞行迅速,在天空中向下俯冲速度最高可达360公里。大多数时候都在空中飞翔巡猎,发现猎物时首先快速升上高空,占领制高点,然后将双翅折起,使翅膀上的飞羽和身体的纵轴平行,头收缩到肩部,以每秒钟75～100米的速度,呈25°角向猎物猛扑下来。

12.如果按比例放大的话,世界上速度最快的动物是一种名字叫“虎蛱”的昆虫,放大到质量和人一样，它的时速可以达到400多公里。

第二节 速度耐力素质的一般训练

一、速度素质的一般训练方法

（一）反应速度训练方法

1. 重复训练法

重复训练法，主要是对突然发出的信号，快速地做出应答反应，以提高练习者的动作反应能力。还可以根据瞬间信号（听觉、视觉），变换动作或改变运动方向；对对方的各种动作做出预定的反应动作。这些练习都要反复的进行，这样才会将反应速度的能力最大化的发挥出来。

2. 变换练习法

变换练习法，是根据动作的强度和具体时间变化的信号刺激，明显地改变练习的形式和环境来提高简单动作的反应速度。应用变换练习法还可以通过模拟比赛的条件与环境来辅以专门的心理素质练习来更有效的发展简单动作反应速度。这样可以使练习者逐渐地适应多变的环境，消除妨碍实现简单动作反应的多余的紧张，避免兴奋的极度扩散。

3. 分解练习法

分解练习法，是分解回答反应的动作，使之处于较容易完成的条件下，通过提高单个分解动作的速度来提高整体的反应速度。例如，蹲距式起跑时，反应时间要比站立式起跑长，这是因为练习者的手臂支撑着较大的重量，要较快地离开地面有一定的困难。因此，练习时，可先练习对起跑信号的反应速度（高姿势起跑或扶其他物体），而后不用信号单独练第一个动作的速度。

4. 运动感觉法

运动感觉法，是身体训练与心理训练相结合的一种方法。运动感觉法的练习可分为三个阶段：第一阶段，练习者听到信号后，以最快的速度对信号做出应答反应，并获得实际的时间，以提高练习者的应答反应能力。第二阶段，让练习者自我估算反应时间，并与实际时间进行比较，以提高练习者时间感觉的准确性。第三阶段，要求练习者按照预先规定的时间去完成某一反应的练习，以提高练习者的时间判断能力。

（二）动作速度训练方法

1.加速动作法

在体育运动中，加速度不单指物体运动速度大小的变化，而且还包括物体运动速度方向的变化等。如100米从起跑到途中跑阶段为跑的加速阶段，助跑跳跃的踏跳速度和举重的发力的动作过程等，都显示出练习者的动作速度和运动速度发生了明显的变化。为了促进运动速度和动作速度不断地提高，许多项目已经非常重视加速阶段的练习，并作为发展速度的重要练习手段。

2.减少阻力法

减少阻力的训练法，即减少外界自然条件阻力和人体本身重阻力的训练。例如，利用风力进行顺风骑车、顺风跑、顺水游泳等，利用自身的动作惯性转移到速度的外部条件进行下坡跑、下坡骑车等，可以提高练习者高速运动的感觉能力。在克服自身体重的训练中，可采用助力来减缓身体的重量，帮助训练者完成技术动作的动作速度。如体操动作的（外部）助力或保护带的帮助等。但在助力与帮助时，需要把握好助力、帮助的时机和用力的大小，有利于达到动作速度的要求。

3.负重训练法

由于运动中动作速度与力量水平有着极为重要的关系，因而，发展动作速度需要与发展力量结合起来。通常在运用举重物做专门性动作速度训练时，重物的重量应比培养单纯力量和速度力量时的重量要轻一些。为了使速度力量和速度能同时产生影响，可以把各种负重和不负重的专门训练结合起来进行训练。但是，有些比赛中的专项动作则无须附加重物，即一种以专项力量和速度是同时出现的动作形式。因此，当采用专项动作本身作为训练手段时，一般不负重。这样可使专项力量和动作速度有机地结合在一起，使得动作速度在体育比赛中完美地显现出来。

4.巩固技术法

动作速度的提高，在很大程度上取决于已熟练掌握的运动技术。这是因为动作幅度的大小、工作距离的长短以及运动的方向、工作的时间、动作的路线、角度和用力等都与动作速度的大小密切相关。所以，采用已巩固和熟练了的动作完成动作时，训练者可以不考虑这些诸多因素，而把精力集中在完成动作的速度上，轻松、协调地发挥动作的水平。

（三）位移速度训练方法

1.发展力量训练法

发展力量是训练位移速度的基本途径之一。力量训练的目的是提高训练者的速度素质，但最终的目的是把训练者所获得的力量和速度素质用于提高位移速度上来。

在力量训练中，若要将力量的提高转化到位移速度上，通常是在力量训练负荷减少后出现的。力量向移动速度的转化大约需要 2～6 周的时间,例如,跑步练习阶段的几种情况:第一,在跑的时候要感到有一种贯穿于全身的力;第二,跑动中要富有弹性感;第三,跑起来要有一种有力的跨度感;第四,跑后肌肉酸痛感到有所减轻。也就是说,这个阶段的训练,只有在以上几种情况出现后才能实现力量向位移速度的转化。

2.重复训练法

重复训练法是移动速度练习方法之一,即以一定的速度,多次重复一定距离的训练,也是位移速度训练的基本方法之一。采用重复训练法时一般要注意训练强度、训练持续时间、重复训练的次数和组数以及训练的间歇时间。

3.综合性训练法

综合性训练法是移动素质训练方法之一,也是若干训练方法结合的运用。常用的综合性训练法有循环训练法和组合训练法等。综合性训练法可以改善训练的整体效能,灵活地调整训练负荷与休息,逐步地提高训练者的运动素质、速度能力和技术动作。

4.发展步频、步长的训练法

通常步长和步频是影响跑动中位移速度的两个主要的因素,只有将高频率和大步幅融合到跑动中去才能表现出高水平的位移速度。而影响步长和步频的共同因素则是力量的协调性。其中,影响步频的因素有肌纤维的类型和神经系统的灵活性;影响步长的因素有柔韧性、后蹬技术以及腿长等。需要指出的是,柔韧性和后蹬技术通过训练可以得到明显改进,而腿长、肌纤维类型、神经系统灵活性则主要取决于遗传。遗传因素通过后天的训练只能发生极微小的变化。因而,对一般的训练者来说,如果步频不太理想,通过加大步幅也是提高位移速度的有效途径。

二、耐力素质的一般训练方法

(一)持续训练法

负荷强度较低、负荷时间较长、无间断地连续进行训练的方法就是持续训练法。技术动作可以单一也可以多元,平均强度不大,负荷时间相对较长,以有氧代谢系统供能为主,这些都是持续训练法的主要特征。通常情况下,持续训练法中一组练习的持续负荷时间至少应为 10 分钟以上。负荷强度心率指标平均为每分钟 160 次左右。练习的过程不中断。可以有效地提高运动员以有氧代谢系统供能状态下所表现出来的专项耐力,有效地提高技术应用的稳定性和抵御疲劳的耐久性。在发展一般耐力素质时,采用持续练习法往往能够取得较为理想的训练效果,主要表现为:可以使有氧代谢系统供能能力以及该供能状态下有氧运动的强度有所提高;可以为进一步提高无氧代谢能力及无氧工作强度奠定坚实的基础。

(二)间歇训练法

对多次练习时的间歇时间做出严格规定,使机体处于不完全恢复状态下,反复进行练习的方法就是间歇训练法。练习时的心率控制在每分钟170～180次即可，间歇时间以心率降到120次为开始下一次练习的确定依据，动作结构前后稳定，是间歇训练法的主要特征。每课练习的次数或者组数因人而异。通过间歇训练法的应用，能够使糖酵解供能系统、混合供能的能力及此种供能状态下有关肌群的力量耐力和速度耐力得到有效的发展和提高。合理应用间歇训练法，往往能够达到以下训练目的：第一，可以使糖酵解代谢供能能力、磷酸盐与糖酵解混合代谢的供能能力、糖酵解与有氧代谢混合供能能力和有氧代谢供能能力得以有效的发展和提高；第二，使机体抗乳酸能力得到提高，以确保在保持较高强度的情况下具有持续运动的能力；第三，使心脏功能得到明显的增强，使机体各机能产生适应性变化。

（三）循环训练法

根据训练的具体任务，将训练手段设置为若干个训练站，训练者按照既定顺序和路线，依次完成每站训练任务的训练方法就是循环训练法。循环训练方法的特点是各训练站有机联系，各个训练站平均负荷强度相对较低，各组循环内各站之间没有明显的中断，一次循环的持续负荷时间较长。负荷强度高低交替搭配进行。循环组数相对较多。上下肢训练、前后部训练顺序的配置或集中安排或交替进行。组织方式可以采用流水式或轮换式。循环训练方法可以提高疲劳状态下连续作战的能力以及有氧工作强度；可以提高有氧代谢系统供能的能力、有氧工作强度以及有氧代谢供能状态下的力量耐力；可以有效地激发训练情绪、累积负荷"痕迹"、交替刺激不同体位；可以有效地提高训练情绪和积极性；可以合理地增大运动训练过程的训练密度；可以随时根据具体情况因人制宜地加以调整，做到区别对待；可以防止局部负担过重，延缓疲劳的产生，并有利于全面身体训练。每站的训练内容、每站的运动负荷、训练站的安排顺序、训练站之间的间歇、每遍循环之间的间歇、训练的站数与循环训练的组数是循环训练法的结构因素。

（四）高原训练法

主要利用高原空气稀薄，在缺氧情况下进行训练的方法就是高原训练法。高原训练法的应用，往往对于机体的刺激，呼吸及循环系统的机能的改善，最大吸氧能力的提高，造血功能的刺激，循环血中红细胞和血红蛋白的数量的增加，输氧能力的提高等具有积极的促进作用。高原训练具有提高运动员对氧债的承受能力，进而提高有氧耐力和无氧耐力水平的作用。

知识拓展

耐力极强的"沙漠之舟"——骆驼

骆驼有惊人的耐力，在气温50℃、失水达体重的30%时，还能20天不饮水。它还能负重200公斤以每天75公里的速度连行4天。它是沙漠里重要的交通工具，人们把它看做渡过沙漠之海的航船，有"沙漠之舟"的美誉。

"沙漠之舟"必备装备：

1. 双重眼睑和浓密的长睫毛，可防止风沙进入眼睛。

2. 耳朵里有毛，能阻挡风沙进入。

3. 鼻翼能自由关闭。

4. 脚掌扁平使骆驼在沙地上行走自如，不会陷入沙中。

5. 脚下有又厚又软的肉垫子，不会被太阳暴晒过的沙子烫伤。

6. 厚实的皮毛对保持体温极为有利。

7. 驼峰用来储存脂肪。

8. 胃和肌肉能贮存一定量的水，它的胃一次可贮水近百公斤。

第三节 速度耐力素质的游戏锻炼

一、速度素质的游戏锻炼

(一)老鹰抓小鸡

游戏方法：一人为“老母鸡”张开双臂，保护身后一列若干人扮成的“小鸡”，后者双手扶住前者腰部。“老鹰”试图用手拍到队列最后面的一只“小鸡”。被拍到的“小鸡”充当“新老鹰”，原来的“老鹰”充当“新老母鸡”，原来的“老母鸡”充当“新老母鸡”身后的“小鸡”，可做循环练习。

基本要求：快速、机敏地完成动作。

(二)反应起跳

游戏方法：练习者围圈面向圈内站立，圈内1至2人，站在圆心附近手持小树枝或小竹竿(竿长超过圈半径)。游戏开始，持竿者将竹竿绕过站圈人脚下划圆，竿经谁脚下即起跳，不让竿打上脚，被打即失败进圈换持竿者。

基本要求：持竿者可突变划圈方向。快速、机敏地完成动作。

(三)贴人游戏

游戏方法：练习者若干人，成两人前后面向圈内站立围成一圆圈，左右间隔2米。两人在圈外沿圈跑动追逐，被追者可跑至某两人的前面站立，则后面的第三者即逃跑，追者即改追这第三者，如被追上为失败。

基本要求：快速、机敏地完成动作。

(四)抢球游戏

游戏方法：用实心球围成一个圆圈，球数比练习人数少一。游戏开始练习者绕球圈外慢跑,听到信号后各人就近抢球谁没有抢到被淘汰,并去掉一球继续进行。

基本要求:每进行一轮成功者得一分,看谁得分多为胜。

(五)压臂固定瑞士球

游戏方法:躯干正直坐在长凳上,一侧臂水平外展用手压住球。同伴以60%~75%的力量向侧面各个方向拍球,练习者尽最大努力防止球运动。

基本要求:球和身体保持稳定。如果加大难度,练习者可以在身体的各个方向伸臂固定瑞士球。

二、耐力素质的游戏锻炼

(一)3分钟以上跳绳或跳绳跑游戏

游戏方法:做两臂正摇原地跳绳3分钟或跳绳跑2分钟。4~6次,间歇5分钟。

基本要求:强度为45%~60%。游戏结束时,心率应控制在140~150次/分钟,恢复至120次/分钟以下开始下一次练习。

(二)5分钟以上的循环游戏

游戏方法:结合运动项目选择专项练习8~10个,组成一套循环游戏,反复练习5分钟以上。3~5组,组间歇5~10分钟。心率在活动结束时控制在140~160次/分钟,休息恢复到120次/分钟以下,开始下一组练习。

基本要求:强度控制在40%~60%。

(三)5分钟以上的跳舞游戏

游戏方法:不间断地跳舞或健美操、迪斯科舞蹈等,坚持5分钟以上。4~6组,组间歇5~8分钟。

基本要求:强度为40%~60%。心率控制在160次/分钟以下。

(四)篮球“斗牛”游戏

游戏方法:在篮球场上打半场或全场比赛性“斗牛”30分钟以上。

基本要求:强度为45%~60%。

平板支撑——拼耐力的核心肌群训练

平板支撑(Plank)被公认为是最有效的训练腹核心肌群的方法之一,据说只要每天坚持两分钟就能让平坦的小腹重见天日。而随着它的火爆升温,“不许动”系列的其他动作也跟着流行开来。

正确的做法：俯卧，用小臂和前脚掌支撑身体，双肘弯曲，大臂与地面垂直。头部、肩部、背部、胯部和踝部保持在同一平面，腹肌用力保持收紧状态。眼睛自然向下看，保持均匀呼吸。

网上流传目前 Plank 持续最长时间为 1 小时 20 分 05 秒，但能坚持两分钟以上的人耐力就已经非常强了。

第二十二章　灵敏柔韧素质与游戏锻炼

学海导航

柔韧素质是人体的一项重要身体素质，是练习者进行任何运动所必须具备的身体活动能力。灵敏素质主要表现在运动技能、神经反应和各种身体活动能力的综合运用上，是一种复合运动素质。本章主要对灵敏和柔韧素质与游戏锻炼进行介绍，涉及灵敏与柔韧素质的相关知识、一般训练方法以及游戏锻炼方法。通过本章的学习，高职学生能够对灵敏和柔韧素质有一定的了解和认识，并能够借助于科学的锻炼方法，取得理想的训练效果。

第一节　灵敏与柔韧素质概述

一、灵敏素质概述

(一)灵敏素质的概念

面对千变万化的条件与形势，运动员能够迅速、协调并正确将动作完成的能力就是所谓的灵敏素质。运动员的运动技术水平的高低与其他运动素质能够通过灵敏素质综合反映出来。

灵敏素质的建立需要以其他素质为基础，如速度、力量、柔韧、耐力等。灵敏素质在一定程度上受到神经系统的灵活性和可塑性的决定性影响，运动员已经建立的动作储备数量也会对其灵敏素质造成影响。运动员灵敏素质的提高离不开其他身体素质的发展及综合素质的增强，也离不开其对运动技能的熟练掌握。

对灵敏素质发展水平的衡量主要以三个方面为标准，具体如下。

首先，运动员的判断、反应、转身、躲闪、翻转、平衡和随机应变的能力是否快速。

其次，是否拥有较好的速度、力量、柔韧、耐力等素质，能够熟练掌握协调性、节奏感等技能，并通过迅速准确的动作对这些素质与技能进行表现。

最后，在动作的完成过程中，能够针对不同的变化条件对自己的身体进行操纵，并将动作熟练准确地完成。

(二)灵敏素质的分类

灵敏素质主要可以分为两类，即一般灵敏素质与专项灵敏素质，这主要是以灵敏素质与专项运动的关系为依据进行划分的。

1. 一般灵敏素质

一般灵敏素质是指运动者在不同的运动活动中，在条件千变万化的情况下，能迅速、准确地完成各种动作的能力，它是发展专项灵敏素质的基础。

2. 专项灵敏素质

专项灵敏素质是指在各种专项运动中，运动者能够迅速、准确、协调地完成专项运动各种动作的能力。专项灵敏素质的发展需要以一般灵敏素质为基础，在这一基础上，运动者对专项技术与技能不断进行重复练习才能获得高水平的专项灵敏素质。

二、柔韧素质概述

(一)柔韧素质的概念

柔韧素质指的是人体各个关节的活动幅度以及肌腱、肌肉和韧带等软组织的伸展能力。

柔韧素质的概念可以从以下两个方面进行理解。

第一，人体的骨骼与关节的解剖结构对其关节活动有影响，主要表现在限制关节活动的幅度范围。

第二，概念中提到的软组织(肌腱、肌肉以及韧带等)的伸展性主要指的是跨过关节的那部分软组织的伸展能力。

(二)柔韧素质的分类

1. 一般柔韧素质与专项柔韧素质

(1)一般柔韧素质

为了与一般技能发展相适应而需要具备的柔韧能力就是所谓的一般柔韧素质。在调职学生的日常生活与体育锻炼中，都需要具备一般柔韧素质，需要保证自身的肌肉、韧带与肌腱能够灵活地伸展，能够在一定幅度范围内自由活动。

(2)专项柔韧素质

为了与一定强度的体育运动与训练相适应而需要具备的柔韧素质就是所谓的专项柔韧素质。每个运动项目对调职学生的专项柔韧素质具有不同的要求，因为不同项目的运动与技术特点是有差异的。例如，在游泳与体操等运动项目的训练中，要求调职学生肩、腰、髋等关节保持较大的活动幅度，而且韧带与肌群要有较好的柔韧能力；在跑步运动的训练中，要求调职学生髋关节的活动较为灵活；在球类运动的训练中，要求调职学生的协调能力要好。调职学生进行不同体育项目的锻炼时，一定发展不同的专项柔韧素质，以此来提高体育锻炼的效果与能力。

2. 静力性柔韧素质与动力性柔韧素质

(1)静力性柔韧素质

静力性柔韧素质指根据静力性技术动作的具体需要，肌腱、肌肉、韧带拉伸到动作所要求的位置角度，控制其保持一定时间所表现出来的能力。例如，在跳水运动中，运动员做体前屈动作并保持一定时间的能力；体操运动中，运动员做控腿与俯平衡动作并保持一段时间的能力等。

(2)动力性柔韧素质

以动力性工作的具体需要为依据，拉伸人体肌腱、肌肉、韧带直到解剖穴位上的最大控制范围，然后立即通过对弹性回缩力的应用来完成动作过程中所表现出来的能力就是所谓的动力性柔韧素质。与静力性拉伸的长度相比而言，动力性拉伸的长度会更长一些。因为拉伸肌腱、肌肉及韧带之后其会在很短的时间内迅速回到初始位置，所以反复拉伸这些部位，有利于促进关节柔韧性与灵活性的提高。

3. 主动柔韧素质与被动柔韧素质

(1)主动柔韧素质

运动员通过主动运动与锻炼而表现的柔韧素质水平就是所谓的主动柔韧素质。对抗肌的可伸展性能够通过主动柔韧素质反映出来，同时，主动肌的收缩性也能够从中表现出来。

(2)被动柔韧素质

需要通过借助外力才能表现出来的柔韧水平就是所谓的被动柔韧素质。大学生可以借助的外力主要来自器械、同伴与教练。通常而言，与被动柔韧素质相比，一个人的主动柔韧素质相对较差，柔韧素质发展的平衡程度主要体现在主动柔韧性与被动柔韧性之间的差距，差距越小越平衡。

知识拓展

柔　术

柔术，被誉为“超越极限的人体艺术”，或许大家不了解柔术这个名词，但大概都知道一些杂技中有滚灯等项目，滚灯就是柔术的一种，柔术隶属于杂技范围，与一般的杂技不同，柔术更多的是追求人的视觉感受和人的极限，一般杂技大都以惊险或者高难度、复杂著名。但柔术是通过对人的疼痛训练著称，一般杂技是靠对人的大脑四肢训练，柔术是对人的身体内的结缔组织韧带的被动抻拉训练，大家都知道芭蕾、舞蹈演员可以劈叉下腰，其实训练劈叉下腰的这个过程就是对人的韧带的抻拉，只不过柔术所要求的软度比舞蹈演员高得多，优秀的柔术演员大都从 7 岁左右开始训练柔韧性，要经过近十年才能成为优秀的柔术演员。在训练中由于被动的韧带撕拉，人往往有剧痛的感觉，而柔术的训练可以把她们疼到大哭乃至韧带撕裂，她们要日复一日、年复一年的坚持，能坚持到最后的少如翎毛。

第二节　灵敏与柔韧素质的一般训练

一、灵敏素质的一般训练方法

(一)徒手训练法

徒手训练法主要是通过身体各部位的相互配合运动,而进行灵敏性训练的方法。主要包括单人练习法和双人练习法两类。单人练习法是训练者通过运用协调自身的各部位来增强灵敏性的。例如:快速后退跑、燕式平衡、跳起转体、障碍跑以及快速折回跑等练习。双人练习法是通过两个人之间的配合运动来进行灵敏性训练的。例如:过人、障碍追逐、躲闪摸肩以及模仿跑等练习。

(二)器械训练法

器械训练法即通过运用一些运动器械来达到提高灵敏性素质的目的的方法。包括单人训练和双人训练两类。

1.单人训练

单人训练包括各种形式的传球、运球、顶球、托球、追球、颠球、接球、多球练习、滚翻传接球练习、悬垂摆动、杠端转体跳下、钻栏架、翻越肋木、钻山羊以及各种专项球类练习和技巧、体操练习。

2.双人训练

双人训练也包括多种形式的运球、吊球、接球滚翻、扑球、俯卧传球、抢球、跳起踢球、抢断球,以及跳障碍球、踢过顶球接滚翻等练习。

(三)组合训练法

组合训练包括两个动作组合、三个动作组合和多个动作组合的练习。

1.两个动作组合

两个动作组合练习主要有交叉步接后退跑、后踢腿跑接圆圈跑、俯卧膝触胸接躲闪跑、坐撑举腿接俯撑起跑、侧手翻接前滚翻、转体俯卧接膝触胸、变换跳转髋接交叉步跑、盘腿坐接后滚翻、立卧撑接原地高频跑等。

2.三个动作组合

三个动作组合练习主要有立卧撑接高频跑和跑圆圈、弹腿接腾空飞脚和鱼跃前滚翻、转髋接过肋木和前滚翻、交叉步侧跨步接滑步和障碍跑、旋风脚接侧手翻和前滚翻、滑跳接交叉步跑和转身滑步跑等。

3. 多个动作组合

多个动作组合练习主要有倒立前滚翻接单肩滚翻→侧滚→跪跳起、腾空飞脚接旋子→前滚翻→乌龙绞柱、跨栏接钻栏→跳栏→滚翻、悬垂摆动接双杠跳下→钻山羊→走平衡木、摆腿接后退跑→鱼跃前滚翻→立卧撑等。

二、柔韧素质的一般训练方法

(一)主动性拉伸训练

主动性拉伸训练是指练习者依靠自己的力量,通过各关节及其相关肌肉的主动收缩,来改善关节灵活性和肌肉伸展性的方法。在训练中,主动性拉伸训练又可以分为主动性动力拉伸和主动性静力拉伸两种训练形式。

1. 主动性动力拉伸训练

主动性动力拉伸训练是指练习者依靠自己的力量,使肌肉、肌腱、韧带等软组织急骤地牵拉长,来提高柔韧的伸展能力。根据完成动作的特点可将其分为:负重和不负重的拉伸练习;单一和多次的(如两次重复和多次重复的体前屈)拉伸练习;摆动的和固定的(如固定支撑点的拉肩)拉伸练习。

2. 主动性静力拉伸训练

运动员在动作最大幅度的情况下,依靠自身肌肉力量保持静止姿势的练习方法就是主动的静力拉伸法。这种训练既拉长了肌肉又不会引起伸展肌肉的反射性收缩,是一种安全、有效的提高柔韧性的方法。

采用主动性静力拉伸训练法时,当肌肉软组织拉伸到某一程度时,保持静止状态的时间一般约为 8～10 秒,重复次数为 8～10 次。

主动性静力拉伸训练法对发展肌肉、韧带等的伸展性有较好的作用,是作为发展柔韧性的主要方法。主动性静力拉伸的训练强度较小,且动作幅度较大,有助于节省体能,无须专门训练场地和训练器械,简单易行。

(二)被动性拉伸训练

被动性拉伸训练是指练习者借助外力或同伴的作用,帮助进行伸展的训练。这种训练又可以分为被动性动力拉伸和被动性静力拉伸两种训练形式。

1. 被动性动力拉伸训练

依靠教师或者同伴的助力来拉长韧带、肌肉的练习方法就是被动的动力拉伸法。例如,借助同伴的帮助来增大压肩、举腿的动作幅度等。在被动性拉伸的训练过程中,练习者应重点注意与同伴的不断交流,以确保在训练中肌肉、韧带拉伸的安全性,预防拉伤。

2.被动性静力拉伸训练

由外力来保持固定姿势的练习方法就是被动的静力拉伸法。例如,借助同伴的帮助来保持体前屈的最大幅度。

知识拓展

摔跤——健壮身体和灵敏反应的综合体

1.古典式摔跤

比赛时,运动员手臂抱对方的头、颈、躯干和上肢,将对方摔倒后并使其双肩触及垫子者为胜,如果在规定的时间内未能出现这种情况的话,则按得分的多少判定名次。比赛时不得抓衣服和不允许进攻对方的下肢。

2.自由式摔跤

自由式摔跤可以手足并用,用抱头、抱颈、抱躯干、抱上下肢、缠腿、勾足、挑腿等动作将对方摔倒并使其双肩触垫者为胜,如果在规定的时间内未能出现这种情况的话,则按得分的多少判定名次。比赛时不许抓衣服和使用反关节、窒息动作。

摔跤既较力较技、又斗智斗勇,它对提高人体的力量、速度、耐力、灵敏等身体素质,提高内脏器官机能,促进新陈代谢,增强体质,特别是对提高神经系统的灵活性和本体感觉,有较大的帮助和显著的作用。

第三节　灵敏与柔韧素质的游戏锻炼

一、灵敏素质的游戏锻炼方法

(一)“一不成二”(贴膏药)

游戏方法:练习者站成单层圆圈,左右间隔两臂;另设2人一追一逃,被追逐者可沿圈外奔跑,与追逐者周旋,当不再想跑时,可从圈外钻入圈内,以背部紧贴任何站立者的身前,成2人重叠,此时重叠外层的人便成为被追逐者;凡在被追逐者已组成2人重叠之前未被抓住者,原来的被追者为安全,追逐者须开始追外层的人(即第2人)。队伍始终保持单人圆圈。

基本要求:被追者必须从圈外跑,不得穿过圆圈;贴人时必须以背部贴靠别人身前,保持圆形队伍;凡以手摸到被追者即为追上,此时追者与被追者互换,游戏继续进行;被追者不得跑离圆圈队伍 3 米外或向远处跑去。

(二)排头捉排尾

游戏方法:练习者排成单行,用手抓住前面人的腰部;听到"开始"信号后,排头要努力地去捉排尾的人,而后半部分人则要努力地帮助排尾,不让排头捉到。

基本要求:队伍不能被拉断或拉散;排头触到排尾时,即刻更换排头和排尾,重新开始游戏。

(三)跳山羊接力

游戏方法:把练习者分成人数相等的甲乙两组,分别站在距山羊 5 米的起跑线上;听到"开始"信号后,每组第一人助跑分腿跳过山羊,落地后,转体 180°,再从山羊底下钻出跑回击第二人的手,第二人与第一人动作相同,并以此类推进行。

基本要求:必须以单跳双落的动作起跳、落地,身体钻越山羊时不能碰器械。

(四)形影不离

游戏方法:两人一组,并肩站立。右侧的人自由变换位置和方向,站在左侧的人必须及时跟进仍站到他的右侧位置。

基本要求:要求随机应变,快速移动。

(五)双脚离地

游戏方法:练习者分散在指定的地方任意活动,指定其中几个为抓人者,听到教练的哨音后,谁的双脚离地就不抓他,抓人者勿缠住一人不放。

基本要求:要求快速倒立、悬垂、举腿等。

(六)围圈打猴

游戏方法:指定几个人当"猴"在圈中活动,余者作为"猎人"手持 2～3 个皮球围在圈外,掷球打圈中的"猴"(只准打腿部),被击中的"猴子"与掷球的"猎人"互换。

基本要求:要求眼观六路,耳听八方,掷球准确,躲闪机灵。

(七)"活动篮圈"

游戏方法:队员分两组,每组设活动篮圈一个(两人双手伸直,互相握手)。教练抛球,两组跳球开始比赛,设法将球投入对方的活动篮圈中去,比哪组投中次数多。

基本要求:要求按篮球规则进行比赛,活动篮圈可以跑动,但不能缩小,防守队员可以在篮圈附近防守。

二、柔韧素质的游戏锻炼方法

(一)猜拳移步

游戏方法:两人一组面对面站立,每人两脚前后相连成"一"字型(以各自的左脚在前为例),两人的左脚尖相碰。双方开始猜拳,胜者左脚后移至右脚后;负者右脚不动,左脚向前移动,左脚尖碰到胜者的右脚尖。然后继续猜拳,每次胜者将前脚移到后脚后而,脚尖碰脚跟;负者后脚不动,前脚前移,使自己的脚尖碰到胜者的脚尖。依此类推,负者向前移动的距离越来越远,直到一方脚碰不到另一方脚尖为失败,另一方胜出。

基本要求:劈叉有难度时可用手扶地而做。

(二)垒脚塔

游戏方法:学生5~8人一组围成圆圈,根据每一个人不同的柔韧性,商定出放脚的高低顺位(由下到上,分别为1,2,3……开始后,每人伸出一只脚,第1人(最下面的人)脚跟着地、脚尖朝上,接着第2人脚跟放在第1人的脚尖上,第3人脚跟放在第2人的脚尖上,依此类推,直到所有人伸出的一只脚上下相接形成一座"宝塔"状,并能坚持15秒为成功,看哪组"宝塔"垒得最高。

基本要求:上下脚须相连,不得脱节;允许上一人的脚跟放在下一人的脚掌或脚背或脚踩处;不得借助外力(物)来完成。

(三)步步高升

游戏方法:学生四人一组,分别站在"垫堆"的四面,采用侧压腿方式,将一只脚放于"垫堆"最上方的垫面,坚持15秒,即为挑战成功。然后往"垫堆"上面放一块垫子,让学生再将一只脚放于最上面垫面处,若挑战成功,同样再加高一块垫子,依此类推。若出现有人脚放不到"垫堆"最上面即为淘汰,并记下其最好成绩(层数),直到最后一人挑战最好成绩为止。

基本要求:每一个高度(层数)必须坚持15秒方为挑战成功,否则为失败,就不得进入下一高度的挑战;每次增加一块小折垫。

(四)脚踢悬物

游戏方法:甲乙两人一组,甲手持一个塑料瓶侧身对着乙站立,并将瓶子举到适当的高度,乙用正踢腿方法,用摆动腿的脚尖触及瓶子,接着逐步升高瓶子,直到乙踢不到瓶子为止。然后双方交换角色,最后看谁踢得更高。

基本要求:踢悬物时控制力度,触到即可,防止跌倒。

(五)虫子蠕动

游戏方法:学生先直臂俯撑在地,然后两手固定不动,两腿伸直以小碎步向双手的位置靠近,直到两脚不能前移为止。然后,两脚不动,两手前移还原成直臂俯撑姿势,接着两脚再向前移动，如此反复，像一条虫子一样向前蠕动。最后，看谁的脚尖离手掌最近。

基本要求：膝关节伸直，不得弯曲，否则无效。

（六）直腿拨球

游戏方法：学生手持一个篮球，两脚伸直与肩同宽，然后用手拨球绕两脚做“8 字形”地滚球 5 次，接着两脚向外移动一脚距离，同样再进行拨球，以此类推，直到两脚分开到极限为止，看谁两脚分开距离最远且能完成拨球。

基本要求：必须两腿伸直，否则无效。

（七）反躬拍踵

游戏方法：学生两脚自然开立，屈膝，上体慢慢后仰，用两手指尖触拍脚后跟。若两手不能触碰到脚后跟，首先用手拍打自己的臀部，然后依次去拍打大腿背面、膝关节后面、小腿肚子，最后触拍到脚跟，并能坚持 10 秒为成功。

基本要求：不得借助外物或外力来完成。

（八）胯下看天

游戏方法：学生背对树或墙（在墙上画有不同高度的记号）自然站立，两脚分开，体前屈，两手分别扶握两脚踝处，两眼从两腿之间向后看，看看谁能看到离地最高的那根树枝或墙上最高的地方。

基本要求：每人离目标物距离要等长，以保证游戏的公平性；两腿膝关节要伸直，不得弯曲。

知识拓展

拉伸运动

坐在地上，双腿并紧伸直，勾脚，双手慢慢的拉住脚掌（注意脚掌要尽量勾到头，膝盖不能弯）上身微微往前倾（不要驼背），尝试把脚后跟拉离地面一点点，3 秒钟后放下，再来。重复 10 下。一天做一次，一定要坚持才有效果，力量不要太冲，要有韧性。

1. 拉伸大腿后部肌肉

坐在地上，把要拉伸的腿在体前伸直，弯曲另一条腿，整条腿的外侧贴近地面，与伸直的腿组成三角形，背部挺直，从胯部尽量向前屈，双手抓住伸直腿的脚尖，保持这个姿势 20 分钟，手触脚尖时不允许有弹动式动作（触不到脚尖也没关系）。

2. 拉伸大腿内侧肌肉

方法一：坐姿，双脚脚底相互贴近，膝盖向外撑并尽量靠近地面双手抓住双脚踝，保持这个姿势，数 10，放松，然后重复 3 次。

方法二：坐姿，双脚在体前伸直并分开，保持背部和膝盖部挺直，从胯部向前屈体，双手从腿内侧去抓住双腿的脚踝，保持这个姿势，感觉大腿内侧被拉紧，放松，然后重复。

3. 拉伸小腿(后部)肌肉

俯身,用双臂和一条腿(伸直,脚尖着地)支撑身体,另一条腿屈于体前放松,身体重心集中于支撑脚的脚尖处,脚跟向后、向下用力,感觉到小腿后部肌肉被拉紧,保持紧张状态,数10,放松,重复3次,然后换另一条腿做3次。

附录 《国家学生体质健康标准》

一、《国家学生体质健康标准》测试项目与操作方法

(一)《国家学生体质健康标准》测试项目

附表1 《国家学生体质健康标准》大学生测试项目

测试对象	单项指标	权重(%)
大学各年级学生	体重指数(BMI)	15
	肺活量	15
	50米跑	20
	坐位体前屈	10
	立定跳远	10
	引体向上(男)/1分钟仰卧起坐(女)	10
	1 000米跑(男)/800米跑(女)	20

注:体重指数(BMI)=体重(千克)/身高^2(米^2)。

(二)《国家学生体质健康标准》操作方法

1.身　高

(1)测试目的:身高测试与体重测试相配合,评定学生的身体匀称度,评价学生生长发育及营养状况的水平。

(2)场地器材:身高测量计。

(3)测试方法:受试前,身高测量计应校对0点,以钢尺测量基准板平面至立柱前面红色划线的高度是否为10.0厘米,误差不得大于0.1厘米。同时应检查立柱是否垂直,连接处是否紧密,有无晃动,零件有无松脱等情况,并及时加以纠正。

受试时,受试者赤足,立正姿势站在身高计的底板上(上肢自然下垂,足跟并拢,足尖分开约成60°)。足跟、骶骨部及两肩胛区与立柱相接触,躯干自然挺直,头部正直,耳屏上缘与眼

眶下缘呈水平位。测试人员站在受试者右侧，将水平压板轻轻沿立柱下滑，轻压于受试者头顶。测试人员读数时双眼应与压板水平面等高进行读数。记录员复述后进行记录。以厘米为单位，精确到小数点后一位。测试误差不得超过 0.5 厘米。

2.体　重

(1)测试目的：测试学生的体重，与身高测试相配合，评定学生的身体匀称度，评价学生生长发育的水平及营养状况。

(2)场地器材：杠杆秤或电子体重计。

(3)测试方法：测试前，杠杆秤或电子体重计需检验其准确度和灵敏度。准确度要求误差不超过 0.1%，即每百千克误差小于 0.1 千克。

测试时，杠杆秤应放在平坦地面上，调整 0 点至刻度尺水平位。受试者赤足，男性受试者身着短裤；女性受试者身着短裤、短袖衫，站在秤台中央。测试人员放置适当砝码并移动游标至刻度尺平衡。读数以千克为单位，精确到小数点后一位。记录员复诵后将读数记录，测试误差不超过 0.1 千克。

3.肺活量

(1)测试目的：测试学生的肺通气功能。

(2)场地器材：电子肺活量计，干燥的一次性口嘴。

(3)测试方法：肺活量计主机放置平稳桌面上，按工作键液晶屏显示“0”即表示机器进入工作状态，预热 5 分钟后测试为佳。令被测试者手持吹气口嘴，面对肺活量计站立试吹 1～2 次，首先看仪表有无反应，还要试口嘴或鼻处是否漏气。

测试时，受试者进行一两次较平日深一些的呼吸动作后，更深的吸一口气，向口嘴处慢慢呼出至不能再呼出为止，防止此时从口嘴处吸气。测试中不得中途二次吸气。吹气完毕后，液晶屏上最终显示的数字即为肺活量毫升值。每位受试者测三次，每次间隔 15 秒，记录三次数值，选取最大值作为测试结果。以毫升为单位，不保留小数。

4.50 米跑

(1)测试目的：测试学生速度、灵敏素质及神经系统灵活性的发展水平。

(2)场地器材：50 米直线跑道若干条，地面平坦，地质不限，跑道线要清楚。发令旗一面，口哨一个。一道一秒表。

(3)测试方法：秒表使用前，应用标准秒表校正，每分钟误差不得超过 0.2 秒。标准秒表的选定，以北京时间为准，每小时误差不超过 0.3 秒。

受试者至少两人一组测试。站立起跑，受试者听到“跑”的口令后开始起跑。发令员在发出口令同时要摆动发令旗。计时员视旗动开表计时。受试者躯干部到达终点线的垂直面停表。以秒为单位记录测试成绩，精确到小数点后一位。小数点后第二位数按非“0”时则进 1，如10.11秒读成10.2秒,并记录之。

5.800米或1 000米跑

(1)测试目的:测试学生耐力素质的发展水平。

(2)场地器材:400米、300米、200米田径场跑道,地质不限。也可使用其他不规则场地,但必须地面平坦。秒表若干块。

(3)测试方法:受测者至少两人一组进行测试,站立式起跑。当听到"跑"的口令后开始起跑。计时员看到旗动开表计时,当受试者的躯干部到达终点线垂直面时停表。以分、秒为单位记录测试成绩,不计小数。

6.立定跳远

(1)测试目的:测试学生下肢肌肉爆发力及身体协调能力的发展水平。

(2)场地器材:沙坑、丈量尺。沙面应与地面平齐。如无沙坑,可在土质松软的平地上进行。起跳线至沙坑近端不得少于30厘米。起跳地面要平坦,不得有坑凹。

(3)测试方法:受试者两脚自然分开站立,站在起跳线后,脚尖不得踩线。两脚原地同时起跳,不得有垫步或连跳动作。丈量起跳线后缘至最近着地点后缘的垂直距离。每人试跳三次,记录其中成绩最好一次。

7.引体向上

(1)测试目的:测试学生的上肢肌肉力量和耐力的发展水平。

(2)场地器材:高单杠或高横杠,杠粗以手能握住为准。

(3)测试方法:受试者跳起双手正握杠,两手与肩同宽成直臂垂悬。静止后,两臂同时用力引体,上拉到下颏超过横杠上缘为完成一次。

8.坐位体前屈

(1)测试目的:测量学生在静止状态下的躯干、腰、髋等关节可能达到的活动幅度,主要反映这些部位关节、韧带、肌肉的伸展性和弹性及学生身体柔韧素质的发展水平。

(2)场地器材:坐位体前屈测试计。

(3)测试方法:受测者两腿伸直,两脚平蹬测试纵板坐在平地上,两脚分开约10~15厘米,上体前屈,两臂伸直向前,用两手中指尖逐渐向前推动游标,直到不能前推为止。测试两次,取最好成绩。

9.仰卧起坐

(1)测试目的:测试腹肌耐力。

(2)场地器材:铺放平坦的垫子若干块。

(3)测试方法:受试者仰卧于垫上,两腿稍分开,屈膝呈90°角左右,两手指交叉贴于脑后。另一同伴压住其踝关节,以便固定下肢。受试者起坐时两肘触及或超过双膝为完成一次。仰卧时两肩胛必须触垫。测试人员发出“开始”口令的同时开表计时,记录1分钟内完成次数。1分钟到时,受试者虽已坐起但肘关节未达到双膝者不计该次数。

10.跳 绳

(1)测试目的:测试学生的下肢力量和身体协调能力。

(2)场地器材:主要测试器材包括秒表、发令哨、各种长度的跳绳若干条;平整地面、干净的场地一块,地质不限。

(3)测试方法:两人一组,一人测试,一人记数。受试者听到开始信号后开始跳绳,动作规格为正摇双脚跳绳,每跳跃一次且摇绳一回环,计为一次。听到结束信号后停止,测试员报数并记录受试者在1分钟内的跳绳次数。

二、《国家学生体质健康标准》评分标准

(一)单项指标评分表

附表2 大学男生体重指数(BMI)单项评分表(单位:千克/米²)

等级	单项得分	体重指数
正常	100	17.9～23.9
低体重	80	≤17.8
超重		24.0～27.9
肥胖	60	≥28.0

附表3 大学女生体重指数(BMI)单项评分表(单位:千克/米²)

等级	单项得分	体重指数
正常	100	17.2～23.9
低体重	80	≤17.1
超重		24.0～27.9
肥胖	60	≥28.0

附表 4 大学男生其他单项指标评分表

等级	单项得分	肺活量(毫升)		50 米跑(秒)		坐位体前屈(厘米)		立定跳远(厘米)		引体向上(次)		1 000 米跑(分·秒)	
		大一大二	大三大四	大一大二	大三大四	大一大二	大三大四	大一大二	大三大四	大一大二	大三大四	大一大二	大三大四
优秀	100	5 040	5 140	6.7	6.6	24.9	25.1	273	275	19	20	3′17″	3′15″
	95	4 920	5 020	6.8	6.7	23.1	23.3	268	270	18	19	3′22″	3′20″
	90	4 800	4 900	6.9	6.8	21.3	21.5	263	265	17	18	3′27″	3′25″
良好	85	4 550	4 650	7.0	6.9	19.5	19.9	256	258	16	17	3′34″	3′32″
	80	4 300	4 400	7.1	7.0	17.7	18.2	248	250	15	16	3′42″	3′40″
及格	78	4 180	4 280	7.3	7.2	16.3	16.8	244	246			3′47″	3′45″
	76	4 060	4 160	7.5	7.4	14.9	15.4	240	242	14	15	3′52″	3′50″
	74	3 940	4 040	7.7	7.6	13.5	14.0	236	238			3′57″	3′55″
	72	3 820	3 920	7.9	7.8	12.1	12.6	232	234	13	14	4′02″	4′00″
	70	3 700	3 800	8.1	8.0	10.7	11.2	228	230			4′07″	4′05″
	68	3 580	3 680	8.3	8.2	9.3	9.8	224	226	12	13	4′12″	4′10″
	66	3 460	3 560	8.5	8.4	7.9	8.4	220	222			4′17″	4′15″
	64	3 340	3 440	8.7	8.6	6.5	7.0	216	218	11	12	4′22″	4′20″
	62	3 220	3 320	8.9	8.8	5.1	5.6	212	214			4′27″	4′25″
	60	3 100	3 200	9.1	9.0	3.7	4.2	208	210	10	11	4′32″	4′30″
不及格	50	2 940	3 030	9.3	9.2	2.7	3.2	203	205	9	10	4′52″	4′50″
	40	2 780	2 860	9.5	9.4	1.7	2.2	198	200	8	9	5′12″	5′10″
	30	2 620	2 690	9.7	9.6	0.7	1.2	193	195	7	8	5′32″	5′30″
	20	2 460	2 520	9.9	9.8	−0.3	0.2	188	190	6	7	5′52″	5′50″
	10	2 300	2 350	10.1	10.0	−1.3	−0.8	183	185	5	6	6′12″	6′10″

附表5 大学女生其他单项指标评分表

等级	单项得分	肺活量(毫升)		50 米跑(秒)		坐位体前屈(厘米)		立定跳远(厘米)		一分钟仰卧起坐(次)		800 米跑(分·秒)	
		大一大二	大三大四	大一大二	大三大四	大一大二	大三大四	大一大二	大三大四	大一大二	大三大四	大一大二	大三大四
优秀	100	3 400	3 450	7.5	7.4	25.8	26.3	207	208	56	57	3′18″	3′16″
	95	3 350	3 400	7.6	7.5	24.0	24.4	201	202	54	55	3′24″	3′22″
	90	3 300	3 350	7.7	7.6	22.2	22.4	195	196	52	53	3′30″	3′28″
良好	85	3 150	3 200	8.0	7.9	20.6	21.0	188	189	49	50	3′37″	3′35″
	80	3 000	3 050	8.3	8.2	19.0	19.5	181	182	46	47	3′44″	3′42″
及格	78	2 900	2 950	8.5	8.4	17.7	18.2	178	179	44	45	3′49″	3′47″
	76	2 800	2 850	8.7	8.6	16.4	16.9	175	176	42	43	3′54″	3′52″
	74	2 700	2 750	8.9	8.8	15.1	15.6	172	173	40	41	3′59″	3′57″
	72	2 600	2 650	9.1	9.0	13.8	14.3	169	170	38	39	4′04″	4′02″
	70	2 500	2 550	9.3	9.2	12.5	13.0	166	167	36	37	4′09″	4′07″
	68	2 400	2 450	9.5	9.4	11.2	11.7	163	164	34	35	4′14″	4′12″
	66	2 300	2 350	9.7	9.6	9.9	10.4	160	161	32	33	4′19″	4′17″
	64	2 200	2 250	9.9	9.8	8.6	9.1	157	158	30	31	4′24″	4′22″
	62	2 100	2 150	10.1	10.0	7.3	7.8	154	155	28	29	4′29″	4′27″
	60	2 000	2 050	10.3	10.2	6.0	6.5	151	152	26	27	4′34″	4′32″
不及格	50	1 960	2 010	10.5	10.4	5.2	5.7	146	147	24	25	4′44″	4′42″
	40	1 920	1 970	10.7	10.6	4.4	4.9	141	142	22	23	4′54″	4′52″
	30	1 880	1 930	10.9	10.8	3.6	4.1	136	137	20	21	5′04″	5′02″
	20	1 840	1 890	11.1	11.0	2.8	3.3	131	132	18	19	5′14″	5′12″
	10	1 800	1 850	11.3	11.2	2.0	2.5	126	127	16	17	5′24″	5′22″

（二）加分指标评分表

附表 6 大学男生加分指标评分表

加分	引体向上(次)		1 000 米跑(分・秒)	
	大一大二	大三大四	大一大二	大三大四
10	10	10	-35″	-35″
9	9	9	-32″	-32″
8	8	8	-29″	-29″
7	7	7	-26″	-26″
6	6	6	-23″	-23″
5	5	5	-20″	-20″
4	4	4	-16″	-16″
3	3	3	-12″	-12″
2	2	2	-8″	-8″
1	1	1	-4″	-4″

注：引体向上为高优指标，学生成绩超过单项评分 100 分后，以超过的次数所对应的分数进行加分。1 000米跑为低优指标，学生成绩低于单项评分 100 分后，以减少的秒数所对应的分数进行加分。

附表 7 大学女生加分指标评分表

加分	一分钟仰卧起坐(次)		800 米跑(分・秒)	
	大一大二	大三大四	大一大二	大三大四
10	13	13	-50″	-50″
9	12	12	-45″	-45″
8	11	11	-40″	-40″
7	10	10	-35″	-35″
6	9	9	-30″	-30″
5	8	8	-25″	-25″
4	7	7	-20″	-20″
3	6	6	-15″	-15″
2	4	4	-10″	-10″
1	2	2	-5″	-5″

注：一分钟仰卧起坐为高优指标，学生成绩超过单项评分 100 分后，以超过的次数所对应的分数进行加分。800 米跑为低优指标，学生成绩低于单项评分 100 分后，以减少的秒数所对应的分数进行加分。

(三)附　表

附表 8 《国家学生体质健康标准》登记卡(大学样表)

学　　校 ____________

姓　　名		性　　别		学　　号	
院(系)		民　　族		出生日期	

单项指标	大一			大二			大三			大四			毕业成绩	
	成绩	得分	等级	成绩	得分	等级	成绩	得分	等级	成绩	得分	等级	得分	等级
体重指数(BMI)(千克/米^2)														
肺活量(毫升)														
50 米跑(秒)														
坐位体前屈(厘米)														
立定跳远(厘米)														
引体向上(男)/ 1 分钟仰卧起坐(女)(次)														
1 000 米跑(男)/ 800 米跑(女)(分·秒)														
标准分														
加分指标														
引体向上(男)/ 1 分钟仰卧起坐(女)(次)														
1 000 米跑(男)/ 800 米跑(女)(分·秒)														
学年总分														
等级评定														
体育教师签字														
辅导员签字														

注:高等职业学校、高等专科学校参照本样表执行。

学校签章:　　　　年　　　月　　　日

附表 9 免予执行《国家学生体质健康标准》申请表（样表）

<table>
<tr><td>姓　名</td><td></td><td>性　别</td><td></td><td>学　号</td><td></td></tr>
<tr><td>班　级/
院（系）</td><td></td><td>民　族</td><td></td><td>出生日期</td><td></td></tr>
<tr><td>原
因</td><td colspan="5">申请人：
年　月　日</td></tr>
<tr><td colspan="2">体育教师签字</td><td colspan="2">家长签字</td><td colspan="2"></td></tr>
<tr><td>学
校
体
育
部
门
意
见</td><td colspan="5">学校签章：
年　月　日</td></tr>
</table>

注：中等职业学校及普通高等学校的学生，“家长签字”由学生本人签字。

参考文献

[1]李开广,田磊.体育与健康[M].北京:北京理工大学出版社,2011.

[2]葛辉,王林.大学体育与健康教程(第二版)[M].北京:中国电力出版社,2011.

[3]林祥芸,王虹.大学体育运动教程[M].北京:科学出版社,2011.

[4]汪可一,王艳红.新编体育与健康[M].南京:南京大学出版社,2011.

[5]易锋,曹红卒.大学体育教程[M].苏州:苏州大学出版社,2011.

[6]李丰祥.新编大学体育教程[M].北京:高等教育出版社,2010.

[7]张先锋.田径运动训练理论与实践[M].长春:东北师范大学出版社,2012.

[8]李鸿江.田径(第三版)[M].北京:高等教育出版社,2014.

[9]曹玲.球类运动——足球、篮球、排球[M].大连:大连理工大学出版社,2013.

[10]王崇喜.球类运动——足球[M].北京:高等教育出版社,2005.

[11]何志林.足球[M].北京:人民体育出版社,2005.

[12]黄滨,翁荔.篮球运动[M].杭州:浙江大学出版社,2014.

[13]全国体育院校教材委员会审定.排球运动[M].北京:人民体育出版社,2006.

[14]李志平,于海强.网球入门、提高训练与实战[M].北京:化学工业出版社,2016.

[15]刘瑛,韩文华.羽毛球入门、提高训练与实战[M].北京:化学工业出版社,2015.

[16]张博,王振,乔云峰.乒羽网小球运动技战术实用解析[M].北京:中国原子能出版社,2014.

[17]董杰.网球教程(第2版)[M].北京:高等教育出版社,2015.

[18]朱建国.羽毛球运动教学与训练教程[M].北京:清华大学出版社,2015.

[19]贾纯良,穆亚楠.乒乓球快速入门与实战技术[M].成都:成都时代出版社,2014.

[20]蔡仲林,周之华.武术[M].北京:高等教育出版社,2010.

[21]张虹,刘智丽,党云辉,黄咏.健美操[M].北京:北京师范大学出版社,2008.

[22]马鸿韬.健美操运动教程[M].北京:北京体育大学出版社,2010.

[23]尹默林.游泳运动与水中健身[M].上海:上海大学出版社,2013.

[24]梅雪雄.游泳[M].北京:高等教育出版社,2008.

[25]张秋艳.街舞理论与实践[M].北京:对外经济贸易大学出版社,2010.

[26]张英波.现代体能训练方法[M].北京:北京体育大学出版社,2006.

[27]吴东明,王健.体能训练[M].北京:高等教育出版社,2005.

[28]李萍美.现代体能训练理论与方法[M].北京:中国原子能出版社,2009.

[29]王东亮,赵鸿博.现代大学生体能训练理论与方法指导[M].北京:中国书籍出版社,2014.

[30]王向宏.体能训练理论与方法[M].北京:北京航空航天大学出版社,2010.